重庆工商大学出版资助

转基因生物安全法律制度研究

Research on the Legal System of
Transgenic Biosafety

张忠民　著

重庆大学出版社

内容提要

转基因生物产业前景广阔,发展转基因生物产业是我国的一项国家战略。本书梳理了转基因生物可能带来的安全问题,提出了转基因生物安全法律制度的基础理论;以问题为导向、以理论为指导,系统考察了国内外转基因生物安全法律制度的立法现状,深入分析了我国转基因生物研发试验、生产加工、流通消费和安全救济阶段中具体法律制度的不足,提出了完善不足的具体建议,最终构建出切实可行的转基因生物安全法律制度体系。本书紧密结合我国的实际情况,提出了"抓紧两端、放松中间、预防不测""转基因生物商业化进程应当主要由市场决定"等基本理念,并基于上述理念设计、构建转基因生物安全法律制度体系,为我国发展转基因生物产业国家战略的实现,提供有力的制度支撑。

本书适用范围广泛,适合的读者对象包括高等院校师生、科研人员,政府决策者、管理者、法律职业人,以及一切对转基因技术、转基因食品安全、环保公益事业感兴趣的人士。

图书在版编目(CIP)数据

转基因生物安全法律制度研究/张忠民著. --重庆:
重庆大学出版社,2022.11
ISBN 978-7-5689-3599-9

Ⅰ.①转… Ⅱ.①张… Ⅲ.①转基因技术—生物工程
—安全管理—法律—研究—中国 Ⅳ.①D922.174

中国版本图书馆 CIP 数据核字(2022)第 223357 号

转基因生物安全法律制度研究
ZHUANJIYIN SHENGWU ANQUAN FALÜ ZHIDU YANJIU
张忠民 著
策划编辑:鲁 黎

责任编辑:陈 力 版式设计:鲁 黎
责任校对:邹 忌 责任印制:张 策

*

重庆大学出版社出版发行
出版人:饶帮华
社址:重庆市沙坪坝区大学城西路 21 号
邮编:401331
电话:(023)88617190 88617185(中小学)
传真:(023)88617186 88617166
网址:http://www.cqup.com.cn
邮箱:fxk@cqup.com.cn(营销中心)
全国新华书店经销
重庆升光电力印务有限公司印刷

*

开本:720mm×1020mm 1/16 印张:19.5 字数:390 千
2022 年 11 月第 1 版 2022 年 11 月第 1 次印刷
ISBN 978-7-5689-3599-9 定价:98.00 元

作者简介

　　张忠民，男，1975 年 8 月生，河南内黄人。重庆工商大学法学院教授，法学博士，硕士生导师。重庆工商大学学术委员会副主任、学术道德委员会副主任。中共重庆市委办公厅法律顾问，川渝两地行政复议专家库专家，重庆市教育委员会法律咨询专家委员会委员，重庆市规划和自然资源局法律法规专家。近年来，先后主持国家社科基金项目 1 项，主持教育部人文社会科学研究基金项目、重庆市社科联重点项目、重庆市科技局项目等省部级以上项目 10 余项；在《政治与法律》《世界经济与政治论坛》《食品科学》等 CSSCI／CSCD 来源期刊上发表论文 20 多篇，出版专著 2 部。

前　言

　　数万年来,人类一直在认知、开发和利用自然界,也在不断地审视人与自然的关系。科学技术伴随着人类的生存与需求产生和发展,对人类物质文明和精神文明的贡献功勋卓著。从中国古代的四大发明,到欧洲近代的工业革命,再到 20 世纪末的信息技术,无不给人类带来物质和精神生活的巨大飞跃,无不使人类文明更加异彩纷呈。进入 21 世纪,突飞猛进的现代生物技术,特别是转基因技术,正在引领人类踏上新的航程,被誉为继"火的运用"之后的"人类发展史上第二个转折点"①。如果说此前的科学技术使人类更好地利用自然界的话,那么转基因技术使人类有能力改变自然界,它开启了生命奥秘之门,让人类拥有了"上帝"才有的神奇力量②。转基因技术始于农作物(玉米)③研究,并很快应用于农业、食品、制药、医学、能源等领域,让深受

---

① 人类历史上的第一个转折点"火的运用",它给人类带来了适应性修改物质材料的"火科技时代",使人类开始试用地球上人力、兽力之外的更为丰富而巨大的物质能量。参见:JEREMY R. The Biotech Century—A Second Opinion: The Marriage of the Genetic Sciences and the Technologies Shaping Our World[M]. J. P. Tarcher, 1998:7-10.

② 张忠民. 转基因食品法律规制研究[D]. 重庆:重庆大学,2008:1.

③ 美国科学家芭芭拉·麦克林托克(Barbara McClintock)终生从事玉米的细胞遗传学研究,成果丰硕。1944 年成为美国国家科学院院士,1945 年担任美国遗传学会主席,成为美国遗传学界的中坚人物。1950 年,她在公开发表的《玉米易突变位点的由来和行为》一文中,明确指出:玉米籽粒颜色的改变是基因座位改变的结果。1951 年,她在冷泉港的一次学术会议上提出了"跳跃基因"的新观念。由此,她成为提出基因能转移座位的第一人,在此之前,所有研究遗传学的人都认为位于染色体上的基因就像铁板钉钉一样,一动不动。但是,令人遗憾的是她的观念当时并未得到科学界主流的认同,深怕她的新见解把遗传学引入歧途,无知、偏见、冷漠一下子将她团团围住。她的结论远远超越了时空,在 20 世纪 50 年代无法找到知音,直到 60 年代末,基因能够转移的证据从美国、英国、德国接二连三地被发现,她的结论在被尘封了近 20 年后,才得以公认,并因此获得 1983 年度诺贝尔生理学与医学奖。她的"基因能够转移"观念是现代生物技术得以发展的前提。参见:谈家桢. 基因转移[M]. 上海:上海教育出版社,2004:2-8.

粮食危机、营养不良、疑难杂症、能源短缺等难题困扰的人类,对转基因技术充满了憧憬。

然而,人类虽然具有冒险的天性,但也具有寻求安全的本能;人类在为取得的技术辉煌而欢欣鼓舞时,并没有失去应有的理性。历史经验让人类知道,科学技术不仅带来了神明的力量,也可能带来魔鬼的诅咒。鉴于转基因技术打破了生物进化的时空界限,人为地改变了生物经过数亿年进化而成的稳定基因型,加之人类目前对生物基因奥秘并未完全破解,所掌握的转基因技术尚有诸多不足,所以转基因生物对人类健康和生态环境是否存在巨大隐患,从其产生伊始便争议不断。转基因技术是为人类打开了宝藏之门,还是开启了地狱之窗?转基因生物的诞生是人类的一次壮举,还是人类的一次败笔?生物进化把脚下这个生机盎然而又硕大无朋的地球托付给了人类,人类应该为此负担何种义务,肩负何种使命?这些命题都值得人们深思。尽管科技突破所产生的影响从来就不限于科技领域,历史上的每一次重大科技突破无不冲击着现实社会既存的观念和规则;但迄今为止,还没有哪项科学技术像转基因技术这样对人类社会既存的观念和规则提出如此广泛、严峻的冲击和挑战。交织着人们热切企盼与切齿诅咒的转基因生物,吸引着芸芸众生的目光,期待着自然科学家、社会科学家特别是法学家的关注[①]。

于此背景下,本书以为我国发展转基因生物产业国家战略提供制度支撑为目标,以转基因生物带来的问题为起点,以保护生态环境安全和人类健康为中心,紧密结合我国实际情况,针对转基因生物研发试验、生产加工、流通消费等不同的环节法律制度,进行了系统而深入的研究。本书提出了一些独到的见解和规律性的认识,具有一定的理论意义和现实意义,希冀对我国转基因生物安全法律制度建设有所裨益。

一、研究目的

转基因生物产业前景广阔,发展转基因生物产业是我国的国家战略。我国投入巨资、颁布规划,正在努力促进转基因生物产业健康发展,转基因生物商业化进程加速已是必然趋势。但是,我国现有转基因生物安全法律制度无法为这项国家战略的落实提供有力的制度支撑。实践中,转基因生物具有破坏生态环境和损害人类健康的潜在风险,公众参与转基因生物商业化进程不够,人们对转基因生物安全顾虑重重,转基因生物舆论环境不良、转基因产品市场环境混乱、政府公信力不足、市场功能发挥不力等问题,已经成为我国转基因生物产业健康发展的严重阻碍。这些阻碍因

---

① 张忠民.转基因食品法律规制研究[D].重庆:重庆大学,2008:2.

素的形成与转基因生物安全法律制度的不完善息息相关。

基于此,本书的研究目的是:梳理转基因生物安全问题,提出转基因生物安全法律制度的基础理论,以问题为导向、以理论为指导,深入考察我国转基因生物安全法律制度的立法现状,分析转基因生物研发试验、生产加工、流通消费和安全救济阶段中法律制度的不足,提出完善不足的具体建议,最终构建出适合我国国情的、切实可行的转基因生物安全法律制度体系。新法律体系能够取得保障转基因生物安全、促进公众参与、消解人们思想顾虑、改良舆论环境、净化市场环境、提升政府公信力、增强市场调节功能的法律实现效果,为我国转基因生物产业健康快速发展,提供有力的制度支撑。

二、研究范围

本书研究中所称转基因技术是指通过修饰 DNA 来转移、去除或者改变遗传信息的重组 DNA 技术,包括外源目标基因转入重组、基因编辑重组等类型;所称转基因生物是指转基因动物、转基因植物、转基因微生物,以及以其为原料或者为媒介生产加工而来的产品;所称转基因生物安全主要是指转基因生物从研发实验到生产加工再到流通消费等多个环节中可能产生的生态环境、人类健康及社会秩序方面的潜在危害。

必须强调的是,虽然转基因技术在农业、工业、医疗等领域应用日益广泛,但由于转基因技术在工业、医疗等领域的应用,主要涉及细菌等低等生物,产生的伦理问题较少,封闭式工厂化生产,通常不会带来生态环境问题,产品应用对象范围窄,消费者直接接触机会少,加之人们要么没有选择(如医药领域),要么认为利大于弊(比如工业领域),因而人们对转基因技术在这些领域的应用,大都采取了较为宽容的态度。然而,转基因技术在农业领域的应用,从研发试验到生产加工再到产品上市流通,必然会对生态环境、人类健康、宗教伦理等多方面造成严重影响,因而人们往往对其安全性等问题感到困惑和忧虑。造成这种结果的原因有两个:一是人们已经被形形色色的农业转基因生物产品所包围,已经对转基因食品避无可避;二是人们认为即便目前不种植转基因作物,也不会对生活产生太大影响,选择传统作物同样可以实现生活目标。所以,20 世纪 70 年代以来转基因技术的应用实践表明,在全球范围内有关转基因生物的安全争议大都集中在转基因农作物和转基因食品之上[1]。鉴于此,本书的研究对象主要集中于转基因农作物和转基因食品安全法律制度。

---

[1]　王明远.转基因生物安全法研究[M].北京:北京大学出版社,2010:1.

三、研究方法

本书研究主要采用以下几个研究方法。第一,文献分析方法。通过分析国内外相关文献,梳理总结出转基因生物安全法律制度研究的新观点和新动向。第二,法哲学方法。通过分析指导转基因生物安全法律制度构建的哲学思想,探讨各国制度存在巨大差异的成因。第三,法经济学方法。以经济学理论分析转基因生物标识等问题,并提出法律对策。第四,比较研究方法。通过对欧盟、美国之间转基因安全法律制度异同的比较分析,提出对我国转基因生物安全法律制度建设的有益启示。第五,法解释学方法。从解释学角度对转基因生物相关法律条文进行解读,分析转基因生物安全法律制度的性质、内容和作用方式。

四、研究思路

本书的研究思路是:首先,厘清转基因生物的相关概念,分析国内外转基因生物研发及商业化现状,梳理转基因生物引发的诸多安全问题;其次,讨论转基因生物安全法律制度的基础理论,分析转基因生物安全法律制度的法理基础、价值取向、基本原则和基本理念。再次,对转基因生物安全法律制度进行国别法和国际法比较考察,旨在通过系统考察欧美转基因生物安全法律制度和相关的国际规范,总结出对我国转基因生物安全法律制度建设的有益启示;最后,以转基因生物可能带来的安全问题为导向,以转基因生物安全法律制度基础理论为指导,在充分借鉴国外国际立法实践的基础上,深入考察我国转基因生物安全法律制度的立法现状,讨论转基因生物研发试验、生产加工和流通消费各阶段中的法律制度,分析其不足之处,并提出完善的具体构想。

五、研究内容

本书除前言和结论外,共分为七章,主要研究内容如下:

第一章是转基因生物安全问题。首先,厘清转基因技术、转基因生物的相关概念。其次,考察国内外转基因生物的商业化现状。最后,梳理转基因生物在人类健康、生态环境和经济社会方面可能带来的安全问题。

第二章是转基因生物安全法律制度的基础理论。首先,讨论转基因生物安全法律制度的法理基础。其次,分析转基因生物安全法律制度的价值取向。再次,明确转基因生物安全法律制度的基本原则。最后,提出转基因生物安全法律制度的基本理念。

第三章是转基因生物安全法律制度的比较法和国际法考察。一方面,通过比较分析欧盟、美国转基因生物安全法律制度,得出对我国的有益启示。另一方面,通过探讨以贸易自由为中心和以环保健康为中心的两类转基因生物安全国际规范之间的冲突与协调,提出我国转基因生物安全立法应当注意的问题。

第四章是转基因生物研发试验安全法律制度。首先,讨论转基因生物安全评价制度的立法现状与立法缺陷,提出完善建议。其次,讨论转基因生物研发试验安全报告制度的立法现状与立法缺陷,提出完善建议。再次,讨论转基因生物研发试验安全报批制度的立法现状与立法缺陷,提出完善建议。最后,讨论转基因生物研发试验公众参与制度的立法缺失,提出构建完善转基因生物的风险交流机制、信息公开制度、商业化决策公众参与制度以及公众参与科研活动法律规制的具体设想。

第五章是转基因生物生产加工安全法律制度。首先,讨论转基因生物种子(苗、畜、禽)管理法律制度,分析转基因生物种子(苗、畜、禽)品种审定制度和生产经营审批制度的立法现状和立法缺陷,分别提出完善建议。其次,讨论转基因生物生产管理法律制度,分析转基因生物生产审批制度和生产情况报告制度的立法现状和立法缺陷,分别提出完善建议。最后,讨论转基因生物加工管理法律制度,分析转基因生物加工审批制度和加工情况报告制度的立法现状和立法缺陷,分别提出完善建议。

第六章是转基因生物流通消费安全法律制度。一是对转基因生物标识制度的立法现状进行概括评析,提出完善转基因生物标识制度的宏观建议。二是讨论转基因生物标识阈值问题,分析转基因生物标识阈值的内涵、类型、计算、功能,对域外转基因生物标识阈值立法进行比较考察,提出设定我国转基因生物标识阈值的具体构想。三是讨论转基因生物阳性标识制度,通过辨析转基因生物阳性标识制度的法理基础,指出制度缺陷,提出完善建议。四是讨论转基因生物标识豁免制度,分析转基因生物标识豁免制度的法理基础、功能定位和立法缺陷,提出完善构想。五是讨论转基因生物阴性标识制度,分析转基因生物阴性标识制度的法理基础、适用范围和制度功能,对域外转基因生物阴性标识制度进行比较考察,提出构建我国转基因生物阴性标识制度的具体设想。六是讨论非转基因广告管制法律制度,明确非转基因广告的定义、形式、类型和危害,对非转基因广告法律规制进行评析,对非转基因广告被农业部紧急叫停进行剖析,梳理出非转基因广告管制法律制度的缺陷,提出完善建议。七是讨论转基因生物进口法律制度,分析转基因生物进口审批制度和检验检疫制度的立法现状和立法缺陷,分别提出完善建议。

第七章是转基因生物安全救济法律制度。一方面,讨论转基因生物安全突发事件应急预案制度的立法现状与立法缺陷,提出完善建议。另一方面,讨论转基因食品召回制度的立法现状与立法缺陷,提出完善建议。

六、研究创新

本书提出的在目前收集文献中尚未发现的新观点、新认识和新理念,当属研究创新之处,主要创新点有以下五个:

第一,基于我国转基因生物大规模商业化的背景,系统地讨论转基因生物安全法律制度的体系建设。根据风险性质和程度的不同,将转基因生物安全分为研发试验、生产加工、流通消费三个常规阶段和安全救济这个预防阶段进行讨论,提出转基因生物安全管理应当采取"抓紧两端、放松中间、预防不测"的基本思路,并在此基础上进行相应法律制度设计。

第二,主张转基因生物的商业化进程,应由市场决定,但需要政府介入,并基于此主张提出了公众参与转基因生物商业化进程的两个核心和三个辅助点及保障公众参与权益实现的相应法律制度设计。

第三,提出转基因生物获得安全证书是事实判断,依据的是科学证据,转基因生物商业化行政许可是价值判断,依据的是现实需求,主张颁发安全证书与商业化行政许可应当分离,并在此基础上建立公正公信的转基因生物商业化行政许可公众参与制度。

第四,提出协调运用转基因生物安全法律制度的法律原则设计不同阶段的法律制度。转基因生物研发试验安全法律制度优先遵循风险预防原则、科学基础原则、信息公开原则和公众参与原则进行制度设计;转基因生物生产加工安全法律制度优先遵循实质等同原则进行制度设计;转基因生物流通消费安全法律制度优先遵循公众参与原则、信息公开原则进行制度设计;转基因生物安全救济法律制度优先遵循风险预防原则、信息公开原则进行制度设计。

第五,紧密结合国情,提出重构我国转基因生物标识制度的具体设想。主张转基因生物阳性(强制)标识制度的法理基础是消费者知情权,转基因生物标识豁免制度的法理基础是消费者知情权的限制,转基因生物阴性(自愿)标识制度的法理基础是生产者商业言论自由的限制,提出构建以阳性标识制度为主、标识豁免制度为辅、阴性标识制度为必要补充的科学合理的转基因生物标识制度。

目　录

第一章　转基因生物安全问题　　　　　　　　　　　　　1

　第一节　转基因技术与转基因生物 ……………………… 2
　　一、转基因技术 ……………………………………… 2
　　二、转基因生物 ……………………………………… 5
　　三、转基因生物的商业化现状 …………………… 7
　第二节　转基因生物安全问题 …………………………… 14
　　一、人类健康方面的问题 ………………………… 14
　　二、生态环境方面的问题 ………………………… 19
　　三、经济社会方面的问题 ………………………… 22

第二章　转基因生物安全法律制度的基础理论　　　　31

　第一节　转基因生物安全法律制度的法理基础 ………… 32
　　一、维护生态环境安全 …………………………… 32
　　二、保障消费者权益 ……………………………… 33
　　三、促进生物经济健康发展 ……………………… 34
　第二节　转基因生物安全法律制度的价值取向 ………… 38
　　一、安全价值 ………………………………………… 39
　　二、公平价值 ………………………………………… 42
　　三、秩序价值 ………………………………………… 44

第三节　转基因生物安全法律制度的基本原则 ·········· 47

一、风险预防原则 ··· 47

二、科学基础原则 ··· 48

三、实质等同原则 ··· 48

四、公众参与原则 ··· 49

五、信息公开原则 ··· 50

第四节　转基因生物安全法律制度的基本理念 ·········· 52

一、转基因生物商业化应为立法背景 ···················· 52

二、转基因生物安全应当由政府供给 ···················· 52

三、转基因生物商业化应由市场决定 ···················· 52

四、公众参与权益应当得到法律保障 ···················· 53

五、安全管理基本思路应当及时调整 ···················· 53

第三章　转基因生物安全法律制度的比较法和国际法考察　　55

第一节　欧美转基因生物安全法律制度比较考察 ·········· 56

一、欧盟转基因生物安全法律制度 ······················· 56

二、美国转基因生物安全法律制度 ······················· 62

三、比较与启示 ·· 69

第二节　转基因生物安全法律制度的国际法考察 ·········· 75

一、以贸易自由为中心的转基因生物安全国际规范 ·········· 75

二、以环保健康为中心的转基因生物安全国际规范 ·········· 78

三、转基因生物安全国际规范的冲突与协调 ·········· 82

四、对我国的有益启示 ·· 84

第四章　转基因生物研发试验安全法律制度　　87

第一节　转基因生物安全评价制度 ······················· 88

一、转基因生物安全评价制度的立法现状 ·········· 88

二、转基因生物安全评价制度的立法缺陷 ·········· 93

三、转基因生物安全评价制度的完善建议 ·········· 96

第二节　转基因生物研发试验安全报告制度 ……………………… 99

　　一、转基因生物研发试验安全报告制度的立法现状 …………… 99

　　二、转基因生物研发试验安全报告制度的立法缺陷 ………… 101

　　三、转基因生物研发试验安全报告制度的完善建议 ………… 102

第三节　转基因生物研发试验安全报批制度 …………………… 103

　　一、转基因生物研发试验安全报批制度的立法现状 ………… 103

　　二、转基因生物研发试验安全报批制度的立法缺陷 ………… 104

　　三、转基因生物研发试验安全报批制度的完善建议 ………… 105

第四节　转基因生物研发试验公众参与制度 …………………… 107

　　一、转基因生物安全风险交流机制 …………………………… 107

　　二、转基因生物安全信息公开制度 …………………………… 109

　　三、转基因生物商业化决策公众参与制度 …………………… 111

　　四、公众参与转基因大米试吃科学活动的法律规制 ………… 114

第五章　转基因生物生产加工安全法律制度　　　　　　　　121

第一节　转基因生物种子（苗、畜、禽）管理法律制度 ………… 122

　　一、转基因生物种子（苗、畜、禽）品种审定制度 ………… 122

　　二、转基因生物种子（苗、畜、禽）生产经营审批制度 …… 125

第二节　转基因生物生产管理法律制度 ………………………… 129

　　一、转基因生物生产审批制度 ………………………………… 129

　　二、转基因生物生产情况报告制度 …………………………… 131

第三节　转基因生物加工管理法律制度 ………………………… 133

　　一、转基因生物加工审批制度 ………………………………… 133

　　二、转基因生物加工情况报告制度 …………………………… 135

第六章　转基因生物流通消费安全法律制度　　　　　　　　137

第一节　转基因生物标识制度立法评析 ………………………… 138

　　一、转基因生物标识制度的立法现状 ………………………… 138

　　二、转基因生物标识制度的概括评析 ………………………… 142

第二节　转基因生物标识阈值问题 ･･････････････････････････ 148

一、转基因生物标识阈值的内涵 ･････････････････････････ 148

二、转基因生物标识阈值的类型 ･････････････････････････ 149

三、转基因生物标识阈值的计算 ･････････････････････････ 150

四、转基因生物标识阈值的功能 ･････････････････････････ 151

五、转基因生物标识阈值立法的比较考察 ･･･････････････ 153

六、设定转基因生物标识阈值的具体构想 ･･･････････････ 155

第三节　转基因生物阳性标识制度 ･････････････････････････ 159

一、消费者知情权是转基因生物阳性标识的法理基础 ･･････ 159

二、"风险预防原则"不是转基因生物阳性标识制度的法理基础 164

三、转基因生物阳性标识制度的缺陷与完善 ･････････････ 167

第四节　转基因生物标识豁免制度 ･････････････････････････ 175

一、转基因生物标识豁免制度及其功能定位 ･････････････ 175

二、转基因生物标识豁免制度的法理基础 ･･･････････････ 179

三、转基因生物标识豁免制度的立法缺陷 ･･･････････････ 182

四、转基因生物标识豁免制度的完善构想 ･･･････････････ 185

第五节　转基因生物阴性标识制度 ･････････････････････････ 193

一、转基因生物阴性标识制度的法理基础 ･･･････････････ 193

二、转基因生物阴性标识制度的适用范围 ･･･････････････ 196

三、国外转基因生物阴性标识制度立法考察 ･････････････ 197

四、构建转基因生物阴性标识制度的必要性 ･････････････ 203

五、构建转基因生物阴性标识制度的具体设想 ･･･････････ 206

第六节　非转基因广告管制法律制度 ･･･････････････････････ 216

一、非转基因广告的内涵与危害 ･････････････････････････ 216

二、非转基因广告法律规制的现状评析 ･････････････････ 219

三、非转基因广告紧急叫停的法律剖析 ･････････････････ 226

第七节　转基因生物进口法律制度 ･････････････････････････ 234

一、转基因生物进口审批制度 ･･･････････････････････････ 234

二、转基因生物进口检验检疫制度 ･･････････････････････ 239

第七章　转基因生物安全救济法律制度　　　　　　　　　243

第一节　转基因生物安全突发事件应急预案制度 …………………… 244

一、转基因生物安全突发事件应急预案制度的立法现状 ………… 244

二、转基因生物安全突发事件应急预案制度的立法缺陷 ………… 248

三、转基因生物安全突发事件应急预案制度的完善建议 ………… 251

第二节　转基因食品召回制度 …………………………………………… 254

一、转基因食品召回制度的立法现状 …………………………… 254

二、转基因食品召回制度的立法缺陷 …………………………… 258

三、转基因食品召回制度的完善建议 …………………………… 260

结　论　　　　　　　　　263

参考文献　　　　　　　　　269

第一章 转基因生物安全问题

第一节　转基因技术与转基因生物

一、转基因技术

自古以来,尽管"种瓜得瓜、种豆得豆"已为人类熟知,但人类从未停止过探索生物遗传奥秘的步伐。

在宏观方面,现代遗传学创始人奥地利生物学家孟德尔在豌豆试验基础上,于1865年总结出分离定律、显性定律和自由组合定律三条遗传学定律,并推论有"遗传因子"存在。1900年,荷兰的德弗里斯、德国的科伦斯、奥地利的丘歇马克的研究证实了孟德尔的遗传定律,开辟了遗传学的新纪元。1908年,丹麦生物学家约翰森提出"基因(gene)"一词代替孟德尔提出的"遗传因子",并首先提出基因型和表现型的概念,把遗传基础和表现性状科学地区别开来,这个观点对遗传学的发展有重大意义。1926年,美国遗传学家摩尔根在十几年试验的基础上,撰写了《基因论》一书,指明染色体是基因的物质载体,为基因理论奠定基础①。

在微观方面,德国学者弗里德于1869年从白血球里分离到细胞核,发现这些细胞核里含有一种崭新的含磷物质,主要成分②是脱氧核糖核酸(DNA)和染色体蛋白质的复合体,并将其命名为"核质"。此后,科学家经过不断研究探索,发现了将脱氧核糖核酸与其所附着的蛋白质分离的方法,为进一步对DNA进行研究分析打下了基础。1944年奥斯瓦德和科林通过实验证明,蛋白质不可能是遗传物质,并发现如果彻底破坏DNA,则细胞会失去遗传能力,实验结论显示遗传物质应该是DNA。1952年阿尔佛雷德和玛撒证实了遗传物质为DNA,并将携带合成特定蛋白质所需指令的

---

① 曾北危.转基因生物安全[M].北京:化学工业出版社,2004:1.

② 特别说明:通常情况下,"成份"与"成分"可通用,但汉语表达时也会有相对固定的习惯,本书在通常情况下均表述为"成分";但是,鉴于我国《农业转基因生物安全管理条例》《农业转基因生物标识管理办法》中使用的是"转基因成份"这一表述,因此本书所有这一含义下的表述则使用"成份"。

DNA 称为基因。1953 年詹姆士与克里克根据实验数据,提出 DNA 是双螺旋结构①的模型②。至此,人类对生命遗传的疑惑似乎有了答案,但人类的探索并未就此结束。在确定基因为遗传物质之初,由于物种特征能够稳定遗传,并且好像只能稳定遗传,于是几乎所有的遗传学家均认为,位于染色体上的基因就像铁板上钉的钉,一动不动。直到 1956 年,美国学者麦克林托克提出"跳跃基因"的新观念,认为基因可以移动,才置疑这个固有观念,但令人遗憾的是,她的观点超越了时空,在当时根本无法找到知音,被所谓的主流观点所孤立。无知与偏见终会被真理与勇气所击垮,随着 20 世纪 60 年代末,基因能够转移的证据在美国、英国、德国等地接二连三地被发现,基因能够转移的观念才被公认,麦克林托克博士也因其伟大发现而荣获诺贝尔奖。③

观念已经更新,探索还在继续。"基因能够转移"的观念至关重要,它给科学家们的研究指明了方向。既然 DNA 是遗传物质,而且基因能够转移,人类很容易想到,是否能够通过控制基因,使物种表现出人类希望的性状。1967 年,有 6 个实验室同时在细菌中发现了能连接 DNA 片段的蛋白质,这种蛋白质被称为"核酸连接酶";1968 年,美国的史密斯、维尔柯克斯和柯拉那合作,在大肠杆菌中发现了一种能够有节制地把 DNA "剪开"的酶,这种酶称为"限制性核酸内切酶"④。1972 年,美国斯坦福大学的伯格利用这两种酶,将两种病毒的 DNA 连接起来。科学家们的后续研究还证明,所有活性生物体内的 DNA 都是由四种基本单位组成的长链聚合物。如果说基因能够转移的观念解决的是认识问题的话,连接酶和内切酶的发现则解决的是技术问题,如此阻挡在人类面前的改变物种基因的两扇大门均已打开,转基因技术亦应运而生。

转基因技术又称现代生物技术,关于其内涵我国学者有不同的表述。有学者认为,转基因技术是用酶学方法将异源基因与载体 DNA 在体外进行重组,将形成的重组因子转入受体细胞,使异源基因在其中复制表达,从而改造生物特性,大量生产人

---

① DNA 的双螺旋结构好比一个扭转的绳梯,由糖和磷酸分子交替连接组成的两条链相互缠绕成螺旋。每个糖分子上附着一个"碱基",共有 4 种不同的碱基:腺嘌呤(A)、胸腺嘧啶(T)、胞嘧啶(C)和鸟嘌呤(G)。两股螺旋的碱基之间由氢键连接,就像梯子之间的横档一样;其结构总是 A 与 T 配对,C 与 G 配对。

② ROBERT F. Weaver. Molecular Biology[M]. U.S.: The McGraw-Hill Companies, Ins. 1999:20-23.

③ 谈家桢. 基因转移[M]. 上海:上海教育出版社,2004:2-3.

④ "工欲善其事,必先利其器",技术高超的大夫若无手术刀和缝合针线,也绝不会出现妙手回春的奇迹。连接酶和内切酶的发现,无异于对 DNA 进行裁剪缝合的针线,为干预生物体的遗传物质,改造生物体的遗传特性,直至创造新生物类型提供了必要的手段和工具。目前,已经从不同微生物中分离出上千种限制性内切酶,这些限制性内切酶几乎可以剪切任何 DNA 片段,得到单个的基因。

类所需要产物的新生物技术①;有学者认为,转基因技术是将某种生物体内控制其特定性状的基因作为外源基因(目标基因),按照人的意愿经过体外重组后再转入移植到另一种生物体内并使之表达,使这个基因能在受体生物内复制、转录、翻译、表达,从而产生出人们所期望的产物或者达到某种目的②。尽管表述有些许差异,但其实质内容并无不同。需要补充的是,伴随着转基因技术的进一步发展,还存在生物体内原来存在某种基因,通过转基因技术使之不表达③,以及编辑生物本身基因的情况④。所以,笔者把转基因技术概括地定义为"通过修饰DNA来转移、去除或者改变遗传信息的技术"。事实上,转基因技术在美国、加拿大等国家在立法上更倾向表述为"基因工程技术",从逻辑上讲,这种表述更加科学,毕竟不是所有转基因生物都有转入外源性基因⑤。但是,我国学界和立法大都使用转基因技术的表述,"转基因"这个词汇已广为人知,加之外源性基因导入仍是当前基因工程技术的主要方法,因而本书也延续使用转基因技术的概念。

转基因技术使人类有能力从生物体遗传物质水平上改造生物体,不仅极大地加速了物种进化,还成功地消除了物种之间的遗传屏障,更主要能使生物朝着人们期待的方向发展,甚至创造出自然界里原本不存在的生命形态。当前,转基因技术主要应

① 栾金水.高新技术在调味品中的应用[J].中国调味品,2003(12):3-6;吕选忠,于宙.现代转基因技术[M].北京:中国环境科学出版社,2005:43.
② 曾北危.转基因生物安全[M].北京:化学工业出版社,2004:4.
③ 比如,大家熟悉的延熟转基因番茄就属于此类情况。能够促使番茄成熟的化学物质是乙烯,科学家们通过使用一种乙烯合成酶(番茄自身存在)的反义RNA基因,使得番茄内的乙烯合成酶不能表达,番茄无法合成乙烯,从而达到延迟番茄成熟的效果。
④ 基因编辑技术不像转基因技术那样,以随机插入等较不可控的方式导入外源基因,而是基于点突变的原理对基因组固有序列进行原位精确修饰,因此可以规避一些安全风险和伦理风险,具有更广阔的应用前景。这一技术诞生后,短短几年,就在生物医学基础研究、农业育种和工业生产等方面发挥了重大作用。科技界和生物产业界已经形成共识:基因编辑将给基础研究和转化医学研究带来革命性变革,是下一代生物技术的核心。中国的基因编辑研究的发展很快,论文与专利的数量均居国际前茅。参见:周琪.基因编辑在中国[N].光明日报,2016-08-12(10).目前,基因编辑技术又取得新进展,英国《自然》杂志2016年12月21日发表一项生物学进展,报告了两种新型的CRISPR/Cas基因编辑系统。CRISPR能使基因组更有效地产生变化或突变,效率比既往基因编辑技术更高,被称为"生物科学领域的游戏规则改变者"。参见:张梦然.两种新型CRISPR/Cas基因编辑系统问世[N].科技日报,2016-12-23(1).
⑤ 国外对"转基因技术"的表述,也有一个演变过程。起初表述为脱氧核糖核酸技术(Recombinant DNA Technology),或转基因技术(Transgenic Technonogy);后来,技术发展已经可以不导入外源性基因来修饰生物基因,因而表述为基因修饰技术(Genetically Modified Technology);再后来,由于"基因修饰技术"的表述与传统育种技术如杂交、回交、自交等具有的"基因修饰"功能容易混淆,因而使用"基因工程技术(Genetic Engineering, GE)"。参见:GRUN P. The difficulties of defining the term "GM"[J]. Science, 2004, 303(5665):1765-1769. 王明远.转基因生物安全法研究[M].北京:北京大学出版社,2010:3-5.

用在农业和医药领域,在农业领域里应用得尤其广泛,创造出了形形色色的转基因生物,进而生产出品种繁多的转基因产品。

必须说明转基因技术与传统生物技术(即杂交育种)的区别。传统杂交育种技术是在相同或者具有亲缘关系的物种之间进行杂交,通过对其后代进行持续选择,挑选出拥有某种性状的理想株系。与转基因技术的共同点是,都是通过变化 DNA 来实现目标;不同点是,转基因技术更加快捷,目的性更强,也更容易控制,更主要的是转入基因的来源不受物种的限制,包括人类、动物、植物、细菌、病毒等所有生物体内的基因,都可以成为转移的目标基因;更有甚者,伴随科学技术的发展,人类可以实现对生物本身的基因进行编辑,以便其能表达出人类期待的性状。

二、转基因生物

(一)转基因生物的定义

关于转基因生物的定义,我国学者有不同的认识。有学者认为,转基因生物一般指插入了来源于不同物种的一段特定基因的生物[①];有学者认为,转基因生物是指经过了遗传基因修饰了的生物体[②];有学者认为,转基因生物是指利用重组 DNA 技术将外源基因整合到受体生物基因组中,产生的具有目标性状的生物体[③];有学者认为,转基因生物是指利用基因工程技术在基因水平上对生物的某些性状进行修饰和改良,用于农业生产或农产品加工的植物、动物、微生物及其产品[④]。我国《农业转基因生物安全管理条例》第三条规定:“本条例所称农业转基因生物,是指利用基因工程技术改变基因组构成,用于农业生产或者农产品加工的动植物、微生物及其产品。”上述对转基因生物的定义有所差别、侧重不同,虽然核心要素相近,但均略有不足。为了更科学地反映出转基因生物的全貌,笔者将转基因生物定义为“利用转基因技术改变基因组构成的生物及其产品”。

(二)转基因生物的分类

对转基因生物进行分类,有利于加深人们对转基因生物的认识,有助于转基因生

① 农业部农业转基因生物安全管理办公室,中国农业科学院生物技术研究所,中国农业生物技术学会.转基因30年实践[M].2 版.北京:中国农业科技出版社,2012:5.
② 曾北危.转基因生物安全[M].北京:化学工业出版社,2004:4.
③ 盛耀,许文涛,罗云波.转基因生物产业化情况[J].农业生物技术学报,2013,21(12):1480.
④ 范云六,黄大昉,彭于发.我国转基因生物安全战略研究[J].中国农业科技导报,2012,14(2):1-6.

物安全法律制度的构建。根据不同的标准,可以将转基因生物分为不同的类型。

1. 根据农艺性状不同可以将转基因生物分为三代

目前,该分类主要体现在转基因作物方面。在认识上较为一致的分类为:第一代转基因作物主要是通过引入外源性基因,转基因作物表现出抗除草剂、抗病、抗虫、抗菌、抗旱、抗盐碱、抗金属等性状。第二代转基因作物是通过转基因技术,作物表现出营养、品质、风味提高等性状。第三代转基因作物是通过转基因技术,作物表现出更为新颖用途的性状,比如治疗疾病、制药、制造工业产品等①。

2. 根据生物物种不同可将转基因生物分为三类

(1)转基因微生物及其产品

自1982年美国批准世界上第一例转基因人胰岛素以来,转基因微生物研究已经取得丰硕成果,在农业、食品、医药、环境等领域应用十分广泛。比如,在农业领域,转基因微生物主要用于生产生物农药、生物肥料、饲料酶等产品。在食品领域,转基因生物主要用于生产食品添加剂②,食品添加剂均可采用发酵工艺生产,而发酵工艺中使用的菌种大都可以利用转基因技术进行改良。目前,食品工业上使用较为普遍的是转基因酵母、食品发酵用酶,用于生产发酵食品。发酵食品是通过微生物或者酶作用于原料,使之发生化学变化,最终产生口味、色泽、感官上的变化③,市场上的转基因微生物食品主要有面包④、酱油、啤酒、奶制品等。

(2)转基因植物及其产品

自1983年世界上第一例转基因植物(烟草)问世,特别是1994年第一个转基因作物(番茄)商业化以来,在短短的几十年里,转基因技术在农作物品种改良方面得到了广泛应用,先后培育出具有延缓成熟、耐极端环境、抗虫害、抗病毒、抗枯萎等性能的作物,以及不同脂肪酸组成的油料作物、多蛋白的粮食作物,涉及的植物包括玉米、大豆、小麦、油菜、甜菜、水稻、土豆、番茄、西葫芦、木瓜、苹果等。其中,大豆、玉米、油

---

① CASTLE L A, WU G, MCELROY D. Agricultural input traits: past, present and future[J]. Current opinion in bio-technology,2006,17(2):105-112. 祁潇哲,黄昆仑.转基因食品安全评价研究进展[J].中国农业科技导报,2013,15(4):14-19.

② 如酶制剂、氨基酸、维生素、增稠剂、有机酸、乳化剂、表面活性剂、食用色素等。

③ 郑腾,陆承平.转基因技术对粮食生产的影响[J].生物学通报,2004,39(1):6-9.

④ 第一个采用转基因技术的食品微生物即为面包酵母。由于把具有优良特性的酶基因转移至该菌中,使该菌含有的麦芽糖透性酶和麦芽糖酶的含量比普通面包酵母高,面包加工中产生的二氧化碳气体量也较高,最终制造出膨发性能良好、松软可口的面包产品。这种转基因微生物在面包烘焙过程中会被杀死,所以食用安全,英国1990年已经批准使用。参见:殷丽君,孔瑾,李再贵.转基因食品[M].北京:化学工业出版社,2002:93.

菜等粮食作物在国外已实现大规模商业化生产,是转基因植物中发展最为迅速的品种。截至目前,转基因植物仍然是转基因生物中最大的类别,全世界已经研究成功的转基因植物超过 35 科 120 种,涉及粮食作物、蔬菜、水果和林木等①。

(3)转基因动物及其产品

自 1982 年世界上首例转基因动物(鼠)诞生以来,转基因动物研究取得了长足发展,或许由于动物属于高级生物,基因结构比较复杂,生命结构距离人类太近,转基因动物的商业化生产面临更多的伦理上的争议,商业化进展比较缓慢;也正是因为动物生命结构离人类比较近,转基因动物食品具有高产量和高品质的优势,还可能具有保健和医疗功能。因此,世界各国对转基因动物研究十分重视,纷纷加大投入力度,努力争取先机。目前,全球已经培育出鼠、兔、猪、鱼、牛、鸡、山羊、绵羊、昆虫等 20 多种转基因动物②。转基因动物已经广泛应用于食品、医药、农业、生物材料等众多领域,尤其在转基因动物模型和生物反应器研究方面最为迅速③。

三、转基因生物的商业化现状④

(一)全球转基因生物商业化现状

尽管自转基因生物诞生伊始,就伴随着奉为天使的赞扬和视为魔鬼的诅咒,伴随着令人神往的美好憧憬和让人惶恐的安全隐患,伴随着日胜一日的科学及社会争议

---

① 薛达元.转基因生物安全与管理[M].北京:科学出版社,2009:42.

② 邹世颖,贺晓云,梁志宏,等.转基因动物食用安全评价体系的发展与展望[J].农业生物技术学报,2015,23(2):262-266.

③ 余乾,赵二虎,曹礼静,等.转基因动物及其产品的安全评估方法研究进展[J].中国生物工程杂志,2012,32(10):106-111.

④ 该部分相关数据来源于国际农业生物技术应用服务组织(The International Service for the Acquisition of Agri-biotech Applications, ISAAA)的统计报告。更详细的资料请参阅:Clive James. 20th Anniversary (1996 to 2015) of the Global Commercialization of Biotech Crops and Biotech Crop Highlights in 2015[DB/OL].访问日期:2016-11-12;国际农业生物技术应用服务组织.2019 全球生物技术/转基因作物商业化发展态势[J].中国生物工程杂志,2021,41(1):114-119;国际农业生物技术应用服务组织.2018 年全球生物技术/转基因作物商业化发展态势[J].中国生物工程杂志,2019,39(8):1-6;国际农业生物技术应用服务组织.2017 年全球生物技术/转基因作物商业化发展态势[J].中国生物工程杂志,2018,38(6):1-8;国际农业生物技术应用服务组织.2016 年全球生物技术/转基因作物商业化发展态势[J].中国生物工程杂志,2017,37(4):1-8;CLIVE J.2015 年全球生物技术/转基因作物商业化发展态势[J].中国生物工程杂志,2016,36(4):1-11;CLIVE J.2014 年全球生物技术/转基因作物商业化发展态势[J].中国生物工程杂志,2015,35(1):1-14.

和与日俱增的国内及国际诉讼,但是这些因素并未阻止甚至妨碍转基因生物的迅猛发展势头。

1. 转基因微生物商业化现状

伴随着科技的进步,微生物在农业、食品、医药、环境、能源等领域中发挥着越来越重要的作用。但是,天然野生型菌株和利用常规技术选育的微生物菌剂存在着产品持效期短、作用对象单一、易受自然环境影响、竞争存活能力有限等诸多不足,而转基因技术的出现,给微生物改造带来了勃勃生机。自1977年美国科学家Itakura等利用转基因技术改造大肠杆菌成功后,转基因技术迅速应用到其他微生物的改良之中,主要的微生物宿主包括大肠杆菌、枯草芽孢杆菌、面包酵母、毕赤酵母、多形汉逊酵母、黑曲霉等品种。20世纪90年代后,转基因微生物在全球范围内的多个领域得到了广泛应用。比如,据不完全统计,澳大利亚批准商业化的转基因微生物制剂已经涉及4种微生物33个品种。截至2008年9月,欧盟有108例转基因微生物被批准环境释放;截至2011年底,美国批准环境释放的转基因微生物有近32种约126例[1]。在医药领域,30多年来全球有数百种基因工程药物进入市场,有上千种基因工程药物正在进行临床试验,形成了一个新兴的朝阳产业[2]。在食品领域,转基因微生物可以产生多种新型发酵产品,例如,许多食品添加剂可由转基因微生物生产;人和动物体内的微量活性物质如胰岛素、人生长激素、凝乳酶等也可由转基因微生物进行量产。

2. 转基因植物商业化现状

(1)种植品种

目前,全球范围内已有30种转基因植物品种获得批准进行商业化种植。2011年,已有24种转基因植物品种获得批准进行商业化种植,包括大豆、棉花、油菜、烟草、马铃薯、番茄、水稻、南瓜、杨树、亚麻、小扁豆、甜瓜、甜菜、甜椒、苜蓿、番木瓜、李子、牵牛花、玫瑰花、康乃馨和匍匐翦股颖[3]。近几年来,又有桉树、苹果、茄子、甘蔗、红花、菠萝6种转基因作物获得批准商业化种植[4]。转基因小麦虽然于2004年就获

---

① 农业部农业转基因生物安全管理办公室,中国农业科学院生物技术研究所,中国农业生物技术学会.转基因30年实践[M].2版.北京:中国农业科学技术出版社,2012:167-204.

② 李校堃.基因工程药物研究与应用[M].北京:人民卫生出版社,2016:3.

③ 农业部农业转基因生物安全管理办公室,中国农业科学院生物技术研究所,中国农业生物技术学会.转基因30年实践[M].2版.北京:中国农业科学技术出版社,2012:27.

④ 国际农业生物技术应用服务组织.2019年全球生物技术/转基因作物商业化发展态势[J].中国生物工程杂志,2021,41(1):114-119.

得了美国 FDA 批准,可以用于食品和饲料,但至今未获得美国农业部和环境保护局的种植许可。

(2)种植面积

自 1996 年转基因作物实现商业化以来,全球转基因作物的种植面积基本每年都在增加,商业化 20 多年中有 12 年达到两位数的增长率。全球转基因作物的种植面积从 1996 年的 170 万公顷增加到 2019 年的 1.904 亿公顷,增加了约 112 倍。转基因作物商业化 20 多年,全球转基因作物种植面积累计达到了 27 亿公顷[①]。

(3)种植农民

转基因作物商业化 20 多年(1996—2018 年)来,有多达 1 700 万农民种植了转基因作物,其中约 95% 是发展中国家的小农户[②]。发展中国家小农户通过种植转基因作物,获得了可观的经济利益,改善了经济状况。除经济收益外,种植转基因作物使得杀虫剂的喷洒量减少了至少 50%,从而减少了农民暴露于杀虫剂的风险[③]。

(4)地域分布

2019 年,种植转基因作物的国家有 29 个,其中包括 24 个发展中国家和 5 个发达国家。按照种植面积排序为:美国、巴西、阿根廷、加拿大、印度、巴拉圭、中国、南非、巴基斯坦、玻利维亚、乌拉圭、菲律宾、澳大利亚、缅甸、苏丹、墨西哥、西班牙、哥伦比亚、越南、洪都拉斯、智利、马拉维、葡萄牙、印度尼西亚、孟加拉国、尼日利亚、埃斯瓦蒂尼、埃塞俄比亚、哥斯达黎加,前 11 个国家的种植面积都超过 100 万公顷[④]。其中,发展中国家种植面积占全球转基因作物种植面积的 56%,发达国家种植面积占从全球转基因作物种植面积的 44%[⑤]。

(5)经济价值

转基因作物商业化 20 多年(1996—2018 年)来,转基因作物种植共获得经济效益 2 249 亿美元。其中,美国获得经济效益 959 亿美元,阿根廷获得经济效益 281 亿

---

① ② ⑤ 国际农业生物技术应用服务组织.2019 年全球生物技术/转基因作物商业化发展态势[J].中国生物工程杂志,2021,41(1):114-119.

③ Clive James.2015 年全球生物技术/转基因作物商业化发展态势[J].中国生物工程杂志,2016,36(4):1-11.

④ 2019 年转基因作物全球种植前十一位情况如下:1.美国,种植面积71.5(百万公顷,下同),种植作物为玉米、大豆、棉花、苜蓿、油菜、甜菜、马铃薯、木瓜、南瓜、苹果;2.巴西,种植面积52.8,种植作物为大豆、玉米、棉花、甘蔗;3.阿根廷,种植面积24,种植作物为大豆、玉米、棉花、苜蓿;4.加拿大,种植面积12.5,种植作物为油菜、大豆、玉米、甜菜、苜蓿、马铃薯;5.印度,种植面积11.9,种植作物为棉花;6.巴拉圭,种植面积4.1,种植作物为大豆、玉米、棉花;7.中国,种植面积3.2,种植作物为棉花、木瓜;8.南非,种植面积2.7,种植作物为玉米、大豆、棉花;9.巴基斯坦,种植面积2.5,种植作物为棉花;10.玻利维亚,种植面积1.4,种植作物为大豆;11.乌拉圭,种植面积1.2,种植作物为大豆、玉米。

美元,巴西获得经济效益 266 亿美元,印度获得经济效益 243 亿美元,中国获得经济效益 232 亿美元,加拿大获得经济效益 97 亿美元,其他国家 232 亿美元①。

3. 转基因动物商业化现状

转基因动物研究虽然稍晚于转基因植物,但广阔的市场前景使得其发展非常迅速,必将成为继转基因植物之后又一新的全球经济增长点,是增强农牧业国际竞争力的重要保障。依据其应用前景将转基因动物分为 4 种类型:动物品种改良型、生物反应器型、疾病动物模型、制药或器官移植型②。其中,生物反应器型的转基因生物商业化程度较高。全球首个通过山羊乳腺生物反应器生产出重组人抗凝血酶Ⅲ(ATryn)于 2006 年获得欧洲医药评价署人用医药产品委员会的上市许可,这标志着通过转基因动物进行药物生产已进入了产业化阶段③;随后,2009 年美国 FDA 也批准了重组人抗凝血酶Ⅲ(ATryn)在美国上市,乳腺生物反应器的药用蛋白生产正式进入产业化阶段④。目前,转基因动物乳腺生物反应器表达的产品由最初的抗凝血酶Ⅲ、抗胰蛋白酶、纤维蛋白原、血清白蛋白、凝血因子Ⅷ等扩展到市场潜力巨大、其他系统难以生产而在乳腺中表达有明显优势的组织型纤溶酶原激活剂、乳铁蛋白、葡萄糖苷酶、抗体、超氧化物歧化酶、溶菌酶、蜘蛛牵丝蛋白和白介素Ⅱ等,其中近 30 种进入临床开发,部分已经获得批准上市⑤。2014 年美国 FDA 批准了转基因兔生产的治疗遗传性血管性水肿疾病的药物(Ruconest),2015 年美国 FDA 又批准了转基因鸡生产的治疗溶酶体酸性脂肪酶缺乏症的药物(Kanuma),但这种转基因鸡及鸡蛋本身并不能进入食品供应链⑥。值得注意的是,转基因动物在食品领域的商业化进程已经开启,2015年美国 FDA 批准转基因鲑鱼的商业化是一个标志性事件,转基因鲑鱼成为世界上第

---

① 国际农业生物技术应用服务组织.2019 年全球生物技术/转基因作物商业化发展态势[J].中国生物工程杂志,2021,41(1):114-119.

② 邹世颖,贺晓云,梁志宏,等.转基因动物食用安全评价体系的发展与展望[J].农业生物技术学报,2015,23(2):262-266.

③ 余乾,赵二虎,曹礼静,等.转基因动物及其产品的安全评估方法研究进展[J].中国生物工程杂志,2012,32(10):106-111.

④ 农业部农业转基因生物安全管理办公室等.转基因 30 年实践[M].北京:中国农业科学技术出版社,2012:135.

⑤ 梁振鑫,尹富强,刘庆友,等.转基因动物乳腺生物反应器相关技术及研究进展[J].中国生物工程杂志,2015,35(2):92-98.

⑥ Sheridan C. FDA approves' farmaceutical'drug from transgenic chickens[J]. Nature biotechnology,2016,34(2):117-119.

一个商业化的食用转基因动物品种①。为了促进美国转基因动物产业的发展,美国有学者提出建立专门的转基因生物伦理委员会,以消除转基因动物发展中的伦理障碍②。

(二)我国转基因生物商业化概况

1. 转基因微生物商业化状况

随着转基因技术的应用和发展,转基因微生物及其产品已经较为广泛地应用于我国医药、农业等领域。在医药领域,转基因生物主要用于生产药品或疫苗。根据农业部农业转基因生物安全管理办公室、中国农业科学院生物技术研究所和中国农业生物技术学会共同编著的《转基因 30 年实践》统计,截至 2011 年底,根据国家食品药品监督管理局和中国生物安全网统计,我国进行商业化生产的转基因微生物药物有596 例(其中,国家食品药品监督管理局 459 例,中国生物安全网 137 例),涉及胰岛素、干扰素、白介素、人生长激素和疫苗等③。2019 年我国生物医药的市场规模为 3 172 亿元,而包括现代生物发酵、生物基化学品以及生物基材料等主要生物制造产业规模已超过 8 000 亿元④。在农业领域,转基因微生物主要用于生产生物肥料、农药和饲料,截至 2011 年底,在我国境内申报并通过农业部批准获得转基因生物安全证书进入商业化生产的转基因微生物(生产疫苗和药物除外)共 21 例⑤。另外,根据我国农业部官网对外公布的农业转基因生物安全证书审批资料,2008—2022 年农业部批准获得转基因生物安全证书的转基因微生物(含生产疫苗和药物)共计 269 例⑥。

① Green D P. Genetically Engineered Salmon Approved for Food by US FDA[J]. Journal of Aquatic Food Product Technology,2016,25(2):145-146.

② Ingram H R. Got Bacon?: The Use of A Bioethics Advisory Board in Assessing The Future of Transgenic Animal Technology[J]. Nw. J. Tech. & Intell. Prop.,2017,14:393.

③ 李校堃.基因工程药物研究与应用[M].北京:人民卫生出版社,2016:12.

④ 韩祺,姜江,汪琪琦,等.我国工业生物技术和产业的现状、差距与任务[J].生物工程学报,2022,38(11):4035-4042.

⑤ 农业部农业转基因生物安全管理办公室,中国农业科学院生物技术研究所,中国农业生物技术学会.转基因30 年实践[M]. 2 版.北京:中国农业科学技术出版社,2012:165-200.

⑥ 数据来源于农业部官网,笔者进行了统计。具体批准情况如下:2008 年批准 11 例,2009 年批准 19 例,2010年批准 15 例,2012 年批准 15 例,2013 年批准 39 例,2014 年批准 11 例,2015 年批准 24 例,2016 年批准 25例,2017 年批准 9 例,2018 年批准 29 例,2019 年批准 10 例,2020 年批准 27 例,2021 年批准 14 例,2022 年批准 21 例。

2. 转基因植物商业化状况

截至目前,我国实现商业化的转基因植物有棉花、木瓜、杨树、番茄、甜椒和牵牛花。具体为:1997 年批准了耐储存番茄、抗虫棉花,1999 年批准了改变花色矮牵牛、抗病辣椒,2002 年批准了抗虫杨树,2006 年批准了抗病番木瓜①。另外,根据我国农业部官网对外公布的农业转基因生物安全证书审批资料,2008—2022 年农业部批准获得转基因生物安全证书的转基因植物(包括棉花、玉米、水稻、大豆、木瓜)共计 2 652 例。其中,转基因棉花 2 621 例,转基因玉米 19 例,转基因水稻 4 例,转基因大豆 4 例,转基因木瓜 4 例②。2014 年我国种植了 390 多万公顷转基因作物。其中,710 万小农户种植了 390 万公顷转基因棉花,转基因棉花种植率为 93%,广东、海南、广西种植了 8 500 公顷抗病毒木瓜,全国还种植了 543 公顷 Bt 白杨,以及种植面积非常少的转基因番茄和甜椒③。2015 年,我国种植了 370 万公顷转基因作物,其中基本是棉花以及很少量的木瓜和杨树④。2019 年,我国种植了 320 万公顷转基因作物,其中基本还是棉花以及很少量的木瓜和杨树⑤。2009 年 8 月,农业部批准了 2 种转基因水稻和 1 种转基因玉米的安全证书,距离商业化仅一步之遥,在全国范围内引起了轩然大波,直到 2014 年 8 月 3 份安全证书有效期届满,也未获批商业化种植⑥。2015 年,这 2 个转基因水稻品种和 1 个转基因玉米品种的转基因生物安全证书得以续期。

此外,我国批准进口转基因植物品种主要是转基因大豆、转基因玉米、转基因油菜、转基因甜菜及其制品。我国进口的转基因作物主要是大豆、玉米和油菜,主要用途是榨油和饲料。其中,转基因大豆的进口量最大,2020 年进口量超过 1 亿吨;转基因玉米在实行进口配额制度(即 720 万吨以内征收 1% 的进口关税,超过 720 万吨征

① 罗云波,贺晓云.中国转基因作物产业发展概述[J].中国食品学报,2014,14 (8):10-15.

② 数据来源于农业部官网,笔者进行了统计。具体批准情况如下:2008 年批准 238 例(棉花),2009 年批准 227 例(棉花 224 例、水稻 2 例、玉米 1 例),2010 年批准 169 例(棉花 168 例、木瓜 1 例),2012 年批准 143 例(棉花),2013 年批准 228 例(棉花),2014 年批准 145 例(棉花 142 例、水稻 2 例、玉米 1 例),2015 年批准 166 例(棉花 165 例、木瓜 1 例),2016 年批准 191 例(棉花),2017 年批准 7 例(棉花),2018 年批准 336 例(棉花 335 例、木瓜 1 例),2019 年批准 271 例(棉花 268 例、玉米 2 例、大豆 1 例),2020 年批准 172 例(棉花 161 例、玉米 9 例、大豆 1 例、木瓜 1 例),2021 年批准 306 例(棉花 305 例、大豆 1 例),2022 年批准 53 例(棉花 46 例、玉米 6 例、大豆 1 例)。

③ CLIVE J. 2014 年全球生物技术/转基因作物商业化发展态势[J].中国生物工程杂志,2015,35(1):1-14.

④ CLIVE J. 2015 年全球生物技术/转基因作物商业化发展态势[J].中国生物工程杂志,2016,36(4):1-11.

⑤ 国际农业生物技术应用服务组织.2019 年全球生物技术/转基因作物商业化发展态势[J].中国生物工程杂志,2021,41(1):114-119.

⑥ 张忠民.非转基因食品广告被叫停的法律剖析[J].社会科学家,2016 (5):115-119.

收65%的进口关税)情况下,2021年进口量达近3 000万吨①;转基因油菜的进口量相对偏小,年进口量基本在100多万吨到300多万吨之间波动②。

3. 转基因动物商业化状况

中国科学家在转基因动物领域的研究,通过国家转基因新品种培育重大专项和其他高科技项目的支持,在家畜转基因新品种选育和生物反应器生产功能物质等方面已达到国际先进水平。例如中国农业科学院、军事医学科学院、湖北省农业科学院等研究的节粮型高瘦肉转基因猪、ω-3脂肪酸去饱和酶基因转基因猪、转生长激素转基因猪、抗猪瘟病毒转基因猪、含绿色荧光蛋白转基因猪等。中国农业大学研发的转入乳铁蛋白、人溶菌酶、人α-乳清白蛋白牛、抗口蹄疫奶牛等。中国农业科学院等开发的ω-3多不饱和脂肪酸转基因牛③。扬州大学研究的转基因鸡,内蒙古大学研究的转基因绒山羊,中国农业大学研究的转mAAT基因转基因羊,西南大学研究的可产出彩色蚕丝(特异表达绿色荧光蛋白)的转基因绿色家蚕,中国科学院水生生物研究所研究转基因鲤鱼,第二军医大学研究的转基因鼠等。其中,商业化进程较快的是中国农业大学研制的人乳铁蛋白、乳清蛋白、溶菌酶转基因克隆牛,已经进入生产性试验阶段④。必须明确的是,截至目前,我国尚未批准转基因动物的商业化生产。

---

① 解伟,刘春明.生物育种产业化面临的机遇与政策保障[J].生物技术通报,2023,39(01):16-20.
② 罗云波,贺晓云.中国转基因作物产业发展概述[J].中国食品学报,2014,14 (8):10-15.
③ 邹世颖,贺晓云,梁志宏,等.转基因动物食用安全评价体系的发展与展望[J].农业生物技术学报,2015,23 (2):262-266.
④ 农业部农业转基因生物安全管理办公室,中国农业科学院生物技术研究所,中国农业生物技术学会.转基因30年实践[M].2版.北京:中国农业科学技术出版社,2012:135.

第二节　转基因生物安全问题

在讨论转基因生物安全性议题之前,很有必要厘清一个观念,以纠正长期以来人们形成的思维惯性。当前,人们谈到转基因生物存在安全风险,往往认为所有转基因生物都存在安全隐患,这是一个有失科学的思维习惯。与之形成鲜明对比的是,人们谈论食品存在安全风险,却并不会认为所有食品都存在安全隐患,而是认为有一部分食品存在安全隐患。事实上,转基因生物安全性问题与食品安全性问题类似,并非所有的转基因生物都会引起安全性问题。因此,笼统地主张转基因生物安全或不安全,都有失客观,只有具体到哪种转基因生物是否安全时才有实际意义和价值。当然,这并不妨碍我们从宏观视角探讨转基因生物安全性问题,就如同我们探讨食品安全性问题一样,只不过是以存在安全风险的转基因生物为讨论对象而已。

转基因生物引发的安全问题,主要体现在人类健康、生态环境和经济社会三个方面。在人类健康方面,主要有毒性、致敏性、抗生素耐药性、营养失衡等问题;在生态环境方面,主要有破坏生物多样性、制造超级杂草、基因污染等问题;在经济社会方面,主要有伦理道德、宗教信仰、消费者保护、国际贸易争端等问题。而且,从时间维度看,转基因生物引发的问题在研发试验、生产加工和流通消费环节中,呈现既交叉重叠,又侧重不同的态势。比如,在转基因生物的研发试验环节中,主要存在伦理道德争议、宗教信仰冲击、安全性评价和消费者决策权保护等问题,但也会存在研发人员身体健康、局部生态环境破坏等问题;在转基因生物的生产加工环节中,主要存在生态环境破坏的问题,但也会存在损害消费者权益的问题;在流通消费环节,主要存在消费者权益保护、国际贸易争端的问题,但也会存在伦理道德争议、宗教信仰冲击等问题。

一、人类健康方面的问题

转基因生物是否食用安全,是消费者最为关心的焦点议题。

（一）毒性

转基因生物是否具有毒性,是其安全性争议的焦点之一。在毒理学上,我们需要关注转基因生物是否具有免疫毒性、神经毒性、致癌性以及繁殖毒性等多个方面[1]。尽管有些传统作物也具有毒性,现在已知的植物毒素超过千种,通过对基因序列数据库 EMBL 和蛋白质序列数据库 SwissPort 的查询,共发现毒蛋白 1 458 种[2]。但是,转基因生物中外源基因,不仅可以自身进行表达,还可能影响受体生物原有基因的表达,有可能造成内源毒性释放、插入基因不稳定、基因沉默、代谢途径改变、沉默基因激活等一系列效果[3]。从理论上讲,任何外源基因的转入都可能导致转基因生物产生不可预知的或者意外的变化。如使原来未表达的基因表达,其表达物可能有害;或上调原有编码毒素的基因表达,产生更多的毒素[4]。而且,转基因生物中外源性基因的表达产物,并非受体生物的原有成分,所以不存在天然的降解酶和代谢循环,如此可能造成外源性基因的产物在人体中积累,或者不正常降解,甚至产生不可预知的分解产物。无论是外源性基因的产物还是其代谢过程中形成的新产物,都可能具有毒性[5]。比如,BT 系列的转基因生物都具有抗虫性,原理是 BT 毒素可以杀灭特定害虫,但 BT 毒素对人类可能也有毒害,可以引起胃痛、腹泻、皮疹等症状或者其他负面潜在效应,像星联玉米中含有的杀虫蛋白 Cry9C 就有明显的过敏毒性[6]。

另外,转基因生物存在提高新病毒出现的可能性,由于转基因作物的种植,新转入的基因会促成土壤中的微生物发生突变从而产生新的病毒,虽然这是植物性病毒,但这种病毒越过种子的壁垒,成为人类的病原体也并非没有可能[7]。

(二)抗生素耐药性

由于转基因技术的不完善性,基因转入受体生物的成功率较低,因此需要一个检验基因转入是否成功的方法。科学家们曾经普遍采取的方法是,在转化靶标基因的同时,转入特定抗生素抗性基因作为标记基因,然后将处理过的细胞在加入该抗生素的培育基中培养,存活下来的细胞就一定含有抗生素抗性基因;由于标记基因和靶标基因的位置很近,存活的细胞也被认为是转基因成功的个体[8]。所以,抗生素抗性基因作为标记基因,在商业转基因生物实验中大量使用,也就造成了抗生素抗性基因会

[1][3][5] 张忠民.转基因食品法律规制研究[D].重庆:重庆大学,2008:11.

[2] 黄昆仑,许文涛.转基因食品安全评价与检测技术[M].北京:科学出版社,2009:33.

[4] 展进涛,石成玉,陈超.转基因生物安全的公众隐忧与风险交流的机制创新[J].社会科学,2013(7):39-47.

[6] BERNSTEIN J A, BERNSTEIN I L, BUCCHINI L, et al. Clinical and laboratory investigation of allergy to genetically modified foods. [J]. Environmental Health Perspectives,2003,111(8):1114-1121.

[7] CHINEME OK A. A Need for Unbiased Research into the Potential Health Risks of Genetically Engineered Crop Products[J]. S. J. Agri. L. Rev.,2003(1):211.

[8] 张玲.转基因食品发展及其影响因素研究[D].南京:南京医科大学,2007:56.

一直存在于转基因生物的器官中,并且在转基因生物商业化后还可能发生漂移。比如,neo 基因是目前应用较多的抗生素标记基因,在转基因动植物(猪、水稻、棉花等)方面应用广泛,我国也获得了很多的含有 neo 基因的转基因动物。尽管研究结果表明,neo 基因表达的蛋白是安全的,但在转基因作物种植过程中,neo 基因被检测到能向土壤细菌及其共生的黑曲霉菌等细菌中漂移。而且,动物比植物更具有不可控性,一旦转基因动物体内的 neo 基因能向动物或细菌发生漂移,其危害将大于转基因植物①。

当人们长期食用含有抗生素抗性标记基因的食品时,食物进入人体后可能会将标记基因传给致病的细菌,使致病细菌对抗生素产生抗体。这就意味着一旦某些致病细菌产生了抗药性,对患者采取抗生素疗法将无法产生治疗效果②。不仅如此,现在已经有几种转基因生物采用卡那霉素抗性基因作为标记基因,这种基因只要发生单一突变就可以产生对氨基丁卡霉素的抗药性;而氨基丁卡霉素被认为是人类医药中的"保留"抗生素,是国际医药界储备的应急"救危"药物,至今还未被世界医药界启用③。这就意味着转基因生物滥用抗生素,使其抗性已经广为传布,很可能会造成人类面对疾病时无药可用的后果,这对人类而言是一个非常危险的信号。众所周知,自 1944 年起抗生素就是人类常用的消炎药品,对人类健康具有极其重要的意义。因此,已经有一些科研人员就转基因生物中的标记基因对人体可能造成的不良影响,向世人发出了警告。④

(三)致敏性

转基因生物或将产生新的致敏物质,是另一个被社会普遍关注的安全性问题。过敏性风险在医学上称为变应原性风险,它同免疫系统有密切关系。一般而言,人类变应原性风险是非常低的,只有少数人会有严重症状。而转基因食品可能诱发或者加重这种变应原性风险,因为受体生物引入外源性基因后,会带上新的遗传密码进而产生新的蛋白质,而蛋白质是引起食物过敏的根源,这就增加了食物的过敏原,这些

---

① 王庆庆,高鹏飞,李和刚,等.转基因猪中抗生素标记基因 neo 漂移风险评估[J].中国畜牧兽医,2015,42(10):2720-2725.

② 康均心,刘猛.转基因食品安全风险的法制监管[J].青海社会科学,2013(4):100-106.

③ 张玲.转基因食品发展及其影响因素研究[D].南京:南京医科大学,2007:56.

④ LUKE B. Bioethics Symposium: National and Global Implications of Genetically-Modified Organisms: Law, Ethics & Science: Engineering A Solution to Market Failure: A Disclosure Regime for Genetically Modified Organisms [J]. Cumb. L. Rev.,2003/2004 (34):429.

新蛋白质可能引起食用者或者接触者出现过敏反应①。例如,从巴西坚果中提取的2S清蛋白基因转入大豆后,产生了与巴西坚果的2S清蛋白分子量及性质相似的致敏性成分②。甚至即使插入的基因本身表达非致敏性蛋白也不能保证就没有致敏性,有研究发现从菜豆中转入α-淀粉酶抑制剂基因的豌豆再表达的分子结构发生了改变,从而引起机体过敏的特异性免疫原性反应③。

人类在自然环境中发育进化形成的人体免疫系统可能难以或者无法适应转基因生物生成的新型蛋白质而诱发过敏症④。转基因生物进入食物链后,这种过敏原对婴儿和儿童危害可能会更显著,因为成年人中食品过敏症发病率为1%到2%,而儿童则上升为6%到9%⑤。转基因生物导致过敏的原因,可能是由于外源基因本身的产物所致⑥,也可能是外源基因改变受体生物天然营养成分的表达水平所致。目前来看,转基因生物中新的蛋白质是否会导致过敏很难判定,因为许多外源基因来自一些永远都不会作为食品的微生物。更为雪上加霜的是,人类对食品过敏的检测能力也很有限,因为诊断食品过敏的方法很难找到或者不准确,绝大多数转基因食品的潜在致敏性是不确定、不可预见和不易测试的⑦。而且,在人类消化过程中,是否会产生新的过敏原也未可知,比如在体内蛋白质降解成为小片段或者多肽,这些新产生的未知因子的过敏特征就很不明朗。

另外,目前很少有人对转基因植物的花粉过敏问题进行研究,这或许是花粉不是食品的缘故,但从世界范围看,有些地区的人们确实把花粉作为美容产品或者其他营养品进行食用,所以转基因植物花粉也可能是新的过敏原。

(四)营养失衡

关系到人体健康的营养因子包括脂肪、糖类、蛋白质、维生素、矿物质等多种物质,转基因生物刻意增加某种营养因子的含量,可能会引起其他营养因子含量的变化或者失衡,在人们饮食文化和饮食习惯没有改变的情况下,可能会造成人们营养不平

---

① 张玲.转基因食品发展及其影响因素研究[D].南京:南京医科大学,2007:56.

② 王扬,刘晓莉.论我国转基因食品安全风险的法律防范[J].理论月刊,2014(8):104-107.

③ PRESCOTT V E, CAMPBELL P M, MOORE A, et al. Transgenic expression of bean alpha-amylase inhibitor in peas results in altered structure and immunogenicity. [J]. Journal of Agricultural & Food Chemistry, 2005, 53(23): 9023-9030.

④ 张玲.转基因食品发展及其影响因素研究[D].南京:南京医科大学,2007:56.

⑤ 张忠民.转基因食品法律规制研究[D].重庆:重庆大学,2008:12.

⑥ 周薇.游离于是非之间的未知数:转基因食品福兮?祸兮?[J].环境教育,2007(4):19-21.

⑦ 玛丽恩·内斯特尔.食品安全:令人震惊的食品行业真相[M].程池,黄宇彤,译.北京:社会科学文献出版社,2004:130.

衡从而损害人体健康[①]。而且,有研究发现,转基因作物由于目的基因的导入可能会引起转基因植株营养成分等发生变化[②]。由于外源基因的来源、切入位点的不同,且具有随机性,可能在转基因的过程中出现缺失、错码等基因突变的情况,从而使蛋白质产物的表达性状发生改变。这种改变可能会降低转基因食品中某些营养成分含量,以致降低食品的营养价值[③]。英国伦理与毒性中心的实验报告称,与一般天然大豆相比,在两种除锈剂或者抗除草剂的转基因大豆中,具有抗癌能力的异黄酮分别减少了12%和14%。转基因生物中插入的外源性目的基因改变了生物自身原有的复杂生物化学路径,改变了原有的新陈代谢,其生化作用的结果很难预料,还可能受环境条件变化的影响而产生变异[④]。如转基因油菜中的类胡萝卜素、维生素 E、叶绿素均发生了变化,油菜籽中芥酸胆碱也发生了变化;转基因玉米中的破坏营养成分的胰岛素抑制剂和肌醇六磷酸均有变化[⑤]。已经有实际案例证明,在炎热干燥气候条件下,RR 转基因大豆会发生大规模茎干爆裂事件,检测发现大豆体内木质素含量增加,而生长激素含量却比普通大豆要低12%到14%,这意味着大豆营养质量下降[⑥]。

另外,近年来的相关研究也从侧面说明了转基因生物存在人类健康方面的安全风险。任何生物体内除了按照中心法则(是指将 DNA 中的遗传信息转录给 RNA,再由核糖核酸编码蛋白质,以控制生物的生长发育过程)编码蛋白质,还有一些不执行编码信息的小的 RNA,主要是 miRNA。这些 miRNA 不能编号蛋白质,但却能在生物体内移动,在细胞中游动,能够阻止某些基因编号或表达,甚至是能够抑制、激活、关闭某些基因的功能和作用。这些 miRNA 虽然很小,但自从 1998 年被发现以来,科学家一致认为其是癌症、心脏病、心血管疾病的诱因。正是由于这项发现的重要性,两位 miRNA 的发现者在 2006 年分享了诺贝尔生理学或医学奖。我国南京大学张辰宇教授领导的课题组在近期的研究中,也发现了 miRNA 可以通过正常的饮食方式进入人体血液和组织器官中。这些小型 RNA 进入人体之后,可以调控人类基因的某些表达方式,影响人的正常生理功能,进而对人体健康产生影响。尤其是某些 miRNA 会黏附在受体的肝脏细胞上,进而影响血液的脂蛋白浓度。张辰宇教授的研究成果不是针对转基因的,更没有论证转基因的安全问题,但其研究结果与转基因技术有密切

① 张忠民.转基因食品法律规制研究[D].重庆:重庆大学,2008:13.

② 蒋显斌,黄芊,凌炎,等.利用黑肩绿盲蝽兼性取食特性评价转基因水稻生态风险[J].中国生物防治学报,2016,32 (3):311-317.

③ 康均心,刘猛.转基因食品安全风险的法制监管[J].青海社会科学,2013(4):100-106.

④ 张忠民.转基因食品法律规制研究[D].重庆:重庆大学,2008:13.

⑤ 张玲.转基因食品发展及其影响因素研究[D].南京:南京医科大学,2007:57.

⑥ 曾北危.转基因生物安全[M].北京:化学工业出版社,2004:50-54.

的关系,彻底突破了孟山都公司提出的中心法则和等同原则,以及外来蛋白质、DNA可以被消化系统降解的定论,从而证明了转基因产品并非是绝对安全的①。

二、生态环境方面的问题

近年来,在全球范围内,转基因作物可能带来的生态环境风险引起了越来越广泛的关注和争议②。

(一)破坏生物多样性

转基因生物可能通过多条路径破坏生物多样性。

其一,转基因生物会危及传统同类物种的生存。一方面,转基因生物具有抗虫、抗病、耐旱或者生长迅速、体型大等特点,生存能力和竞争能力更强,抵御天敌或者获取食物、营养的能力可能远强于传统生物,如此转基因生物的大规模环境释放,在物竞天择的自然法则下传统同类非转基因生物将被淘汰,该类生物种群势必没落。比如,一些转基因鱼具有生长迅速、形体较大、繁殖率高等竞争优势,在自然水体中大量饲养,很可能会导致同类鱼甚至其他鱼种群的灭绝。另一方面,转基因生物的大规模环境释放,给病原体增加了更强的选择压力,必然促进病原体不断进化,而病原体的不断进化将对转基因生物和传统同类生物均构成巨大威胁,最终导致该生物多样性丧失。比如,连续多年大面积种植抗虫转基因作物,将会导致害虫对转基因作物中的杀虫蛋白产生抗性,由于植物体内抗虫基因的持续表达,靶标害虫受到杀虫蛋白的长期选择而存活,产生杀虫蛋白抗性,最终改变靶标害虫生理小种③。

其二,转基因生物会危及非目标生物的生存。一方面,转基因生物的大规模环境释放会导致目标生物的数量急剧减少,必然导致以该目标生物为主食的生物种类和数量大幅减少,并且在生物链上具有传递性,最终危及大量非目标生物的生存。比如,不育转基因树木不产生花粉或果实,这可能会影响以花或果实为生的昆虫、鸟类和哺乳类动物的生存,继而又会影响猛禽数量等,从而摧毁这些地区森林生态系统的生物链④。另一方面,转基因生物本身可能对非目标生物同样具有一定杀伤力,从而破坏生物多样性。比如,有研究表明,目前世界上种植面积最大的 Bt 系列转基因作

---

① 吕丹丹.全球农业转基因技术的是与非[J].生态经济,2016,32(10):2-5.
② GILBERT N. A hard look at GM crops[J]. Nature, 2013,497(7447):24.
③ 展进涛,石成玉,陈超.转基因生物安全的公众隐忧与风险交流的机制创新[J].社会科学,2013(7):39-47.
④ 薛桂波.生态风险视域下林木转基因技术的"负责任创新"[J].自然辩证法研究,2015,31(7):32-37.

物,会影响帝王蝶幼虫的生存概率①。再比如,在 Bt 转基因作物叶子上的 Bt 毒性,会随着落叶进入泥土中并存活 3 个月以上,毒素对土壤中的微生物也会造成严重的危害②。

此外,转基因生物大规模环境释放,会产生基因漂流现象,与同类野生品种进行杂交,其所携带的新基因在野生物种中固定下来,也会导致生物多样性的减少③。

(二)制造超级杂草④

杂草具有很强的生命力和破坏力,严重影响农作物的产量,因而全球范围内农民都需要投入大量人力、物力来控制田间杂草⑤。所以,杂草化问题一直是转基因生物生态环境安全评价关注的重点,相关研究也相对较多⑥。抗除草剂转基因作物对除草剂具有抗性,因而农民可以通过喷洒除草剂来消除田间杂草,大大降低了除草成本。但恰恰是抗除草剂转基因作物这种特性,在大规模环境释放时,其携带的抗除草剂基因会发生基因漂移,致使其近缘杂草也具有抗除草剂特性,从而形成无法控制的超级杂草。特别是那些本身就具有较强杂草特性的转基因作物,比如转基因大麦、水稻、小麦、油菜等作物,将新基因漂移到野生亲缘种或者杂草的概率相对较大,更容易造成超级杂草。比如,在美国的 22 州就发现了 10 种以上的超级杂草⑦;而美洲、南欧和东南亚一些国家由于种植抗除草剂栽培稻品种(Clearfield),已经产生了大量抗除草剂杂草稻⑧。再比如,在加拿大转基因油菜田里就曾经发现了同时含有抗草甘膦、抗草铵膦和抗咪唑啉酮类三种除草剂基因的油菜自生苗,被认为是转基因作物与传统

① LOSEY J E, RAYOR L S, Carter M E. Transgenic Pollen Harms Monarch Larvae[J]. Nature, 1999, 399 (6733): 214.

② HAMILTON N D. Legal Issues Shaping Society's Acceptance of Biotechnology and Genetically Modified Organisms [J]. Drake J. agric. l, 2001, 81(105): 95.

③ GROSSMAN M R. Biotechnology, Property Rights and the Environment[J]. American Journal of Comparative Law, 2002, 50: 215-248.

④ 超级杂草一词来源于加拿大抗除草剂转基因油菜事件。加拿大种植油菜的农民,多年在同一或者相邻地块中,种植各种抗除草剂转基因油菜,后来发现油菜地里个别杂草植株居然可以抗一种以上的除草剂,这种可以抗除草剂的杂草被称为超级杂草。

⑤ 张忠民. 转基因食品法律规制研究[D]. 重庆:重庆大学, 2008:14.

⑥ 李建平,肖琴,周振亚. 中国农作物转基因技术风险的多级模糊综合评价[J]. 农业技术经济, 2013 (5):35-43.

⑦ SCOTT A H. Genetically Modified Crop Regulation: The Fraying of America's Patchwork Farm Lands[J]. Vill. Envtl. LJ, 2015, 26:145-167.

⑧ 卢宝荣,王磊,王哲. 转基因栽培稻基因漂移是否会带来环境生物安全影响? [J]. 中国科学:生命科学, 2016, 46(4):420-431.

作物之间发生基因漂移导致的①。即便是那些本身不具有杂草化特征的转基因作物，也可能通过花粉传播等途径造成基因漂移，将新基因转移到野生亲缘种或者杂草上，形成难以控制的超级杂草②。比如，在欧洲海甜菜和甜菜两种作物，就通过杂交产生了一种新型恶性杂草③。

另外，那些转入抗干旱、耐盐碱等其他抗逆性基因的转基因生物，在大规模环境释放时也会发生基因漂移，一旦该抗逆性基因被近缘杂草引入并固定，该类杂草的适应性会大大提升，在原来不能存活的环境中大量繁殖、生长，进而引起一系列生态环境问题④。

（三）基因污染

基因污染是由于对基因改造技术的不当利用而产生的一种新型环境污染⑤。基因污染是指在转基因生物研发试验、生产加工、流通消费环节中，由于基因漂移或者意外混杂导致其他传统生物含有新基因或者含有转基因成份⑥的情形。基因污染大体可分为两种情况，一是由于基因漂移造成的基因污染，二是由于意外混杂造成的基因污染。基因污染既可能导致生物多样性破坏、生态失衡等环境损害，又可能导致传统生物价值贬损、市场机会丧失等财产损害，还可能直接或间接地造成人身损害⑦。

基因漂移是导致基因污染的主要原因之一。基因漂移，又称为基因漂流，是指转基因生物在研发试验、种植养殖环节中，遗传物质（一个或多个基因）从某一个生物群体（或居群）到另一个生物群体（或居群）的过程。基因漂移既是生物进化的重要过程，也是自然界中经常发生的一种自然现象。根据漂移媒介的不同，基因漂移可分为

---

① ORSON J. Gene Stacking in Herbicide Tolerant Oilseed Rape：Lessons for the North American Experience [C]//English Nature Research Report No. 443, English Nature. 2002.

② SEAN D. Murphy. Biotechnology and International Law[J]. Harv. Int'l L. J., 2001（42）：47.

③ PARKER I M, BARTSCH D. Recent advances in ecological biosafety research on the risks of transgenic plants：A trans-continental perspective[M]//Transgenic Organisms. Birkhäuser Basel, 1996：147-161.

④ 牟文雅,贾艺凡,赵宗潮,等.转基因作物外源基因漂移风险及其控制技术研究进展[J].生态学杂志,2016, 35（1）：243-249.

⑤ 王康.基因改造生物环境污染损害的私法救济[J].法律科学：西北政法学院学报,2015（5）：148-162.

⑥ 特别说明：通常情况下，"成份"与"成分"可通用，但汉语表达时也会有相对固定的习惯，本书在通常情况下均表述为"成分"；但是，鉴于我国《农业转基因生物安全管理条例》《农业转基因生物标识管理办法》中使用的是"转基因成份"这一表述，因此本书所有这一含义下的表述均使用"成份"。

⑦ 王康.基因改造生物环境风险的法律防范[J].法制与社会发展,2016（6）：132-147.

花粉介导型、种子介导型、无性繁殖器官介导型 3 种类型①。根据漂移污染对象的不同,基因漂移可分为垂直漂移和水平漂移两个类型。基因垂直漂移是指转基因生物与近缘生物之间通过花粉传播等方式造成所携带新基因的转移。比如,转基因生物的花粉通过昆虫、鸟类、风力等媒介四处扩散,就可能污染周边的近缘生物或者可相容的生物的遗传基因②。基因水平漂移是指转基因生物与非近缘生物个体之间或单个细胞内部细胞器之间发生的新基因转移的情况,由于这种基因转移方式打破了生物种类界限,造成的基因污染情况更为复杂多变。比如,转基因林木根部很可能与土壤真菌发生共生作用,进而破坏土壤生态环境的平衡③。意外混杂是基因污染的另一个主要原因。意外混杂是指转基因生物在研发试验、生产加工、流通消费环节里,在转基因生物运输、贮存、使用、加工、销售等过程中,非基于当事人故意比如遗失、逃逸等情况,不慎将转基因生物混入传统生物及其产品之中,致使传统生物或产品含有转基因成份的情形。

基因污染可能造成生态环境破坏、人身健康损害、财产利益损失等诸多不利后果,因而成为引发侵权诉讼、贸易争端的重要因素。比如,在美洲先后发生了墨西哥转基因玉米污染事件、美国转基因稻米污染事件、加拿大转基因亚麻污染事件等④。再比如,在我国也先后发生了海南转基因作物非法种植事件、湖北转基因稻米非法种植事件等⑤。值得注意的是,近年来转基因污染引起的争议和诉讼呈现快速增长态势。

三、经济社会方面的问题

(一)伦理道德方面的问题

从生物育种视角来看,农业社会的生物繁衍是"自然恋爱",工业社会的杂交育种

① 牟文雅,贾艺凡,赵宗潮,等.转基因作物外源基因漂移风险及其控制技术研究进展[J].生态学杂志,2016,35(1):243-249.
② 倘若在国家边境地区种植转基因生物,还可能因为基因漂移引起国际争端,比如美国与墨西哥边境转基因玉米基因污染争议.参见:MILLER T O. Transgenic Transboundary Pollution:Liability when Genetically Modified Pollen Crosses National Borders[J]. McGeorge L. Rev.,2016,47:301-641.
③ 薛桂波.生态风险视域下林木转基因技术的"负责任创新"[J].自然辩证法研究,2015,31(7):32-37.
④ 刘旭霞,汪赛男.转基因作物与非转基因作物的共存立法动态研究——以美、日、欧应对基因污染事件为视角[J].生命科学,2011,23(2):216-220.
⑤ 王康.基因污染的侵权法意涵[J].兰州学刊,2014(12):103-109.

是"婚姻介绍",而现代社会的转基因技术是"操作强逼",转基因生物甚至打破了物种间的天然界限,属于"制造"出来的生物,因而势必引起诸多伦理道德争议①。转基因生物引发的伦理道德争议主要表现在三个方面,一是对转基因生物利用后果的伦理道德争议,包括生态环境安全、人类健康安全、风险管控、可持续发展等问题;二是转基因技术使用过程中的伦理道德争议,包括自然价值、自然秩序、生物尊严、生物完整性等问题;三是转基因生物应用相关行为主体的伦理道德问题,包括研发人员、生产加工者、政府等主体的行为所产生的伦理道德问题②。

首先,在转基因生物利用后果的伦理道德争议方面,很多学者认为转基因生物安全具有不确定性,可能给生态环境安全、人类健康安全带来潜在风险,是转基因生物伦理道德争议的焦点,学者们从不同视角对此展开讨论。比如,有观点认为,转基因生物产业要实现可持续发展,必须遵循尊重原则、公正原则、不伤害原则、预防原则等基本伦理原则③。

其次,在转基因技术使用过程中的伦理道德争议方面,主要观点是转基因技术不是一个小的技术进步,而是影响剧烈的、违反自然基本原则的新技术④,人类制造转基因生物违反道德伦理,是非自然的产物,因而主张反对发展这种非自然的转基因生物。认为使用转基因技术进行跨物种基因转移,本身就是"反进化"和"违背自然"的。人类发展转基因生物是运用"上帝之手"干预自然,是在"扮演上帝"的角色。转基因生物是一种内在的错误,人类不应该研究和发展非自然的转基因生物,更不应该对非自然的转基因生物进行大规模的产业化,否则会遭到自然的报复,后果将不堪设想⑤。有观点认为,无论转基因技术的现实功能是好是坏,有一点却是确切无疑的,即转基因技术是对生命自然存在方式的反对⑥。还有观点认为,这种"异源转基因技术"不仅损害了生物个体的完整性,还损害了生物物种的完整性,与"动物解放论""动物权利论""生物中心论"以及"物种本质论"相违背⑦。

① 肖显静.转基因技术本质特征的哲学分析——基于不同生物育种方式的比较研究[J].自然辩证法通讯, 2012,34(5):1-6.
② GREGOROWIUS D,LINDEMANN-MATTHIES P, HUPPENBAUER M. Ethical discourse on the use of genetically modified crops: a review of academic publications in the fields of ecology and environmental ethics[J]. Journal of agricultural and environmental ethics,2012,25(3):265-293.
③ 吴秋凤.转基因农业可持续发展的伦理原则[J].学术论坛,2009,32(2):24-26.
④ GOLUB, EDWARD S. Genetically Enhanced Food for Thought[J]. Nature Biotechnology,1997(15):112.
⑤ 毛新志.转基因作物产业化的伦理学研究[J].武汉理工大学学报(社会科学版),2011,24(4):451-457.
⑥ 阎莉,李立,王晗.转基因技术对生命自然存在方式的挑战[J].南京农业大学学报(社会科学版),2013,13(5):84-90.
⑦ 肖显静.转基因技术的伦理分析——基于生物完整性的视角[J].中国社会科学,2016(6):66-86.

最后,在转基因生物应用相关行为主体的伦理道德方面,政府对转基因生物的商业化决策需要遵循的伦理问题,是近年来争议的重点之一。2009 年我国政府向两种转基因稻米和一种转基因玉米颁发了安全证书,一石激起千层浪,在全国范围内引起了巨大的争议。有观点认为,尽管转基因生物的安全性具有科学上的不确定性,但政府在作出转基因生物商业化决策时,应当有确定性的伦理准则,那就是"尊重生命健康,避免遗传物质跨物种感染"和"不伤害其他生命,保持生物多样性"①。还有观点认为,从行政伦理的视角看,政府的转基因生物商业化决策,应当满足公众知情和自决的权利,甚至关于转基因生物的检测、监测、安全评价报告等"关键信息"都应当向公众公示,如此才能保障行政的规范性和提升公共行政的伦理精神②。对于科学家从事转基因生物研发中伦理缺失的问题,学者们也提出了严厉批评。2012 年,发生在我国湖南省的黄金大米事件一经曝光,就在国内引起了轩然大波,引发了转基因大米人体试验问题的伦理争议。有观点认为,湖南黄金大米事件说明现代社会中科技伦理的"中空"和"失效",科研人员对弱势群体进行人体试验的卑劣操行,会导致"科学"信仰时代的文化伦理危机③。还有观点认为,转基因大米人体试验要得到伦理上的辩护,除提高转基因大米的安全性之外,还必须遵循个人知情同意、不伤害、公平分配利益与承担风险等伦理原则④。另外,学者们对生产者非法种植转基因生物、加工者违法规避转基因食品标识等行为,也提出了伦理批评。在转基因生物应用相关行为者的责任承担问题上,有观点就主张转基因生物安全风险是人为造成的技术风险,因而必须对转基因生物的研发、决策、生产、加工、销售等相关主体进行有效的责任伦理规约⑤。

(二)宗教信仰方面的问题

人类利用转基因技术制造转基因生物的行为,与很多宗教信奉的教义存在冲突,因而引发了一系列宗教信仰方面的争议。转基因技术让人类拥有了上帝才能拥有的能力,这与基督教理论中只有上帝才具有创造万物权限理论相抵触。人类利用转基因技术制造转基因生物就是在"玩弄上帝",在"扮演上帝角色",违背基督教教义,因

---

① 朱俊林. 转基因食品安全不确定性决策的伦理思考[J]. 伦理学研究,2011(6):14-19.

② 刘柳,徐治立. 转基因作物产业化与行政伦理的进化[J]. 理论与改革,2016(3):118-121.

③ 杨澜涛,安娜. 转基因农作物研发的伦理困境与思考——从湖南黄金大米事件谈起[J]. 西北农林科技大学学报(社会科学版),2013,13(5):138-144.

④ 朱俊林. 转基因大米人体试验的伦理审视[J]. 伦理学研究,2013 (2):112-118.

⑤ 叶山岭. 对转基因食品安全的伦理探析[J]. 自然辩证法研究,2014,30(5):37-42.

而遭到许多欧美卫道人士的强烈反对①。佛教文化崇尚自然、奉行素食主义,反对人类干预自然,作为佛教发源地的印度,信奉佛教者众多,因而印度人尤其是信奉佛教的公众,对转基因食品持强烈反对态度,甚至经常采用游行示威、毁坏农田中的转基因作物的方式,抵制转基因作物和转基因食品②。

转基因技术能够实现不同物种之间的基因转移,而且受体生物在转入新基因后,往往不会改变受体生物的物理外观,致使公众无法通过物理外观加以分辨,如此可能给信教大众带来一系列心理困扰。比如,将猪、牛等动物基因引入某种植物中后,该转基因植物与传统植物在物理外观上并无区别,人们仅从物理外观上无从分辨其是否含有动物基因,由此可能导致有些宗教信众无意间破坏了所信奉的宗教戒律——佛教信众食用了含有动物基因的"素食"、回教信众食用了含有猪基因的食品、印度教信众食用了含有牛基因的食品等。在民主社会中,科技发展给人类带来福祉的同时,也必须尊重人们宗教信仰自由以及因宗教信仰而回避某些食物的权利,必须尊重他们自主决策的权利。而要让宗教信众实现自主选择的权利,完善的转基因生物标识制度至关重要。事实上,美国就发生了多起基于宗教信仰自由而就转基因生物标识问题提起诉讼的案例。比如,在美国的 Shalala 案③中,原告主张美国食品药品管理局对转基因食品实行的自愿标识制度,没有考虑到有些宗教对特殊食品的限制,违反美国宪法所保障的宗教信仰自由;同时,该政策加重了公民宗教信仰的负担,违反美国"宗教自由回复法"④的相关规定。尽管这些主张并未被法院所接受,法院认为食品药品管理局所采取的制度立场在宗教方面是中立的,原告无法证实自愿标识制度在实质上加重原告信仰宗教的负担;即使自愿标识制度偶然地加重了信仰宗教的负担,也不构成对宗教信仰自由的侵害,因为政府机关履行职责时,拒绝以符合特定公民的宗教信仰的方式行事,并不会造成一项实质性的负担;美国宪法所保障的宗教信仰自由,并不要求政府采取行动促进个人宗教信仰的实践⑤。但是,该案却反映出转基因生物在宗教信仰者中引发的伦理问题确实客观存在,有时还相当激烈⑥。

① 肖显静.伦理视域中的中国转基因水稻风险评价[J].兰州大学学报(社会科学版),2015,43(4):111-113.
② 管开明.社会学视野下转基因食品社会评价的影响因素分析[J].湖北社会科学,2012(4):36-38.
③ Alliance for Bio-Integrity, et al., v. Donna Shalala, et al.,116 F. Supp. 2d 166 (United States District Court for the District of Columbia 2000).
④ 42 U. S. C. 2000bb (2003).
⑤ 张忠民.美国转基因食品标识制度法律剖析[J].社会科学家,2007(6):70-74.
⑥ GLASGOW J. Genetically Modified Organisms, Religiously Motivated Concerns: The Role of the Right to Know in the GM Food Labeling Debate[J]. Drake J. Agric. L.,2015,20:115-136.

(三)消费者保护方面的问题

自转基因生物诞生伊始,特别是我国为三个品种的转基因主粮颁发安全证书以来,转基因生物成为消费者讨论的焦点。毕竟,转基因生物商业化后,会以各类转基因产品的形式提供给广大消费者,在转基因生物安全尚存争议的背景下,作为最终承受者的消费者,对该议题的持续关注,实属情理之中。近年来,诸如转基因稻种外流、科学家违规实验的报道时有发生,这无疑沉重打击了消费者的价值认同和体制性信任,增加了消费者的忧虑情绪①。目前,消费者对转基因生物议题关注的核心,是转基因生物商业化过程中的消费者权益保护问题,主要是消费者参与权、安全权、知情权以及自主选择权等基本权利的保障问题。

首先,消费者参与权问题。转基因生物商业化决策属于重大公共决策,消费者作为公众有权利也有义务参与决策,然而实践中公众参与往往被忽视,严重缺乏制度保障。2009 年,我国批准两种转基因稻米和一种转基因玉米安全证书,更加凸显出我国转基因生物商业化决策缺乏透明性、缺失公众参与使得社会上的批评也更加严厉。以致学者们提出,在新的转基因生物安全法规中,应该规定公众参与转基因生物安全管理的基本权利和参与决策的方式②。

其次,消费者安全权问题。转基因生物安全在科学上的不确定性,无论是在人类健康方面还是生态环境方面的安全风险,都会直接或间接地影响消费者的安全权。消费者认为,政府应当建立更为科学的转基因生物安全评价制度保障转基因生物安全,避免给作为最终承受者的消费者带来健康损害。

再次,消费者知情权问题。消费者对实现转基因生物知情权的呼声很高,因为知情权不仅是消费者的一项基本权利,还是消费者实现自主选择权的必要前提。而消费者知情权的实现,有赖于建立科学的转基因生物标识制度。

最后,消费者选择权问题。决定消费者是否购买转基因产品的因素很多,政治、经济、文化、宗教、伦理甚至个人偏好,都可能成为消费者作出购买决策的影响因素。但是,无论消费者基于何种因素作出决策,其自主选择权都应当得到尊重和维护。一方面,消费者呼吁必须拥有选择的权利,可以自由选择转基因生物产品或者非转基因生物产品;另一方面,消费者呼吁必须拥有选择的空间,倘若充斥市场的全部为转基因生物产品,那么消费者拥有的选择权也将失去意义。从实质上讲,消费者希望能通

---

① 贾鹤鹏,范敬群.知识与价值的博弈——公众质疑转基因的社会学与心理学因素分析[J].自然辩证法通讯,2016,38(2):7-13.

② 薛达元.转基因生物安全离不开公众参与[J].中国改革,2010(4):81-83.

过选择权的行使,让市场决定转基因生物的前途,而不是通过政府干预来决定转基因生物的命运。

(四)国际贸易方面的问题

近些年来,转基因生物产业发展异常迅猛,批准转基因生物商业化的国家越来越多,种植养殖面积和规模不断扩大,相应地,转基因生物产品贸易量也迅速增长。然而,由于国际社会在对转基因生物安全性的认识上存在严重分歧①,以及世界各国或地区在转基因生物的经济利益、技术水平、产业现状、贸易地位、文化传统等方面的情况截然不同,致使对转基因生物采取了不尽相同甚至截然相反的立场和态度,分别制定了最有利于本国或地区的转基因生物政策法规。比如,转基因生物研发的技术门槛很高、研发资金需求量极大,因而从转基因生物诞生伊始,就呈现了全球发展非常不均衡的局面。在技术上具有领先地位的国家或地区,必然追求研发投资回报,努力通过贸易实现其巨大的商业利益,因而会制定更有利于开展转基因生物贸易的宽松的政策法规。而技术上落后的国家或地区,为保护自身利益,必定会制定限制贸易的相对严格的政策法规,以应对来势凶猛的转基因生物国际贸易的冲击和扑朔迷离的转基因生物的潜在风险。遗憾的是,截至目前,世界上还没有一个组织针对转基因生物产品贸易制定过具有约束力的国际条约,相关规定仅是散见于世贸组织制定的多边贸易协议以及部分区域性组织制定的相关协议之中②。如此一来,转基因生物贸易量不断增加、各国国内法严重对立、国际法又缺乏具有约束力的规定,这一系列现象共同造成转基因生物产品国际贸易秩序的失控与混乱,并且常常演化为贸易摩擦和争端③。

实践中,转基因生物国际贸易争端主要集中在产品属于未准入转基因生物成份和产品中未准入转基因生物成份"低水平混杂(low level presence, LLP)"两种情况④。基于产品属于未准入转基因生物成份引起的贸易纠纷,最具代表性的当属 WTO 审理的欧美转基因食品案⑤,虽然此案已于 2006 年 11 月盖棺定论,但其折射出的转基因

① HARL N E. Biotechnology Policy:Global Economic and Legal Issues[J]. Proc Spie, 2005,7678(3):461-468.
② 胡加祥. 转基因产品贸易与国际法规制研究[J].山西大学学报(哲学社会科学版),2015,38(4):96-107.
③ 齐振宏,周萍入.转基因农产品国际贸易争端问题研究综述[J].商业研究,2012(2):14-19.
④ 谢传晓,李新海,张世煌.农产品未准入转基因成分"低水平混杂"的概念、成因及对策[J].作物杂志,2015(3):1-4.
⑤ 此案在 WTO 简称为"欧共体——影响生物技术产品的批准及销售措施案",国内习惯谓之"欧美转基因大战",鉴于争议产品主要为食品及其原料,本书以"欧美转基因食品案"命名之。

食品安全国际规范之间的冲突问题,值得人们深入思考①。值得注意的是,在转基因生物大规模商业化的情况下,要实现转基因成份零含量,根本无法做到,产品中转基因成份低水平混杂在所难免,因而近年来产品中未准入转基因生物成份"低水平混杂"引起的贸易纠纷更为频繁。比如,1998 年,加拿大出口欧盟的油菜籽产品中检测出转基因成份事件;2000 年,美国出口欧盟的产品中检测出 Starlink 玉米事件;2005 年,美国出口欧盟的产品中检测出 BT 10 大米事件;2006 年,美国出口欧盟的产品中检测出 LL 601 大米事件;2007 年,美国出口菲律宾和中国的产品中检测出 LL 601 大米事件,以及美国出口欧盟的产品中检测出 Herculex 玉米事件;2008 年,美国出口欧盟产品中检测出 Liberty Link 大米事件,中国出口欧盟和澳大利亚的产品中检测出 BT 63 大米事件;2009 年,中国出口奥地利的产品中检测出 BT 63 大米事件,美国出口欧盟的产品中检测出 MON 88017 玉米事件,以及中国、加拿大出口欧盟的产品中检测出 FP 967 亚麻籽事件;2010 年,中国出口欧盟的产品中检测出 FP 967 亚麻籽事件②;2014 年,美国出口中国的产品中多次检测出 MIR 162 玉米事件③等。目前,我国已经颁发了两种转基因稻米和一种转基因玉米的安全证书,这意味着在不久的将来,我国在大米、玉米及其相关产品出口贸易中,必将会因为转基因成份低水平混杂而引起大量贸易摩擦④。

(五)社会舆论方面的问题

众所周知,自转基因生物诞生以来,就伴随着诸多争议,随着转基因生物商业化进程的不断推进,这个涉及经济社会、伦理道德、文化传统等诸多因素的议题,演变的更为复杂而敏感,"挺转"者和"反转"者各执一端,关于转基因生物的"争吵"日趋激烈⑤。特别值得注意的是,关于转基因生物的争论已经脱离了理性的轨道。近年来,部分"反转"者制造了很多毫无事实根据的流言,通过各类媒介在公众中大肆传播,引发了公众对转基因生物的恐慌情绪。比如,美国人不吃转基因食品,印度农民因种植转基因棉花 13 年来共计自杀 20 万人,转基因玉米导致广西男大学生精液质量异常,

---

① 张忠民.转基因食品安全国际规范的冲突与协调——从"欧美转基因食品案"展开的思考[J].宁夏大学学报(人文社会科学版),2008,30(4):38-43.

② 徐丽丽,付仲文.国外转基因作物混杂安全管理及对我国的启示[J].价格理论与实践,2012(1):51-52.

③ 谢传晓,李新海,张世煌.农产品未准入转基因成分"低水平混杂"的概念、成因及对策[J].作物杂志,2015(3):1-4.

④ 徐丽丽,李宁,田志宏.转基因产品低水平混杂问题研究[J].中国农业大学学报(社会科学版),2012,29(2):125-132.

⑤ 许志龙.求真求实敢为人先——谈科技传媒的舆论引导力[J].青年记者,2016(24):16-17.

转基因大豆中的"不明病原体"导致 5 000 万中国人不育，转基因玉米种植让山西、吉林老鼠绝迹、母猪产仔少，我国转基因大豆油消费区域是肿瘤高发区等。个别"反转"者甚至抛出了各种阴谋论，比如斯诺登爆料基因战是对华绝杀，转基因是"共济会"用来减少世界人口的重要武器等[①]。与此同时，一些不具备专业知识的公众人物或组织机构曲解误读、随意发声，也进一步加剧了公众的恐慌心理[②]。遗憾的是，专家学者、权威部门并未对此及时回应，而且事后辟谣行动中专家解释的前后不一、相互矛盾，让公众丧失了判断能力[③]，促使公众已经质疑专家系统和权威主体，进而导致了转基因问题舆论引导的失败[④]。

　　社会上转基因生物的不良社会舆论，加剧了公众的恐慌心理，加重了公众的反转情绪，引发了一系列问题。首先，动摇了公众对科学系统和政府系统的体制性信任。公众对科学系统和政府系统的体制性信任，对于转基因生物产业健康发展至关重要，不可或缺。然而，人们开始质疑科学话语的权威性，开始怀疑政府决策的公正性。可以说，我国转基因问题舆论的演变，不断破坏着体制性信任[⑤]。其次，影响转基因生物产业的健康发展。参与转基因问题争议的主体越多，公众对转基因的认知就越发非理性，2015 年的一项调研表明，有 55.7% 的网民反对、质疑转基因技术、产品及其相关利益主体[⑥]。在此背景下，政府不可能无视公众对转基因生物的反对情绪，径行作出促进该产业发展的决策，从而产生了阻滞转基因生物产业健康发展的负面效果。最后，为部分市场主体扰乱市场秩序提供了温床。实践中，部分商家利用公众对转基因生物产品的恐惧心理，以"非转基因"为噱头大肆炒作，严重扰乱了转基因生物相关产品的市场秩序。

---

① 方玄昌.谣言地图:反转谣言的来龙去脉[C].基因农业网.转基因"真相"中的真相[M].北京:北京日报出版社,2016:40-46.

② 徐琳杰,孙卓婧,杨雄年,等.科学视角下的转基因技术认知和发展[J].中国生物工程杂志,2016,36(4):30-34.

③ 戴佳,曾繁旭,郭倩.风险沟通中的专家依赖:以转基因技术报道为例[J].新闻与传播研究,2015(5):32-45.

④ 芮必峰,董晨晨.舆论环境的变化与舆论引导的困境——以"转基因问题"为例[J].新闻界,2014(11):30-33.

⑤ 贾鹤鹏,范敬群.知识与价值的博弈——公众质疑转基因的社会学与心理学因素分析[J].自然辩证法通讯,2016,38(2):7-13.

⑥ 霍有光,于慧丽.从转基因事件透析公众心理诉求及调适对策[J].情报杂志,2016,35(2):122-127.

第二章 转基因生物安全法律制度的基础理论

第一节　转基因生物安全法律制度的法理基础

从制度功能的视角看,转基因生物安全法律制度的法理基础是维护生态环境安全、保障消费者权益和促进生物经济健康发展。

一、维护生态环境安全

目前,我国对于生态环境安全还没有统一的、成熟的概念。在学术领域,有的称之为生态安全,有的称之为环境安全,两种表述具有近似的内涵①。一般认为,生态环境是指由水、土、森林、动植物、空气等自然要素相互协调而有机构成的"综合体",生态环境安全是指生态环境不受或少受威胁和破坏的状态②。生态环境安全与国防安全、政治安全、经济安全一样,对于国家安全至关重要,都是国家安全的重要基石,而且生态环境安全是其他安全因素的基础和载体③。

改革开放以来,我国生态环境遭到巨大破坏,生态环境状况持续恶化,已经直接影响我国经济的可持续发展和人民生活水平的提高,也给国家安全带来了很大隐患。近年来,党和国家已经认识到生态环境形势的紧迫性和采取强有力措施的必要性,相继出台了一系列政策和法令④。2000 年,国务院发布的《全国生态环境保护纲要》⑤指出,生态环境保护是功在当代、惠及子孙的伟大事业和宏伟工程;坚持不懈地搞好生态环境保护是保证经济社会健康发展,实现中华民族伟大复兴的需要。2014 年,我国出台的《全国生态保护与建设规划(2013—2020 年)》⑥明确提出,加强生态保护与建设,提高生态承载力,是加快转变经济发展方式,建设生态文明,实现科学发展的重要内容;是促进全面建设小康社会,建设美丽中国,实现中华民族永续发展的根本要求。

① 王树义.生态安全及其立法问题探讨[J].法学评论,2006(3):123-129.
② 周珂,王权典.论国家生态环境安全法律问题[J].江海学刊,2003(1):113-120.
③ 曲格平.关注生态安全之一:生态环境问题已经成为国家安全的热门话题[J].环境保护,2002(5):3-5.
④ 石玉林,于贵瑞,王浩,等.中国生态环境安全态势分析与战略思考[J].资源科学,2015,37(7):1305-1313.
⑤ 国发〔2000〕38 号。
⑥ 发改农经〔2014〕226 号。

可见,新世纪以来,我国政府已经从发展战略层面强调生态环境保护①。我党在总结经验和教训的基础上,及时提出建立生态文明制度,健全生态环境保护的体制机制②。党的十八大报告明确指出,面对环境污染严重、生态系统退化的严峻形势,必须树立尊重自然、顺应自然、保护自然的生态文明理念,把生态文明建设放在突出地位。而生态环境保护是生态文明建设的主阵地,是建设美丽中国的主干线、大舞台和着力点③。2014年,我国修订《环境保护法》,将"保护和改善环境,防治污染和其他公害,保障公众健康,推进生态文明建设,促进经济社会可持续发展"明确为立法目的。

如前所述,转基因生物在研发、生产和流通环节中,都可能引发破坏生物多样性、制造超级杂草、基因污染等生态环境安全问题;而且,伴随着人类转基因技术水平的不断提高,转基因生物将"呈现出更多的与环境的不协调性,其一旦释放到环境中,必然会对自然环境产生更为深远的影响"④。在我国建设生态文明的大背景下,法律制度建设是生态文明建设的先导和基础⑤。面对转基因生物引发的生态环境安全挑战,我国需要具体的、可行的、定型化的生态文明法律制度作保障⑥。换言之,维护生态环境安全必然是转基因生物安全法律制度的法理基础之一,必须体现于转基因生物研发审批制度、转基因生物安全评价制度、转基因生物商业化决策制度等诸多法律制度之中。

二、保障消费者权益

转基因生物安全的最终承担者是广大消费者。在市场经济中,人人都需要消费,人人都会成为消费者。我国消费者权益保护法明确规定"国家保护消费者的合法权益不受侵害。国家采取措施,保障消费者依法行使权利,维护消费者的合法权益。保护消费者的合法权益是全社会的共同责任"。消费者权益应当包括消费者权利和消费者利益两方面的含义,既包括消费者依据宪法和法律所享有的一切权利,又包括消费者依据人权原则应该享有而法律未规定的权利⑦。因为,消费者权益体现了人权中

---

① 洪大用.经济增长、环境保护与生态现代化——以环境社会学为视角[J].中国社会科学,2012(9):82-99.

② 熊伟.环境财政、法制创新与生态文明建设[J].法学论坛,2014(4):62-69.

③ 黄巧云,田雪.生态文明建设背景下的农村环境问题及对策[J].华中农业大学学报(社会科学版),2014,33(2):10-15.

④ 陆群峰,肖显静.农业转基因技术应用对公众环境权的伤害性分析[J].中国科技论坛,2012(8):126-130.

⑤ 徐以祥,刘海波.生态文明与我国环境法律责任立法的完善[J].法学杂志,2014,35(7):30-37.

⑥ 王树义,周迪.生态文明建设与环境法治[J].中国高校社会科学,2014(2):114-124.

⑦ 管斌.论消费者权利的人权维度——兼评《中华人民共和国消费者权益保护法》的相关规定[J].法商研究,2008(5):57-67.

的平等属性,保护消费者权益是保障人权的重要体现,保护消费者权益是实现生存权的重要内容①。

转基因生物安全对消费者权益构成巨大威胁。首先,转基因生物可能存在毒性、致敏性、抗生素耐药性、营养失衡等安全隐患,会损害消费者的安全保障权(人身健康权)。消费者健康权是公民健康权的具体表现形式,是一项与生俱来的权利,须臾不可离开的权利,是人权的重要内容和表现形式;而"健康权作为一项绝对的基本人权,被写入国际和区域性人权公约与文件、国内宪法中,成为国际社会与许多国家致力于保护的基本权利之一"②。其次,转基因生物商业化决策中,可能会损害消费者的参与权。比如,我国当前的转基因生物商业化决策机制,基本排除了消费者参与决策的途径,使得作为最终承受者的消费者集体失去话语权。再次,转基因生物标识问题,可能会损害消费者的知情权和选择权。转基因生物与传统生物在物理外观上往往没有区别,消费者无法通过自身能力进行识别,倘若没有转基因生物标识,消费者根本无法实现知情权,选择权的实现更加无从谈起。最后,转基因生物引发的社会舆论、伦理道德、宗教信仰等方面的问题,可能损害消费者的精神健康权。消费者有自己的安全认知能力,有自己的伦理道德标准,还可能有自己的宗教信仰,在转基因生物的冲击下,会导致消费者精神上的困惑和焦虑。

所以,转基因生物安全法律制度必须为保护消费者权益提供制度支撑,而保障消费者权益也必然是转基因生物安全法律制度的法理基础之一。保障消费者权益应当体现于转基因生物安全评价制度、转基因生物商业化公众参与制度、转基因生物标识制度等诸多法律制度之中。

三、促进生物经济健康发展

21 世纪是生物经济的世纪,生物经济健康发展对我国而言至关重要。2000 年,生物经济的概念由斯坦·戴维斯和克里斯托弗·迈耶正式提出,但并未给出确切定义③。有学者认为,生物经济是以现代生物技术研究开发与应用为基础的、建立在转基因技术产品和产业之上的经济,是一个与农业经济、工业经济、信息经济相对应的新经济形态④。2012 年,美国白宫发布的《国家生物经济蓝图》中,将生物经济定义为

① 杨狄,梁超. 以"人权"为视角解读消费者权利[J]. 内蒙古师大学报(哲学社会科学版),2015(1):69-73.
② 杜承铭,谢敏贤. 论健康权的宪法权利属性及实现[J]. 河北法学,2007(1):64.
③ STAN D, CHRISTOPHER M. What will Replace the Tech Economy[J]. Time,2000(21):76-77.
④ 邓心安. 生物经济时代与新型农业体系[J]. 中国科技论坛,2002(2):16-20.

以生物技术科学研究与创新的应用为基础,用以创造经济活动与公共利益的经济形态①。生物经济被誉为继农业经济、工业经济、信息经济之后人类社会经历的"第四次浪潮"②。近年来,生物经济在全球范围内呈现蓬勃发展的态势。世界上主要发达国家和新兴经济体纷纷结合国情制定了最有利于本国生物经济的发展战略,作出了最有利于本国生物产业发展的部署。世界各国都认识到,目前生物产业正处于成长时期,还尚未形成由少数国家控制产业发展的垄断格局③,只有尽早作出相应安排和部署,才能在将来的世界经济格局中获取有利的地位,因为历史上每一次大国或强国的崛起都是在技术革命和产业革命中完成的④。可以预见,转基因技术占有优势的国家会谋求强势地位,以便形成垄断转基因生物产业之势;转基因技术相对落后的国家则会迎头追赶,甚至谋求局部领先,以便在国际分工格局中占据有利地位。

我国正处于加速工业化、城镇化进程中,面临日趋严峻的食品安全保障、能源资源短缺、生态环境恶化等挑战,对发展生物经济有着比发达国家更加迫切的战略需求⑤。所以,国家对发展生物经济非常重视,近年来制定了一系列推动生物技术研发和产业发展的规划和政策。2006年2月,国务院发布《国家中长期科学和技术发展规划纲要(2006—2020年)》⑥,将生物技术列为八大前沿技术之首⑦,转基因生物新品

---

① HOUSE T W. National Bioeconomy Blueprint, April 2012[J]. Industrial Biotechnology, 2012,8(3):97-102.

② 邓心安,张应禄.经济时代的演进及生物经济法则初探[J].浙江大学学报(人文社会科学版),2010,40(2):144-151.

③ 参见《国家中长期科学和技术发展规划纲要(2006—2020年)》的内容。

④ 在16—17世纪,荷兰在造船、金融及贸易等领域远比英国具有优势,而处于落后地位的英国却全力投入新技术领域,通过实现纺织业、钢铁业等新兴产业的跨越发展率先进入工业化时代。德国在19世纪末20世纪初一举超过英法成为欧洲第一强国,其重要原因也是抓住了第二次技术革命引发的化工、电气等新兴产业形成的机会,在较高起点上开始了德国工业化的飞跃。20世纪90年代以来的信息革命,进一步强化了美国的世界头号大国地位。

⑤ 邓心安,楚宗岭,程子昂.美国生物经济政策及其比较性建议[J].资源科学,2013,35(11):2188-2193.

⑥ 国发〔2005〕44号。

⑦ 前沿技术是指高技术领域中具有前瞻性、先导性和探索性的重大技术,是未来高技术更新换代和新兴产业发展的重要基础,是国家高技术创新能力的综合体现。选择前沿技术的主要原则:一是代表世界高技术前沿的发展方向。二是对国家未来新兴产业的形成和发展具有引领作用。三是有利于产业技术的更新换代,实现跨越发展。四是具备较好的人才队伍和研究开发基础。根据以上原则,要超前部署一批前沿技术,发挥科技引领未来发展的先导作用,提高我国高技术的研究开发能力和产业的国际竞争力。其他前沿技术依次是:信息技术、新材料技术、先进制造技术、先进能源技术、海洋技术、激光技术、空天技术。

种培育被列为十六个重大专项①之一。2007 年 4 月,我国出台《生物产业发展"十一五"规划》②,明确指出:生物科技的重大突破正在迅速孕育和催生新的产业革命,新的国际产业分工格局快速形成。抓住生物科技发展的机遇,把生物产业作为重点战略产业加快发展,对缓解经济发展瓶颈制约,全面建设小康社会具有重大战略意义。2007 年 6 月,国家农业部发布的《农业科技发展规划(2006—2020 年)》③提出的第一个目标就是:继续保持水稻、转基因抗虫棉、基因工程疫苗等方面的国际领先优势,带动畜禽水产优良品种、专用特色品种培育取得突破。2009 年,国务院办公厅出台《促进生物产业加快发展的若干政策》④明确指出,加快把生物产业培育成为高技术领域的支柱产业和国家的战略性新兴产业,是我在新世纪把握新科技革命战略机遇、全面建设创新型国家的重大举措。2012 年底,国务院出台《生物产业发展规划》⑤,再次强调生物产业是国家确定的一项战略性新兴产业,并明确了我国生物产业发展的指导思想、基本原则、发展目标、重点领域、主要任务和保障措施。

我国要实现生物产业健康发展的国家战略,需要法律制度的支撑。考察世界生物经济相对发达国家的生物产业发展历程,会发现制度变迁对发展生物产业、推动生物经济发挥着几乎与技术变革同等重要的作用⑥。有学者甚至认为,对经济增长起决定作用的是制度性因素而非技术性因素⑦。法律制度是经济发展的产物,又会反作用于经济发展。在我国大力发展生物经济的过程中,转基因生物安全法律制度必然会充当起生物经济发展过程中所产生的正面影响与负面效应之"调节器"的角色,利用其自身的特有调整机制来影响并促进生物经济的发展⑧。生物经济的快速发展需要法律推进,生物经济的健康发展需要法律保障⑨。一方面,转基因生物安全法律制度

---

① 重大专项是为了实现国家目标,通过核心技术突破和资源集成,在一定时限内完成的重大战略产品、关键共性技术和重大工程,是我国科技发展的重中之重。规划纲要确定的其他重大专项是:核心电子器件、高端通用芯片及基础软件,极大规模集成电路制造技术及成套工艺,新一代宽带无线移动通信,高档数控机床与基础制造技术,大型油气田及煤层气开发,大型先进压水堆及高温气冷堆核电站,水体污染控制与治理,转基因生物新品种培育,重大新药创制,艾滋病和病毒性肝炎等重大传染病防治,大型飞机,高分辨率对地观测系统,载人航天与探月工程等。
② 国办发〔2007〕23 号。
③ 农科教发〔2007〕6 号。
④ 国办发〔2009〕45 号。
⑤ 国发〔2012〕65 号。
⑥ 孔令刚,蒋晓岚."生物经济"的兴起与实施"生物经济"强国战略[J].技术经济,2007,26(11):125-128.
⑦ 杨瑞龙.制度创新:经济增长的源泉[J].经济体制改革,1993(5):19-28.
⑧ 刘长秋.生物经济发展的法律需求及其立法原则研究[J].中国科技论坛,2014(3):48-52.
⑨ 刘长秋.生物经济发展与生命法学——兼论当代生命法学的发展机遇及中国生命法学的使命[J].政治与法律,2012(7):80-89.

能够为生物经济营造良好的健康发展环境。科学的转基因生物安全法律制度,能够消解转基因生物引发的伦理道德、宗教信仰、社会舆论等方面的争议,为生物经济健康发展营造和谐的社会环境;能够协调好生物产业发展中利益相关者如政府、生物科技公司、生产商、销售商、农民、消费者、科学家、社会组织之间的利益关系①,规范好生物技术产品市场的经济秩序,为生物经济健康发展营造良好的经济环境。另一方面,转基因生物安全法律制度能够防范生物经济发展带来的负面效应。科学的转基因生物安全法律制度能够有效防范转基因生物潜在的生态环境风险和人类健康风险,为生物经济健康发展排除障碍。所以,转基因生物安全法律制度应当为促进生物经济健康发展提供有力的制度支撑,而促进生物经济健康发展也必然是转基因生物安全法律制度最为重要的法理基础。促进生物经济健康发展应当充分体现于转基因生物研发试验、生产加工、流通消费、安全救济等各个环节的安全法律制度之中。

---

① 霍有光,于慧丽.利益相关者视阈下转基因技术应用的利益关系及利益协调[J].科技管理研究,2016,36(2):229-233.

第二节　转基因生物安全法律制度的价值取向

　　价值取向对法律制度至关重要,法律制度所追求的价值贯穿于整个法律制度,是法律对各种事物或行为进行价值判断时的准则,是法律制度的逻辑起点和归宿。在讨论转基因生物安全法律制度的价值取向之前,有必要明确三个基本观点。一是指导转基因生物安全法律制度的价值观。人类中心主义价值观,认为人类在自然界中居于中心地位,将人视为自然界的主宰,具有无与伦比的优越性[①],其他生物作为"他者"没有任何"内在价值",因而只要能为人类带来利益和价值,在不会给人类带来伤害的前提下,人类就有权力肆意利用转基因技术改造其他生物,而"将自然排除在人类道德关怀的范围之外"[②]。生态中心主义价值观是反思人类中心主义价值观带来种种危机的产物,认为人类伦理关怀和权利主体的范围应扩展至整个生态系统、自然过程以及其他存在物,生物圈中的一切存在物均处于平等地位,人类应当"通过最大限度地发掘人内心深处的善以及弘扬这种善来达到人与自然的内在和谐"[③],因而人类利用转基因技术来改变生物属性、干预生物的进化的行为,缺乏合法性基础。中国传统哲学价值观,主张"天人合一论",追求"人与自然内在统一",承认自然界有"内在价值",但有待于人去将自然界的法则实现出来,即"人为天地立心",但人必须抱

[①]　人类比自然高贵和优越这一传统,不仅在近现代以来的西方哲学、文化中居于主导地位,而且可以上溯到基督教文化。按照基督教学说,上帝创造了世界,创造了人。但是,人被创造之后,便与自然界相对立。人类的祖先吃了智慧果,因此人类有智慧。人类有了智慧,就有能力认识和改造自然,成为自然界的主人。这也是上帝给人类的权利,是上帝要人类去统治自然的。人类以其智慧征服自然,同时就是"赎罪",最后便能得到上帝的眷顾和恩宠。在人与自然之间,只有冲突和暴力,无和谐可言。基督教的男权主义,不仅是指男人对女人的统治和暴力,而且是指人对自然界的统治和暴力。按照这种男权主义,人是自然界的"主人",而自然界是被占有的"奴隶",人与自然界的关系是主奴关系、统治与被统治的关系、征服与被征服的关系。基督教虽然提倡人类的爱,但这首先是爱上帝,其次是在人与人之间实行"在上帝面前人人平等"式的爱,自然界的万物包括动物、植物从来没有成为人类之爱的对象。参见:胡志红.西方生态批评研究[M].北京:中国社会科学出版社,2006:51-58;蒙培元.人与自然:中国哲学生态观[M].北京:人民出版社,2004:56-57.

[②]　雷毅.深层生态学思想研究[M].北京:清华大学出版社,2001:15.

[③]　胡志红.西方生态批评研究[M].北京:中国社会科学出版社,2006:36,45.

有一颗"仁心",而非"私心",如此才能实现"与天地合其德"这个人类生命的最高价值①。中国传统哲学价值观下,人类利用转基因技术改良其他生物,是在履行帮助自然界实现"内在价值"的义务,即"人为天地立心",但前提是人类必须持有一颗从爱护所有生物和维护自然界和谐稳定出发的"仁心",否则,就走向了反面。中国传统哲学"既包含了人类中心主义某些内容,又包含着生态中心主义某些内容"②,因而调和了人类中心主义和生态中心主义的冲突。笔者认为,我国转基因生物安全法律制度是在中国传统哲学价值观指导下建立起来的③。二是关于转基因生物安全法律制度的调整对象。笔者认为转基因生物安全法律制度不仅调整人与人之间的社会关系,还调整人与自然之间的关系。三是关于对法的价值的认识。有学者认为"所谓法的价值就是指法作为客体能够满足作为主体的人的需要的或与需要相一致或接近的性质。法的价值的主体是人,是指具有社会性的社会人的总称。法的价值的客体就是法本身,这个法是指广义的法,即法律规范和法律事实的总称,它包括法的制度、法的运行事实和以观念形态存在的法"④。笔者认为法的价值主体应当扩大到自然界,这既是人类实现可持续发展的内在需要,也是人与自然和谐相处的必然要求,唯如此才能体现中国传统哲学价值观的真正内涵。

一、安全价值

所谓安全,是一种平衡状态,是指人、物及其环境都趋于平衡与和谐的关系,一切系统呈现出无危险、无冲突、无事故、无损害的状态⑤。从法律价值视角讲,安全是指通过法律力求实现的,社会系统、自然系统基于其要素的合理结构而形成的安定状态,以及主体对这种状态的主观体验、认知和评价⑥。从人权视角讲,安全价值体现为安全权,它以公民主体的安全利益为调整对象,又从公民主体出发,延伸到不同主体、不同领域,甚至不同范畴的安全利益⑦。安全源于人性,由法律予以保障;人类在崇尚以自主意志生存发展进而实现幸福的同时,不断寻求安全的实现与保护⑧。对于人类

① 蒙培元.人与自然:中国哲学生态观[M].北京:人民出版社,2004:419-422.
② 赵绘宇.生态系统管理法律研究[M].上海:上海交通大学出版社,2006:32.
③ 张忠民.论转基因食品法律规制的哲学基础——以中国传统哲学为中心[J].创新,2011(5):81-85.
④ 刘建辉.论环境法的价值[J].河北法学,2003(2):67-68.
⑤ 刘宽红,鲍鸥.安全文化的人本价值取向及其系统模式研究[J].自然辩证法研究,2009,25(1):97-102.
⑥ 安东.论法律的安全价值[J].法学评论,2012(3):3-8.
⑦ 张洪波.以安全为中心的法律价值冲突及关系架构[J].南京社会科学,2014(9):89-95.
⑧ 罗杭春.论国家经济安全是经济法的首要价值[J].湖南社会科学,2009(4):62-64.

而言,安全是最基本的心理欲求,无论个人还是群体,都从未减少过对安全的欲求。安全是转基因生物安全法律制度追求的最重要的价值取向,包括人类安全和生态安全两个方面①。

(一)人类安全

人类安全是指人类的生命、健康、精神及财产不受威胁、不受损害的稳定持续状态。对个人而言,意味着生命、健康、财产和其他种种自由权利免遭侵害;对于社会而言,意味着安宁、稳定与和谐。在转基因生物安全法律制度的语境中,人类安全是指公众免受转基因技术的发展及其应用而造成损害或形成威胁的权利②。转基因生物安全法律制度应当保护以下五个方面的人类安全。第一,人类生命安全。比如,转基因技术研发过程中使用卡那霉素抗性基因作为标记基因,这种基因只要发生单一突变就可以产生对氨基丁卡霉素的抗药性;而氨基丁卡霉素被认为是人类医药中的"保留"抗生素,是国际医药界储备的应急"救危"药物,至今还未被世界医药界启用。倘若病毒对氨基丁卡霉素产生抗药性,就非常可能威胁到人类生命的安全。第二,人类健康安全。如前所述,转基因生物对人类健康的潜在威胁可能体现在毒性、过敏性、抗药性、营养成分损失、免疫力下降等诸多方面,这些健康风险既可能给人类带来短期的直接危害,也可能给人类带来长期的间接危害。第三,人类精神安全。转基因生物对人类健康和生态环境的潜在风险,已经让人们产生了担忧情绪;转基因生物对宗教信仰和伦理道德的冲击,已经使人民产生了心理困扰。实践中,这种担忧和困扰情绪在不实谣言、负面舆论以及不良广告的欺诈和误导下,很容易让人们产生紧张、焦虑甚至恐惧的心理,从而严重损害人们的精神利益。第四,人类财产安全。人们需要支付更高价格购买非转基因生物产品、转基因生物带来精神损害的医疗费用、转基因生物侵害的维权费用等情况,都会造成人们财产的损失。第五,人类代际安全。人们在食用或使用转基因生物产品后,其潜在的负面效应可能会遗传给下一代,进而代代积累,造成更大的伤害,转基因生物安全法律制度应当防止这种潜在风险转变为现实损害。

(二)生态安全

生态安全是指生态环境不受或少受威胁、破坏的稳定状态③。生态环境有其自身

---

① 张忠民.转基因食品法律规制研究[D].重庆:重庆大学,2008:35.

② 于文轩.生物安全法之正义价值探析——以罗尔斯正义理论为视角[J].法商研究,2008(2):96-105.

③ 周珂,王权典.论国家生态环境安全法律问题[J].江海学刊,2003(1):113-120.

的内在自然规律,有其自发的外在安全维护方式,但这种自然规律和安全维护方式会遭到外界因素的干扰和破坏。工业文明诞生以来,生态环境恶化成为一个世界难题,中国的形势尤其严峻①。所以,我国政府在发展战略层面始终强调生态环境保护,追求经济增长与生态环境保护的双赢,这在新世纪以来尤为突出②,且难能可贵的是及时提出了建设生态文明的理念。转基因技术的不断进步和突破,为解决我国经济社会发展面临的健康、食物、能源等一系列重大挑战,提供了强有力的手段,开辟了崭新的路径③,因而我国党和政府将发展转基因生物产业作为国家战略。必须强调的是,要落实好这项国家战略,就需要法律制度来解决好转基因生物可能带来的破坏生物多样性、制造超级杂草、基因污染等破坏生态环境安全的诸多问题。而且,转基因生物对生态安全影响的特殊性,还给转基因生物安全法律制度的建设,提出了更高、更新的要求。与转基因生物对人类安全影响的情况相比,转基因生物对生态安全影响具有以下特征。第一,影响范围广。转基因生物是通过转基因技术改变生物基因型的产物,首先影响的是生物本身,然后通过基因污染又改变了其他生物的基因型,最后被改变基因型的生物再影响整个生态环境,可见转基因生物对生态环境的影响,存在微观和宏观两个方面,因而范围相对更为广泛。第二,影响周期长。转基因生物对生态环境的破坏可能不是立竿见影显现,而是一个潜移默化的、更加隐蔽的量变过程,从量变到质变的周期长。比如,转基因生物对人类健康的影响一般会在当时、几年后、最多几十年后显现出来,而对生态环境的破坏,可能是在几十年甚至上百年后才得以显现。这个时间维度的考量颇具实际意义,对于人类而言,倘若产生损害需要百年以上,事实上就等于对人类没有损害;但对于生态环境则截然不同,无论周期多长,只要最后破坏了生态环境,就势必会影响当时生活在其中的人类。第三,破坏力度强。转基因生物一旦损害了生态环境,将对人类社会发展产生多面的、深远的、彻底的负面影响,破坏力度会非常强大。第四,预防难度大。一方面,在转基因生物生态环境方面的安全评价中,规模最大的是生产性试验,但转基因生物生产性试验的环境释放规模,与转基因生物商业化后的环境释放规模相比,简直不可同日而语,使得转基因生物对生态环境的破坏具有了更大的或然性。另一方面,人类也不可能通过长期大规模环境释放,来考察转基因生物的生态环境安全性,这是一个无解的悖论。于此情形下,人类预防转基因生物对生态环境的破坏的难度,会变得非常巨大。转基因生物对生态安全影响的上述特征,是设计转基因生物安全法律制度时,必须要认真

---

① 熊伟.环境财政、法制创新与生态文明建设[J].法学论坛,2014(4):62-69.

② 洪大用.经济增长、环境保护与生态现代化——以环境社会学为视角[J].中国社会科学,2012(9):82-99.

③ 参见《国家中长期科学和技术发展规划纲要(2006—2020年)》的内容。

思考和对待的问题。

总之,安全是转基因生物安全法律制度追求的首要价值目标,它蕴含着人与自然和谐相处的基础,也隐喻着转基因生物安全法律制度的底线价值。从生物经济视角而言,转基因生物产业发展必须以人类安全和生态安全为前提,必须以安全价值为边界①。

二、公平价值

公平是千百年来人类一直不懈追求的伟大理想,也是古今思想家所重视的历久弥新的话题②。从人与自然和谐发展视角看,公平是指对于自然资源利益与责任的公平分配。转基因生物安全法律制度对公平法律价值的追求,主要体现在规范人类的发展,尤其是规范当代人的发展,以免对生态环境造成破坏③。转基因生物安全法律制度所追求的公平价值,包含代内公平与代际公平两个方面。代内公平是空间上的公平,当代人之间的横向公平;代际公平是时间上的公平,人们世代之间的纵向公平。代内公平与代际公平紧密相关、统一共存④。一般认为,代内公平是代际公平的前提,代际公平的解决依赖于代内公平的实现⑤。

(一)代内公平

代内公平是指代内所有人,不论其国籍、种族、性别、经济发展水平和文化等方面的差异,对于利用自然遗传资源享有平等的权利⑥。代内公平既包括当代国家之间在自然资源利益分配上的公平问题,也包括国家内部当代人之间在自然资源利益分配上的公平问题⑦。国家之间的代内公平,需要通过国际法来实现。相关国际法规应当防止转基因技术先进的几个发达国家拥有过多的利用自然生物资源的权利,尤其是不能允许这些发达国家享有的权利是建立在损害其他国家和地区的利益之上,比如,有些国家利用别国的生物资源,开发转基因作物品种。发达的国家不具有超越发展

---

① 张辉.论生物安全法之宽容原则[J].生态经济(中文版),2012(3):39-43.
② 杨成湘.实现代际公平的可能性路径[J].中南大学学报(社会科学版),2011,17(1):133-138.
③ 秦宁,李华."人与自然和谐发展"的法治价值追求及其实现的路径选择[J].山东大学学报(哲学社会科学版),2011(3):59-65.
④ 陈昌曙.哲学视野中的可持续发展[M].北京:中国社会科学出版社,2000:155.
⑤ 盛国军.可持续发展视阈中的代际伦理求证[J].马克思主义与现实,2006(3):155-159.
⑥ 张忠民.转基因食品法律规制研究[D].重庆:重庆大学,2008:37.
⑦ 陈泉生.可持续发展与法律变革:21世纪法制研究[M].北京:法律出版社,2000:213.

中国家的更多的权利,还要给予发展中国家在解决环境问题方面的援助。就目前而言,发达国家和发展中国家在自然遗传资源利益分配的不公正现象,已成为威胁代内公正的主要问题。国内当代人之间的代内公平,需要通过国内法来实现,属于转基因生物安全法律制度的价值目标。不能针对不同的主体,设定不同的利用自然遗传资源的标准;不能让经济上占有优势的阶层享有更多的利用自然遗传资源的权利,而让经济上出于劣势地位的阶层承担更多利用自然遗传资源所带来的义务。不能让转基因生物产业一部分利益相关者如生物科技公司、生产经营者等获益,而让另一部分利益相关者如消费者来承担转基因生物可能带来的潜在风险。总之,转基因生物安全法律制度,对于国内所有当代人,都必须以代内公平作为一把"标尺"加以衡量,并对阶层间、地区间、利益相关者间的关系进行合理的制度安排,以确保代内公平价值之实现[1]。

(二)代际公平

代际公平指当代人和后代人在利用自然遗传资源上享有平等的权利,其实质是自然遗传资源利益上的代际分配问题[2]。相对于代内公平而言,自然遗传资源的代际公平享用是一个新的概念,它突破了传统的以当代人为中心法理基础的藩篱,将当代人与后代人的共同利益作为法律的价值取向[3]。代际公平是实现可持续发展的核心内容之一,倘若没有代际公平的价值理念,人类可持续发展就会失去内在的思想支撑,生态文明建设也难以落到实处[4]。转基因生物安全法律制度对代际公平价值的追求,就要求当代人负有使下一代人享有不少于其今天所享权利的使命,其实质是自然遗传资源利益上的代际共享。当代人在享有权利上具有优先性,但在承担义务上却具有单向性;本代人只负有控制自己行为本能的义务,后代人不可能以直接利益回报本代人。这种义务可以说是为了人类社会整体的共同利益,为了人类的可持续发展,因此,本代人有义务并必须有意识地造福子孙后代[5]。当代人生产转基因生物及其产品必须改变某些生物的基因型,而被改变基因型的生物会严格按照改后的基因型进行遗传,假以时日,后代人看到的生物世界,可能已经与当代人拥有的生物世界大相径庭,这种状况对当代人也许无关紧要,但对后代人却影响深远,这是转基因食品领

---

① 郑少华.论环境法上的代内公平[J].法商研究,2002,19(4):94-100.
② 武翠芳,姚志春,李玉文,等.环境公平研究进展综述[J].地球科学进展,2009,24(11):1268-1274.
③ 陈泉生.论环境时代宪法对环境资源公平享用的确认[J].现代法学,2004,26(6):6-11.
④ 王爱华.公平观视角下的生态文明建设[J].毛泽东邓小平理论研究,2012(12):22-26.
⑤ 王秀红.效率与公平:论环境法价值的冲突与协调[J].广西社会科学,2005(7):61-63.

域最可能出现的代际不公平的情况。为了实现代际公平,有学者提出"行星托管"的理论,主张:"我们,人类,与人类所有成员,上代人,这代人和下一代,共同掌管着被认为是地球的自然资源。作为这一代成员,我们受托为下一代掌管地球,与此同时,我们又是受益人有权使用并受益于地球。"①为了既保障经济社会发展又维护自然资源可持续性利用,既保障当代人享有自然资源又为后代人提供公平享有自然资源的机会,人类最终确立了可持续发展的理念②。

三、秩序价值

所谓秩序,是人和事物存在和运转中具有一定一致性、连续性和确定性的结构、过程和模式③。在人类面前有三种秩序,即自然秩序、社会秩序和人与自然的秩序。自然秩序是由自然界的规律表现出来的一切自然现象的发生、发展和运作的秩序。自然秩序是以自然规律的调节实现其价值的。规律的内在作用和自发作用,是自然秩序深沉而有力量的滥觞。社会秩序是指人们交互作用的正常结构、过程或变化模式,是人们互动的状态和结果。社会发展规律的内在调节和社会主体的自觉努力,是社会秩序发生作用的基本途径④。人与自然之间的秩序是指人与自然相互作用的正常结构、过程或变化模式,是人与自然互动的状态和结果。秩序不仅是人类社会存在的条件,也是人类社会发展的要求⑤。由于人是社会性的存在物,对秩序的需求源于人类的本性⑥。历史表明,凡是在人类建立了政治或社会组织单位的地方,都曾力图防止不可控制的混乱现象,也曾试图建立某种适于生存的秩序形式。这种要求确定社会生活有序模式的倾向,绝不是人类所作的一种任意专断或违背自然的努力⑦。

传统法学理论认为,法律秩序仅是社会秩序的一部分,法律秩序是被法律所规范、维护、保护的社会秩序,是法定化、特定化了的社会秩序,并不包括自然秩序及人与自然之间的秩序⑧。然而,转基因生物的出现,除影响社会秩序外,对自然秩序和人

① 汪劲.环境法律的理念和价值追求[M].北京:法律出版社,2000:264.
② 王建国,谢冬慧.论环境保护法的价值取向[J].中州大学学报,2007,24(4):1-4.
③ 卓泽渊.法的价值论[M].北京:法律出版社,1999:177.
④ 周旺生.论法律的秩序价值[J].法学家,2003(5):33-40.
⑤ 赵惊涛.生态安全与法律秩序[J].当代法学,2004,18(3):139-142.
⑥ 陈福胜.法治的实质:自由与秩序的动态平衡[J].求是学刊,2004,31(5):75-80.
⑦ 王建国,谢冬慧.论环境保护法的价值取向[J].中州大学学报,2007,24(4):1-4.
⑧ 蔡守秋.环境秩序与环境效率——四论环境资源法学的基本理念[J].河海大学学报(哲学社会科学版),2005,7(4):1-5.

与自然之间的秩序也同样具有影响力。人们通过转基因技术改变其他生物的基因型,必然导致自然秩序的紊乱。转基因技术使得人与自然关系中人的能动作用极大增强,使人类具有了改变所有生物乃至自然环境的强大能力,人类行为与自然环境整体运动规律之间必然发生尖锐矛盾,结果必然是对人与自然之间秩序的严重影响。转基因生物影响人与自然之间秩序的后果非常严重,可能毁坏人类赖以生存的自然基础①。因此,有必要对传统秩序观重新审视,笔者认为转基因生物安全法律制度的秩序观,不仅追求的是人际之间的社会秩序的稳定,还应追求自然秩序以及人与自然之间秩序的稳定②。

　　人类的生存和实现可持续发展,需要人类尊重自然秩序和人与自然之间的秩序。首先,自然为人类社会秩序的维护提供生态前提。人类的生存和发展依赖于自然进化而成的生态环境,自然进化是一个极为漫长过程,人类历史与其相比仅仅是一个瞬间。自然界在进化过程中,生物体具有了自我稳定遗传的能力,生态系统具有了自我控制、自我调整的功能,从而为人类的生存和发展提供了生态前提③。然而,转基因技术改变的正是生物体赖以稳定遗传的基因型,打破的是生物圈的自然秩序。尽管这种改变既可能增强生物的自我调节能力,也可能降低生物的自我调节能力,但有两点却十分确定。一是生物长期进化而来的基因型被瞬间打破,对于生物本身而言必然形成冲击;二是从自然界整体审视,部分生物基因型的改变,非常有可能破坏本来生态系统已经形成的动态有序平衡。其次,自然秩序和人与自然之间的秩序是人类社会秩序的基础。自然秩序是自然内在规律的外在体现,对人类的一切实践活动具有制约功能,人类必须在自然规律允许的范围内活动,因而人类所构建的一切社会秩序都应与自然秩序相协调④。所以,当人类进行转基因生物生产活动时,表面上看是造成了人与人之间秩序的紊乱,实质上是对自然秩序和人与自然之间的秩序的破坏。人类利益需要转基因生物安全法律制度不能仅关注社会秩序,还必须维护自然秩序。人与自然是一个休戚相关的有机整体,人类作为自然界无数生命物种种群中的一种,其通过生物圈的复杂网络联系而与自然构成统一的整体。人类必须意识到并维护好这个整体的秩序;否则,由此而引起的地球生物物理条件发生急剧变化,就有可能瓦解生命维持系统,人类也可能从地球上消失⑤。最后,社会秩序、自然秩序和人与自然之间的秩序需要和谐统一。包括人在内的整个自然界是一个高度相关的有机统一体,人类必须放弃那种"把人当作至高无上的生命形式,永远以征服自然、统治自然来

---

①⑤　陈泉生. 生态文化价值取向的法律视角[J]. 东南学术,2001(5):28-37.

②　　张忠民. 转基因食品法律规制研究[D]. 重庆:重庆大学,2008:38.

③④　王建国,谢冬慧. 论环境保护法的价值取向[J]. 中州大学学报,2007,24(4):1-4.

实现自己的生存和发展"①的人类中心主义价值观念,代之以"人与人之间的社会秩序、自然秩序和人与自然之间的秩序需要和谐统一"为价值目标,其实就是中国传统哲学"天人合一"价值观下的秩序观。另外,笔者认为转基因生物安全法律制度的秩序价值的追求,既体现于法律制度本身,又体现于法律制度的社会结果,是制度形态和结果形态的有机组合。

必须指出的是,转基因生物安全法律制度的价值取向除了安全价值、公平价值和秩序价值外,也会追求自由价值、效率价值、平等价值等其他理念形态。但是,笔者认为转基因生物安全法律制度的价值取向中,安全价值、公平价值和秩序价值相较于自由价值、效率价值、平等价值等具有优先性,而且安全价值是转基因生物安全法律制度追求的首要价值目标。

---

① 陈泉生.生态文化价值取向的法律视角[J].东南学术,2001(5):28-37.

第三节 转基因生物安全法律制度的基本原则

法律原则是指规定或隐含在法律中,作为法律规则产生的依据,其效力贯穿所属法律的一切活动中,表达了所归属法律的精神和根本价值倾向的指导思想①。法律原则是法律要旨与目的的凝练,是法律规则的基础或本源,在法律结构中有着核心地位②。笔者认为,转基因生物安全法律制度应当遵循以下法律原则。

一、风险预防原则

风险预防原则,又称风险防范原则或预防原则,最早产生于 20 世纪 60 年代的德国环境法中,此后被一系列的国际文件所采用,其中 1992 年的《里约宣言》最具代表性。《里约宣言》明确提出了预防原则:为了保护环境,各国应按照本国的能力,广泛适用预防措施。遇严重或不可逆转损害的威胁时,不得以缺乏科学充分确实证据为理由,延迟采取符合成本效益的措施防止环境恶化③。可见,风险预防原则是指政府对于可能产生环境损害的行为应当有所预见,即使行为与损害之间的因果关系尚未得到充分的科学证明,也有先行采取行动避免损害发生或加重的义务。风险预防原则是应对科技潜在风险,保障人类健康和生态环境安全的一项重要管制原则,其核心理念是:由于人类健康和生态环境方面的损害,通常具有不可逆转性,对可能造成损害的目标必须谨慎对待;科学本身也具有局限性和不确定性,因此科学证据不能作为决策中的唯一衡量准则;政府在科学证据不足的情形下,仍应有所作为来防止损害发生或加重,绝不能面对潜在风险而无动于衷④。转基因生物安全性在科学上存在不确定性的一面,转基因生物可能造成生态环境的破坏,还可能造成人类健康的损害,因此,即便是在转基因生物存在安全隐患的科学依据不够充分时,仍应当遵循风险预防

---

① 董玉庭.论法律原则[J].法制与社会发展,1999(6):66-68.
② 庞凌.法律原则的识别和适用[J].法学,2004(10):34-44.
③ 曾炜.论国际习惯法在 WTO 争端解决中的适用——以预防原则为例[J].法学评论,2015(4):109-116.
④ 张忠民.欧盟转基因食品标识制度浅析[J].世界经济与政治论坛,2007(6):80-83.

原则来设计法律制度,以防范不可逆转后果的发生。将风险预防原则作为我国转基因生物安全法律制度必须遵循的基本原则,是保障我国生态环境和人类健康安全的需要,也是实现我国转基因生物安全法律制度安全价值目标的必然要求。

二、科学基础原则

科学基础原则,又称可靠科学原则,是指转基因生物的安全性评价应该以科学的态度和方法为基础,利用先进的科学技术和科学的安全评价方法,认真收集科学数据和对数据进行科学的统计分析,根据安全性评价相关科学标准进行评价,以得到转基因生物及其产品的安全性评价的科学结论[①],并在此科学结论的基础上制定管理制度。科学基础原则强调科学是转基因生物安全管制体制的重要基石,管制不能建立在无端猜测和凭空担忧的基础上,而是建立在有科学证据证明的科学结论的基础上[②]。

将科学基础原则作为转基因生物安全法律制度的指导原则,主要是基于以下几方面的考虑。第一,对转基因生物的安全评价,只能以经过历史证明的确定的经验或数据为依据,而不能用缺乏科学依据的不确定的预测或怀疑来衡量。第二,应当根据科学原理来推测未来的情况,而不能随意猜想或假设,对需要长期数据才能确定的安全性问题,只能由未来的科技水平来验证。第三,对于通过安全性评价的转基因生物,表明已经根据科学要求对其进行了多项安全性试验,安全评价标准体现了对当下及未来风险的防范。第四,从历史视角看,科学结论永远具有相对性,人类无法也不能超越时代,人类应当尊重当代科学所能达到的高度[③]。

三、实质等同原则

所谓实质等同原则,其实是一种转基因生物安全评估的策略,隐含着转基因生物并无安全隐患的前提假设,将转基因生物与传统生物在遗传表现特性、组织成分等方面进行比较,倘若两者之间没有实质性差异,则认为不需要对其进行特别管制[④]。一

---

① 陈亮,黄庆华,孟丽辉,等.转基因作物饲用安全性评价研究进展[J].中国农业科学,2015,48(6):1205-1218.

② 王迁.美国转基因食品管制制度研究[J].东南亚研究,2006(2):46-51.

③ 薛亮.用科学的思想方法认识转基因[J].农业经济问题,2014,35(6):4-9.

④ MATTHEW R. The Debate Over Genetically Modified Crops in the United States: Reassessment of Notions of Harm, Difference, and Choice[J]. Case W. Res.,2004,54:889-1435.

般认为,转基因生物与传统生物在种属、来源、生物学特征、主要成分、食用部位、使用量、使用范围和应用人群等方面大体相同,所采用工艺和质量标准基本一致,则可视为它们具有实质等同性①。1993年,经济发展合作组织(OECD)在"现代生物技术食品的安全性评价:概念和原则"的报告中提出了"实质等同性"的概念②。2000年、2001年世界粮农组织(FAO)和世界卫生组织(WHO)共同召开了两次联合专家顾问委员会,认为实质等同将科学分析方法具体化,在科学上具有合理性和实用性,而且目前还没有其他策略比实质等同原则更可靠地对转基因生物进行安全评估,实质等同确实可以建立有效的安全评估的框架③。目前,世界多国均将"实质等同"作为转基因生物安全性评估的重要工具④。

将实质等同原则作为转基因生物安全法律制度的基本原则,主要基于以下考虑。第一,实质等同原则具有可验证性,传统作物的安全性已经经过人类长期实践经验证明或者经过科学证据证实,那么只要转基因生物与传统生物各项指标类似,则有理由认为与传统生物同样安全。第二,实质等同原则具有高效性,相对于逐个评价为数众多的科学指标体系而言,通过将转基因生物与传统生物对比得出结论的方法,无疑是效率最高的。第三,实质等同原则的可靠性,在实践中已经得到初步证实。据估计,"过去的16年全世界共食用了2万亿份含有转基因成份的膳食,没有一例被证明对健康有害"⑤。

四、公众参与原则

公众参与原则,是指公众有权利参与转基因生物的商业化进程,国家有义务促进公众参与权利的实现。将公众参与原则作为转基因生物安全法律制度的基本原则,主要是基于以下考虑。第一,转基因生物既具有破坏生态环境安全的潜在风险,又具有损害人类健康安全的潜在风险,而公众是这些风险的最终承担者,因此,公众当然有参与转基因食品评价和决策的权利。公众希望通过参与转基因生物的商业化进程,对其发展风险进行有效控制,使转基因食品为人类带来更多的福祉。第二,权力

① 张忠民.转基因食品法律规制研究[D].重庆:重庆大学,2008:162.
② 贾士荣.转基因植物食品中标记基因的安全性评价[J].中国农业科学,1997,30(2):1-15.
③ 沈孝宙.遗传工程食物的健康安全性问题——介绍2000/2001年FAO/WHO联合专家顾问委员会的结论意见与建议[J].中国生物工程杂志,2001,21(5):9-17.
④ 张忠民.论转基因食品标识制度的法理基础及其完善[J].政治与法律,2016(5):118-131.
⑤ MARTINA Newell-McGloughlin.转基因作物在美国的发展、应用和趋势[J].华中农业大学学报,2014,33(6):37.

与知识的结合造成公众的"失语"。在转基因生物的商业化进程中,政府管理机构和专家系统控制了社会的话语权,而普通公众被假定为缺乏意识或者缺乏知识,参与进程会导致混乱,被排除在科学决策的话语权主体范围之外,成了"沉默的大多数"。其实,公众参与的目标"并不是为了直接影响政治决策,而是形成决策相关的知识,是试图通过涵盖那些没有包括在技术政策决策过程的知识和社会团体的观点,以扩大技术政策的视角范围"①。第三,公众参与转基因生物的商业化进程,至少有以下四个优点:一是使政策制定更民主化,民主的一个重要方面就是持有不同观点的公民之间开展讨论、咨询和审议。二是通过了解更广泛的观点、知识和经验,就更有可能形成新的、原创性的思想,而不是在技术官僚制的决策过程形成的思想。从这个角度看,公民的参与可以为决策提供更坚实的基础。三是公众参与将有助于使用者对评价和决策结果的理解和应用,因为,在技术评价过程中,复杂的技术问题必须阐述得让外行的公众代表能够理解②。四是转基因生物的真正影响或潜在影响,公众了解最多,因而公众参与将直接有利于转基因生物潜在风险的识别和分析③。从比较法上看,不论是在转基因管理较为宽松的美国还是最为严格的欧盟,公众参与是其共同特征④。更有学者指出,公众参与转基因生物商业化进程,不仅是转基因生物产业健康、有序发展的必要条件,也是社会主义民主社会维护公民权利的重要举措⑤。

五、信息公开原则

信息公开原则,又称透明原则,是指政府应当将转基因生物有关法律法规、措施、标准、程序、信息等内容,通过一定方式,及时向社会公众公布。尽管政府信息就其本质而言应当界定为公共产品,其产权属于社会公众所有⑥,公开掌握在政府手中的信息是为了更好地保障公民的知情权、监督权和各种经济权利⑦。但是,政府信息公开涉及多方利益,必须依法公开。根据《中华人民共和国政府信息公开条例》(以下简称《政府信息公开条例》)第十五条的规定,"涉及商业秘密、个人隐私等公开会对第

① 谈毅.公众参与科技评价的目标与过程——以转基因技术争论为例[J].科学学研究,2006,24(1):30-35.
② 谈毅,仝允桓.公众参与技术评价的意义和社会背景分析[J].自然辩证法研究,2004,20(9):63-66.
③ 张忠民.转基因食品法律规制研究[D].重庆大学,2008:140.
④ 陈玲,薛澜,赵静,等.后常态科学下的公共政策决策——以转基因水稻审批过程为例[J].科学学研究,2010,28(9):139-142.
⑤ 毛新志.转基因食品的伦理问题与公共政策[M].武汉:湖北人民出版社,2010:358.
⑥ 吴光芸,吴金鑫.我国政府信息公开制度的失衡与平衡[J].理论视野,2014(10):42-46.
⑦ 严仍昱.公民权利保障与政府信息公开制度构建[J].中州学刊,2013,2013(7):12-15.

三方合法权益造成损害的政府信息,行政机关不得公开。但是,第三方同意公开或者行政机关认为不公开会对公共利益造成重大影响的,予以公开"。因此,笔者认为政府应当公开不涉及国家秘密、商业秘密、个人隐私的所有转基因生物相关信息,倘若信息可能对公共利益造成重大影响,则即便属于上述例外事项仍应当予以公开。必须强调的是,公众知情权本身就是一种主体范围最广、共同利益范围最大、也是最难以实现的共同利益,其内涵接近信息公开的价值,并外化于信息公开法的立法目的,因而应当给予特别保护①。

将信息公开原则作为转基因生物安全法律制度的一项基本原则,主要是基于以下考虑。第一,面对转基因生物科学上的不确定性,参与式的、开放式的、透明式的信息沟通将有助于社会公众加强对转基因生物的理解和判断,这不仅具有民主的含义,也形成了公众信任的建构过程②。第二,在转基因生物安全法律制度中,设计诸多行政许可制度,这实际上是政府对市场经济的一种干预行为,政府若要实现对市场经济的有效干预,而不是损害市场经济,就必须使竞争规则透明化和公开化。规则的透明程度决定着政府干预效率的高低,只有规则透明公开,政府才会处于公众的监督之下,政府的经济人性质才会得到一定的抑制,而致力于推动经济效益的提高;否则,政府有很大动力去实现对自身租金的追求,资源被分配给低效率的企业,造成资源配置效率低下。第三,转基因生物商业化进程中涉及研发者、种植者、消费者等多方经济利益和安全利益,公众有权利知道转基因商业化进程中的相关信息,公众只有实现了知情权,才有可能实现对自身权益的维护。第四,当转基因生物安全风险转变为现实损害后,政府及时公开相关信息,有利于及时采取救济措施,防止损害的进一步扩大。第五,在转基因生物安全的国际规范中,明确要求实行信息公开原则,遵循此原则是一项国际公约的法定义务③。

必须指出的是,多数法律原则并不是全部法律或者某个作为整体的法律的基本精神的体现,而是规范某类具体社会关系和解决某类具体社会矛盾的基本准则④。由于不同阶段的转基因生物安全法律制度所规范的关系和解决的矛盾有所不同,因而遵循的法律原则也应当有所侧重,需将部分法律原则列于优先地位。

---

① 王敬波.政府信息公开中的公共利益衡量[J].中国社会科学,2014(9):105-124.
② 陈玲,薛澜,赵静,等.后常态科学下的公共政策决策:以转基因水稻审批过程为例[J].科学学研究,2010,28(9):139-142.
③ 张忠民.转基因食品法律规制研究[D].重庆:重庆大学,2008:139.
④ 葛洪义.法律原则在法律推理中的地位和作用:一个比较的研究[J].法学研究,2002(6):3-14.

第四节　转基因生物安全法律制度的基本理念

能否对转基因生物安全法律制度持有一个客观、理性的看法、思想和信念,对于转基因生物安全法律制度的构建和完善至关重要。

一、转基因生物商业化应为立法背景

我国已经将转基因生物产业作为一项战略性新兴产业,并且制订了发展规划,明确了发展目标。而且,发展转基因生物产业作为一项国家战略,已经取得了较好的成效。因此,转基因生物安全法律制度应当以转基因生物在国内大规模商业化为立法背景。脱离了这个背景,建立的法律制度就会与实际国情脱节,就不会取得良好的法律效果,甚至会产生严重的负面后果。换言之,无视这个大背景建立的转基因生物安全法律制度,不仅无法为我国实现大力发展转基因生物产业这项国家战略提供有力的法律支撑,还会成为我国实现这项国家战略的制度障碍。

二、转基因生物安全应当由政府供给

转基因生物涉及生态环境安全和人类健康安全,因而转基因生物安全具有典型的公共产品特征。在市场经济条件下,公共产品由市场供给是低效率甚至是无效率的,因此应当由政府供给。于是,政府有责任制定科学的转基因生物安全评价制度,建立公正公信的转基因生物安全评价专家遴选机制,建立科学合理的转基因生物安全评价机制。最终,应当确保转基因生物安全评价结论,是在当前科学技术水平基础上,能够得出的最为客观的结论。

三、转基因生物商业化应由市场决定

在市场经济条件下,由市场来配置社会资源是最有效率的,所以转基因生物商业化的进程和前景最终应当由市场决定。当然,由于市场经济存在公共产品、外部性、垄断、信息不对称等市场失灵情况,这点在转基因生物市场中表现得尤为突出,因而也需要政府积极适当介入予以矫正,扮演有限但却关键的角色,以确保市场充分发挥资源配置功能。要实现由市场来最终决定转基因生物商业化的进程和前景,消费者主权的实现是核心因素。所以,应当制定科学合理的转基因生物标识制度,来保障消费者转基因商品知情权、选择权充分实现;应当完善转基因商品市场管理的法律制度,来保障转基因商品拥有一个良好的市场秩序。

四、公众参与权益应当得到法律保障

在转基因生物商业化的进程中,绝不能让作为最终承受者的公众丧失话语权,应当为公众参与转基因生物商业化提供法律保障。公众参与转基因生物商业化进程,有两个核心参与和三个辅助参与。两个核心参与为前端的转基因生物商业化决策的公众参与和后端的转基因商品市场中的消费者参与;三个辅助参与为转基因生物商业化过程中的风险交流、公众监督和公众参与科学活动(如转基因大米试吃活动)。对于两个核心公众参与,应当将安全证书与行政许可分离,建立转基因生物商业化行政许可公众参与制度,以及建立科学的转基因生物标识制度。对于三个辅助参与,应当建立科学的转基因生物风险交流制度以提高公众认知,建立转基因生物信息公开制度以保障公众监督,规范公众参与科学活动以保障公众安全。

五、安全管理基本思路应当及时调整

对于转基因生物安全管理的基本思路,我国大多数学者主张采取"全程式"的管理,对于转基因生物的任何阶段,都实行严格的管理措施。事实上,在转基因生物大规模商业化的背景下,这种管理基本思路已经脱离了我国国情,基于这种管理思路设计的法律制度具有很大的局限性。笔者认为,我国应当采取"抓紧两端、放松中间、预防不测"的转基因生物安全管理基本思路,并在此基础上进行相应法律制度设计。"抓紧两端"是指抓紧转基因生物的研发试验阶段和流通消费阶段,理由是研发试验阶段的法律制度,决定着转基因生物的安全性,流通消费阶段的法律制度,决定着市场能否发挥功能。"放松中间"是指放松转基因生物生产加工阶段的管理,理由是研发试验阶段已经对转基因生物安全性有了科学结论,没有理由对科学结论进行质疑,只要具有实质等同性,应当纳入既有法律框架予以规范,对于具有特殊形状或特殊用途的转基因生物,才提出有针对性的管理措施①。"预防不测"是指针对科学具有局限性的事实,要采取必要预防措施,但主要应当体现于转基因生物安全救济阶段的法律制度之中。

---

① 必须说明的是,放松中间是相对概念,转基因生物生产加工环节的活动仍然要受既有相关管理理念和法律制度的规范。比如,具有实质等同性的转基因食品,仍然要遵循食品管理"从农田到餐桌"的管理理念,仍然要遵守保障食品安全的相关法律制度,只是没有必要专门针对转基因食品另行建立已有法律制度而已。

第三章　转基因生物安全法律制度的比较法和国际法考察

第一节　欧美转基因生物安全法律制度比较考察

纵观全球转基因生物安全法律制度,欧盟和美国最具代表性。欧盟和美国是世界上最早研究和开发转基因技术的地区和国家,但经过近半个世纪的发展后,两者却采取了截然不同的转基因生物安全管制态度[1]。欧盟成为转基因生物安全管制最为严格的地区,美国则成为转基因生物安全管制最为宽松的国家,其他国家或地区的转基因生物安全管制态度的宽严程度,则介于两者之间。当前,我国在转基因生物问题上,与欧盟和美国均既有类似之处,又有明显不同。在促进转基因生物产业发展方面,我国与美国类似;在农业结构、粮食安全、政府公信力等方面,我国与欧盟类似;在公众对转基因生物的接受程度方面,我国则介于欧盟和美国之间。基于此,笔者认为,通过比较研究欧盟和美国的转基因生物安全法律制度,必然会得出诸多对我国有益的启示。

一、欧盟转基因生物安全法律制度

(一)欧盟转基因生物安全法律规制概况

基于政治、经济、文化等诸多因素,欧洲公众对转基因技术及其产品的接受度一直很低。20 世纪 80 年代欧洲爆发疯牛病危机后,公众对转基因技术的接受度进一步下降,同时公众对政府管理食品安全的能力产生严重质疑。公众接受程度低、公共管理信息危机以及欧盟农业对转基因技术需求度低[2]等因素,最终导致欧盟对转基因生物安全采取了非常严格的管制态度。

---

[1] 胡加祥. 欧盟转基因食品管制机制的历史演进与现实分析——以美国为比较对象[J]. 比较法研究,2015,28(5):140-148.

[2] 欧盟农业即使不用转基因技术,在单产、化肥和农药减量等方面,都优于美国。参见:徐振伟. 美欧对待转基因农作物的态度差异及其原因兼后果分析[J]. 经济社会体制比较,2016(6):165-179.

关于转基因生物安全的管制,欧盟主要制定了三类法规①。一是封闭环境下转基因生物实验的相关规定,主要包括《封闭条件下转基因微生物使用的指令》(以下简称90/219指令)、《基因技术在农业应用的保存、定性、收集和使用的规章》(以下简称1590/2004规章)。二是转基因生物、转基因食品环境释放的相关规定,主要包括《转基因生物有意环境释放以及废止指令90/220/EEC的指令》(以下简称2001/18指令)②、《转基因生物跨境运输的规章》(以下简称1946/2003规章)。三是食品安全的相关规定,主要包括《食品安全管制原则与成立欧盟食品安全管理局的规章》(以下简称178/2002规章)、《新颖食品和新颖食品成分管理规章》(以下简称258/97规章)③、《转基因食品和饲料管理规章》(以下简称1829/2003规章)④和《转基因生物、饲料、食品追踪与标识管理规章》(以下简称1830/2003规章)⑤。另外,2004年欧盟

---

① 欧盟法规均是欧盟机构依据创始条约授权所制定的派生性法规,主要有以下两类,一类是具有法律约束力的规章(Regulation)、指令(Directive)、决定(Decision)和欧洲法院宣布的判决;另一类是不具有法律约束力的建议(Recommendation)和意见(Opinion)等。其中,具有法律约束力的几种法规形式的效力并不一致,规章是一种直接适用于各成员国的欧盟法规范,此种立法的主要目的是使欧盟整体运作顺畅,所以规章直接适用于所有成员国,而且其法律效力优于一般国内法规;指令是为达成某一特定目标所采取的立法方式,其对象可以是全体成员国也可以是单一成员国,接到指令的成员国有义务达成指令的目标,成员国需要修订、补充或拟定国内的法律进行落实。所以指令一般都有实施的期限,在规定的期限内,成员国应完成有关国内法的修改或采取适当的措施,逾期者将会受到共同体司法审查的追究;决定主要是针对某一特定成员国的特定事项,包括对于自然人和法人做出法律的约束,因此决定具有直接的适用性,且对于其所要规范的内容具有完全的法律约束力。

② THE EUROPEAN PARLIAMENT AND THE COUNCIL OF THE EUROPEAN UNION. DIRECTIVE 2001/18/EC of 12 March 2001 of the European Parliament and of the Council on the deliberate release into the environment of genetically modified organisms and repealing Council Directive 90/220/EEC[Z]. Official Journal of the European Communities,2001(L106):1-38.

③ THE EUROPEAN PARLIAMENT AND THE COUNCIL OF THE EUROPEAN UNION. Regulation (EC) No 258/97 of the European Parliament and of the Council of 27 January 1997 concerning novel foods and novel food ingredients[Z]. Official Journal of the European Communities,1997(L43):1-6.

④ THE EUROPEAN PARLIAMENT AND THE COUNCIL OF THE EUROPEAN UNION. Regulation (EC) No 1829/2003 of the European Parliament and of the Council of 22 September 2003 on genetically modified food and feed[Z]. Official Journal of the European Communities,2003(L268):1-23.

⑤ THE EUROPEAN PARLIAMENT AND THE COUNCIL OF THE EUROPEAN UNION,"Regulation (EC) No 1830/2003 of the European Parliament and of the Council of 22 September 2003 concerning the traceability and labelling of genetically modified organisms and the traceability of food and feed products produced from genetically modified organisms and amending Directive 2001/18/EC". Official Journal of the European Communities,2003(L268):24-28.

出台了《转基因技术业者的环境责任指令》(以下简称 2004/35 指令)①。2010 年 1 月 12 日,欧盟发布了 G/TBT/N/EEC/304 号通报,提出了关于应用转基因食品和饲料投放市场授权的执行规则②。2014 年,欧盟理事会通过了允许成员国限制和禁止转基因作物种植的提案,这预示着欧盟共存立法的新动向③。

(二)欧盟转基因生物安全法律制度的基本原则

风险预防原则是欧盟转基因生物安全法律制度的基本原则。欧盟坚持认为,风险预防原则是应对转基因技术潜在风险,保障人类健康和生态环境安全的基本原则,科学证据不能作为决策中的唯一衡量准则,在科学证据不足的情形下,政府仍然有义务采取行动。90/220 指令作为欧盟对转基因生物安全最早的立法之一,主要规范转基因生物有意环境释放和投放市场的行为,指令前言中明确指出"本指令起草时考虑了预防原则,指令的执行也必须考虑预防原则"。这项规定为欧盟此后的相关立法定下了基调,使风险预防原则贯穿了整个转基因生物安全法律制度体系。比如,178/2002 规章就明确规定,食品立法必须基于风险分析,并考虑预防原则的适用性④。对于现有信息的分析结果认为有危害人体健康的可能性,但在科学上又无法确定时,为确保人体健康,可以采取风险管理的暂时措施,待科学能提供更多信息时再进行风险评估⑤。

(三)欧盟转基因生物研发试验安全法律制度

1. 转基因生物实验申报制度

欧盟封闭环境下的转基因生物实验相关活动,主要由 90/219 指令予以规范。指令规定,当事人首次在密闭环境下进行转基因生物实验前,应当对实验用的转基因生物进行安全评估,并向会员国主管机关申报⑥。实验过程中,行为人应翔实记录转基因生物的利用过程,并妥善保管记录材料,主管机关随时可以调阅记录材料⑦。如果

---

① Directive 2004/35/EC of the European Parliament and of the Council of 21 April 2004 on environmental liability with regard to the prevention and remedying of environmental damage.
② 张忠民. 转基因食品法律规制研究[D]. 重庆:重庆大学,2008:60.
③ 陈亚芸. 欧盟转基因和非转基因作物共存的法律问题研究[J]. 德国研究,2015,30(1):56-69.
④ 178/2002 规章第 6 条。
⑤ 178/2002 规章第 7 条。
⑥ 90/219 指令第 8 条。
⑦ 90/219 指令第 9 条。

行为人发现转基因生物可能产生危害或者已经得到能证明产生危害的实验数据,应当立即通知主管机关;主管机关认为有必要,有权禁止或要求停止该转基因生物实验①;或者向社会大众及有关团体公告,征求利用该转基因生物的意见和建议②。行为人在进行转基因实验前,应当准备好突发事件应急预案或者相关行为准则;会员国若认为有必要,可以基于双边协定,与其他欧盟会员国合作,相互提供资料③。如果出现意外情况或者发生紧急状况,会员国主管机关应立即通知受影响国家和欧盟执委会④。会员国主管机关每年年底应向欧盟执委会提交本国转基因生物实验的报告;每3年提出本指令的执行情况报告;欧盟执委会每3年汇整一次各会员国所提供资料,统计相关数据,适时对大众公布⑤。

2. 上市流通前的转基因生物环境释放审批制度

欧盟境内转基因生物的环境释放,由2001/18指令予以规范⑥。所谓转基因生物是指生物体的基因物质已经改变,且改变并非基于自然交配、自然重组产生⑦。任何转基因生物环境释放均须向会员国主管机关提出书面申请,并取得主管机关同意;若转基因生物释放未经申请或申请未获批准,会员国主管机关应当采取有效方式终止该转基因生物继续释放,要求行为人进行补救和赔偿,并告知社会公众和其他欧盟会员国。转基因生物环境释放或使用的审核,应当遵循逐步审核和逐案审核原则;转基因生物的环境释放应当采取逐步开展、循序渐进方式,只有当前阶段转基因生物释放显示出对环境和人类健康安全时,才能增加环境释放或进行下一步环境释放;主管机关应当逐案评估、审核释放申请,只有在确认该转基因生物释放对人类健康和环境无直接或间接伤害时,才能同意申请;为掌握转基因生物释放对人类健康和环境影响的情况,主管机关应当制定一套完整的转基因生物释放监控计划与机制,由主管机关负责对转基因生物环境释放进行持续追踪和管制⑧。

---

① 90/219 指令第 12 条。
② 90/219 指令第 13 条。
③ 90/219 指令第 14 条。
④ 90/219 指令第 15 条。
⑤ 90/219 指令第 18 条。
⑥ 2001/18 指令第 1 条。
⑦ 2001/18 指令第 2 条。
⑧ 2001/18 指令第 4 条。

（四）欧盟转基因生物生产加工安全法律制度

1. 上市流通的转基因生物环境释放审批制度

2001/18 指令规定，任何转基因生物拟上市流通，均须先履行申请、评估、同意、监控、标识等程序。第一，提交申请。当事人以在欧盟上市流通为目的，提出转基因生物环境释放申请的，应当向转基因生物释放所在地的主管机关提出申请①。第二，评估与审核。主管机关应当在收到申请后 90 天内，完成评估报告，评估内容须符合本指令的要求，对转基因生物释放申请作出同意释放、附条件同意还是不同意释放的初步决定，并将评估报告及时送达申请人和欧盟执委会。执委会应当在接到该主管机关的评估报告后 30 天内，将这些材料送至其他会员国的主管机关。释放所在地的主管机关在综合执委会和其他会员国主管机关的意见后，作出审核决定并书面通知申请人②。经审核同意的转基因生物的环境释放有效期间为 10 年，有效期满后当事人必须备齐相关文件，重新提出释放申请③。同时，指令还要求加强批准环境释放的转基因生物的监控管理和公众参与工作。为使公众知悉转基因生物的释放信息，并保证公众确有表达意见的机会，主管机关应当以适当方式对外公告有关信息，使公众知悉释放申请、审核同意内容、释放后监控报告④。

2. 转基因食品及饲料上市的审批制度

在欧盟，无论是人类食品还是动物饲料，只要是由转基因生物组成、生产加工、含有转基因成份或者食品成份由转基因生物制造，其上市前的安全评估、核准、监控等事宜，均由 1829/2003 规章予以规范⑤。未经批准的转基因食品及饲料不得上市；申请人或其代理人必须在欧盟境内有住所。第一，提出申请。申请人应当向主管机关充分说明，拟上市的转基因食品及饲料对人体健康、动物健康和环境保护均无危险，也不会误导消费者，而且在营养方面不会造成消费者的营养不良⑥。上市申请应当向申请人所在地的成员国主管机关提出；主管机关收到申请材料后，应尽快通知欧盟食

---

① 2001/18 指令第 13 条。
② 2001/18 指令第 14 条。
③ 2001/18 指令第 15 条。
④ 2001/18 指令第 24 条。
⑤ 1829/2003 规章第 1 条。
⑥ 1829/2003 规章第 4 条。

品安全管理局和其他会员国的主管机关。第二,审核与核准。转基因食品上市申请提出后 6 个月内,欧盟食品安全管理局应当以书面形式向执委会提出初步意见;欧盟食品安全管理局研究该初步意见时,应该咨询欧盟境内执行安全性评估和环境风险监控的机关或组织①。是否同意上市的正式决定,由执委会做出;核准上市的决定,应当附加条件或限制,比如应进行特别的环境风险监控、安全性评估、限制使用范围、限制处理方法等;执委会应当将转基因食品及饲料上市申请的审核决定,在欧盟公报上进行公告②。经核准上市的有效期间为 10 年,在有效期限届满前 1 年,当事人可再次提出上市申请③。

3. 转基因生物环境损害赔偿制度

为了贯彻环境保护主张,欧盟于 2004 年 4 月通过了 2004/35/CE 指令,规范对象包括任何对自然资源可能产生直接或间接影响的行为。指令采取"污染者付费"原则,规定对所有可能产生环境损害的活动,当事人均应承担预防和赔偿的责任,而且损害赔偿的金额不设上限。但当事人如果能够证明,其所从事的活动与环境破坏或者人体损害之间没有直接的因果关系,可以免除责任。另外,转基因生物生产活动已取得主管机关的核准,依照当时的科技知识水平,无法评估该活动对于环境或人体会产生影响,且经营者能够证明其在转基因生物生产活动中并无过错,主管机关可以豁免其责任。

(五)欧盟转基因生物流通消费安全法律制度

1. 转基因生物标识制度

目前,欧盟转基因生物标识制度主要由 1829/2003 规章和 1830/2003 规章进行规范。从欧盟转基因生物标识制度的发展历史看,标识适用对象的范围呈不断扩张之势,现行转基因生物标识制度更是实现了实质性突破;通过废弃实质等同原则、降低和细化风险限值等变革,使标识对象范围实现了实质性扩张④。1829/2003 规章规定,在欧盟境内交付给消费者的产品,只要包含转基因生物或者由转基因生物组成或者由转基因生物制成以及所含成份由转基因生物制成,无论最终产品中是否含有该

---

① 1829/2003 规章第 6 条。

② 1829/2003 规章第 7 条。

③ 1829/2003 规章第 11 条。

④ 张忠民. 欧盟转基因食品法律制度浅析[J]. 世界经济与政治论坛,2007(6):80-83.

转基因生物的 DNA 或蛋白质,都必须加以标识①。由于技术上无法避免或者偶然因素而造成产品中含有转基因物质的,如果该转基因物质已经取得欧盟的销售许可,则转基因物质含量低于 0.9% 的,可以不予标识;如果该转基因物质尚未取得欧盟的销售许可,则转基因物质含量低于 0.5% 的,可以不予标识;否则均须加以标识②。另外,欧盟议会在 2007 年 4 月投票表决有机食品规范时,建议将有机食品含有转基因物质的阈值设定为 0.1%③。而且,欧盟转基因生物标识制度还对标识内容进行了更具操作性、更为明确的规定④。

2. 转基因生物产品追溯制度

为加强监控转基因产品对人类健康和生态环境的影响,使经营者在必要时尽其所能撤回已上市问题转基因产品,欧盟现行 1830/2003/EC 规章规定了对转基因产品"可追踪性"监控机制⑤。所谓可追踪性,是指追踪市场上转基因产品从生产到流通全过程的能力⑥。从转基因产品进入市场开始,经营者应当确保将产品包含转基因生物或者由转基因生物制成、产品的国际统一编号以及该产品购买人情况等信息,以书面形式交与购买人,后续以此类推,保证信息资料伴随产品流通,且该信息资料必须保存 5 年;但是,标识适用对象以外或者基于风险限值得以豁免但仍含有转基因物质的产品,不在追踪监控之列⑦。

二、美国转基因生物安全法律制度

(一)美国转基因生物安全法律规制概况

20 世纪 60 年代起,美国遭遇公共管理信任危机,社会精英人士和公共舆论对社会风险特别敏感,经常质疑新技术的危害,80 年代后美国建立了较为完备的安全监

① 1829/2003 规章第 12 条。
② 1829/2003 规章第 47 条。
③ 参见:European Parliament:limiting GMOs in organic foods to 0.1 percent[DB/OL],访问日期:2016-01-18.
④ 张忠民.欧盟转基因食品标识制度浅析[J].世界经济与政治论坛,2007(6):80-83.
⑤ 1830/2003 规章第 1 条。
⑥ 1830/2003 规章第 3 条。
⑦ 1830/2003 规章第 4 条。

管体系,公众对于政府防范风险能力的质疑逐渐减少①。于此背景下,20 世纪 60 年代至 80 年代,美国对转基因生物的管制甚至比欧洲还要严格②。1976 年还制定了要求严格的转基因技术研究指南,只是后来美国发现了转基因生物产业的巨大商机,加之时间和经验使人们对这种技术的信心恢复后,这些指南的限制性有所减少③。最终,美国坚定地遵循科学基础原则和实质等同原则,建立了全球最为宽松的转基因生物安全法律制度。

　　1986 年 6 月美国成立生物技术科学协调委员会(BSCC)④,直接对总统负责。委员会负责组织协调所有与管理生物科技相关的联邦行政机关的活动,但并没有执法权。对具体生物技术科学活动的管制,仍依照生物技术产品类属情况,由农业部(US-DA)、环境保护局(EPA)、食品药品管理局(FDA)等联邦行政主管单位执行。美国农业部主要负责转基因作物田间试验阶段的管制。农业部下属的食品安全与检验局(FSIS),主要职责是管制供人类食用的畜禽及其肉产品的安全和标识工作,动植物健康检验局(APHIS)主要职责是保护美国农业不受有害生物和疾病的侵害。食品药品管理局是美国食品安全管制的主要行政机关,负责除畜禽及其肉产品(由农业部属下的食品安全与检验局管理)外所有食品的管制,从食品安全性、标识⑤等多方面进行规范⑥。

　　由于美国在转基因生物安全管制上坚持奉行科学基础原则和实质等同原则,将其与传统生物等同对待,因此基本没有针对转基因生物专门立法,而是直接将其纳入现有法律框架之内予以规范。1976 年,出于对转基因生物可能对人类健康和环境有害的严重顾虑,美国国家卫生研究院颁布了《转基因技术研究指南》(NIH Guide-

① 胡加祥. 欧盟转基因食品管制机制的历史演进与现实分析:以美国为比较对象[J]. 比较法研究,2015,28(5):140-148.
② GOSTEK K. Genetically Modified Organisms: How the United States' and the European Union's Regulations Affect the Economy[J]. Mich. St. J. Int'l L.,2016(24):761-800.
③ 玛丽恩·内斯特尔. 食品安全:令人震惊的食品行业真相[M]. 程池,黄宇彤,译. 北京:社会科学文献出版社,2004:129.
④ 组成成员包括美国农业部(USDA)、环境保护局(EPA)、国家卫生研究院(NIH)、国家科学基金会(NSF)、食品药品管理局(FDA)、职业安全与健康局(OSHA),由国家卫生研究院和国家科学基金会轮流主持委员会工作。
⑤ 在美国,转基因食品的标识由食品药品管理局负责管制,而食品广告则由联邦贸易委员会(FTC)负责管制;凡是不被视为标识的,均被视为广告。
⑥ 张忠民. 转基因食品法律规制研究[D]. 重庆:重庆大学,2008:51-52.

lines)①,并要求接受联邦资助的科研机构遵照执行。1984 年,美国科学与技术政策办公室(OSTP)提出《生物技术管制协调架构草案》(PCFRB),该草案于 1986 年正式通过成为联邦政策。美国管制转基因食品的主要法规仍然是 1938 年生效的《联邦食品、药品及化妆品法》(FFDCA)②,该法律对所有食品均为适用。此外,美国食品药品管理局还提出一些相关政策,1992 年 5 月公布的《新植物品种食品的政策声明》③,规定包括转基因食品在内的新植物品种食品,均适用与传统食品同样的有关标识的规定,即对转基因食品实行自愿标识,同时还提出新植物品种食品上市前实行自愿咨询程序。1997 年,食品药品管理局在汇总各方咨询意见后,公布了《转基因食品自愿咨询程序处理原则》④,使转基因食品上市前的自愿咨询制度更加明确。长期以来,美国对转基因生物采取自愿标识制度。然而,2016 年 7 月,美国对转基因生物标识的态度发生重大转变,通过了《国家生物工程食品信息披露标准》(S.764 法案)⑤,对部分转基因食品实行信息强制披露政策。

(二)美国转基因生物安全法律制度的基本原则

科学基础原则是美国转基因生物安全法律制度的基本原则。美国认为,应当尊重科学家在技术研究方面的角色和作用,相信科学具有判定潜在风险的能力⑥,既然当前没有科学证据证明转基因生物有害,就当认定转基因生物无害,坚定科学是管制的基石,应当遵循科学基础原则⑦。强调对转基因生物及其产品的规制,不能以无端猜测和消费者忧虑为基础,必须有可靠的科学证据证明存在风险,并可能导致损害时,政府才能采取法律规制措施。基于这一理念,美国在转基因生物安全评估方面提出"实质等同原则"。所谓实质等同原则,其实是一种食品安全评估策略,它隐含着转

---

① 有关该政策的详细内容,请参见:NATIONAL INSTITUTES OF HEALTH. Notice pertinent to the April 2002 revisions of the NIH guidelines for research involving recombinant DNA molecules (NIH guidelines)[J]. Bethesda: National Institutes of Health, 2002.

② 21 U. S. C. § 301-399 (2003).

③ 有关该政策的详细内容,请参见:FDA, "Statement of Policy:Foods Derived from New Plant Varieties". [DB/OL]. 访问日期:2016-01-18.

④ 有关该政策的详细内容,请参见:FDA. "Guidance on Consultation Procedures:Foods Derived From New Plants Varieties."[DB/OL]. 访问日期:2016-01-18.

⑤ 有关该草案的详细内容,请参见:National Bioengineered Food Disclosure Standard [DB/OL]. 访问日期:2016-12-20.

⑥ 顾成博.欧美转基因食品安全监管模式比较[J].社会科学家,2015(10):81-85.

⑦ JOHN S. Applegate. The Prometheus Principle:Using the Precautionary Principle to Harmonize the Regulation of Genetically Modified Organisms[J]. Indiana Journal of Global Legal Studies. 2001(9):223.

基因食品并无安全隐患的假设前提,将转基因生物与传统生物在遗传表现特性、组织成分等方面进行比较,倘若两者之间没有实质性差异,则认为不需要对其进行特别管制①。由此,美国在科学基础原则指导下,建立了世界上最为宽松的转基因生物安全法律制度。2016 年 7 月,美国通过的《国家生物工程食品信息披露标准》,为避免让公众产生政府开始对转基因食品特别对待的印象,标准专门强调信息披露与安全无关,仅是为了便于转基因食品市场管理和流通,不得因信息披露的瑕疵要求召回这些转基因食品。因而,从实质上讲,美国仍然坚定地遵循科学基础原则行事。

(三)美国转基因生物研发试验安全法律制度

在美国,当研究人员提出一项转基因生物实验的构想时,必须通过国家卫生院的实验研究安全规范的审查。在实验室研究阶段完成后,由动植物健康检验局对其温室设备进行安全评估,评估合格才能进行温室试验。完成温室阶段试验后,则可申请种子或试验材料进行田间试验的许可,田间试验期间必须通过田间的生物安全评估,在累积足够的田间试验数据后,才能依据试验数据申请结束管制状态的许可,动植物健康检验局仅在其认为该植物对于环境中的其他植物不会造成重大危险,而且与其同类传统作物相比较,并没有特别的安全隐患时,才会核发许可。值得注意的是,动植物健康检验局对转基因作物的田间试验的这种管制模式,并不适用于传统育种方式的作物,因此农业部的这项管制规定是以生产过程为基础的,即以生产过程的不同而予以区别对待。动植物健康检验局可以通过确认"非管制状态的申请",对某一管制对象核准不予管制。动植物健康检验局从接受申请到核准,一般需要 10 个月时间,在此期间会将申请资料公布于众,并接受社会各界提出的意见和建议。一般而言,通过动植物健康检验局核准的转基因植物,即可视同普通植物进行种植或者育种。如果该转基因作物所转入的外源基因是用于制造杀灭害虫的毒蛋白的,在该转基因作物进行商业化前,须向环境保护局进行评估、注册,即由环境保护局对转基因作物进行安全性评估程序,对该作物在种植中毒蛋白的表现进行评估,当作物用于生产食品或者饲料时还要对是否制定毒蛋白的含量限制做出决定,此项审查大约需要

---

① MATTHEW R. The Debate Over Genetically Modified Crops in the United States: Reassessment of Notions of Harm, Difference, and Choice[J]. Case W. Res. 2004(54):902.

一年半时间,期间会向大众公开信息,听取大众的意见和建议①。

(四)美国转基因生物生产加工安全法律制度

美国并未将转基因生物与传统生物区别对待,因而并没有针对转基因生物生产加工制定专门的法律法规,基本由既有相关法律法规予以规范,仅对转基因食品上市设立了一项自愿咨询程序。

根据美国食品药品管理局公布的《新植物品种食品的政策声明》和《转基因食品自愿咨询程序处理原则》,转基因食品在美国上市原则上不要求事先获得许可,但设有一项自愿咨询程序。自愿咨询程序是指转基因食品生产加工者可以就其产品可能引发的人体健康风险向美国食品药品管理局进行咨询,咨询内容通常包括转基因食品原料作物、食品用途、转基因物质的来源及其作用、引入外源基因所欲达到的效果、已知的相关致敏性与毒性以及断定该食品可以安全食用的其他根据。食品药品管理局负责转基因食品自愿咨询的主管部门为食品安全与营养管理中心(CFSAN)和兽医管理中心(CVM);此外,食品药品管理局特别成立生物技术评估小组(BET),成员由食品安全与营养管理中心和兽医管理中心的专家组成,以辅助并确保咨询程序的顺利进行。食品药品管理局在转基因食品自愿咨询过程中,不会对经营者所提交的材料进行复杂的科学审核;相反,食品药品管理局主要是根据专家组的评估结果,判断转基因食品在商业化后,是否会产生严重后果,迫使其日后必需采取法律措施。所谓严重后果主要是指植物毒素大量增加、食品重要营养成分降低、引发新型过敏症、现行法律禁止的食品添加剂在转基因食品中出现等②。

(五)美国转基因生物流通消费安全法律制度

美国转基因生物流通消费安全法律制度主要是转基因食品标识制度。美国食品药品管理局的《新植物品种食品的政策声明》规定,所有转基因食品都必须经过一项以科学为基础、针对产品特性,尤其是特殊成分的安全评估,倘若转基因食品与同类传统食品没有实质性差异,则无须加以标识;否则,美国食品药品管理局可进行特别

---

① 必须说明的是,美国也有个别地方政府试图不再执行联邦政府的规定,出台了禁止种植转基因作物的地方法规。2013 年 11 月 16 日,夏威夷考艾县通过了禁止种植转基因作物的地方条例;此后两个月内,先正达种子公司和一些转基因作物生产商就在联邦地区法院起诉该县,认为该地方法规违反联邦法律。参见:MURPHY L,NOGA K,ROSE M. Seeking Pure Fields:The Case Against Federal Preemption of State Bans on Genetically Engineered Crops[J]. USFL Rev.,2015,49:503-541.

② 张忠民.转基因食品法律规制研究[D].重庆:重庆大学,2008:54-56.

复检,视复检结果决定是否必须加以标识。美国《新植物品种食品的政策声明》对强制标识规定得比较笼统,声明规定:倘若转基因食品与传统食品存在差异,以致原有名称不再适合使用或者存在应当告知消费者的安全或食用方法问题,则必须对该产品进行适当标识,告知消费者。对于实质等同于同类传统食品的转基因食品,美国食品药品管理局之所以坚持实行自愿标识制度,原因有二。其一,美国《联邦食品、药品及化妆品法》仅要求对产品的特征加以标识,产品的生产方法并不属于标识内容范围。虽然食品的制造方法与其安全性或者营养价值似乎存在某种内在关联,但食品药品管理局认为检验食品安全性的关键要素在于产品本身而非制造方法。其二,食品药品管理局认为,如果对转基因食品制造方法进行标识,会对消费者产生误导,因为,"如此标识可能会强烈暗示转基因食品与传统食品不同,甚至可能会使消费者认为传统食品在某方面更具优越性"①;而且,该局坚定认为消费者"知情权"不能成为限制生产商的商业言论自由以及要求生产商对转基因食品进行标识的理由②。食品药品管理局的这种观念,对美国转基因食品标识制度有着深远的影响③。

近年来,美国消费者要求实现转基因食品知情权的呼声非常高涨。2013 年,《纽约时报》开展的一项全国性调研表明,93% 的消费者支持对转基因食品进行标识,75% 的消费者对转基因食品有不同程度的心理顾虑④。由此,转基因食品强制标识成为美国公共政策制定中的热点议题⑤。由于美国食品药品管理局(FDA)不会对转基因食品标识采取行动,消费者纷纷要求州政府根据宪法第十修正案赋予各州的立法权,制定类似于欧盟的转基因食品强制标识制度⑥。2013 年美国有 32 个州提出了110 项有关转基因的法案⑦,开始动摇其一贯主张的转基因食品自愿标识态度⑧。美国康涅狄格州首先通过了转基因食品强制标识的地方法规,此举对美国其他州启动

---

① FRED H D. Biotechnology and the Food Label: A Legal Perspective[J]. Food & Drug L. J. 2000(55):308-309.

② 参见:ADLER J H. Compelled Commercial Speech and the Consumer 'Right to Know'[J]. Ariz. L. Rev., 2016, 58:421-541. KEIDEL R W. Free Speech and Genetically Modified Food Labeling: A Proposed Framework for Determining the Controversial Character of Compelled Commercial Speech[J]. W. New Eng. L. Rev., 2016,38:47-86.

③ 张忠民.美国转基因食品标识制度法律剖析[J].社会科学家,2007(6):70-74.

④ Allison Kopicki, Strong Support for Labeling Modified Foods, N. Y. Times (July 27,2013)[DB/OL]. 访问日期:2015-08-02.

⑤ HEMPHILL T A, Banerjee S. Mandatory Food Labeling for GMOs[J]. Regulation, 2014,37:7.

⑥ MURRAY J A. One turkey, seven drumsticks: a look at genetically modified food labeling laws in the United States and the European Union[J]. Suffolk Transnat'l L. Rev., 2016,39:145-168.

⑦ PAMELA M. Prah, Many States Weigh GMO Labels, Stateline (Mar. 13,2014)[DB/OL]. 访问日期:2015-08-02.

⑧ 竺效.论转基因食品之信息敏感风险的强制标识法理基础[J].法学家,2015(2):120-127.

转基因食品强制标识的立法程序产生了积极影响①。其后,美国缅因州、佛蒙特州②也先后通过转基因食品强制标识的地方法规,加州、华盛顿州和俄勒冈州的立法动议仅以微小差距被否决③。与此同时,美国众多转基因生物相关企业每年花费巨资游说各级政府反对转基因生物强制标识制度出台④。2015 年 7 月,美国众议院通过了《安全准确的食品标签法案》,法案规定企业可不标注食品是否含有转基因成份,无需遵循美国某些州政府要求标注转基因成份的法规⑤,但该法案在美国参议院未获通过。经过强制标识支持者与反对者的反复博弈,2016 年 7 月《国家生物工程食品信息披露标准》正式成为联邦法规,并要求农业部 2 年内制定具体的实施规章。

但是,笔者认为,美国《国家生物工程食品信息披露标准》仅是扩大了转基因生物强制标识的范围,并未建立起真正意义上的转基因生物强制标识制度。理由是:第一,从标识对象看,《国家生物工程食品信息披露标准》规定需要披露信息的转基因食品必须符合以下条件:一是转基因食品必须含有转入 DNA 遗传物质,并且这种基因改变不能通过传统育种方式实现,也无法在自然界中找到。二是转基因食品属于《联邦食品、药品及化妆品法》规定的用于人类消费的食品。三是转基因食品属于美国农业部根据该法案制定的规章规定的食品。可见,不属于食品的转基因生物、上述法规未要求标识的转基因食品、最终产品中不含转基因成份的转基因食品等都无须标识。第二,从标识方法看,《国家生物工程食品信息披露标准》规定,转基因食品的标识方式可以是文本、符号或者电子链接,具体方式可由食品制造商自行选择。可见,除了文本方式以外,其他方式都不能直接传递给消费者该产品是转基因食品的信息。第三,从法律协调看,《国家生物工程食品信息披露标准》与《联邦食品、药品及化妆品法》,以及美国食品药品管理局依据该法发布的一系列规范性文件之间,存在严重冲突,因而其实施效果还有待进一步观察⑥。因此,本书在分类讨论时,仍然暂时将美国

① MULLER J M. Naturally Misleading: FDA's Unwillingness to Define Natural and the Quest for GMO Transparency through State Mandatory Labeling Initiatives[J]. Suffolk UL Rev.,2015,48:511.

② 佛蒙特虽然通过了转基因食品强制标识制度,但却引发一系列诉讼,多个食品贸易协会起诉州政府的这项制度涉嫌违反宪法。参见:MILBOURN D. If It Smells Funny, Don't Eat It: An Example of the Controversy Surrounding Genetically Engineered Food Labeling Laws[J]. SMU Sci. & Tech. L. Rev.,2016,19:53-63.

③ PIFER R H. Mandatory Labeling Laws: What Do Recent State Enactments Portend for the Future of GMOs [J]. Penn St. L. Rev.,2014,118:799-806.

④ BLANCHARD K B. The Hazards of GMOS: Scientific Reasons Why They Should Be Regulated, Political Reasons Why They Are Not, and Legal Answers to What Should Be Done[J]. Regent UL Rev.,2015,27:134.

⑤ CAREY G. US House committee approves anti-GMO labeling law [DB/OL]. 访问日期:2016-08-21.

⑥ 刘旭霞,张楠.美国国家生物工程食品信息披露标准法案评析[J].中国生物工程杂志,2016,36(11):131-138.

转基因生物标识制度列为自愿标识之列。

三、比较与启示

（一）立法背景方面的比较与启示

任何国家或地区的转基因生物安全立法，都不可能脱离其现实背景。转基因生物安全立法与公众接受度、政府公信力、产业政策、粮食安全、农业结构、技术水平、国际贸易、文化传统等诸多因素息息相关。

欧盟与美国相比：在公众接受度方面，欧盟比美国低；在政府公信力方面，由于疯牛病等食品安全事件的负面影响，公众对政府公共管理能力存在信任危机，而美国通过建立完备的安全监管体系，已经重拾公众信心；在产业政策方面，欧盟对转基因生物产业发展积极性不足，而美国则大力推进转基因生物产业发展；在粮食安全方面，欧盟基本能够自给，而美国则大量富余；在农业结构方面，欧盟小庄园式的农业在规模上无法与美国大农场式的农业相比拟；在技术水平方面，欧美同时起步，欧盟稍落后于美国；在国际贸易方面，欧盟无法通过转基因产品贸易获利，反而可能影响其国内有机食品市场，而美国则获利颇丰；在文化传统方面，欧盟趋于保守，而美国则相对开放。可见，欧美关于转基因生物安全的立法背景迥异，由此造就了欧美转基因生物安全法律制度的巨大差异。

我国的转基因生物安全立法背景，与欧盟和美国都有类似之处，又均有明显不同。在公众接受度方面，我国介于欧盟与美国之间；在政府公信力方面，近年来由于苏丹红、瘦肉精、三鹿奶粉、山西疫苗事件等负面影响，公众对政府存在信任危机已是不争的事实，甚至比欧盟公信力的形势还要严峻；在产业政策方面，我国将发展转基因产业作为国家战略，重视程度甚至超过美国；在粮食安全方面，我国基本自给，类似于欧盟；在农业结构方面，我国小农户式的农业，在规模上与欧盟尚有差距，更无法与美国相比；在技术水平方面，我国在整体上落后于欧美，但局部有一定优势；在国际贸易方面，我国类似于欧盟，近年来对美国农产品贸易一直存在逆差，但同时期待转基因生物产业的发展可以缓解这种局面；在文化传统方面，我国与欧盟比相对开放，与美国比则相对保守。我国转基因生物安全立法背景的独特性，决定了我国不能效仿欧美任何一方的立法模式，只能锐意创新、另辟蹊径，创造性地建立一套适于国情且行之有效的转基因生物安全法律制度。

（二）立法原则方面的比较与启示

欧盟和美国分别遵循风险预防原则与科学基础原则建立了两种截然不同的转基因生物安全法律制度。事实上，风险预防原则与科学基础原则是从不同视角认识"转基因生物安全科学证据证明力不确定"的结果。风险预防原则的适用理由是，科学证据不能证明其有害，不等于其无害，所以要采取措施预防损害；科学基础原则的适用理由是，既然科学证据不能证明其有害，就说明其无害，因而没有必要采取额外的预防措施。换言之，风险预防原则与科学基础原则均以科学证据为判断基础，只不过前者强调的是科学的局限性，而后者强调的是科学的基础性。

值得注意的是，科学的严谨性，决定了科学基础原则的刚性；思维的辩证性，决定了风险预防原则的弹性。也就是说，面对现有科学证据，基于现有科技水平，风险预防原则的适用范围、贯彻力度具有较大的弹性空间。欧美转基因生物安全法律制度之所以如此对立，源于对不同原则的全方位、大力度的适用与贯彻。问题是，转基因生物在任何阶段的潜在风险都相同么？笔者认为，答案是否定的。转基因生物研发试验阶段的风险，肯定要高于生产加工和流通消费阶段的风险，因为只有通过了安全评估的转基因生物才能出现在后两个阶段，而那些没有通过安全评估的转基因生物的潜在风险，则明显更高一些。换言之，倘若认为转基因生物在每个阶段具有的潜在风险相同，都需要遵循风险预防原则进行法律制度设计加以防范，那么安全评估将失去应有的价值，缺乏了存在的必要性。在缺乏安全评估的情况下，转基因生物的风险防范是不可想象的，更是风险预防原则所无法解决的。基于这个认识，笔者认为，可以通过调整风险预防原则的适用范围和贯彻力度，实现相对经济的、理想的管制效果。不同于欧美将两个原则贯穿始终的做法，将风险预防原则主要适用并大力贯彻于研发试验阶段和安全救济阶段，科学基础原则主要适用于生产加工和流通消费阶段。如此，既可以降低转基因生物安全管制的成本，又能够提升转基因生物安全管制的效果。

（三）法律制度方面的比较与启示

不同的立法背景和指导原则，决定了欧美必然有着截然不同的转基因生物安全法律制度安排。必须讨论的三个制度安排是：转基因产品追溯制度、转基因生物侵权损害赔偿制度和公众参与制度。前两项制度存在于欧盟立法，美国立法没有安排，而公众参与制度则受到了欧美立法的共同重视。

1. 我国不应当建立转基因产品追溯制度

与美国不同,欧盟立法建立了转基因产品追溯制度。欧盟制定的追溯制度之所以能够得以施行,主要原因是欧盟地区内的转基因产品绝大多数是从国外进口,本地产量极少,这大大降低了追溯制度施行的难度。抛开立法背景和指导原则,倘若美国也建立同样的追溯制度,则必定极难施行。

近年来,有学者提出,我国也应当建立转基因产品追溯制度[①]。笔者认为,在转基因生物大规模商业化的背景下考量,我国不应当建立转基因产品追溯制度。因为,在转基因生物大规模商业化的情况下,我国农户式的农业结构将比美国大农场式的农业结构,给追溯制度实施造成更为严峻的困难,最可能的结果是有法不依。还有学者提出,要通过追溯制度建设来支持标识制度的落实[②]。笔者认为,这同样不能成为建立追溯制度的理由。虽然建立追溯制度对标识制度落实具有积极作用,但绝非必要条件。否则,美国现在准备对部分食品实行强制标识,当如何落实呢? 事实上,即便建立了追溯制度的欧盟,也还是主要依靠检测技术来保障标识制度的落实。欧盟为给转基因生物标识制度提供技术支撑,花费了庞大人力、物力和财力进行转基因检测技术研究,构建了完善的转基因检测实验室网络和转基因检测标准物质研制机构,目前国际上研制的转基因检测标准物质和发布的转基因检测标准方法有一半以上来自欧盟[③]。

必须明确是,笔者仅是不赞同专门建立转基因产品追溯制度,并不反对为防止尚未获得安全证书的转基因试验材料非法流出,而在研发试验阶段中建立转基因试验材料追溯制度,以及基于食品安全而非转基因因素,在流通消费阶段中建立的食品追溯制度。

2. 我国不应当专门设立转基因生物损害赔偿规则

欧盟立法专门建立了转基因生物环境污染损害赔偿制度,美国则将该议题纳入现行法律框架进行调整。联邦最高法院曾审理 *Monsanto Co. v. Geertson* 案,这是联邦最高法院迄今审理的唯一涉及转基因作物纠纷的案件。联邦最高法院将转基因技术

① 参见:岳花艳.日本转基因农产品安全追溯监管制度研究[J].世界农业,2015(12):128-131.孙彩霞,刘信,徐俊锋,等.欧盟转基因食品溯源管理体系[J].浙江农业学报,2009(6):645-648.佘丽娜,李志明,潘荣翠.美国与欧盟的转基因食品安全性政策演变比对[J].生物技术通报,2011(10):1-6.
② 周超.国际法框架下我国转基因食品标识制度的完善[J].求索,2016(6):53-57.
③ 吴刚,金芜军,谢家建,等.欧盟转基因生物安全检测技术现状及启示[J].生物技术通报,2015,31(12):1-7.

产品与其他技术产品等同对待,适用了一致的侵权救济标准,并没有强调转基因生物或产品的特殊性。这样做既可防止利用法律裁决科学问题,也可避免让联邦法院侵入联邦行政机构的专业执法领域①。近几年来,我国有学者开始讨论转基因生物损害赔偿的议题,并提出了专门适用于转基因生物侵害的救济规则②。笔者认为,在科学证据尚不能给转基因生物安全确定答案之前,我国不应当专门制定转基因生物损害赔偿的特殊规则,而应当借鉴美国经验将其纳入现行法律框架予以调整。因为,专门损害赔偿规则的制定,蕴含着转基因生物存在安全隐患的前提,而事实上该前提目前尚未得到证实。具体到实践中,我国农民的土地面积小,而且犬牙交错,倘若一块土地上种植了转基因玉米,相邻地块种植了传统玉米,基于基因漂流的原因,传统玉米中含有了转基因成分,但也具有了抗虫优势,避免了虫害发生,那么种植传统玉米的农民到底是获益者还是遭受损失者,值得探讨。于此情形下,最理性的做法是按照现行侵权相关法律予以规范,以避免法院利用法律裁决科学问题的情况发生。

3. 我国应当大力完善公众参与制度

欧美转基因生物安全立法,都非常重视公众参与,通过建立信息公开等制度来实现公众的广泛参与。公众参与对于转基因生物产业发展至关重要,因为没有公众的支持,转基因生物产业注定没有未来。笔者认为,公众参与有三个重要环节。一是研发试验环节的公众参与,体现了风险交流和科学活动参与,主要依赖于信息公开等制度加以实现;二是商业化决策环节的公众参与,体现了决策民主,主要依赖于公众参与决策相关制度予以实现;三是流通消费环节的公众参与,体现了市场功能,主要依赖于标识制度予以实现。欧盟立法在这三个环节上,均有所体现;美国立法在流通消费环节公众参与方面有所欠缺,现正在通过对部分食品实行强制标识制度加以弥补。我国转基因生物安全法律制度,在研发试验环节公众参与和商业化决策环节公众参与方面严重欠缺,在流通消费环节公众参与方面尚有不足,因此亟须大力完善公众参与相关法律制度。

---

① 刘银良.美国生物技术的法律治理研究[J].中外法学,2016,28(2):462-485.

② 参见:阙占文.转基因作物基因污染受害者的请求权[J].法学研究,2015(6):65-79.王康.基因改造生物环境污染损害的私法救济[J].法律科学(西北政法大学学报),2015(5):148-162.杜珍媛.转基因生物损害赔偿制度初论[J].生态经济,2014(12):18-21.王康.基因污染的现行侵权法规范之因应政策——以损害救济为中心的初步分析[J].大连理工大学学报(社会科学版),2012(4):121-125.王康.基因污染的侵权法意涵[J].兰州学刊,2014(12):103-109.

（四）法律效果方面的比较与启示

关于欧美转基因生物安全法律制度实施效果的优劣，则见仁见智。有学者认为，欧盟转基因生物安全法律制度在保障转基因产业发展、特别是防范转基因技术及其产业化发展中出现风险甚至危害方面，走在了各国的前列①。有学者认为，美国转基因生物安全法律制度才独树一帜，它既能维护食品安全和环境安全，又促进了美国生物技术产业持续发展，可谓已取得良好效果②。以转基因作物种子为例，全球转基因作物种子约一半由美国生产，每年为美国创造数十亿美元的利润③。美国消费者也认为美国立法是"美国决策机构给他们制定的最为现代、极为科学的规范"④。客观而言，从法律效果方面观之，欧盟立法在风险防范方面效果良好，美国立法在促进产业发展方面效果显著⑤，但也都存在一些不足。

欧盟立法的不足，主要体现在对转基因产业发展的严重阻碍。实践表明，欧盟自20世纪90年代建立严格的转基因生物安全法律制度以来，对经济发展产生了较大的负面影响。转基因作物禁止商业化，使得农民遭受了经济损失，转基因技术研发企业积极性受到打击，大量人才流失；转基因饲料进口量逐年下降，下游的畜牧产业受到冲击，社会总福利每年损失96亿欧元⑥。更为重要的是，转基因生物产业始终发展缓慢，以转基因作物种植为例，根据欧盟官方统计数据，2013年转基因玉米MON810仅在西班牙、葡萄牙、捷克、罗马尼亚和斯洛伐克5个成员国种植，种植面积仅15万公顷（其中13.7万公顷在西班牙境内）；转基因玉米播种面积仅占欧盟玉米种植总面积的1.56%，占世界转基因玉米播种面积的0.26%⑦。

美国立法的不足，主要体现在对突发事件的防范不够。2000年发生在美国的轰

① 秦天宝. 欧盟生物技术产业发展的法律保障——以转基因生物安全管制为例的考察[J]. 河南财经政法大学学报，2013，28（4）：43-50.
② 刘银良. 美国转基因生物技术治理路径探析及其启示[J]. 法学，2015（9）：139-149.
③ JOHNSON S. Genetically modified food：a golden opportunity[J]. Sustainable Dev. L. & Pol'y，2014，14：34-40.
④ CARL R. Galant. Labeling Limbo：Why Genetically Modified Foods Continue to Duck Mandatory Disclosure[J]. Hous. L. Rev.，2005（42）：125-159.
⑤ 美国是世界上转基因作物种植面积最大的国家，其转基因作物种植面积的增长速度也十分迅猛。美国农业部统计数据表明，转基因大豆种植率1997年仅为17%，2003年超过80%，2007年超过90%，2015年达到94%；转基因玉米种植率1997年仅为10%，2001年超过50%，2014年超过90%，2015年达到92%。参见：USDA. Recent Trends in GE Adoption[DB/OL]. 访问日期：2016-6-21.
⑥ 徐丽丽，田志宏. 欧盟转基因作物审批制度及其对我国的启示[J]. 中国农业大学学报，2014，19（3）：1-10.
⑦ 陈亚芸. 欧盟转基因和非转基因作物共存的法律问题研究[J]. 德国研究，2015，30（1）：56-69.

动全球的"星联(Star-Link)"玉米事件①,充分说明了美国立法对突发事件防范不够的弊端。这一事件使得诸多矛盾被激化,连商业评论员都十分沮丧地说:"几乎所有的人都卷进去了,星联玉米的发明者的保证是无用的,管理疏忽、公司合并、盲目信任、错误的希望、悲哀的无知,你能想象到的一切都出现了。"②最终,星联公司为回收星联玉米和赔偿损失花费了1亿多美元,美国农业部为防止玉米市场崩溃,采取的回收混合玉米措施共花费2 000万美元。更重要的是,星联玉米事件导致公众对食品产业和政府能力丧失信心③。有学者更是警告,"星联玉米的幽灵依然在我们头上盘旋,但下次再不期而至时,也许就不会如此温和了"④。此后,不断有学者对美国的转基因生物安全管制模式提出批评和质疑⑤。另外,美国食品药品管理局的转基因食品自愿标识政策,由于无法保障消费者权益,也备受指责⑥。

因此,我国转基因生物安全法律制度的建设,在风险防控方面应汲取欧盟的立法经验,在促进产业发展方面应当汲取美国的立法经验,同时要尽量避免欧美立法之不足。

---

① 关于"星联"玉米事件的更为详细的情况请参阅:LINDA Beebe. Symposium Issue Ⅱ Pesticides:What Will The Future Reap?:Note:In re Starlink Corn:The Link between Genetically Damaged Crops and an Inadequate Regulatory Frame Work for Biote Chnology[J]. Wm. & Mary Envtl. L. & Pol'y Rev., Winter, 2004(28):511-537; D. L. UCHTMANN. StarLinkTM—A Case Study of Agricultural Biotechnology Regulation[J]. DRAKE J. AGRIC. L., 2002(7):159-178; Amelia P. Nelson. Legal Liability in the Wake of StarlinkTM:Who Pays in the End? [J]. DRAKE J. AGRIC. L., 2002(7):241-269.

② 玛丽恩·内斯特尔.食品安全:令人震惊的食品行业真相[M].程池,黄宇彤,译.北京:社会科学文献出版社,2004:12-13.

③ LINDA B. Symposium Issue Ⅱ Pesticides:What Will the Future Reap?:Note:In re Starlink Corn:The Link between Genetically Damaged Crops and an Inadequate Regulatory Frame Work for Biote Chnology[J]. Wm. & Mary Envtl. L. & Pol'y Rev., 2004(28):511-537;

④ BRATSPIES R M. Consuming (f)ears of corn:public health and biopharming[J]. American journal of law & medicine, 2004, 30(2-3):371-404.

⑤ GHOSHRAY S. Genetically Modified Foods at the Intersection of the Regulatory Landscape and Constitutional Jurisprudence[J]. American journal of law & medicine, 2015, 41(2-3):223-239.

⑥ FRANCIS L, Craig R K, George E. FDA's Troubling Failures to Use its Authority to Regulate Genetically Modified Foods[J]. Food & Drug LJ, 2016, 71:105-134.

第二节　转基因生物安全法律制度的国际法考察

转基因生物所蕴含的辉煌前景,让人类怦然心动、跃跃欲试;而转基因生物可能的安全隐患,却让人心有余悸、惶惶不安。科技无国界,全球在同一时刻共同站在了转基因技术面前;生命永不息,全球任何地方都无法避免转基因生物繁衍生息。因此,转基因生物生来就是一个全球性议题,需要国际规范予以调整。要追求转基因生物商业利益,必然需要促进贸易自由的国际规范;要防范转基因生物潜在风险,必然需要保障环保健康的国际规范。由此,当前的转基因生物安全国际规范大体可分为以贸易自由为中心的国际规范和以环保健康为中心的国际规范两个类别。

一、以贸易自由为中心的转基因生物安全国际规范

截至目前,由于世界各国对转基因生物安全性认识不同,采取的管制措施迥异,因此并没有针对转基因生物制定促进贸易的专门国际规范。所谓以贸易自由为中心的转基因生物安全国际规范,主要是指既有的可以促进转基因生物国际贸易自由的相关国际规范。主要包括:世界贸易组织规范框架下的《关税与贸易总协定》(以下简称"GATT 1994")、《实施卫生与植物卫生措施协议》(以下简称"SPS")和《技术性贸易壁垒协定》(以下简称"TBT")①。

(一)关税与贸易总协定(GATT 1994)

GATT 1994是第一个全球性的多边贸易协定,其相关规则适用于转基因生物国际贸易。其设立的主要原则包括:第一,最惠国原则,即给予缔约方国家同类产品同等优惠待遇。②第二,非歧视原则和国民待遇原则,即缔约方产品应获得不低于国内同类

---

① 翻译整理过程中参阅了以下论文:王小琼.试析WTO框架下与转基因产品相关的贸易规则——兼论中国转基因产品立法之完善[J].国际经贸探索,2006,22(2):38-42.王娜.国际法对转基因产品国际贸易的管制[D].中国政法大学,2005.

② GATT 1994第1条。

产品所享受的待遇①。第三,过境自由原则,即缔约方之间的过境运输,享有经过每一缔约方领土的过境自由②。第四,反倾销和反补贴。第五,一般例外条款。缔约方为了保护公共道德或保护人类、动物、植物的生命或健康或保护可用尽的自然资源所必需采取的有关措施,只要不构成歧视或者对国际贸易的变相限制,可以不履行 WTO 的相关义务③。

GATT1994 的这些原则对转基因生物贸易具有重要意义。特别是最惠国原则中"同类产品"的认定,一般例外条款中关于"为保护人类、动物、植物的生命或健康所必需的措施"的认定等,往往成为国际贸易中争议的焦点问题。

(二)实施卫生与植物卫生措施协议(SPS)④

SPS 协议是对 GATT1994 第 20 条第(B)款的补充和发展。"卫生与植物卫生措施"是指用以在成员国境内保护动物和植物生命或健康、保护人类和动物生命或健康而采取的必要措施⑤。WTO 成员国在相关立法、执法活动中应当遵守 SPS 规定。SPS 旨在调整缔约国主权权利行使与贸易自由保护的平衡,并为此设立了一系列原则,违反这些原则将构成贸易壁垒。

SPS 设立的主要原则包括:第一,科学基础原则。各成员应保证所采措施仅在保护人类、动物、植物的生命或健康所必需的限度内实施⑥。即便是各国采取的检疫措施高于国际标准、指南和建议,也必须以科学为依据⑦。第二,风险评估原则。SPS 允许在风险评估的基础上,根据自己可承受危险的程度,制定本国的标准和规则,同时还须考虑国际组织制定的风险评估技术⑧。在进行风险评估时,各成员方应考虑可获得的科学证据、加工与生产方法,相关生态和环境条件等因素⑨。第三,与国际标准协调原则。各国采取的动植物检疫措施应该依据国际标准、准则和建议,以促进在动植物检疫措施方面的国际协调⑩。第四,与国内标准协调原则。各成员方政府有权采取

---

① GATT1994 第 3 条。
② GATT1994 第 5 条。
③ GATT1994 第 20 条。
④ Agreement on the Application of Sanitary and Phytosanitary Measures, April 15,1994, Marrakesh Agreement Establishing the World Trade Organization, Annex IA, Legal Instruments- Results of the Uruguay Round(1994).
⑤ SPS 附件 A。
⑥ SPS 第 2 条。
⑦ SPS 第 3 条。
⑧ SPS 第 5 条。
⑨ SPS 第 5 条。
⑩ SPS 第 3 条。

卫生及动植物卫生措施,但这种措施应保持与国内标准一致,不应任意或不合理地在条件相同的成员方之间采取不公正的歧视①。第五,透明原则。明确要求各成员方应向其他成员方通报其限制贸易的动植物卫生检疫要求,并设立咨询点提供更多信息。第六,措施等效原则。如果出口成员方能够证明自己的卫生措施达到了进口国卫生措施所要求的保护程度,那么即使这些措施不同于进口国的措施,也可将出口成员方的卫生措施作为等效法规加以接受②。第七,贸易影响最小化原则。各成员方应在经济和技术上符合要求的情况下选用那些贸易限制最小的动植物卫生措施③。

鉴于 SPS 规范对象限于因动物、植物或动植物产品所携带的疾病或者病虫所导致的风险,以及因食品、饮料、饲料中的添加物、污染物、毒素或病原体所导致的风险,而转基因食品安全隐患来自食品本身的内在基因结构,因此 SPS 是否适用于转基因生物,将是引起争议的首要问题。SPS 规定各成员应保证所用措施必须以科学为依据。科学证据是一切卫生检疫措施的首要标准,是检疫规则的基石。但是,SPS 并没有明确"科学证据"的具体内涵,而转基因生物安全的科学不确定性,就使得科学基础原则以及风险评估原则会存在争议。

(三)贸易技术壁垒协定(TBT)

TBT 适用于所有工农业产品,包括产品本身及其生产加工方法。TBT 旨在敦促各国使用国际标准,除非这些国际标准或其中的相关部分对达到其追求的合法目标无效或不适当④;允许为保护人类健康或安全、保护动植物生命或健康等合法目标采取技术性措施⑤。

TBT 设立的主要原则包括:第一,必要性原则。成员方只有为了合法目标,才能采取所必需的技术性措施。这些合法目标包括保护国家安全、防止欺诈行为、保护人类健康和安全、保护动植物生命和健康以及保护环境⑥。第二,国民待遇原则。各成员应保证,在技术法规方面给予源自任何成员领土进口的产品,不低于给予本国同类产品或任何其他国家同类产品的待遇⑦。第三,协调一致原则。成员无论制定技术法规、标准,都应以业已存在或即将拟就的有关国际标准为基础,除非这些国际标准对

---

① SPS 第 5 条。
② SPS 第 4 条。
③ SPS 第 5 条。
④ TBT 第 2 条。
⑤ TBT 序言第 6 段。
⑥ 李艳芳.论国际环境保护措施与世贸规则的协调[J].法学杂志,2004,25(1):50-52.
⑦ TBT 第 2 条。

达到该成员所追求的合法目标无效或不适当。第四,等效原则。如果在某一技术标准方面尚没有国际标准,则可适用等效原则。等效原则是指,只要成员方确信他国法规足以实现与本国法规相同的目标,那么即使这些法规与本国法规有所不同,也可将其他成员的技术法规作为等效法规加以接受①。第五,互认原则。TBT 协议鼓励各成员就相互接受合格评定结果进行磋商,以期对双方合格评定机构的资格达成相互满意的谅解。②第六,差别待遇原则。成员不应期望发展中成员采用不适合其发展、财政和贸易需要的国际标准,作为其制定标准和技术性措施的依据。

TBT 确立的体系主要包括技术法规和标准,产品检疫、检验制度与措施,包装和标识要求,信息技术壁垒和绿色壁垒。其中,以标识制度与转基因生物安全管理联系最为紧密。对转基因生物标识而言,有两个问题需要特别重视:一是合理的标识成本,TBT 要求标识成本一般应与制定该标准的目的相符,即对产品加以标识的成本不应过分加重生产者的负担和损害消费者从标识上获得的利益③。目前,进口国要求转基因生物出口国加以标识,是否会因为增加出口国生产者的成本而不具合理性,国际上对此颇具争议;二是同类产品的判断标准。进口国与出口国往往会就转基因生物与传统生物是否属于同类产品而产生争议,遗憾的是,"有关'同类产品'定义及利用何种原则来判定'同类产品',是 TBT 委员会还不可能解决的问题,有待进一步讨论"④。

二、以环保健康为中心的转基因生物安全国际规范

与以贸易自由为中心的转基因生物安全国际规范形成鲜明对比的是,以环保健康为中心的转基因生物安全国际规范,对于转基因生物具有更多针对性。以环保健康为中心的转基因生物安全国际规范主要包括:《生物多样性公约》(以下简称"CBD")、《卡塔赫纳生物安全议定书》(以下简称"CPB")和国际食品法典委员会提出的一系列标准及原则(以下简称 Codex 准则)。

---

① TBT 第 2 条。

② TBT 第 2 条。

③ AARON A, Ostrovsky. The European Commission's Regulations for Genetically Modified Organisms and the Current WTO Dispute - Human Health or Environmental Measures? Why the Deliberate Release Directive is More Appropriately Adjudicated in the WTO Under the TBT Agreement[J]. COLO. J. INT'L ENVTL. L. & POL'Y, 2004(15): 209-218.

④ 王小琼. 试析 WTO 框架下与转基因产品相关的贸易规则:兼论中国转基因产品立法之完善[J]. 国际经贸探索, 2006(2):41.

（一）生物多样性公约（CBD）

1992 年 6 月,在巴西里约热内卢联合国环境与发展大会第一次在国际范围内讨论了生物技术的安全使用和管理问题。大会在肯定生物技术对人类具有重要作用的同时,强调只有谨慎地发展和利用生物技术才能获得生物技术的最大惠益。大会通过的 CBD 于 1993 年 12 月 29 日生效,截至 2016 年 12 月有 196 个国家批准加入该公约①。

CBD 重申各成员国对其生物资源享有主权②,同时也有责任确保活动在其司法管辖范围内,不得危害其他国家或地区③。要求查明和监测对生物多样性产生或可能产生重大不利影响的过程和活动④。若这些过程或活动已对生物多样性造成重大不利影响,成员方应予以管制或管理。要求成员方制定或者采取办法管理、管制或者控制由于生物技术改变的、可能对保护和持续利用生物多样性产生不利影响的活生物体在使用和释放时可能产生的风险⑤。成员方可以利用经济和社会手段达到生物多样性保护和可持续利用的目的⑥。CBD 规定成员方就该国内自然资源具有管辖权,运用自然资源者必须获得该成员方主管机关依国内法授权许可。拥有自然资源的成员方,对其他成员方环境安全用途上的遗传资源的使用不应限制。以遗传资源为主体的科学研究,应让拥有该遗传资源的成员方全程参与或在该资源原产地进行;成员方应采取必要措施,以公平且均等的方式与其他成员方分享研发结果以及所产生的利益⑦。CBD 要求各成员方考虑是否需要一项议定书,用于安全转让、处理和使用生物技术改性的活生物体及其产品;各成员方应当提供这些改性的活生物体的有关材料。⑧该规定也成了制定 CPB 的法律基础。

CBD 是为生物资源和生物多样性的全面保护和持续利用建立了一个法律框架,由于转基因生物既涉及对生物多样性的影响,更涉及对遗传资源的利用,因此 CBD 的可持续发展思想以及其建立起来的具体制度对转基因生物具有一定适用空间。

---

① 关于 CBD 成立的背景、具体条文、目前成员国数量以及具体国家所处的审议状态等详细情况请访问 CBD 官方网站访问日期:2016-12-28.
② CBD 前言。
③ CBD 第 3 条。
④ CBD 第 7 条。
⑤ CBD 第 8 条。
⑥ CBD 第 11 条。
⑦ CBD 第 15 条。
⑧ CBD 第 19 条。

（二）生物安全议定书（CPB）

CPB 是根据 CBD 的要求,针对利用现代生物技术获得的、可能对生物多样性和可持续使用产生不利影响的任何改性活生物体(以下简称 LMO)的越境转移问题,制定的一项国际规范。CPB 于 2003 年 9 月生效,截至 2016 年 12 月有 170 个缔约国,但美国、加拿大、阿根廷等 LMO 主要出口国并没有加入[1]。CPB 目标是依循预先防范办法,确保 LMO 的转移、处理和使用安全,同时兼顾对人类健康的保护[2]。CPB 适用于可能对生物多样性和可持续使用产生不利影响的所有 LMO 的越境转移、过境、处理和使用[3],但不适用于由其他国际协定或组织予以处理的、用作人类使用药物的 LMO 越境转移[4]。CPB 将 LMO 分为引入环境的产品和直接用作食品、饲料加工的产品两类,前者与保护生物安全和生态环境相关,后者主要与人类健康相关,并针对越境转移分别作了规定[5]。

CPB 主要规则包括:第一,预防原则。CPB 开宗明义地讲本议定书依循预先防范办法[6],预防原则在 CPB 中多处体现,甚至有所创新。为保护人类健康,即使对 LMO 在进口缔约方所产生的潜在不利影响,没有掌握充分的科学证据,亦不应妨碍该缔约方采取一定措施,避免或最大限度减少潜在不利影响[7]。第二,提前知情同意原则(AIA 程序)。提前知情同意程序适用于拟有意向进口缔约方的环境中引入改性活生物体的首次越境转移之前和拟直接用作食物或饲料或用于加工的改性活生物体首次越境转移之前[8]。提前知情同意原则体现了对缔约方主权的充分尊重,贯穿 CPB 始终。第三,风险评估与管理原则。风险评估应以在科学上合理的方式做出,同时应考虑采用已得到公认的风险评估技术[9]。第四,公众知情与参与原则。各缔约方应按照其各自的法律和规章,在关于改性活生物体的决策过程中征求公众的意见。应力求

---

① 关于 CPB 成立的背景、具体条文、目前成员国数量以及具体国家所处的审议状态等详细情况请访问 CPB 官方网站.

② CPB 第 1 条。

③ CPB 第 4 条。

④ CPB 第 5 条。

⑤ 张忠民.转基因食品安全国际规范的冲突与协调:从"欧美转基因食品案"展开的思考[J].宁夏大学学报(人文社科版),2008,30(4):38-43.

⑥ CPB 前言、第 1 条。

⑦ CPB 第 10 条、第 11 条。

⑧ CPB 第 7 条。

⑨ CPB 第 15 条。

使公众知悉可通过何种方式公开获得生物安全资料交换所的信息和资料①。第五,标识措施。对拟有意引入进口缔约方环境的 LMO 应附有单据,标明其为 LMO,并具体说明其名称、特征,以及其性质对安全处理、储存、运输和使用的任何要求②。2012 年10 月在印度海德拉巴举行第六次缔约方会议上,"对改性活微生物和动物的独特标识制度上也鼓励采用标识制度,这是一个巨大的突破,扩展了改性转基因生物标识制度的范围,为后续的具体规定奠定了基础"③。第六,赔偿责任和补救。缔约方大会多次讨论赔偿责任和补救问题,直到 2010 年 10 月在日本名古屋召开的第五次缔约方大会上,才通过了《卡塔赫纳生物安全议定书赔偿责任和补救问题名古屋-吉隆坡补充议定书》④。然而,"该补充协议书强调的是对转基因生物越境损害转移的行政方法,而非责任。而且,其将许多问题交由国家决定或在国内层面执行。这反映国家在谈判方面缺乏一致。该补充协议书并没有建立转基因生物对人、财产或环境造成损害的责任制度"⑤。尽管如此,随着近年来通过该补充协议的国家逐渐增多,相信建立真正的损害赔偿责任制度已为时不远⑥。

（三）Codex 准则

针对转基因食品安全问题,FAO 和 WHO 于 1990 年提出转基因食品安全评估措施的共同声明,于 1996 年就转基因植物、微生物、动物(包括鱼类)所衍生的转基因食品安全性以及致敏性问题,召开多次联合专家会议⑦。特别是联合创立国际食品法典委员会,力图提出食品安全标准与规则,作为全球食品供应的操作规范。2003 年 7 月1 日,在罗马召开的联合国食品标准会议上,国际食品法典委员会采用三项关于转基

---

① CPB 第 23 条。

② CPB 第 18 条。

③ 乔雄兵,连俊雅. 论转基因食品标识的国际法规制——以《卡塔赫纳生物安全议定书》为视角[J]. 河北法学,2014（1）：140.

④ 详细内容参见："Report of the Group of the Friends of the Co-Chairs on Liability and Redress in the Context of the Cartagena Protocol on Biosafety on the Work of its Fourth Meeting"［DB/OL］. 访问日期:2016-11-18.

⑤ 阙占文. 转基因生物越境转移损害责任问题研究:以《生物安全议定书》第 27 条为中心[M]. 北京:法律出版社,2011:43.

⑥ The Nagoya-Kuala Lumpur Supplementary Protocol on Liability and Redress reaches the halfway mark to entry into force with ratification by Hungary"［DB/OL］. 访问日期:2016-12-18.

⑦ 关于会议所达成具体共识,请参见:FAO/WHO Expert Consultation on Biotechnology and Food Safety（1996）［DB/OL］.（访问日期:2016-12-18）;FAO/WHO Expert Consultation on Evaluation of Allergenicity of Genetically Modified Foods（2001）［DB/OL］. 访问日期:2016-11-22.

因食品安全评估的新标准:《源于现代生物技术的食品风险分析原则》①、《源于转基因植物食品的食品安全评估指南》②和《源于转基因微生物食品的安全指南》③。这三项转基因食品安全标准涵盖了目前有关转基因生物政策方面的争议性问题。值得强调的是,新标准规定了一条底线,要求转基因生物制成的食品应该同与其相应的传统食品一样安全。

虽然 Codex 准则对各国没有法律拘束力,但准则与 WTO 下的 SPS 在食品安全方面关系比较紧密,准则所采纳的标准将被自动视为"以科学为依据",从而在 WTO 内免受质询。随着 WTO 在国际食品相关争端案例报告中,多次引用 Codex 作为判案依据,进一步增强了各国对 Codex 准则的接受度。

三、转基因生物安全国际规范的冲突与协调

(一)规范前提的冲突与协调

转基因生物与传统生物是否等同,是国际规范如何进行调整的前提。CPB 和 Codex 准则反映出,依据两者的制成方法不同,转基因生物可能具有生态环境安全和人类、动植物健康方面的风险,因而认为两者不能等同。而根据 WTO 规则,认定产品是否等同,依据的不是生产加工方法,而是最终产品本身,只要最终产品在性能、用途和物理化学性质等方面没有实质性区别,即可认为产品等同。SPS 和 TBT 是 WTO 框架下的协议,体现了 WTO 规则的精神,将转基因生物(食品)与传统生物(食品)等同对待。事实上,CPB 专门对转基因生物进行规范和 Codex 专门对转基因食品制定相关准则,制定这些规则的前提就是两者不能等同④。这也就决定了在该议题上两类国际规范协调的空间很小,有时甚至到了不可调和的程度。

---

① 详细规定请参见:Principles for the Risk Analysis of Foods Derived from Modern Biotechnology [DB/OL]. 访问日期:2016-11-18.

② 详细规定请参见:Guideline for the Conduct of Food Safety Assessment of Foods Derived from Recombinant-DNA Plants [DB/OL]. 访问日期:2016-11-18.

③ 详细规定请参见:Guideline for the Conduct of Food Safety Assessment of Foods Produced Using Recombinant-DNA Microorganisms [DB/OL]. 访问日期:2016-11-18.

④ 张忠民. 转基因食品安全国际规范的冲突与协调:从"欧美转基因食品案"展开的思考[J]. 宁夏大学学报(人文社科版),2008,30(4):38-43.

（二）规范原则的冲突与协调

两类国际规范的指导原则之间，即风险预防原则与科学基础原则之间存在冲突。CBD 和 CPB 认为科学证据不能证明转基因生物有害，并不等于证实了其无害，所以应当以风险预防原则为指导原则，积极采取必要措施以防止可能损害的发生。WTO 相关国际规范则特别强调科学基础原则的作用，认为判定转基因生物产品是否安全的唯一标准是科学证据，科学证据不能证明其有害，就应当认为其无害，应当与传统生物产品同等对待，此原则为 SPS 和 TBT 所采用。其中，SPS 虽然反映了风险预防原则的表面特征，但实质上仍然依循的是科学基础原则①。风险预防原则与科学基础原则本是一枚硬币的两面，相互依存，却背向而驰，终难合二为一。但两者在具体运用时的张力，又使得两者之间的距离尚有拉近空间。风险预防原则适用的空间和力度减小，可以缓解与科学基础原则之间的冲突，然而遗憾的是，目前尚未看到这种迹象。

（三）规范方法的冲突与协调

转基因生物安全国际规范在规范方法上的冲突，在标识制度上表现得最为典型。CPB 要求在生产、运输、包装、销售整个流程均需对活性转基因生物加以标识。SPS 和 TBT 对转基因生物标识问题的规范并不交叉，属于安全原因的由 SPS 进行规范，其他情况则由 TBT 加以规范②；且对加以标识都附有条件，SPS 的条件是转基因生物产品必须被证明有安全性隐患，TBT 的条件则是成本要合理且不构成歧视。当前，转基因生物存在安全隐患尚未得到科学证据证实，因此无法依据 SPS 要求对其加以标识③。关于何谓生产者标识成本与消费者知情权利益之间的平衡，即达到所谓合理的要求，国际间存在极大的争议；至于不构成歧视的要求则比较容易满足，只要进口国

① AARON A O. The European Commission's Regulations for Genetically Modified Organisms and the Current WTO Dispute - Human Health or Environmental Measures? Why the Deliberate Release Directive is More Appropriately Adjudicated in the WTO under the TBT Agreement[J]. COLO. J. INT'L ENVTL. L. & POL'Y, 2004 (15): 242-244.

② APPLETON A E. Genetically Modified Organisms: Colloquium Article the Labelling of GMOS Products Pursuant to International Trade Rules[J]. New York University School of Law, 2000 (8): 568; D Thue-Vasquez. Genetic Engineering and Food Labeling: A Continuing Controversy[J]. San Joaquin Agricultural Law Review, 2000 (10): 78.

③ STEVE K. Can a Consumer's Right to Know Survive the WTO?: The Case of Food Labeling[J]. Transnat'l L. & Contemp. Probs., 2006 (16): 330-331.

对本国转基因产品苛以标识要求,要求进口转基因产品进行标识就不会构成歧视①。与前面两类冲突不同,伴随着美国等实行自愿标识制度的国家在态度上的转变,国际规范中对转基因生物标识的协调变得更加容易。

　　总体而言,以环保健康为中心的转基因生物国际规范,强调的是生态环境和人类健康方面的风险,侧重给予进口方更多的权利,而要求出口方承担更多的责任和义务;而以贸易自由为中心的转基因食品国际规范,则强调贸易自由和防止贸易保护主义,主要对进口方的权利进行限制,更多地强调出口方的权利和进口方采取措施后必须承担的义务②。由此,两类国际规范之间才存在诸多冲突,需要予以协调。但值得注意的是,转基因生物国际贸易的摩擦却进一步压缩了协调的空间。欧美转基因产品案中,双方各自为政、互不相让,致使联合国系统下部分机构协调国际规范冲突的尝试前景十分渺茫③。

四、对我国的有益启示

(一)国内立法需与国际法协调

　　我国转基因生物安全法律制度与欧盟相近,而且同样都是转基因农产品进口大国,尤其是对转基因大豆的进口依赖度非常高。因而,欧美之间的转基因产品国际贸易冲突,也同样可能发生在中美之间。为了能够有效维护我国利益,必须考虑国内立法与国际规范尤其是 WTO 相关规范的协调性,唯有如此才能在将来的诉讼中处于较为有利的地位。同时,我国既是 WTO 成员国,又是 CBD、CPB 缔约国,因而促进国内法与国际法之间的协调性,既是一项权利,也是一项义务。

　　必须强调的是,增加国内法与国际规范的协调性,绝对不等于依从国际法,用国际法的相关原则、制度指导国内立法。笔者认为,国内法与国际规范协调的界限,不应当损害我国的国家利益,否则,就应当牺牲协调性维护国家利益。事实上,当前转基因生物安全国际规范之间的冲突状态,给我国立法提供了更大的选择空间。而且,时任美国总统特朗普奉行的美国优先的单边主义政策,正在削弱国际规范的影响力,这是我国必须关注的一个新动向。

---

① 张忠民.转基因食品安全国际规范的冲突与协调:从"欧美转基因食品案"展开的思考[J].宁夏大学学报(人文社科版),2008,30(4):38-43.

② 张忠民.转基因食品安全国际规范的冲突与协调:从"欧美转基因食品案"展开的思考[J].宁夏大学学报(人文社科版),2008,30(4):38-43.

③ 陈亚芸.转基因食品的国际法律冲突及协调研究[M].北京:法律出版社,2015:183.

（二）积极参与国际规则的制定

目前，转基因生物安全国际规范处于混乱之中，转基因生物的统一国际标准也还没有形成，这就要求我国必须积极参与相关国际规则的制定。一方面，我国自身要积极参与转基因生物国际规范和检测标准的制定，努力争取形成最有利于我国转基因生物产业发展的具体条款。另一方面，我国要积极争取发展中国家和最不发达国家的大力支持，共同参与到转基因生物安全国际规范的制定中来，以提高我国主张获得采纳的概率。因为，欧美转基因产品案中美国胜诉得益于阿根廷的鼎力支持，CPB 制定中欧盟占有优势得益于发展中国家的积极帮助，都说明在未来的转基因生物安全国际立法中，发展中国家和最不发达的国家是不可忽视的力量[①]。

（三）合理利用贸易壁垒的规则

我国还属于发展中国家，转基因技术和转基因生物产业的发展水平，距离美国等先进国家还有一定的差距，因此有必要通过合理利用国际规范中的技术贸易壁垒的相关规则，为我国争取更多的时间和空间。为此，我国要积极研究国际规范特别是WTO 下一系列规范的技术贸易壁垒规则，及时跟踪转基因生物国际标准的新动向，充分关注主要转基因产品贸易伙伴国内法的新变化，不断探索合理利用技术贸易壁垒的新措施。比如，可以通过强制标识、安全检测、环境监测、作物形状和遗传变异检测等措施，设置并提高国外转基因生物的进入壁垒，保护我国生产者和消费者合法权益[②]，为我国成为转基因技术强国、转基因生物产业大国争取更大空间。

---

① 陈亚芸. 转基因食品国际援助法律问题研究——兼论发展中国家的应对措施[J]. 太平洋学报, 2014, 22(3)
1-10.

② 齐振宏, 周萍入. 转基因农产品国际贸易争端问题研究综述[J]. 商业研究, 2012(2): 14-19.

第四章　转基因生物研发试验
安全法律制度

第一节　转基因生物安全评价制度

转基因生物安全性在本质上属于科学问题,转基因生物安全评价的核心是科学证据和科学标准,而转基因生物的安全评价结论是实施安全管理的基本前提,是国家制定转基因生物产业发展战略、策略与法规的重要依据。我国根据《农业转基因生物安全管理条例》[①]、《农业转基因生物安全评价办法》[②]、《农业部产品质量监督检验测试机构管理办法》[③]等法律法规,建立了转基因生物安全评价制度。

一、转基因生物安全评价制度的立法现状

(一)评价机构

1. 管理机构

我国转基因生物安全评价的管理机构是国家农业转基因生物安全委员会。国家农业转基因生物安全委员会由从事农业转基因生物研究、生产、加工、检验检疫、卫生、环境保护等方面的专家组成,每届任期5年。2016年9月,第5届国家农业转基因生物安全委员会成立,安委会共75名委员(其中院士14名),安委会委员组成来源广泛,涉及农业、医学、卫生、食品、环境、检测检验等领域,后来新增加了生物信息学、基因组学、生物物理学、基因组编辑等方面的委员[④]。农业部设立农业转基因生物安全管理办公室,负责农业转基因生物安全评价管理工作。

---

① 2001年5月23日国务院令第304号,并根据2011年1月8日《国务院关于废止和修改部分行政法规的决定》修订。

② 2002年1月5日农业部令第8号,2004年7月1日农业部令第38号修订,2016年7月25日农业部令第7号修订。

③ 农市发〔2007〕23号。

④ 农业部新闻办公室.国家成立第五届农业转基因生物安全委员会[DB/OL].访问日期:2016-12-11.

2.检测机构

转基因生物安全评价检测机构负责转基因生物及其产品的检验检测工作。农业部根据农业转基因生物安全评价及其管理工作的需要,委托具备检测条件和能力的技术检测机构进行检测,为安全评价和管理提供依据。转基因生物安全评价检测机构是农业部产品质量监督检验测试的具体机构,是经农业部机构审查认可,并通过国家计量认证的法定检验机构,是社会公益性技术机构。截至2016年12月,我国农业部共计授权42家检测机构负责转基因生物安全评价的检测检验工作①。

3.标准机构

根据国务院《关于成立全国农业转基因生物安全管理标准化技术委员会(SAC/TC276)的复函》②,全国农业转基因生物安全管理标准化技术委员会主要负责转基因植物、动物、微生物及其产品的研究、试验、生产、加工、经营、进出口及与安全管理方面相关的国家标准(以下简称"转基因生物相关国家标准")制修工作,对口食品法典委员会(CAC)的政府间特设生物技术食品工作组(cx-802)等技术组织制定与农业转基因生物安全管理有关的标准等工作。全国农业转基因生物安全管理标准化技术委员会委托农业部管理,秘书处设在农业部科技发展中心。

(二)评价原则

转基因生物安全评价主要遵循四个原则。第一,科学原则,转基因生物安全评价应当以当前科技水平下的科学证据为依据;第二,个案原则,只要导入基因、受体生物、基因操作等有任何不同,均应当视为新品种开展安全评价;第三,分级原则,按照对人类、动植物、微生物和生态环境的危险程度,将转基因生物分为四个安全等级;第四,逐段原则,按照实验研究、中间试验、生产性试验及安全证书申报等顺序,逐个阶段进行安全评价。

(三)评价程序

1.评价申报

农业部依法受理农业转基因生物安全评价申请。申请被受理的,应当交由国家

---

① 农业部农业转基因生物安全管理办公室.农业转基因生物安全监督检验测试机构清单[DB/OL].访问日期:2016-12-11.

② 国标委计划函〔2004〕68号。

农业转基因生物安全委员会进行安全评价。国家农业转基因生物安全委员会每年至少开展两次农业转基因生物安全评审。农业部收到安全评价结果后按照《中华人民共和国行政许可法》(以下简称《行政许可法》)和《农业转基因生物安全管理条例》的规定作出批复。从事农业转基因生物试验和进口的单位以及从事农业转基因生物生产和加工的单位和个人,在向农业转基因生物安全管理办公室提出安全评价报告或申请前应当完成下列手续:报告或申请单位和报告或申请人对所从事的转基因生物工作进行安全性评价,并填写报告书或申报书;组织本单位转基因生物安全小组对申报材料进行技术审查;提供有关技术资料。

2. 评价定级

我国对转基因生物安全实行分级评价管理,按照对人类、动植物、微生物和生态环境的危险程度,将农业转基因生物分为以下四个等级:尚不存在危险的转基因生物定为安全等级Ⅰ,具有低度危险的转基因生物定为安全等级Ⅱ,具有中度危险的转基因生物定为安全等级Ⅲ,具有高度危险的转基因生物定为安全等级Ⅳ。转基因生物安全评价和安全等级的确定步骤如下:第一步,确定受体生物的安全等级;第二步,确定基因操作对受体生物安全等级影响的类型;第三步,根据前两步确定的安全定级,确定转基因生物的安全等级;第四步,确定生产、加工活动对转基因生物安全性的影响;第五步,确定转基因产品的安全等级。

(四)评价方法①

1. 受体生物安全等级的确定方法

受体生物是指被导入重组 DNA 分子的生物。我国对受体生物的安全评价,分为植物、动物和微生物三种类型。受体生物分为Ⅰ、Ⅱ、Ⅲ和Ⅳ四个安全等级:①安全等级Ⅰ是指符合下列条件之一的受体生物:对人类健康和生态环境未曾发生过不利影响;演化成有害生物的可能性极小;用于特殊研究的短存活期受体生物,实验结束后在自然环境中存活的可能性极小。②安全等级Ⅱ是指对人类健康和生态环境可能产生低度危险,但是通过采取安全控制措施完全可以避免其危险的受体生物。③安全等级Ⅲ是指对人类健康和生态环境可能产生中度危险,但是通过采取安全控制措施,

---

① 限于篇幅,关于转基因生物安全评价过程中参考的具体因素,转基因植物、动物和微生物的具体评价方法、要求等内容,请参见《农业转基因生物安全评价管理办法》及其附录《转基因植物安全评价》《转基因动物安全评价》和《转基因微生物安全评价》。

基本上可以避免其危险的受体生物。④安全等级Ⅳ是指对人类健康和生态环境可能产生高度危险,而且在封闭设施之外尚无适当的安全控制措施避免其发生危险的受体生物,包括可能与其他生物发生高频率遗传物质交换的有害生物;尚无有效技术防止其本身或其产物逃逸、扩散的有害生物;尚无有效技术保证其逃逸后,在对人类健康和生态环境产生不利影响之前,能将其捕获或消灭的有害生物。

2. 基因操作影响类型的确定方法

我国将基因操作对受体生物(分为植物、动物和微生物三种)安全等级的影响,分为以下三种类型:

(1)类型1是增加受体生物的安全性的基因操作,包括去除某个(些)已知具有危险的基因或抑制某个(些)已知具有危险的基因表达的基因操作。

(2)类型2是不影响受体生物安全性的基因操作,包括改变受体生物的表型或基因型而对人类健康和生态环境没有影响的基因操作;改变受体生物的表型或基因型而对人类健康和生态环境没有不利影响的基因操作。

(3)类型3是降低受体生物安全性的基因操作,包括改变受体生物的表型或基因型,并可能对人类健康或生态环境产生不利影响的基因操作;改变受体生物的表型或基因型,但不能确定对人类健康或生态环境影响的基因操作。

3. 转基因生物安全等级的确定方法

我国对转基因生物(分为植物、动物和微生物三种)的安全评价方法,是根据受体生物的安全等级和基因操作对其安全等级的影响类型及影响程度,确定转基因生物的安全等级,下面按照受体生物的安全等级,分别进行讨论。

(1)受体生物安全等级为Ⅰ的转基因生物

第一,安全等级为Ⅰ的受体生物,经类型1或类型2的基因操作而得到的转基因生物,其安全等级仍为Ⅰ。第二,安全等级为Ⅰ的受体生物,经类型3的基因操作而得到的转基因生物,如果安全性降低很少,且不需要采取任何安全控制措施的,则其安全等级仍为Ⅰ;如果安全性有一定程度的降低,但是可以通过适当的安全控制措施完全避免其潜在危险的,则其安全等级为Ⅱ;如果安全性严重降低,但是可以通过严格的安全控制措施避免其潜在危险的,则其安全等级为Ⅲ;如果安全性严重降低,而且无法通过安全控制措施完全避免其危险的,则其安全等级为Ⅳ。

(2)受体生物安全等级为Ⅱ的转基因生物

第一,安全等级为Ⅱ的受体生物,经类型1的基因操作而得到的转基因生物,如果安全性增加到对人类健康和生态环境不再产生不利影响的,则其安全等级为Ⅰ;如果安全性虽有增加,但对人类健康和生态环境仍有低度危险的,则其安全等级仍为Ⅱ。第二,安全等级为Ⅱ的受体生物,经类型2的基因操作而得到的转基因生物,其安全等级仍为Ⅱ。第三,安全等级为Ⅱ的受体生物,经类型3的基因操作而得到的转基因生物,根据安全性降低的程度不同,其安全等级可为Ⅱ、Ⅲ或Ⅳ,分级标准与受体生物的分级标准相同。

(3)受体生物安全等级为Ⅲ的转基因生物

第一,安全等级为Ⅲ的受体生物,经类型1的基因操作而得到的转基因生物,根据安全性增加的程度不同,其安全等级可为Ⅰ、Ⅱ或Ⅲ,分级标准与受体生物的分级标准相同。第二,安全等级为Ⅲ的受体生物,经类型2的基因操作而得到的转基因生物,其安全等级仍为Ⅲ。第三,安全等级为Ⅲ的受体生物,经类型3的基因操作得到的转基因生物,根据安全性降低的程度不同,其安全等级可为Ⅲ或Ⅳ,分级标准与受体生物的分级标准相同。

(4)受体生物安全等级为Ⅳ的转基因生物

第一,安全等级为Ⅳ的受体生物,经类型1的基因操作而得到的转基因生物,根据安全性增加的程度不同,其安全等级可为Ⅰ、Ⅱ、Ⅲ或Ⅳ,分级标准与受体生物的分级标准相同。第二,安全等级为Ⅳ的受体生物,经类型2或类型3的基因操作而得到的转基因生物,其安全等级仍为Ⅳ。

4. 转基因产品生产、加工活动影响类型的确定方法

转基因产品的生产、加工活动对转基因生物安全等级的影响分为三种类型:

①类型1,增加转基因生物的安全性。

②类型2,不影响转基因生物的安全性。

③类型3,降低转基因生物的安全性。

5. 转基因产品安全等级的确定方法

根据农业转基因生物的安全等级和产品的生产、加工活动对其安全等级的影响类型和影响程度,确定转基因产品的安全等级。

(1)转基因生物安全等级为Ⅰ的转基因产品

第一,安全等级为Ⅰ的转基因生物,经类型1或类型2的生产、加工活动而形成的转基因产品,其安全等级仍为Ⅰ。第二,安全等级为Ⅰ的转基因生物,经类型3的生产、加工活动而形成的转基因产品,根据安全性降低的程度不同,其安全等级可为Ⅰ、Ⅱ、Ⅲ或Ⅳ,分级标准与受体生物的分级标准相同。

（2）转基因生物安全等级为Ⅱ的转基因产品

第一，安全等级为Ⅱ的转基因生物，经类型1的生产、加工活动而形成的转基因产品，如果安全性增加到对人类健康和生态环境不再产生不利影响的，其安全等级为Ⅰ；如果安全性虽然有增加，但是对人类健康或生态环境仍有低度危险的，其安全等级仍为Ⅱ。第二，安全等级为Ⅱ的转基因生物，经类型2的生产、加工活动而形成的转基因产品，其安全等级仍为Ⅱ。第三，安全等级为Ⅱ的转基因生物，经类型3的生产、加工活动而形成的转基因产品，根据安全性降低的程度不同，其安全等级可为Ⅱ、Ⅲ或Ⅳ，分级标准与受体生物的分级标准相同。

（3）转基因生物安全等级为Ⅲ的转基因产品

第一，安全等级为Ⅲ的转基因生物，经类型1的生产、加工活动而形成的转基因产品，根据安全性增加的程度不同，其安全等级可为Ⅰ、Ⅱ或Ⅲ，分级标准与受体生物的分级标准相同。第二，安全等级为Ⅲ的转基因生物，经类型2的生产、加工活动而形成的转基因产品，其安全等级仍为Ⅲ。第三，安全等级为Ⅲ的转基因生物，经类型3的生产、加工活动而形成转基因产品，根据安全性降低的程度不同，其安全等级可为Ⅲ或Ⅳ，分级标准与受体生物的分级标准相同。

（4）转基因生物安全等级为Ⅳ的转基因产品

第一，安全等级为Ⅳ的转基因生物，经类型1的生产、加工活动而得到的转基因产品，根据安全性增加的程度不同，其安全等级可为Ⅰ、Ⅱ、Ⅲ或Ⅳ，分级标准与受体生物的分级标准相同。第二，安全等级为Ⅳ的转基因生物，经类型2或类型3的生产、加工活动而得到的转基因产品，其安全等级仍为Ⅳ①。

二、转基因生物安全评价制度的立法缺陷

（一）转基因生物安全评价制度已经完善的缺陷

2016年7月，自《农业转基因生物安全评价管理办法》颁布施行十多年后，我国农业部终于对该办法进行了修订，主要完善了以下缺陷：第一，将每届国家农业转基因生物安全委员会委员的任期进行修改，由3年增加到5年，增强了国家农业转基因生物安全委员会稳定性，契合了转基因生物安全评价周期较长的实际情况。第二，将转基因生物安全管理责任人由从事农业转基因生物研究与试验单位的法人代表变更

①　上述制度内容请参阅《农业转基因生物安全管理条例》《农业转基因生物安全评价办法》《农业部产品质量监督检验测试机构管理办法》等法规的条文。

为单位本身,修正了由自然人为法人行为负责这一严重缺乏法理基础的规定。第三,要求从事转基因生物研究与试验的单位,每个试验阶段都要制订转基因生物试验操作规程,增强了转基因生物试验安全性和试验材料的可追溯性。第四,取消了转基因生物安全评价中省级审核的环节,提高了当事人申请安全评价的效率,同时为后续取消试验地点的限制和扩展安全证书应用范围,消除了障碍。第五,取消了转基因生物研发试验的试点省数目和每省试点数的限制,有利于促进转基因生物研发。第六,扩展了转基因生物安全证书的应用范围,转基因植物从 1 个省扩展至适宜生态区,转基因动物、微生物从 1 个省扩展到完全没有区域限制,迎合了生物生长的自然规律。第七,建立了试验单位改变试验地点报告制度,有利于转基因生物的安全监管。第八,要求申请转基因生物安全评价的当事人提交转基因生物样品、对照样品及检测方法,有利于推进转基因生物的标准制定、检验检测和安全监管。

(二)转基因生物安全评价制度仍然存在的缺陷

转基因生物安全评价制度既体现着科学理性,又体现着制度理性。囿于知识结构限制,笔者很难在科学层面讨论其不足,仅从制度层面提出如下缺陷。

1. 安委会机制缺失

国家农业转基因生物安全委员会作为我国负责转基因生物安全评价的机构,在产生机制和运行机制方面,都存在不足之处。在产生机制方面,法规仅规定安全委员会由从事农业转基因生物研究、生产、加工、检验检疫以及卫生、环境保护等方面的专家组成,但是,对专家通过何种机制选定而成为安委会委员,却没有进行规定。实践中,转基因生物安全委员会委员经教育部、科技部、环保部、农业部、卫计委、质检总局、食药总局、中国科学院、中国军事医学科学院等单位推荐,并经农业转基因生物安全管理部际联席会议各成员单位确认同意后确定[①]。笔者认为,转基因生物安全委员会委员缺乏法定产生机制,实践中的做法具有较大随意性,规范性与科学性严重不足。比如,推荐单位、推荐名额、认定标准、认定程序等事项,无一明确,导致部分委员连续任职、委员总数不断变化等情况长期存在[②]。在运行机制方面,国家农业转基因生物安全委员会缺乏相关制度建设,在认定转基因生物安全评价的结论时,安全委员会委员的表决程序和表决规则不明确,导致转基因生物安全评价结论的公信力严重不足。

① 农业部新闻办公室. 国家成立第五届农业转基因生物安全委员会[DB/OL]. 访问日期:2016-12-11.

② 张忠民. 转基因食品法律规制研究[D]. 重庆:重庆大学,2008:135.

2. 检测机构性质单一

转基因生物安全评价检测机构对转基因生物及其产品的检验检测结果,是转基因生物安全评价的重要依据,因此检测机构认定工作至关重要。根据《农业部产品质量监督检验测试机构管理办法》的相关规定,以及实践中被农业部认定的 42 家检测机构的情况看,我国转基因生物安全评价检测机构均来自省部级直属的事业单位,在法律性质上非常单一。值得注意的是,我国《计量法》[①]、《认证认可条例》[②]、《检验检测机构资质认定管理办法》[③]等法律法规,并未对主体性质作出特别要求,因而《农业部产品质量监督检验测试机构管理办法》的相关规定与上述法规不甚协调。笔者认为,在市场经济中,只要符合转基因生物检测机构的法定认定标准,就不应当对事业单位与企业单位实行差别对待。

3. 安全标准严重不足

转基因生物相关国家标准,是转基因生物监测机构的检验检测的依据,也是转基因生物监测机构能否有效开展工作的前提。然而,我国转基因生物相关国家标准却严重不足。自 2004 年全国农业转基因生物安全管理标准化技术委员会成立至 2011 年底,我国发布了 80 项转基因生物相关国家标准[④];从 2012 至 2016 年底,我国发布了 52 项转基因生物相关国家标准[⑤],共计发布了 132 项转基因生物相关国家标准。我国转基因生物相关国家标准的数量,与我国已批准商业化生产的转基因微生物药物 596 例、转基因微生物 737 例,形成了鲜明的对比。可见,我国转基因生物相关国家标准严重不足,已经成为转基因生物检验检测工作的制约因素。

4. 回避规则执行不力

通过梳理国家农业转基因生物安全委员会委员、全国农业转基因生物安全管理

① 1985 年 9 月 6 日中华人民共和国主席令第 28 号,分别于 2009 年 8 月 27 日、2013 年 12 月 28 日、2015 年 4 月 24 日进行修正。

② 2003 年 9 月 3 日国务院令第 390 号。

③ 2015 年 4 月 9 日国家质量监督检验检疫总局令第 163 号。

④ 农业部科技发展中心.农业转基因生物安全标准[M].北京:中国农业出版社,2011.

⑤ 我们查阅了 2012 年至 2016 年所有的农业部公告,经统计期间共计发布了 52 项转基因生物相关国家标准。其中:2013 年 5 月 23 日农业部公告第 1943 号,发布 4 项国家标准;2013 年 12 月 4 日农业部公告第 2031 号,发布 19 项国家标准;2015 年 5 月 21 日农业部公告第 2259 号,发布 19 项国家标准;2016 年 5 月 23 日农业部公告第 2406 号,发布 10 项国家标准。

标准化技术委员会委员、转基因生物安全评价检测机构负责人或下属专家的人员组成,不难发现,上述三类人员之间存在较为严重的交叉情况,而且相当一部分人员同时是转基因生物的研发者。在转基因生物安全存在争议的背景下,部分专家既当运动员又当裁判员的情况,已被广受诟病。事实上,我国《农业转基因生物安全评价管理办法》初步建立了转基因生物安全评价的回避规则。《农业转基因生物安全评价管理办法》规定,参与转基因生物安全评价审查的专家,本人及其近亲属与申报者有利害关系的应当回避。遗憾的是,回避规则并未得到有效执行。

三、转基因生物安全评价制度的完善建议

(一)健全安委会机制

针对国家农业转基因生物安全委员会存在的不足,笔者认为,应当从以下方面予以完善。一方面,健全转基因生物安全委员会委员的产生机制。具体构想是:第一,确定转基因生物安全委员会委员的学科背景类别;第二,确定转基因生物安全委员会委员总数及各领域所占份额;第三,确定转基因生物安全委员会委员的遴选机构;第四,制定不同领域委员的遴选条件、遴选标准和遴选程序;第五,对遴选出来的人员进行公示,以征求公众意见①。另一方面,健全转基因生物安全委员会委员的运行机制。在转基因生物安全委员会委员总数确定的基础上,制订安全委员会的表决程序和表决规则,以便在转基因生物安全评价过程中,提高对意见不一致的转基因生物的评价效率。必须指出的是,转基因生物安全委员会的表决程序和表决规则应当体现风险预防原则,这就要求其表决程序不能过于简单,表决规则不能采取简单多数的方式。

(二)检测机构应当多元

在市场经济条件下,实现转基因生物安全评价检测机构多元化,既有必要性,又有可行性。一方面,转基因生物检测机构均为事业单位的负面效应明显。实践中,检测机构均为事业单位,增加了检测机构与标准制定机构、安全评价机构以及研发机构人员交叉的概率,容易导致其作为第三方的公正性受到公众质疑。另一方面,尽管我国《农业部产品质量监督检验测试机构管理办法》对转基因生物检测机构的定位是社

---

① 张忠民.转基因食品法律规制研究[D].重庆:重庆大学,2008:140.

会公益性技术机构,但实践中检测机构却实行的是市场化运作①,这为企业成为检测机构提供了市场环境。因此,我国应当根据《计量法》《认证认可条例》《检验检测机构资质认定管理办法》等法律法规的立法精神,尽快修订相关法规,按照转基因生物检测机构的法定认定条件,对事业单位与企业单位不加区别地进行选定,以改变转基因生物检测机构性质单一的局面,实现转基因生物检测机构的多元化。

(三)大力制定安全标准

转基因生物相关国家标准是转基因生物监测机构检验检测的依据,而转基因生物监测机构的检测结论又是转基因生物安全评价的重要依据。转基因生物相关国家标准在转基因生物安全评价中的基础性地位,决定了我国必须尽快改变转基因生物相关国家标准严重不足的局面。我国应当调整全国农业转基因生物安全管理标准化技术委员会委员的人员结构,增加委员的总人数,提高委员的业务能力;同时,增加对全国农业转基因生物安全管理标准化技术委员会委员物力和财力的支持,加强实验试验、检验检测场地建设,引进先进检测仪器设备,提高标准制定的效率。事实上,我国新修订的《农业转基因生物安全评价管理办法》要求申请转基因生物安全评价的当事人,应当按要求提交转基因生物样品、对照样品及检测方法。此举已经为转基因生物相关国家标准的制定,提供了有利条件。另外,鉴于我国新型植物育种技术发展迅速,已将基因编辑、定点诱变、同源转基因、转基因砧木嫁接等多种新技术陆续应用于基础研究中②,这些技术对转基因生物相关国家标准制定发起了新的挑战,应当给予必要关注。

(四)认真执行回避规则

在我国当前的转基因生物舆论环境下,转基因生物安全评价过程中回避规则能否得到有效执行,不仅会直接影响安全评价制度功能的实现,更会严重影响政府的公信力。笔者认为,可从以下两个方面入手强化回避规则的执行。一是细化回避规则。应当引入审查机制和举报机制,通过安全评价相关机构的主动审查和利害相关人及

① 根据《关于农业转基因生物安全评价费和检测费收费标准及有关问题的通知》(发改价格〔2007〕3704号)的规定,农业部指定检测机构的收费标准并不低。农业部指定检测机构向申请农业转基因生物试验以及申请农业转基因生物安全证书的单位和个人收取农业转基因生物检测费的收费标准为:环境安全检测费收费标准,农业转基因生物生存竞争能力检测费每次83 000元;农业转基因漂移的生态风险检测费每次92 000元;农业转基因生物对非靶标生物和生物多样性影响检测费每次96 000元。食用安全检测费收费标准,抗营养成分检测费每项每次1 000元;大鼠90天喂养检测费每次120 000元。

② 杨艳萍,董瑜,邢颖,等.欧盟新型植物育种技术的研究及监管现状[J].生物技术通报,2016,32(2):1-6.

公众的积极举报,增加应当回避而没有回避情况的曝光概率,有效避免有法不依的情况发生。二是明确法律责任。我国《农业转基因生物安全评价管理办法》虽然建立了转基因生物安全评价的回避规则,但却没有规定违反回避规则的法律后果。因此,我国法规既要明确违反回避规则的人员应当承担的法律责任,比如免去检测机构的资质或相关人员的任职资格等;又要明确违反回避规则作出的安全评价结论的法律效力,比如安全评价结果无效等。总之,绝对不能允许转基因生物安全评价的申请人既参与国家标准的制定,又参与检验检测,还参与安全评价的情况出现。

第二节　转基因生物研发试验安全报告制度

根据《农业转基因生物安全管理条例》、《病原微生物实验室生物安全管理条例》①、《基因工程安全管理办法》②、《农业转基因生物安全评价办法》③等法律法规，建立了转基因生物研发试验安全报告制度。

一、转基因生物研发试验安全报告制度的立法现状④

转基因生物研发试验安全报告制度是一项强制性制度，是指转基因生物研发试

---

① 2004 年 11 月 12 日国务院令第 424 号。

② 1993 年 12 月 24 日原国家科学技术委员会令第 17 号。

③ 2002 年 1 月 5 日农业部令第 8 号,2004 年 7 月 1 日农业部令第 38 号修订,2016 年 7 月 25 日农业部令第 7 号修订。

④ 特别说明:关于转基因生物研发试验安全报告制度、报批制度,我国林业局在 2006 年还专门针对转基因林木制定了《开展林木转基因工程活动审批管理办法》(2006 年 5 月 11 日国家林业局令第 20 号),建立了转基因林木的研究、试验、生产、经营和进出口活动的报告制度和审批制度。该办法的法律依据并非《农业转基因生物安全管理条例》,而是《国务院对确需保留的行政审批项目设定行政许可的决定》(国务院令第 412 号)规定的一项行政许可事项。实践中,由于存在政府部门管理权限衔接问题,且缺乏转基因林木安全评价制度等配套制度,林业局并没有批准过一个转基因的树种(2014 年 2 月 25 日在国务院新闻办举行的新闻发布会上,国家林业局局长赵树丛对此予以明确)。2015 年 7 月,为完善上述不足,国家林业局办公室发布《关于征求〈开展林木转基因工程活动审批管理办法〉修订意见的通知》(办技字〔2015〕100 号),拟效仿农业部做法,由"国家林业局设立林业转基因生物安全委员会,负责林业转基因生物安全证书发放及其他重要安全性技术评价工作",但截至目前修订稿仍未公布。为配合《开展林木转基因工程活动审批管理办法》的修订,国家林业局 2016 年 5 月 30 日颁布了《林木种子生产经营档案管理办法》(林场发〔2016〕71 号),规定"生产经营转基因林木种子的,还应当保存转基因林木安全证书或者其复印件"。笔者认为,目前国家林业局关于转基因林木管理的规定,类似于我国原卫生部出台的《转基因食品卫生管理办法》(2002 年 4 月 8 日卫生部令第 28 号)和《新资源食品管理办法》(2007 年 7 月 2 日卫生部令第 56 号)提出的对转基因食品的管理措施,并未真正落实到位。而且,最终国家卫生和计划生育委员会出台《新食品原料安全性审查管理办法》(2013 年 5 月 31 日国家卫生和计划生育委员会令第 1 号),明确放弃了对转基因食品非市场流通事项的管理权限。所以,本书暂时不讨论国家林业局关于转基因林木研发试验管理的相关规定,但会积极关注相关立法的新动向。

验单位,在进行转基因生物研发试验前,应当告知主管机关相关事项的制度。报告制度的意义在于,让主管机关掌握转基因生物研发试验的有关情况,一方面便于主管机关安全监管,另一方面便于主管机关公开信息征求公众建议。根据我国法律法规,转基因生物研发试验过程中需要报告的事项有三个:一是从事安全等级为Ⅲ和Ⅳ的转基因生物实验研究,应当在研究开始前向农业转基因生物安全管理办公室报告;二是转基因生物在实验室研究结束后,需要转入中间试验的,试验单位应当向农业转基因生物安全管理办公室报告;三是在转基因生物安全审批书有效期内,试验单位需要改变试验地点的,应当向农业转基因生物安全管理办公室报告。

（一）实验研究的报告

研发单位从事安全等级为Ⅰ和Ⅱ的转基因生物实验研究,可以由本单位转基因生物安全小组批准。但是,从事安全等级为Ⅲ和Ⅳ的转基因生物实验研究,应当在研究开始前向农业转基因生物安全管理办公室报告。研究单位向农业转基因生物安全管理办公室报告时,须提供以下材料:第一,实验研究报告书;第二,转基因生物的安全等级和确定安全等级的依据;第三,相应的实验室安全设施、安全管理和防范措施。

（二）中间试验的报告

中间试验是指在控制系统内或者控制条件下进行的小规模试验。研发单位在转基因生物实验研究结束后,若要转入中间试验,无论转基因生物安全等级高低,都必须向农业转基因生物安全管理办公室报告。研发单位向农业转基因生物安全管理办公室报告时应当提供的材料:第一,中间试验报告书;第二,实验研究总结报告;第三,农业转基因生物的安全等级和确定安全等级的依据;第四,相应的安全研究内容、安全管理和防范措施。

（三）变更试验地点的报告

试验地点是转基因生物试验方案的重要内容。我国法规较为关注试验地点的选择,一般要求试验单位提交试验地点的位置地形图、种养殖隔离图、气象资料、生态环境类型、生态环境对转基因生物的影响情况、周围有无同类野生品种、有无珍稀濒危物种等情况。同时,还明确要求试验单位提交试验地点所在的省(自治区、直辖市)、县(市)、乡、村和坐标。可见,试验地点既涉及生态安全,又涉及安全监管。因此,2016 年我国修订《农业转基因生物安全评价办法》时,专门增加了一条:在农业转基因生物安全审批书有效期内,试验单位需要改变试验地点的,应当向农业转基因生物安全管理办公室报告①。

二、转基因生物研发试验安全报告制度的立法缺陷

（一）报告制度的适用范围不足

我国转基因生物研发试验报告制度的适用范围,将研发单位从事安全等级为Ⅰ和Ⅱ的转基因生物实验研究排除在外,只要研发单位转基因生物安全小组批准即可。笔者认为,该规定会造成主管机关不能全面掌握转基因生物研发试验的真实情况,也就失去了必要情况下及时采取措施的机会,增加了转基因生物实验研究的安全隐患。理由是:第一,我国缺乏判断转基因生物安全等级的具体标准。受法律语言与技术水平的限制,我国对转基因生物安全等级标准的描述非常抽象,具有极大的模糊性②。因此,实践中很可能出现安全等级为Ⅲ或Ⅳ的转基因微生物,被试验单位认定为安全等级为Ⅰ或Ⅱ,本该报告而不予报告,造成安全隐患的情况。第二,可能诱使研发单位的机会主义倾向。一方面,判断转基因生物安全等级的主体是研发单位;另一方面,研发者将转基因生物实验的情况向主管机关报告,意味着要接受更多的监督,承担更多的义务和责任;于此情形下,研发者很可能产生机会主义倾向,将安全等级为Ⅲ和Ⅳ的转基因微生物认定成安全等级为Ⅰ或Ⅱ,从而避免向主管机关报告③。

（二）报告制度的监督落实不力

我国转基因生物安全报告制度赋予了研发单位过多的权利,报告与否的主动权在于研发单位,而主管单位只能被动接受。在此情形下,主动监管、严格执法就显得至关重要。遗憾的是,我国对转基因生物安全报告制度的监督落实不力,导致了多起违反报告制度的情况发生。根据 2017 年 1 月《农业部办公厅关于 11 家单位违反农业转基因生物安全管理规定处理情况的通报》④,2016 年农业部督导组发现的 11 起违反农业转基因生物安全管理规定的情况,有 10 起属于应报告未报告,其中试验材

---

① 上述制度内容请参阅《农业转基因生物安全管理条例》《病原微生物实验室生物安全管理条例》《基因工程安全管理办法》《农业转基因生物安全评价办法》等法规的条文。

② 刘旭霞,刘渊博.论动物转基因科研试验安全监管的法律制度[J].浙江大学学报(人文社会科学版),2014,44(6):63-74.

③ 张忠民.转基因食品法律规制研究[D].重庆:重庆大学,2008:136.

④ 农办科〔2017〕1 号。

料未报告 1 项,中间试验未报告 9 项,涉及辽宁、陕西、湖南、北京、广西、江西、福建、吉林等多个省份的科研单位。

三、转基因生物研发试验安全报告制度的完善建议

(一)扩大报告制度的适用范围

笔者认为,我国应当扩大报告制度的适用范围,要求研发单位从事安全等级为 I 和 II 的转基因生物实验研究,也应当向主管机关报告。虽然从事这类转基因生物研发的单位为数众多,加剧了报告的难度,但毋庸置疑仍具有可行性。对于研发者而言,目前的通信和网络都十分发达,不必再千里迢迢亲自到主管机关报告,只要报告制度设定多元化的报告方式,研发者履行报告义务也并非难事;从主管机关的角度讲,利用先进电脑软件,对较大的信息量进行处理,也绝非难事。扩大报告制度的适用范围至少有三个优点:第一,可以使主管机关全面掌握转基因生物研发试验的真实情况,在必要情况下能够及时地采取措施,尽可能消除安全隐患;第二,那些虽然安全级别不高,但涉及伦理、道德争议的试验可以及时叫停;第三,可以配合信息公开制度,让公众了解到比较全面的信息[1]。

(二)强化报告制度的监督落实

从《农业部办公厅关于 11 家单位违反农业转基因生物安全管理规定处理情况的通报》看,似乎研发单位违反报告制度主要集中在中间试验环节,但其实不然。转基因生物中间试验未报告事件占比很大的原因是判定研发单位转基因生物中间试验未履行报告义务较为容易。有理由相信,目前存有更多的违反报告义务的情况,只是并未得到查处。因此,我国很有必要强化转基因生物安全报告制度的监督落实。笔者认为,以下监督落实措施值得关注。第一,要明确监督主体,强化监管不力的责任。第二,要加强监督队伍建设,保障监督经费,提高监督能力。第三,注重提高检测检验技术水平,加强技术支撑能力。第四,加强信息平台建设,提高监督效率。第五,加大信息公开,充分发挥公众监督的作用。第六,注重监督制度建设,形成常态化机制。

---

[1] 张忠民.转基因食品法律规制研究[D].重庆:重庆大学,2008:141.

第三节　转基因生物研发试验安全报批制度

根据《农业转基因生物安全管理条例》《基因工程安全管理办法》《农业转基因生物安全评价办法》等法律法规,我国建立了转基因生物研发试验安全报批制度。

一、转基因生物研发试验安全报批制度的立法现状

转基因生物研发试验报批制度是指研发试验单位就转基因生物研发试验中的有关事项,向主管机关进行申报,主管机关在审查合格后予以批准的制度。报批制度与报告制度的最大区别在于,是否必须获得主管机关的批准。根据我国法律法规,转基因生物研发试验过程中,需要进行报批的项目有三种:一是转基因生物从中间试验转入环境释放,试验单位必须向国务院农业行政主管部门报批;二是转基因生物从环境释放转入生产性试验,试验单位必须向国务院农业行政主管部门报批;三是转基因生物生产性试验结束后,试验单位申请领取农业转基因生物安全证书,必须向国务院农业行政主管部门报批。

（一）环境释放报批

环境释放是指在自然条件下采取相应安全措施所进行的中规模的试验。转基因生物中间试验结束后要转入环境释放,试验单位必须向农业转基因生物安全管理办公室提出申请,经农业转基因生物安全委员会安全评价合格并由农业部批准后,才能根据转基因生物安全审批书的要求进行环境释放。试验单位提出环境释放申请时,必须提供的材料包括:安全评价申报书、农业转基因生物的安全等级和确定安全等级的依据、农业部委托的技术检测机构出具的检测报告、相应的安全研究内容、安全管理和防范措施、中间试验的总结报告。

（二）生产性试验报批

生产性试验,是指在生产和应用前进行的较大规模的试验。转基因生物环境释放结束后要转入生产性试验,试验单位必须向农业转基因生物安全管理办公室提出

申请,经农业转基因生物安全委员会安全评价合格并由农业部批准后,才能根据农业转基因生物安全审批书的要求进行生产性试验。试验单位提出生产性试验申请时,必须提供的材料包括:安全评价申报书、农业转基因生物的安全等级和确定安全等级的依据、农业部委托的技术检测机构出具的检测报告、相应的安全研究内容、安全管理和防范措施、环境释放的总结报告。

(三)安全证书报批

转基因生物生产性试验结束后,要取得安全证书,试验单位必须向农业转基因生物安全管理办公室提出申请,经农业转基因生物安全委员会安全评价合格并由农业部批准后,才能颁发农业转基因生物安全证书。试验单位提出转基因生物安全证书申请时,必须提供下列材料:安全评价申报书、农业转基因生物的安全等级和确定安全等级的依据、农业部委托的农业转基因生物技术检测机构出具的检测报告、中间试验、环境释放和生产性试验阶段的试验总结报告①。

二、转基因生物研发试验安全报批制度的立法缺陷

笔者认为,转基因生物研发试验安全报批制度的缺陷,集中体现于安全证书报批制度,主要表现在下述两个方面。

(一)安全证书的审批条件不明

我国转基因生物研发试验安全报批制度,实际上包含两个关键环节,一个是国家农业转基因生物安全委员会的安全评价合格,另一个是国务院农业行政主管部门的行政许可。对于环境释放、生产性试验的报批而言,安全评价合格与获得行政许可的关系是清楚的。我国法规表述为"经农业转基因生物安全委员会进行安全评价合格的,由国务院农业行政主管部门批准转入下一试验阶段",这就意味着"安全评价合格"既是"获得行政许可"的前提,又是获得许可的标准,也就是说前者是后者的充要条件。但是,对于安全证书的报批而言,两者的关系发生了变化。我国法规表述为"安全评价合格的,方可颁发农业转基因生物安全证书",这就意味着"安全评价合格"仅仅是"获得行政许可"的前提,也就是说前者只是后者的必要条件,而非充要条件。如此一来,转基因生物安全证书的具体审批条件就不甚明确了。

① 上述制度内容请参阅《农业转基因生物安全管理条例》《农业转基因生物安全评价办法》等法规的条文。

（二）安全评价与安全证书混淆

根据我国法规,转基因生物安全证书是获得国家行政许可的标志,也就是可以商业化的证明文件①。一般而言,公众通常认为转基因生物安全证书,是转基因生物通过了安全评价体系,安全评价结论合格的书面证明。换言之,倘若一种转基因生物尚未获得安全证书,通常会被认为没有通过安全评价。遗憾的是,根据我国法规,获得安全证书的转基因生物,必定是安全评价合格的转基因生物;而未获得安全证书的转基因生物,安全评价也可能是合格的。如此一来,就造成了公众对安全评价合格与获得安全证书在认知上相互混淆的情况。造成混淆的核心原因是,我国将本应作为转基因生物安全评价合格证明文件的安全证书,硬性与转基因生物商业化的行政许可深度捆绑、合二为一了,使得安全证书不仅证明了转基因生物的安全性,还具有了行政许可的法律效力。

三、转基因生物研发试验安全报批制度的完善建议

我国将转基因生物安全证书作为其获得商业化行政许可的批准文件,具体立法意图不甚明晰,或许是为了强化公众对批准的转基因生物均无安全之虞的印象,也或许是为了便于适用国际规范中的技术性贸易壁垒。但是,笔者认为,此做法弊大于利,其既不符合公众的逻辑思维习惯,又违背事物应然的内在规律,很可能在效果上适得其反。比如,2009 年农业部批准了 2 种转基因水稻和 1 种转基因玉米的安全证书,该项批准引发的并非公众对行政许可本身的质疑,而是公众对这些主粮作物安全评价的巨大争议②。

笔者主张,应当将转基因生物安全证书与商业化行政许可相分离,安全证书作为转基因生物安全评价合格的证明文件,而审批文书作为转基因生物商业化行政许可的证明文件。因为,从公众通常的认知看,证明转基因生物安全性的安全证书属于事实判断,判断基础是科学技术,追求的是科学性;转基因生物商业化行政许可属于价值判断,判断基础是现实需求,追求的是正当性。虽然转基因生物的安全性是商业化

---

① 2009 年 8 月,农业部批准的 2 种转基因水稻和 1 种转基因玉米的安全证书,之所以没有实现商业化种植,是因为根据《种子法》《主要农作物品种审定办法》等法规,水稻、玉米属于主要农作物,需要进行品种审定,而我国转基因作物品种审定办法尚未出台。倘若获得安全证书的转基因作物不属于主要农作物,我国的具体实践表明,是可以直接进行商业化生产的,比如曾经批准过的转基因甜椒。

② 余翔,李娜. 中国转基因粮食作物安全认证的法律与公信力争议初探[J]. 科技与经济,2016,29(4):46-50.

决策的基础前提,但必须注意的是,前者判断是否正确,取决于当时的科技水平;后者决策是否正确,取决于当时的政治、经济、文化、伦理等诸多因素。转基因生物安全证书与商业化行政许可分离后,安全证书仅作为转基因生物安全评价合格的证明文件,是转基因生物获得商业化行政许可的必要前提,而非充要条件。换言之,即便是转基因生物在科学上是安全的,在基于其他因素的考量下也不必然获得商业化许可。如此一来,给公众树立科学上安全的转基因生物未必获得商业化行政许可,而获得商业化行政许可的转基因生物一定是安全的深刻印象,彻底改变目前公众持有转基因生物没有获得商业化许可就是存在安全性问题的错觉。至于对适用国际规范中的技术性贸易壁垒的影响,鉴于国际贸易中技术性贸易壁垒是否符合国际规范,判断的标准是实质性审查程序和科学依据,不是行政许可文件的具体名称,因而影响甚微。

具体完善建议如下:国家农业转基因生物安全委员会负责我国转基因生物的安全评价,并对通过安全评价体系结论合格的转基因生物颁发安全证书;国务院农业行政部门负责转基因生物商业化行政许可的审批,以审批文书作为获得商业化行政许可的证明文件。国家农业转基因生物安全委员颁发的转基因生物安全证书是获得国务院农业行政部门商业化行政许可的前提条件。同时,国务院农业行政部门应当制定商业化行政许可的其他审批条件,而且审批条件应当具有适当性和正当性。从经济学视角讲,政府对转基因生物商业化设定行政许可,是政府对市场经济的干预行为,政府若要实现对市场经济的有效干预,而不是损害市场经济,干预力度就必须适合市场需求,也就是行政许可的审批条件必须具有适当性。从法学视角讲,政府对转基因生物商业化的行政许可行为,属于关系到公众重大权益的公共性决策,只有在获得多数公众支持的情况下才具有正当性,这就需要在审批条件中充分体现公众参与的因素。

总之,科学的转基因生物研发试验报批制度对转基因生物产业健康发展具有重大意义,我国应当在实践的基础上对转基因生物研发试验报批制度不断予以完善,以便充分发挥其制度功能①。

---

① 特别说明:尽管在本节中我们提出了将转基因生物安全证书与商业化行政许可相分离的观点,主张安全证书作为转基因生物安全评价合格的证明文件,审批文书作为转基因生物商业化行政许可的证明文件;但是,基于目前法律法规的具体规定,本书其他部分的讨论中,"安全证书"的含义仍然是商业化行政许可。

第四节　转基因生物研发试验公众参与制度

转基因生物研发试验阶段的公众参与,包含公众参与转基因生物商业化决策、风险交流、公众参与科学活动(如转基因大米试吃活动)和公众监督等内容。其中,参与科学活动是公众参与的辅助,风险交流是公众参与的基础,参与商业化决策是公众参与的核心,而公众监督则贯穿于整个公众参与之中。转基因生物研发试验阶段的公众参与效果,对后端的转基因商品市场中的消费者参与,有着直接而深远的影响。因此,我国应当为转基因生物研发试验阶段中的公众参与权利,提供有效的法律保障。

一、转基因生物安全风险交流机制

关于风险交流内涵,各界说法不尽一致。国际食品法典的界定较为中肯,即把风险交流定义为风险分析全过程中,就危害、风险、风险相关因素和风险认知在风险评估者、风险管理者、消费者、产业界、学术界和其他感兴趣各方中对信息和观点的互动交流[①]。风险交流的基础概念和知识体系源起于域外,引入我国并催动本土研究仅有16年左右,与国外相比在研究和实践上差距有30年左右,这使得我国风险交流的制度建构还处于萌芽状态[②]。转基因技术是一种改变生物基因型的微观操作科技,要解释其与转基因生物可能带来的外在宏观安全风险之间的关系,不仅难度很大,而且角度多元,结论自然千差万别,这就提升了对风险交流的需求度。由此,我国风险交流机制的极度缺乏,与转基因生物安全风险交流的巨大需求之间,产生了严重的供给矛盾,导致我国在转基因生物安全风险交流中乱象丛生,最终形成了当前严峻的转基因生物社会舆论环境。而转基因生物的不良社会舆论环境,已经成为阻碍我国转基因生物产业健康发展的重要因素。所以,加强转基因生物安全风险交流机制建设,已经势在必行。

笔者认为,我国转基因生物安全风险交流机制,应当从以下方面予以强化:

---

① 刘培磊,康定明,李宁.我国转基因技术风险交流分析[J].中国生物工程杂志,2011,31(8):145-149.
② 沈岿.风险交流的软法构建[J].清华法学,2015(6):45-61.

第一,明确风险交流的目标。转基因生物安全风险交流的目标,决定着风险交流的参与主体、内容选择、具体途径等诸多方面,因而有一个明晰而正确的风险交流目标至关重要。实践中,我国转基因生物安全风险交流的目标,往往与科学普及活动的目标相混淆,错误认为普及了转基因生物安全科学知识,就可以提高公众的认知,消除公众的心理顾虑。在信息社会中,公众已经不再是一无所知、毫无辨别能力、只会被动接受的群体,他们有着自己的感知、情感、利益诉求及沟通方式,面对交流者持有的科技权威心态,公众会产生压迫感和抗拒心理,风险沟通交流的效果由此也会大打折扣。因此,转基因生物安全风险交流的目标,应当定位于通过多方主体的转基因生物安全相关信息、知识的交流与共享,让公众自己逐渐形成对转基因生物安全的理性认知,并在此基础上进行表达或作出决策,最终形成良好的转基因生物舆论环境和市场环境。

第二,扩大风险交流的主体。转基因生物安全风险交流的主体应当包括政府、科学共同体、媒体、生产经营者、消费者、社会组织等多方主体,但在实践中最为活跃的是个别社会组织和媒体,政府、科学共同体等主体的参与力度严重不足,生产经营者更是鲜有参与,而被动参与的消费者往往无所适从。因此,必须扩大实际参与转基因生物安全风险交流的主体范围,要促使政府、科学共同体积极参与进来,充分发挥其作为管理者和科技专家的独特作用;同时,努力改变消费者被动参与的局面,让更多的消费者主动参与到风险交流中来。

第三,梳理风险交流的内容。有研究显示,在转基因生物安全风险交流中,公众最为关心的是身体健康议题[①]。因此,就有必要针对公众对转基因生物危害健康的各种顾虑,来梳理完善风险交流的内容,同时紧密关注国内外的相关研究成果和资讯,不断丰富风险交流的内容,以便提高风险交流的参与度和风险交流的效果。

第四,建立风险交流的团队。建立各级转基因生物安全风险交流委员会,成员由自然科学、心理学、社会学、传播学、法学、伦理学等领域的专家组成,定期举行论坛与公众进行交流,及时全面地解答公众的各类疑问。同时,还可以主动地向公众介绍国内外的相关研究进展、解读重点安全事件、拆穿各类不实流言,树立起正面、权威的良好形象,提高转基因生物安全风险交流的效果。

第五,丰富风险交流的途径。实践中,我国转基因生物安全风险交流的主要是通过报纸、电视、广播、期刊、杂志、网络平台等途径,对微博、博客、短信、微信等新媒体途径,疏于利用。遗憾的是,这些新途径被社会上的有些组织和个人不当利用,使得各类转基因谣言广为传播,而且经久不息,这些谣言假借权威、拼接新闻、故意曲解、

---

① 李昂.基于史密斯理论的我国转基因技术应用政府规制研究[J].科技管理研究,2015,35(23):200-204.

夸大煽情①,对转基因生物安全风险交流的负面影响极为深远。因此,我国转基因生物安全风险交流应当积极利用这些新兴交流途径,更直接、更准确、更快捷地与公众进行沟通交流,将其打造成转基因生物安全风险交流的快速通道。

第六,制订风险交流的指南。在转基因生物安全风险交流实践过程中,要不断地总结有益的经验和做法,制订可操作性强的转基因生物安全风险交流指南,进一步提升风险交流的科学性、有效性和便捷性。

第七,规范风险交流的管理。在转基因生物安全风险交流实践过程中,任何主体都有发言的权利,但是,任何主体都不得滥用发言权,损害其他主体的合法权益,更不能制造谣言,混淆视听。实践中,某著名主持人和某知名科普工作者在转基因食品风险交流中的相互谩骂,不仅未能增进各方互信,反而激化了对转基因持不同立场的两大群体的矛盾②。某博客博主长期制造"美国科学院证明转基因有毒""世界卫生组织拒绝承认转基因食品安全""美国人生产的转基因食品自己不吃、都让中国人吃了"等谣言,虽然被学者发文戳破③,但并未有效阻止谣言在国内网络上继续广泛流传。因此,必须规范对转基因生物安全风险交流的管理,及时遏制别有用心之人利用风险交流实现其他目的,对情节严重者坚决予以法律处罚,为风险交流创造一个洁净、诚实的环境,保护好转基因生物安全风险交流制度来之不易的成果。

二、转基因生物安全信息公开制度

政府公开转基因生物安全相关信息,对保障公众知情权,促进公众参与转基因生物安全监督管理,实现参与转基因生物商业化决策,都具有重要意义。从国外相关立法看,欧美转基因生物安全立法,都非常重视公众参与,通过建立信息公开等制度来实现公众的广泛参与。从国际规范看,《生物安全议定书》对转基因生物的信息公开,有着明确的法定要求。可见,建立转基因生物信息公开制度,既是发达国家的通行做法,也是履行国际公约义务的必然要求。从国内立法情况看,新修订的《中华人民共和国环境保护法》专章规定了"信息公开和公众参与",《政府信息公开条例》第十九条规定,"对涉及公众利益调整、需要公众广泛知晓或者需要公众参与决策的政府信息,行政机关应当主动公开。"第二十条规定,县级以上各级人民政府及其部门应当重点公开的信息包括"办理行政许可和其他对外管理服务事项的依据、条件、程序以及

---

①　康亚杰,彭光芒.转基因话题微博谣言传播的"回声室效应"[J].新闻世界,2016(4):48-53.

②　范敏.修辞学视角下的食品安全风险交流——以方舟子崔永元转基因之争为例[J].国际新闻界,2016,38(6):97-109.

③　胡瑞法,王玉光,石晓华.转基因安全:流言与证据[J].中国生物工程杂志,2017,37(1):129-132.

办理结果"和"环境保护、公共卫生、安全生产、食品药品、产品质量的监督检查情况"。

转基因生物安全相关信息涉及公众切身利益、需要公众知晓和参与,因此政府应当主动进行公开,尤其是要重点公开转基因生物行政许可的相关信息。然而,长期以来,我国政府对转基因生物安全相关信息公开的数量有限而且非常滞后。实践中,公众多年来对我国批准了哪些转基因生物的研发、批准了哪些转基因生物商业化、批准了哪些转基因生物进口等基本信息,均一无所知。政府对转基因生物安全信息公开不足的矛盾,在 2009 年我国颁发转基因主粮安全证书后,终于集中爆发。公众要求农业部公开转基因生物安全信息的呼声,日益高涨。2011 年,一些律师写信给农业部部长要求公开信息,直到 2014 年 8 月,转基因玉米、转基因水稻申请安全认证的申请书才被公布①。客观而言,农业部怠于公布转基因生物安全相关信息存在一定制度性因素。一方面,我国《政府信息公开条例》没有明确规定政府信息以公开为原则、不公开为例外,由此造成可公开信息范围模糊不清②;另一方面,《政府信息公开条例》第十五条的规定,"涉及商业秘密、个人隐私等公开会对第三方合法权益造成损害的政府信息,行政机关不得公开。但是,第三方同意公开或者行政机关认为不公开会对公共利益造成重大影响的,予以公开",也为农业部将转基因生物安全相关信息认定为涉及"国家秘密、商业秘密、个人隐私"而不予公开,提供了法律支持。

笔者认为,政府应当建立"公开为常态、不公开为例外"的原则,及时、全面地公开转基因生物安全相关信息。理由如下:政府之所以掌握转基因生物安全相关信息,源于政府拥有自主形成信息的权力③,即对从事转基因生物研发、试验、进口的公民、法人和其他组织,通过设立行政许可或其他行政手段,获取、保留、利用转基因生物安全相关信息的权力。政府拥有的自主形成信息的权力来源于人民代表大会,政府要向人民代表大会负责,接受人民代表大会的监督,而人民代表大会代表着人们的意志。一般而言,社会公众不仅是公民,也是人民。从这一逻辑看,转基因生物安全相关信息,表面上为政府所有,实质上为人民代表大会所有,也就是全体人民所有,那么作为人民的公众当然享有知悉这些信息的权利。而且,转基因生物安全相关信息不及时、全面公开会造成严重的负面影响,就是因为我国政府信息公开数量有限而且严重滞后,给了别有用心之人宣传我国转基因生物种类繁多,甚至为编制所谓的识别标准提供了可乘之机,其后果是政府公信力进一步降低,公众对转基因生物的恐慌情绪和抵触情绪进一步增强,非常不利于我国转基因生物产业的健康发展。

① 余翔,李娜.中国转基因粮食作物安全认证的法律与公信力争议初探[J].科技与经济,2016,29(4):46-50.

② 王万华.开放政府与修改《政府信息公开条例》的内容定位[J].北方法学,2016,10(6):16-27.

③ 潘丽霞,徐信贵.论食品安全监管中的政府信息公开[J].中国行政管理,2013(4):29-31

为实现这一要求,笔者对转基因生物安全信息公开制度的具体设想如下:

第一,信息公开的责任主体是国务院农业行政部门。法理依据如下:根据《政府信息公开条例》第十条规定,"行政机关制作的政府信息,由制作该政府信息的行政机关负责公开。行政机关从公民、法人和其他组织获取的政府信息,由保存该政府信息的行政机关负责公开;行政机关获取的其他行政机关的政府信息,由制作或者最初获取该政府信息的行政机关负责公开"。而根据《农业转基因生物安全管理条例》《农业转基因生物安全评价管理办法》等法规的规定,转基因生物研发试验、商业化许可、违法处罚等事项均由国务院农业行政部门负责。

第二,信息公开的内容应当是所有"不涉及国家秘密、商业秘密、个人隐私"的转基因生物安全相关信息,包括转基因生物实验室研发、环境释放、中间试验、生产性试验、安全证书获批、违法处罚等信息。信息内容还要尽可能详细具体,转基因生物报批制度等涉及行政许可的事项,要列明依据、条件、数量、程序、期限以及申请行政许可需要提交的全部材料目录及办理情况;转基因生物报告制度等涉及非行政许可的事项,也要尽可能具体,比如转基因生物的名称、试验地点地址坐标等情况均应列明。对于信息是否"涉及国家秘密、商业秘密、个人隐私",应当依据法定标准和程序,客观公正地予以认定,而不是由信息公开责任主体自行认定。

第三,信息的公开路径要重点突出。在《政府信息公开条例》列举的政府公报、政府网站、新闻发布会、档案馆查阅以及报刊、广播、电视等路径中,应当重点突出政府网站的路径。政府网站在公众获得信息的及时性、全面性、无时空限制性等方面,具有独特的优势。从目前政府网站公开的信息看,还有必要增加搜索功能,或者增加便于公众查询的图表形式。当然,如何让我国转基因生物安全信息公开制度真正发挥功能,还有很多具体细节需要进一步研究。

三、转基因生物商业化决策公众参与制度

伴随着科学技术的普及以及公民参与意识的提高,科技决策领域以政府官员、科学家为核心主体的精英决策模式不断受到公众的质疑,出现了"合法性"危机;科技决策模式从精英决策向大众参与变迁正逐渐成为发展潮流①。近年来,我国党和政府非常重视公众参与政府决策工作,在党的十七大、十八大报告和历年政府报告中,多次强调要"增强决策透明度和公众参与度",要"坚持科学决策、民主决策、依法决策"。

---

① 苏竣,郭跃,汝鹏.从精英决策到大众参与:理性视角下的科技决策模式变迁研究[J].中国行政管理,2014(3)90-94.

从立法层面看,我国《环境保护法》《行政许可法》等法律均作出了原则性规定,2015年环境保护部还专门制定了《环境保护公众参与办法》①,就环境保护相关政府行为的公众参与提出了具体要求,但迄今为止我国尚未制定可操作性强的法规。在推进决策科学化、民主化的过程中,决策者逐渐面临着如何在公众参与的环境下进行有效决策的挑战,决策阶段对公众参与的排斥往往在后续会引发抵制性的公众参与,最终导致决策流产②。

转基因生物商业化决策属于典型的科技型决策,转基因生物安全关系公众切身利益,属于公众重大关切的事项,因而决策过程中公众参与不可或缺。虽然政府官员根据转基因生物安全评价合格结论作出的商业化决策,充分体现了工具理性,但是公众未必认可政府决策符合自身的价值判断,这意味着在决策主体的工具理性之中,缺乏价值理性的融入。于是,公众要求参与转基因生物政府决策的呼声不绝于耳,其中要求参与转基因生物商业化决策的呼声最高,因为公众最为关心哪些转基因产品会充斥他们的生活③。2009年我国为转基因主粮颁发安全证书的事件,集中反映出我国仍然延续着将科技决策局限在很小部分科技精英和技术官僚范围之内的传统④。当然,随后面对抵制性的公众参与,转基因主粮的商业化进程也陷于停滞。笔者认为,造成这种情况的原因,除了决策者对公众参与重视不够,缺乏公众参与政府决策的具体制度构建也是重要因素。

近年来,就公众参与政府科技决策议题,学界研究较多,也取得了丰硕成果,但整体而言,均侧重于理论探讨,鲜有制度具体构建方面的研究成果。于此情形下,笔者也只能就转基因生物商业化决策公众参与制度的构建,提出如下不成熟建议:

第一,实行政府决策的分级管理。国务院农业行政部门应当根据拟作出商业化行政许可的转基因生物,与公众利益的相关程度、影响力度,将决策事项分为不同的等级,并明确何种等级以上的政府决策必须引入公众参与,以及采取何种公众参与形式。我国《环境保护法》《行政许可法》《环境保护公众参与办法》等法规,对于必须引入公众参与的事项范围,以及采取何种公众参与方式,除听证事项外未做规定。而且,对听证事项的规定也非常笼统。因此,国务院农业行政部门需要根据转基因生物与公众利益的关联程度和影响力,制订具有可操作性的政府决策级别认定标准。比如,对于那些从实验室到工厂的能源类转基因生物商业化行政许可,应当认定为低

① 2015年7月13日环境保护部令第35号。
② 黄小勇.决策科学化民主化的冲突、困境及操作策略[J].政治学研究,2013(4):3-12.
③ 刘旭霞,刘渊博.论我国转基因生物技术发展中的公众参与[J].自然辩证法研究,2015(5):61-66.
④ 陈玲,薛澜,赵静,等.后常态科学下的公共政策决策——以转基因水稻审批过程为例[J].科学学研究,2010,28(9):139-142.

级别的政府决策;对于那些影响生态环境或公众健康的转基因生物商业化行政许可,就应当认定为高级别的政府决策。

第二,明确公众参与的法律效力。对于需要引入公众参与的转基因生物商业化决策,必须明确规定,公众参与情况是政府作出商业化行政许可的重要依据。换言之,倘若此类转基因生物商业化决策没有经过公众参与的过程,或者公众参与过程中存在重大瑕疵,政府就不应作出同意其商业化的行政许可。

第三,完善公众参与的具体方式。公众参与转基因生物商业化决策,可以通过座谈讨论、咨询协商、民意调查、公开征求意见、决策会议列席、听证等多种方式实现。一方面,应当根据转基因生物商业化决策的级别选择适当的方式,既可以单独使用,也可以交叉使用,还可以重复使用。另一方面,应当针对不同的方式,制订具体的操作规程,切实提高其可行性和使用效果。比如,采取公开征求意见方式时,需要明确公开决策相关信息的期限、途径,公众反馈的期限、途径,公众建议或意见收集、统计、整理的要求等事项。

第四,建立公众代表的选取机制。应当建立科学、可行的公众代表选取机制,确保参与转基因生物商业化决策的公众,具有广泛的代表性。建立公众代表选取机制是一个极为困难,但又必须妥善解决的问题。结合我国实际情况看,人大代表、政协委员、行业专家、消费者协会代表、律师协会代表、社会团体代表、网络上具有影响力的代表等人员,可以考虑成为优先选取的对象。

第五,建立反馈机制。公众行使政府决策的参与权,以公众参与权制约政府决策权,关键在于公众能“发声”,而且“发声”有“回应”[1]。因此,在公众参与转基因生物商业化决策过程中,应当建立适当的、有效的信息反馈机制,及时告知公众建议采纳或不予采纳的理由。否则,公众会失去参与政府决策的积极性,政府决策的公信力也会随之降低。

第六,建立惩戒机制。相较于学理上的“优待”,我国公众参与在实践中却被屡屡虚置,因此,应当对有意规避公众参与、违法恣意决策的政府行为设定责任机制[2]。在转基因生物商业化决策过程中,既要对那些应当引入但却故意规避公众参与的行为进行问责,还要对那些表面上引入了公众参与,但却偏听偏信、故意遗漏瞒报公众意见的行为进行问责。

公众参与转基因生物商业化决策是一个非常复杂的议题,笔者仅就部分问题提出了一些不太成熟的建议,还有公民个体的利己思想影响公共利益实现、公众参与造

[1] 刘小康.政府信息公开的审视:基于行政决策公众参与的视角[J].中国行政管理,2015(8):71-76.
[2] 骆梅英,赵高旭.公众参与在行政决策生成中的角色重考[J].行政法学研究,2016(1)34-45.

成行政成本增加和行政效率降低等①诸多问题,有待学界进一步研究。

四、公众参与转基因大米试吃科学活动的法律规制

"公众参与科学"的相关理论源自欧美国家,它们在实践中发展了一系列公众参与科学活动的形式。转基因大米试吃活动是中国情景下的最为典型、最具影响力的公众参与科学的范式②。近年来,转基因大米试吃活动在全国各地大张旗鼓、如火如荼地举办,加之媒体报道、名人评议,转基因大米试吃活动是否合法迅速成为争议的新焦点。反对者认为,转基因大米试吃活动违反我国法律法规,要求政府严加管制;支持者认为,转基因大米试吃活动并未违法违规,仅是一项科普性活动③。双方各执一词、针锋相对。法律有义务保障公众在参与科学活动时的合法权益,而公众权益能否得到保障的核心是科学活动是否具有合法性。

转基因大米试吃活动的合法性争议,让人们心理更为忧虑、纠结,社会舆论更加复杂、混沌,非常不利于我国转基因食品产业的健康发展,诚有必要厘清。而且,随着转基因技术的广泛应用,类似活动必将不断涌现,厘清转基因大米试吃活动的合法性,具有示范意义。目前,学界对此议题关注不足。笔者拟以国内实际试吃的转 cry1Ab/cry1Ac 基因抗虫水稻"华恢 1 号"和"Bt 汕优 63"为例,在现有法律框架下,从转基因大米试吃活动的法律性质、试吃主体、试吃对象、试吃过程等多个视角,剖析转基因大米试吃活动的合法性,希冀对依法保障公众在参与科学活动中的合法权益有所助益。

(一)转基因大米试吃活动的法律性质

讨论转基因大米试吃活动的法律性质前,有必要厘清转基因大米与转基因水稻的概念。转基因水稻是具有活性的转基因生物,可依法向农业部申领"农业转基因生物安全证书"(以下简称"安全证书");转基因大米作为转基因水稻的直接加工品,是不具有活性的转基因生物,依法无须另行申领安全证书。

---

① 刘淑妍,朱德米.当前中国公共决策中公民参与的制度建设与评价研究[J].中国行政管理,2015(6):101-106.

② 朱巧燕.转基因大米品尝会:中国情境下的公众参与科学[J].中国生物工程杂志,2016,36(11):122-130.

③ 严定非,黄伯欣.千人试吃转基因大米:一场严肃的科普活动?[J].人民文摘,2013(11):58-59.

1. 转基因大米试吃活动的特征

（1）时间上的特征

从时间上看,转基因大米试吃活动举办于转基因水稻获得安全证书之后,实现商业化之前,即办理品种审定、种子生产许可证和销售许可证(以下统称"商业化许可")的特殊时期。比如,"华恢1号"和"汕优63"水稻均获得了安全证书,但尚未取得商业化许可。倘若试吃活动举办于转基因大米获得安全证书之前,或者商业化之后,则合法性与否当无争议,前者应当被认定为违法活动,后者应当被认定为合法活动。

（2）空间上的特征

从空间上看,转基因大米试吃活动的举办地点逐年增多,目前除了西藏、港澳台地区,已遍布全国各地①,而安全证书均有明确的区域限制,势必造成举办地点与有效区域之间的严重错位。比如,"华恢1号"和"汕优63"水稻仅获得在湖北省生产应用的安全证书,而转基因大米试吃活动却频频在湖北省以外举办,如是之故在认定此类试吃活动的合法性时,举办地点应当是考量因素。

（3）过程上的特征

从过程上看,转基因大米试吃活动的举办者通常通过网络等媒介,将志愿者召集起来,有偿或无偿地举行一次转基因大米品尝会。试吃活动对试吃志愿者没有特别要求,也不存在检验转基因大米安全性或功能性的考量。因此,转基因食品试吃活动与人体试验存在根本区别,试吃活动不仅没有采取人体实验应当使用的"随机对照"和"双盲"的方法,也不具备人体试验不可或缺的实验人员、监督人员、实验规则、伦理审查、实验报告等基本要素②。

2. 转基因大米试吃活动的法律性质

（1）是否为公法义务

转基因大米试吃活动是否属于公法义务,判断标准是我国法规是否明确规定,转基因水稻获得安全证书之后,商业化之前,应当进行人体试验。倘若有进行人体试验的法定要求,则转基因大米试吃活动实质上就是人体试验,属于一项公法义务,应当以人体试验的相关规定予以规范。

转基因水稻从获得安全证书到实现商业化,主要涉及《中华人民共和国种子法》

---

① 金煜.数百网友试吃30公斤转基因大米[N].新京报,2015-02-09（A15）.

② 毛新志.转基因食品人体实验的伦理辩护[J].武汉科技大学学报(社会科学版),2007,19(2):125-127.

（以下简称《种子法》）《主要农作物品种审定办法》等法规。我国《种子法》第七条规定"转基因植物品种的选育、试验、审定和推广应当进行安全性评价，并采取严格的安全控制措施。国务院农业农村、林业草原主管部门应当加强跟踪监管并及时公告有关转基因植物品种审定和推广的信息。具体办法由国务院规定"。我国农业部颁布的《主要农作物品种审定办法》是专门规范主要农作物品种审定的法规，但该办法第四十四条规定："转基因农作物（不含转基因棉花）品种审定办法另行制定。"目前，国务院并未出台具体办法，《转基因农作物品种审定的办法》也正在研究制定之中①。

由此，虽然《种子法》要求转基因水稻获得安全证书后，进行品种选育、试验、审定和推广时，应当进行安全性评价，但安全性评价中是否包含人体试验，有赖于国务院出台安全评价具体办法、农业部制定《转基因农作物品种审定的办法》予以确定。换言之，我国现行法规并没有明确规定，转基因水稻商业化之前，应当进行人体试验。因此，转基因大米试吃活动不属于公法义务。

（2）是否为私法行为

既然我国法规没有明确要求转基因水稻应当进行人体试验，根据"法无禁止即可为"之法理，转基因大米试吃活动应当属于私法上的行为。然而，转基因大米试吃活动的举办，不仅需要举办者与试吃志愿者的达成合意，还必然会涉及活动时间、地点的选择，转基因大米的贮存、运输、加工等问题，由于我国对转基因生物实行特别管制，这就决定了转基因大米试吃活动不仅要遵守私法规范，还应遵守公法的相关规定。

（3）法律性质界定

转基因大米试吃活动是一种主要由私法调整但仍需遵守公法规范的私法行为。必须指出，这是在我国现有法规框架下得出的结论，待安全评价具体办法和《转基因农作物品种审定的办法》出台后，转基因大米试吃活动的法律性质应当重新审视。

（二）转基因大米试吃活动的合法性剖析

1. 主体合法性问题

转基因大米试吃活动主要有活动举办者和试吃志愿者两个主体。由于转基因大米试吃活动是一种私法行为，且不属于人体试验，因此，我国法规对活动主体没有特别的资格限制。无论转基因大米试吃活动的举办方是科研单位、法人、其他经济组

---

① 张雯.农业部称正研究制定转基因品种审定办法[N].每日经济新闻,2015-08-06(04).

织,还是具有完全民事行为能力的自然人,均无不可。转基因大米的试吃志愿者,只要是具有完全民事行为能力的自然人即可。要求自然人具有完全民事行为能力,主要是确保当事人有缔约能力和知情同意的能力。只要转基因大米试吃活动的主体符合上述条件,即属合法。

2. 大米合法性问题

转基因大米具备合法性,必须同时满足以下五项要件。其一,转基因水稻必须获得国家颁发的安全证书,且安全证书在有效期内。其二,安全证书明确的转基因水稻用途,须为"生产应用",而非"加工原料"。其三,生产加工转基因大米的主体合法,即转基因水稻的种植者、转基因水稻的加工者,符合法定要求。其四,转基因大米并非具有特定功能仅供特殊需求人群食用的食品;其五,转基因大米来源合法。

倘若转基因水稻没有获得安全证书,或者安全证书已经失效,或者安全证书用途为"加工原料",或者生产加工转基因大米的过程违法,或者仅供特殊人群食用,抑或来源非法,则转基因大米不具合法性。比如,"华恢 1 号"和"汕优 63"水稻获得了生产应用的安全证书,水稻种植和大米加工由经过批准的科研机构完成,而且大米没有食用人群的限制,可以作为合法的试吃对象。而像"黄金大米"这种五个要件均不具备的转基因大米,则不得作为合法的试吃对象。

3. 过程合法性问题

(1)伦理审查

伦理审查是保护人的生命健康,维护人的尊严,保护人类受试者的合法权益,保证科学研究正当性的重要实践路径[1],与人体试验紧密相关。根据《涉及人的生物医学研究伦理审查办法(试行)》《保健食品注册管理办法(试行)》及《关于进一步加强保健食品人体试食试验有关工作的通知》的规定,我国只有生物医学研究和保健食品功能性人体试验,需要进行伦理审查。有学者提出,转基因大米的人体试验,都要严格依照相关管理程序,由特设的伦理审查委员会审议、评价,批准后才能进行[2]。所提主张有一定道理,但目前缺乏制度支撑。

鉴于转基因大米试吃活动并非人体试验,因此没有伦理审查的法定义务。但必须指出,转基因大米试吃活动仍应遵守不伤害原则、有利原则、尊重原则、公正原则等生命伦理学的基本原则。

---

① 邓蕊.科研伦理审查在中国:历史、现状与反思[J].自然辩证法研究,2011,27(8):116-121.
② 朱俊林.转基因大米人体试验的伦理审视[J].伦理学研究,2013(2):112-118.

（2）知情同意

知情同意是人体试验和部分医疗行为中的一项基本原则，也是消费者的一项基本权利。转基因大米试吃活动中，举办者有义务保障志愿者知情同意权的实现。知情同意权由知情权和同意权组成，知情权是一种请求权，与之对应的是举办者的说明义务；同意权是一种支配权，是志愿者对自己身体相关事务的决定[①]。

转基因大米试吃活动中，志愿者知情权的实现，有赖于举办者说明义务的履行。考虑到转基因大米试吃活动并非人体试验，转基因大米已经获得安全证书但尚未获准上市流通，对转基因大米试吃活动中举办人向试吃志愿者履行说明义务的要求，应当低于《涉及人的生物医学研究伦理审查办法（试行）》和《保健食品注册管理办法（试行）》规定的项目申请人对受试者的说明义务，也应低于《中华人民共和国民法典》（以下简称《民法典》）侵权责任编规定的医务人员对患者的说明义务，但应高于《消费者权益保护法》规定的经营者对消费者的说明义务。一般而言，举办人应当向试吃志愿者告知说明以下信息：转基因水稻和转基因大米的基因转入信息、安全等级及其获得安全证书的情况；活动的时间、地点、流程、性质；试吃志愿者参加互动是否需要支付对价；活动给试吃志愿者、其他人及社会可能带来的益处；参加活动可能遇到的风险及其救济、补偿措施；试吃志愿者拥有的自由参加、随时退出的权利；其他必要信息。

转基因大米试吃活动中，举办者应当尊重和保障试吃者自主行使同意权。志愿者"同意"的意思表示应当真实，严禁举办者使用欺骗、利诱、胁迫等不当手段，使试吃者意思表示存在瑕疵。同时，举办者应当允许志愿者随时变更其意思表示，在任何阶段退出活动。

至于知情同意书的形式，人体试验和医疗行为中要求使用"书面形式"，转基因大米试吃活动作为私法行为，只要符合《民法典》合同编规定的形式即可，即不局限于书面形式。实践中，转基因大米活动的举办，绝大多数是通过网络沟通、联系、确认，根据《民法典》合同编的规定，此种数据电文的形式，也属于书面形式的一种。

（3）试吃时间

转基因大米试吃活动的举办时间，应当在转基因水稻安全证书的有效期内，否则，即为违法。比如，"华恢1号"和"汕优63"水稻曾于2009年获得安全证书，有效期均为2009年8月17日至2014年8月17日[②]；随后，于2014年再次获得安全证书，

---

① 马特.公共治理视角下的知情同意规则改革[J].管理世界，2014（7）：174-175.
② 农业部农业转基因生物安全管理办公室.2009年农业转基因生物安全证书批准清单[DB/OL].访问日期：2016-08-10.

有效期均为 2014 年 12 月 11 日至 2019 年 12 月 11 日[①]。倘若转基因大米试吃活动举办于 2009 年 8 月 17 日之前,或者 2014 年 8 月 18 日至 2014 年 12 月 10 日之间,则活动违法。

（4）试吃地点

转基因水稻安全证书具有地域限制(一般为一个省级行政区域),在有效区域之外举办转基因大米试吃活动,合法性需予以考察。比如,"华恢 1 号"和"汕优 63"水稻仅获得了在湖北省生产应用的安全证书,在湖北省以外地区举行转基因大米试吃活动的情况。根据我国《农业转基因生物安全管理条例》的规定,获得安全证书是品种审定、推广生产的前提要件,有效区域的限制对象是转基因生物,限制内容是品种审定后得以生产应用范围[②]。

就"华恢 1 号"和"汕优 63"水稻而言,安全证书有效区域限制的是转基因水稻在通过品种审定后得以生产应用的范围,并非是转基因水稻直接加工品转基因大米的食用范围。因而,这两种转基因大米在湖北省以外食用,并不违反法规。

（5）大米贮运

由于转基因水稻的生产加工地与转基因大米试吃地往往不尽一致,转基因大米试吃活动大都涉及大米贮存运输问题,因而转基因大米贮运的合法性,应予考察。

我国《农业转基因生物安全管理条例》第二十四条规定:"从事农业转基因生物运输、贮存的单位和个人,应当采取与农业转基因生物安全等级相适应的安全控制措施,确保农业转基因生物运输、贮存的安全。"我国《农业转基因生物安全评价管理办法》第三十七条规定:"农业转基因生物在贮存、转移、运输和销毁、灭活时,应当采取相应的安全管理和防范措施,具备特定的设备或场所,指定专人管理并记录。"可见,我国对转基因生物的贮存、转运,有采取相适应安全控制措施以确保安全的法定要求。但是,《农业转基因生物安全评价管理办法》附录Ⅳ《农业转基因生物及其产品安全控制措施》中,仅对实验室、中间试验、环境释放和生产性试验环节,根据转基因生物的不同安全等级制定了相应的安全控制措施,并未对获得安全证书的转基因生物作出规定。显然,对于获得安全证书的转基因生物的贮运安全控制问题,应当由国务院根据《种子法》制定具体办法进行规范。当然,在国务院出台具体办法前,从事农

---

① 齐琳,张茜岚.转基因水稻重获安全证书[N].北京商报,2015-01-07(03).

② 2016 年我国农业部修订《农业转基因生物安全评价管理办法》中的变化,也说明安全证书的有效区域,只是限制转基因生物可得生产应用范围。我国考虑到忽视自然规律人为限定转基因生物生产区域的做法并不科学,在《农业转基因生物安全评价管理办法》中,已经将转基因植物安全证书的有效区域由"一个省级行政区域"变更为"适宜生态区",并取消了转基因动物、转基因微生物安全证书的有效区域要求。换言之,2016 年以后获得安全证书的转基因大米将不会存在试吃地点的合法性审查问题。

业转基因生物贮存、运输的当事人,仍有义务采取相应措施,确保贮运安全。

就"华恢 1 号"水稻和"汕优 63"大米贮运是否合法而言,应当首先考察其安全等级。根据这两种转基因水稻的安全证书及农业部公布的安全评价资料①,转基因水稻的安全等级均为Ⅱ,即具有低度危险;转基因大米的安全等级均为Ⅰ,即尚不存在危险。因此,这两种转基因大米的贮运,无须采取特别的安全控制措施,但仍要采取必要措施确保转基因大米不流失、不扩散。倘若转基因大米安全等级为Ⅱ、Ⅲ、Ⅳ,则必须采取相应安全控制措施,否则,当属违法行为。

值得注意的是,《农业部 2015 年农业转基因生物安全监管工作方案》中提出:"严格实施转基因材料转移合同制度,防范随意分发、转让、扩散转基因材料的行为。"转基因大米虽已失去活性,但仍属"转基因材料"。因此,转基因大米贮运还应有依托的合同;否则,即涉嫌程序违法。

(6)大米加工

举办转基因大米试吃活动,必然涉及转基因大米加工成熟的环节,因而有必要对转基因大米加工的合法性进行考察。我国《农业转基因生物加工审批办法》第三条规定:"在中华人民共和国境内从事农业转基因生物加工的单位和个人,应当取得加工所在地省级人民政府农业行政主管部门颁发的《农业转基因生物加工许可证》",但第二条却规定:"农业转基因生物加工,是指以具有活性的农业转基因生物为原料,生产农业转基因生物产品的活动。"可见,由于转基因大米已经失去了活性,因而对转基因大米加工的主体资格,并无法定限制。换言之,无论采取何种方式将转基因大米加工成熟,均不会涉及违法问题。

综上所述,转基因大米试吃活动是否合法,不能一概而论。判定转基因大米试吃活动的合法性,应当从试吃主体、试吃大米、试吃过程等多个视角进行考察,只要有任一环节违反法规,则转基因大米试吃活动即属违法;只有全部环节均未违反法规,转基因大米试吃活动才属于合法。鉴于我国转基因生物产业的发展正处于关键阶段,对于合法的转基因大米试吃活动,应当给予更多宽容,不应过于苛责;对于违法的转基因大米试吃活动,则必须坚决依法处理。转基因生物产业发展任重道远,转基因生物安全争议尚存,因而对待转基因大米试吃的志愿者,更应鼓励关怀。随着转基因技术的广泛应用,转基因食品试吃活动还将不断涌现。希望这个判定转基因大米试吃活动合法性的路径,具有标杆功能;希望这种对待转基因大米试吃活动的理性态度,发挥示范作用②。

---

① 农业部.农业转基因生物安全评价资料[DB/OL].访问日期:2016-08-10.

② 张忠民.转基因大米试吃活动的合法性探析[J].食品工业科技,2015,36(18):32-36.

第五章　转基因生物生产加工
安全法律制度

第一节　转基因生物种子(苗、畜、禽)管理法律制度

一、转基因生物种子(苗、畜、禽)品种审定制度

品种审定,是指特定审批机关根据申请人的申请,对新育成品种或者新引进品种进行品种试验,按照法定程序进行审查,决定该品种能否推广并确定其推广范围的行政管理制度①。品种审定制度属于通过行政权力介入实现政府对种业进行事前监管的一种法律制度②。

(一)转基因生物种子(苗、畜、禽)品种审定制度的立法现状

我国《种子法》、《主要农作物品种审定办法》③、《主要林木品种审定办法》④等法规,确立了主要农作物⑤和主要林木⑥品种审定制度;《渔业法》《水产苗种管理办法》等法规,确立了水产品种审定制度;《畜牧法》《种畜禽管理条例》等法规,确立了畜禽品种审定制度。但必须指出的是,上述法律法规又同时规定:转基因种子(苗、畜、禽)品种的审定具体办法,由"国务院""农业部"另行制定,或者须"按照国务院有关规定

---

① 李媛辉,董川玉.论我国《种子法》的修改与完善——以品种审定制度为视角[J].法学杂志,2014,35(12):57-64.

② 就种业监管而言,世界上主要存在事前监管和事后监管两种模式,前者以欧盟为代表,后者以美国为代表,我国选择了类似于欧盟的事前监管模式。

③ 农业部令2016年第4号。新《主要农作物品种审定办法》自2016年8月15日起施行。

④ 新修订的《主要林木品种审定办法》(征求意见稿)已经于2016年9月向社会征求意见,近期可能出台。

⑤ 主要农作物是指稻、小麦、玉米、棉花、大豆。

⑥ 我国《林业法》《种子法》《主要林木品种审定办法》均未明确主要林木的种类,但规定"主要林木由国务院林业主管部门确定并公布;省、自治区、直辖市人民政府林业主管部门可以在国务院林业主管部门确定的主要林木之外确定其他八种以下的主要林木"。

执行""遵守国家其他规定"①。比如,《主要农作物品种审定办法》第五十六条规定:"转基因农作物(不含转基因棉花)品种审定办法另行制定。"

我国《农业转基因生物安全管理条例》第十七条规定,转基因植物种子、种畜禽、水产苗种,利用农业转基因生物生产的或者含有农业转基因生物成份的种子、种畜禽、水产苗种,在依照有关法律、行政法规的规定进行审定、登记或者评价、审批前,应当取得农业转基因生物安全证书。第十九条规定,要取得转基因种子、种畜禽、水产苗种生产许可证,除应当符合有关法律、行政法规规定的条件外,还应当"取得农业转基因生物安全证书并通过品种审定"。

综上所述,我国根据上述法规确立了转基因种子(苗、畜、禽)品种审定制度,但除了转基因棉花,其他转基因种子、种畜禽、水产苗种等品种均没有具体的审定办法。

（二）转基因生物种子(苗、畜、禽)品种审定制度的缺陷与完善

我国转基因生物种子(苗、畜、禽)品种审定制度的缺陷主要集中于缺乏具体的审定办法,由此造成了法规上有审定要求,实践中又无法办理的窘境。具体而言,有以下问题必须明确。第一,审定主体问题。转基因生物种子(苗、畜、禽)品种的审定主体,是由农业部专门组建,还是按照现行法规分别由"农作物品种审定委员会""水产原种和良种审定委员会"和"畜禽品种审定委员会"予以审定,需要予以明确。第二,审定范围问题。关于是否所有转基因种子(苗、畜、禽)品种均需审定,是个值得探讨的问题。对于非转基因生物而言,非主要农作物品种、非主要林木品种无须审定是明确的;而对于转基因生物而言,从我国《农业转基因生物安全管理条例》第十九条:"生产转基因植物种子、种畜禽、水产苗种应当取得生产许可证",以及办理生产许可证必须通过品种审定的规定看,似乎可以得出所有转基因种子(苗、畜、禽)品种均需审定的结论。第三,审定标准问题。现行品种审定标准均是基于传统生物特性制定,在适用于转基因生物品种时,必然会有不适应性,因此是否需要专门针对转基因生物设定品种审定标准,值得慎重考虑。比如,"增产"通常是传统作物品种审定的重要指标,但对于优势在其他方面而不在于增产的转基因作物品种而言,则会成为其通过品种审定的障碍。

实践中,转基因生物种子(苗、畜、禽)品种审定具体制度的缺失,已经成为我国转基因生物产业健康发展的瓶颈。比如,已经获得转基因生物安全证书的转基因水稻

---

① 　详见《种子法》第七条、《主要农作物品种审定办法》第五十六条、《渔业法》第十七条、《水产苗种管理办法》第三十四条、《畜牧法》第二十条等规定。

和转基因玉米就一直被卡在品种审定环节,拖住了转基因生物"商品化"的步伐①。与此形成鲜明对比的是,已有具体品种审定办法的转基因棉花发展非常迅速,截至2016 年 10 月,全国审定的转基因生物新品种均为棉花,共计 124 个品种②。可见,我国转基因生物种子(苗、畜、禽)品种审定制度亟须尽快完善,以便为转基因生物产业顺利健康发展提供有力支撑。

值得肯定的是,2016 年 11 月 10 日我国农业部已经作出了"品种审定制度不会成为转基因产业化的拦路虎"的表态③,这个态度对我国完善转基因生物种子(苗、畜、禽)品种审定制度具有积极意义。笔者建议,通过修订《农业转基因生物安全管理条例》和制定《转基因生物品种审定管理办法》来解决上述不足。具体设想为:第一,明确审定主体。转基因生物种子(苗、畜、禽)品种的审定主体,没有必要专门组建,按照现行法规分别由"农作物品种审定委员会""水产原种和良种审定委员会"和"畜禽品种审定委员会"予以审定即可。理由如下:一是转基因生物进行品种审定时,已经通过了安全评价取得了安全证书,从科学上讲与其他传统生物一样安全;二是品种审定重点关注的是与现有品种有无明显区别、形态特征和生物学特性的一致性、遗传性状的稳定性等情况,由同类主体审定才更有利于甄别;三是由同一主体对种子、水产种苗、种畜禽三个类别进行品种审定,从专业知识结构角度看,也有失科学。第二,设定审定范围。对于不属于主要农作物、主要林木的转基因生物品种无须审定,只需登记即可。理由如下:首先,《种子法》从法律层面上提供了有力支撑;其次,行政权力过多地介入种业市场,在审定过程缺乏有效监督的条件下极易产生权力寻租④;再次,实践中我国已经有先例(如转基因木瓜的商业化),并未产生不良的法律后果;最后,从国外立法看,转基因生物产业发展较为迅速的美国、巴西、阿根廷、印度等国家,对所有转基因生物品种都采取的是事后审查模式⑤,因而我国仅对少部分转基因生物采取品种登记制具有可行性。第三,细化审定标准。应对转基因生物品种设定有针对性的审定标准体系,弱化现有基于传统生物制定的品种审定标准体系中的部分指标,以增强其适应性。比如,"增产"不作为转基因作物品种审定的重要指标,仅作为一个参考指标。因为倘若缺乏有针对性的审定标准体系,将会导致很多具有明显优良特性的转基因生物,由于不能满足个别指标而无法通过品种审定。这种法律效果既有悖于品种审定制度的立法宗旨,又会成为转基因生物产业健康发展的阻碍因素。

---

① 邵海鹏. 转基因主粮有了安全证书为何仍难商业化? [N]. 第一财经日报,2014-09-03(B01).

② 李艳洁. 转基因品种审定未明制约产业化[N]. 中国经营报,2016-10-10(A03).

③ 李艳洁. 农业部官员:品种审定不会成为转基因产业化的"拦路虎"[N]. 中国经营报,2016-11-14(A06).

④ 喻亚平,周勇涛. 典型国家品种权公共政策实践经验的比较与借鉴[J]. 中国经济问题,2013 (5):21-27.

⑤ 贺利云. 国外种业监管模式分析及对我国的启示[J]. 中国种业,2013 (12):1-4.

二、转基因生物种子(苗、畜、禽)生产经营审批制度

(一)转基因生物种子(苗、畜、禽)生产经营审批制度的立法现状

根据我国《种子法》①、《畜牧法》、《渔业法》、《农业转基因生物安全管理条例》、《种畜禽管理条例》、《农作物种子生产经营许可管理办法》②、《水产苗种管理办法》、《家畜遗传材料生产许可办法》、《转基因棉花种子生产经营许可规定》③等法律法规的规定,我国需建立转基因生物种子(苗、畜、禽)生产经营审批管理制度。

1.审批主体

根据《种子法》《农作物种子生产经营许可管理办法》的规定,种子生产经营许可证实行分级审核、核发。从事主要农作物常规种子生产经营及非主要农作物种子经营的,其种子生产经营许可证由企业所在地县级以上地方农业主管部门核发;从事主要农作物杂交种子及其亲本种子生产经营以及实行选育生产经营相结合、有效区域为全国的种子企业,其种子生产经营许可证由企业所在地县级农业主管部门审核,省、自治区、直辖市农业主管部门核发;从事农作物种子进出口业务的,其种子生产经营许可证由企业所在地省、自治区、直辖市农业主管部门审核,农业部核发。根据《渔业法》《水产苗种管理办法》的规定,单位和个人从事一般水产苗种生产,应当经县级以上地方人民政府渔业行政主管部门批准,取得水产苗种生产许可证。省级人民政府渔业行政主管部门负责水产原、良种场的水产苗种生产许可证的核发工作;其他水产苗种生产许可证发放权限由省级人民政府渔业行政主管部门规定。根据《畜牧法》《种畜禽管理条例》的规定,生产经营种畜禽的单位和个人,应当向县级以上人民政府畜牧行政主管部门申领种畜禽生产经营许可证。

然而,根据《农业转基因生物安全管理条例》的规定,生产、经营转基因植物种子、种畜禽、水产苗种的单位和个人,应当取得国务院农业行政主管部门颁发的种子、种

---

① 2015 年 11 月 4 日,我国通过了对《种子法》修订,自 2016 年 1 月 1 日起施行。这次修订较大的变化之一,是将《种子生产许可证》和《种子经营许可证》合二为一,统称为《种子生产经营许可证》。

② 2016 年 8 月 15 日,农业部重新制定的《农作物种子生产经营许可管理办法》开始施行。新管理办法较大的变化除了两证合一外,还将原来《种子生产许可证》有效期 3 年和《种子经营许可证》有效期 5 年,统一成《种子生产经营许可证》有效期 5 年。

③ 2011 年 9 月 6 日制定,并于 2015 年 4 月 29 日修订。

畜禽、水产苗种生产许可证、经营许可证。对种子是否为主要农作物常规种子、主要农作物杂交种子及其亲本种子等未做区分,对于水产种苗生产经营主体是否为水产原、良种场也在所不问。换言之,所有类型的转基因植物种子、种畜禽、水产苗种的生产、经营许可证均由农业部审批核发。

2. 证书种类

根据《种子法》《农作物种子生产经营许可管理办法》的规定,有关证书只有种子"生产经营许可证"一种类型。根据《渔业法》《水产苗种管理办法》的规定,也仅有水产苗种"生产许可证"一种类型,但该证同时许可当事人从事水产种苗经营。根据《畜牧法》《种畜禽管理条例》的规定,有关证书只有种畜禽"生产经营许可证"一种类型。而根据《农业转基因生物安全管理条例》的规定,所有转基因种子、种畜禽、水产苗种均有"生产许可证"和"经营许可证"两种类型。

3. 审批条件

我国《农作物种子生产经营许可管理办法》《水产苗种管理办法》《种畜禽管理条例》等法规,分别针对农作物种子、水产苗种、种畜禽申请生产经营许可证提出了具体条件。但根据《农业转基因生物安全管理条例》的规定,申请转基因植物种子、种畜禽、水产苗种生产许可证,除应当符合上述法规规定的条件外,还应当符合下列条件:取得农业转基因生物安全证书并通过品种审定;在指定的区域种植或者养殖;有相应的安全管理、防范措施;农业部规定的其他条件。申请转基因植物种子、种畜禽、水产苗种经营许可证,除应当符合上述法规规定的条件外,还应当符合下列条件:有专门的管理人员和经营档案;有相应的安全管理、防范措施;农业部规定的其他条件。

4. 有效期限

我国《农作物种子生产经营许可管理办法》规定,种子"生产经营许可证"的有效期为 5 年;《水产苗种管理办法》规定,水产苗种"生产许可证"的有效期为 3 年;《家畜遗传材料生产许可办法》规定,种畜禽"生产经营许可证"的有效期为 3 年。我国《农业转基因生物安全管理条例》并未明确规定转基因植物种子、种畜禽、水产苗种"生产许可证"和"经营许可证"的有效期。值得注意的是,我国《转基因棉花种子生产经营许可规定》规定,转基因棉花种子"生产许可证"的有效期为 3 年,"经营许可证"的有效期为 5 年,同时不得超出农业转基因生物安全证书规定的有效期限。

(二)转基因生物种子(苗、畜、禽)生产经营审批制度的缺陷与完善

我国转基因生物种子(苗、畜、禽)生产经营审批制度主要存在以下缺陷:第一,审

批主体过于单一。转基因生物大规模商业化后,转基因生物种子(苗、畜、禽)的生产主体将大大增加,而经营主体则更为众多,而且地理位置多处于基层乡镇,数量如此庞大的生产、经营主体均要到农业部办理审批手续,可操作性很差。第二,证书种类需要简化。转基因生物种子(苗、畜、禽)生产主体,往往同时也是经营主体,同一主体需要分别办理生产、经营许可证,不仅经济成本高,更与党的十八大以来国家大力精简审批事项的大背景格格不入。第三,审批条件不够明晰。《农业转基因生物安全管理条例》提出的附加条件,过于笼统,不够细化,申请主体无所适从,审批主体操作困难,只能徒增寻租空间。第四,有效期限不够明确。《农业转基因生物安全管理条例》对转基因生物种子(苗、畜、禽)生产、经营许可证有效期没有明确,从转基因棉花种子生产许可证和经营许可证的有限期看,非转基因种子(苗、畜、禽)生产经营许可证有效期的相关规定,并不能当然地适用于转基因生物种子(苗、畜、禽)的生产经营许可证。然而,《种子法》《畜牧法》等法律均明确要求生产经营许可证应当载明有效期限。

　　笔者认为,应当通过修订《农业转基因生物安全管理条例》和制定《转基因植物种子、种畜禽、水产种苗生产经营许可管理办法》来完善上述不足。具体设想为:第一,建立多层审批主体。鉴于转基因种子(苗、畜、禽)均已获得转基因生物安全证书,在生态环境安全和人类健康安全方面均获得了科学认可,从安全风险视角看与传统生物品种具有实质等同性,那么就没有必要专门针对转基因生物提高审批主体的级别,而是应当将其纳入现行法律法规中予以规范。第二,简化许可证书种类。我国制定及修订《农业转基因生物安全管理条例》时,新《种子法》尚未施行,因而对转基因生物种子(苗、畜、禽)生产、经营实行双证管理,尚可理解。目前,新《种子法》已经施行,确实有必要尽快修订《农业转基因生物安全管理条例》,实行两证合一。如此,既符合当下减少审批事项的大环境,又增加了与其他法律法规的协调性,还会大幅减少了当事人的办证成本。第三,明确审批条件要求。在《转基因植物种子、种畜禽、水产种苗生产经营许可管理办法》中,应当分别设定转基因植物种子、种畜禽、水产种苗生产经营许可证的审批条件,让申请者有的放矢,让执法者有法可依。第四,明确证书有效期限。在《转基因植物种子、种畜禽、水产种苗生产经营许可管理办法》中,应当明确生产经营许可证的有效期限。鉴于转基因植物种子、种畜禽、水产种苗生产经营证的审批,已经纳入现行法规调整,所以建议规定转基因与非转基因植物种子、种畜禽、水产种苗生产经营许可证有效期限相同,同时要以具备有效的转基因生物安全证书为前提。关于生产经营许可证有效期与转基因生物安全证书有效期之间的关系,不赞同参照《转基因棉花种子生产经营许可规定》的规定,将两者直接关联,而是规定转基因生物安全证书失效,生产经营许可证同时失效即可。因为,根据《农业转基因生物安全证书续申请程序》①的规定,转基因生物安全证书到期前 1 年,可向农业部提出续申请。倘若僵化地将两者关联,则可能出现转基因生物安全证书经续申请继续有效,而生产经营许可证有效期已经到期的尴尬局面②。

① 2006 年农业部公告第 736 号。

② 比如,某转基因棉花品种的转基因生物安全证书有效期为 5 年,第 4 年时申请生产经营许可证,倘若两者直接关联,生产经营许可证的有效期最多 1 年,与此同时该转基因棉花品种办理了转基因生物安全证书续申请,又获得了 5 年有效期,但由于生产经营许可证有效期仅为 1 年,1 年后必须重新办理,而且办理时生产经营许可证的有效期最多为 4 年,4 年后又会出现上述情况,如此反复。

第二节　转基因生物生产管理法律制度

转基因生物生产是指转基因生物的种植、养殖等生产活动。转基因生物生产情况关联着转基因商品原料的来源多寡,决定着转基因商品的数量多少,因而非常重要。我国法规对转基因生物生产管理着墨甚少,但却建立了转基因生物生产审批制度和报告制度。从法律效果看,法律规定虽寥寥数语却影响深远。

一、转基因生物生产审批制度

(一)转基因生物生产审批制度的立法现状

我国《农业转基因生物安全管理条例》第二十一条规定,单位和个人从事农业转基因生物生产的,应当由国务院农业行政主管部门或者省、自治区、直辖市人民政府农业行政主管部门批准;具体办法由国务院农业行政主管部门制定。第二十二条规定,农民养殖、种植转基因动植物的,由种子、种畜禽、水产苗种销售单位依照第二十一条的规定代办审批手续;审批部门和代办单位不得向农民收取审批、代办费用。由此,我国确立了转基因生物生产审批制度。

(二)转基因生物生产审批制度的缺陷与完善

我国转基因生物生产审批制度的最大的缺陷,就是脱离实际,可行性极差,而且涉及利益主体众多,对法律公信力的危害性很大。伴随着转基因生物商业进程不断深入,需要批准商业化生产的转基因生物种类会不断增多,从事转基因生物生产的企业、个人及其他组织的数量必定非常庞大,特别是当主要粮食作物商业化后,从事转基因生物生产的主体估计数以亿计。于此背景下,转基因生物生产审批制度存在以下缺陷:第一,经济成本高。数以亿计的基因生物生产主体和为数众多的转基因生物品种,决定了转基因生物生产的申请数量必然是天文数字。转基因生物生产主体在履行审批手续过程中,所消耗的人力、物力、财力必定惊人,由此转基因生物生产主体需要付出巨大的经济成本。第二,代办制度效果差。法律规定"农民养殖、种植转基因动植物,由种子、种畜禽、水产苗种销售单位代办审批手续。审批部门和代办单位不得向农民收取审批、代办费用"。但是,由于销售单位不具备掌握生产相关真实信息的能力①、免费办理致使销售者缺乏内在动力以及未履行办理手续的法律责任虚无②,直接导致了代办制度的效果很差。第三,行政资源无法支撑。一方面转基因生物审批申请数量庞大,另一方面审批机构还只能为国家或省级农业行政部门,如此一来,主管部门的人力资源断然难以支撑审批制度的正常运行。第四,法律公信力受损。转基因生物生产审批制度的可操作性不足,极易导致转基因生物生产者采取制度性对策行为,即不履行审批手续而径行生产,这种法律效果对法律公信力的损害将是根本而深远的。转基因生物生产审批制度的上述缺陷,或许是农业部多年来都未能按照条例要求制定出具体办法的原因。不仅如此,在长期的实践中,国家也认识到转基因生物生产审批制度的不足,主动进行了局部修正。2010年7月,国务院出台《国务院关于第五批取消和下放管理层级行政审批项目的决定》③,取消了"农民养殖、种植转基因动植物审批"项目。

我国虽然取消了"农民养殖、种植转基因动植物审批"项目,但仅是基于可行性的考量对转基因生物生产审批制度进行的小范围修正,大量的非农民转基因生物生产者依然需要办理审批手续,因而对转基因生物生产的管理思路并未发生根本改变。笔者认为,应当基于必要性的考量,重新定位对转基因生物生产管理的基本思路,进而完善转基因生物生产审批制度。转基因生物生产审批制度是风险预防原则在转基因生产环节的具体体现,审批制度的立法意图是有效掌握转基因生物生产的主体、区域、品种、规模等信息,为应对转基因生物大规模环境释放可能带来的风险提供基础条件。进行生产的转基因生物品种,都是安全评价合格的转基因生物品种,这就意味着在当前科技水平下,科学结论认为其生态环境风险符合生产要求。换言之,如果这个转基因生物品种在科学上具有较大风险,还需要通过生产审批制度来予以预防,那么就不可能通过安全评估并获得安全证书。此时,我们应当遵循科学基础原则,不能主观臆断其在生产过程中还可能出现科学尚未发现的生态风险。这也就意味着,一般情况下确实没有要求转基因生物生产进行审批的必要。当然,对于那些具有特殊形状、拥有特殊功能、适用于特殊人群的转基因生物品种,则必须履行审批程序。因为,根据科学基础原则,科学结论认为这类转基因生物并不适合于普通人群,因而应

---

① 实践中,销售单位面对为数众多的农民,没有能力掌握他们的真实身份、生产场地、防范措施等情况。
② 法律责任虚无主要体现在:虽然条例规定销售主体未履行代办义务"由国务院农业行政主管部门责令改正,处2万元以下的罚款",但一则法律责任很轻,二则对身处基层的销售者的处罚需要远在北京的农业部作出决定,显然很难落实到位。
③ 国发〔2010〕21号。

当提出特别的规范要求。比如,种植一般的抗除草剂稻米就无须审批,但种植能合成β-胡萝卜素的稻米(俗称黄金大米)则应当履行审批程序;养殖具有一般的抗病性的转基因羊就无需审批,但养殖作为生物反应器可生产治疗疾病蛋白的转基因羊,则应当履行审批程序①。笔者认为,实质等同原则是认定一种转基因生物是否属于特殊转基因生物所应当遵循的基本原则。具体到转基因生物生产审批制度,与传统生物具有实质等同性的转基因生物的生产,无须批准,而与传统生物不具有实质等同性的转基因生物的生产,则必须履行审批程序。如此一来,转基因生物生产需要审批的数量将大大减少,现行转基因生物生产审批制度的诸多不足也都迎刃而解。

二、转基因生物生产情况报告制度

(一)转基因生物生产情况报告制度的立法现状

我国《农业转基因生物安全管理条例》第二十三条规定,从事农业转基因生物生产的单位和个人,应当按照批准的品种、范围、安全管理要求和相应的技术标准组织生产,并定期向所在地县级人民政府农业行政主管部门提供生产、加工、安全管理情况和产品流向的报告。由此,我国建立了转基因生物生产情况报告制度。

(二)转基因生物生产情况报告制度的缺陷与完善

转基因生物生产情况报告制度是风险预防原则在转基因生产环节的另一个具体体现。笔者认为,转基因生物生产情况报告制度应当废止。一方面,这项制度可行性差,近乎形同虚设,仅具有倡导性功能。为数众多的从事转基因生物生产的农民一定会采取制度性对策行为,不会去履行报告义务,损害法律的公信力。理由如下:其一,农民缺乏定期报告的动力。农民大都居住乡村,距离县城有一定甚至很远路程,定期去县城农业部门报告生产情况会产生经济成本,而且履行报告义务后没有任何经济利益,于此情形下必然缺乏定期报告的动力。其二,农民缺乏定期报告的压力。条例为农民生产者设定了定期报告生产情况的义务,但并未设定不履行定期报告义务的法律责任,因而农民势必缺乏定期报告的压力。另一方面,确实没有定期报告的必要。如前所述,进行生产的转基因生物品种,都是安全评价合格的转基因生物品种,其生产在当前科技水平基础上被认为符合生态环境要求,否则也不会颁发安全证书。

---

① 必须强调,截至目前我国尚未批准举例中的这些转基因生物商业化生产。

倘若需要转基因生物生产者定期报告生产情况，说明这个转基因生物品种具有较大安全风险，问题是如果这个转基因生物品种具有较大安全风险，就不可能通过安全评估并获得安全证书。可见，事实上根本没有必要要求生产者定期报告生产情况。

综上所述，我国应当遵循科学基础原则和实质等同原则，完善转基因生物生产管理法律制度。对于转基因生物生产审批制度，建议仅要求不具有实质等同性的转基因生物的生产活动，履行审批程序；对于转基因生物生产情况报告制度，则建议废止。

其一是标识应直接印刷在产品标签上;其二是标识应紧邻产品的配料清单或原料组成,无配料清单和原料组成的应标注在产品名称附近。

第三,标识的文字规格。实践中,有些转基因生物生产者或者经营者使用非常小的文字来进行标识,以至于对一般消费者而言,常常注意不到这些标识文字,从而影响消费者进行识别。我国对转基因生物标识的文字规格的要求是:当包装的最大表面积①大于或等于 10 平方厘米时,文字规格应高度不小于 1.8 毫米,且不小于产品标签中其他最小强制性标示的文字;当包装的最大表面积小于 10 平方厘米时,文字规格不小于产品标签中其他最小强制性标示的文字。

第四,标识的文字颜色。除标识的标注位置和文字大小外,另一个影响消费者识别的因素是标识文字的颜色。如果文字颜色比较暗淡或者与标签的底色比较接近,则消费者就很难在正常的时间内,识别出这是一种转基因商品。我国对标识文字颜色的要求是,必须符合下列条件之一:一是与产品标签中其他强制性标示的文字颜色相同;二是当与产品标签中其他强制性标示的文字颜色不同时,应与标签的底色有明显的差异,不得利用色差使消费者难以识别②。

2. 自愿标识

由于我国法律并没有要求所有的转基因生物均须进行标识,因此标识目录之外的转基因生物,生产者或销售者可以自行决定为标识或者不为标识。如果选择进行标识,则标识的方法可以参考上述强制标识的要求进行,也可以自己决定,但是标识内容不能违反我国有关法律规定。截至目前,市场上还没有出现未列入标识目录的转基因生物生产者或销售者自愿标识的情况。

---

① 包装最大表面积计算方法:第一,长方体形包装物或长方体形包装容器计算方法是长方体形包装物或长方体形包装容器的最大一个侧面的高度(厘米)乘以宽度(厘米)。第二,圆柱形包装物、圆柱形包装容器或近似圆柱形包装物、近似圆柱形包装容器计算方法包装物或包装容器的高度(厘米)乘以圆周长(厘米)的 40%。第三,其他形状的包装物或包装容器计算方法是包装物或包装容器的总表面积的 40%。另外,如果包装物或包装容器有明显的主要展示版面,应以主要展示版面的面积为最大表面面积;主要展示版面是指消费者购买产品时,包装物或包装容器上最容易观察到的版面。如果是瓶形或罐形,计算表面面积时不包括肩部、颈部、顶部和底部的凸缘。

② 上述制度内容请参阅《农业转基因生物安全管理条例》《农业转基因生物标识管理办法》《农产品包装和标识管理办法》《食品标识管理规定》《农业转基因生物标签的标识》等法规和标准的条文。

二、转基因生物标识制度的概括评析

(一)转基因生物标识制度的功能定位与实现路径

1. 功能定位

转基因生物标识制度的功能不是解决转基因商品的安全问题,而是保障消费者知情权的实现,为市场发挥调节转基因生物产业的作用提供必要基础。首先,转基因生物标识与转基因商品安全无关。转基因生物标识是上市流通阶段的议题,而转基因商品安全是安全评价阶段的议题。如果转基因生物不能通过安全评价并获得安全证书,那么相应的转基因商品就不会被允许进入市场,也就根本没有标识制度适用的余地,因此转基因生物标识与转基因商品安全无关。其次,消费者对转基因商品知情权的诉求具有正当性。转基因生物是人类利用转基因技术改变生物遗传信息的产物,自诞生伊始就争议不断。我国对转基因技术科普不够,致使转基因商品舆论环境缺乏理性,消费者对转基因商品心存顾虑,因而要求实现转基因商品知情权具有正当性。再次,转基因生物标识是消费者实现知情权的主要渠道。实践中,消费者获取转基因信息可通过网络、电视、期刊、报纸等多种渠道,但只有转基因生物标识可以让消费者知悉拟购买的商品是否含有转基因生物成份,它是消费者获取转基因信息的最直接、最有效、最主要的渠道。最后,转基因生物标识制度可为市场发挥调节作用提供必要基础。转基因生物标识制度是消费者实现知情权的有效保障,消费者实现知情权是行使选择权的必要前提,消费者行使选择权是市场发挥调节作用的内在要求,所以转基因生物标识制度可为市场发挥调节作用提供必要基础。

2. 实现路径

从逻辑上看,消费者通过转基因生物标识实现知情权有三条路径,阳性标识能够让消费者知悉商品确定是转基因商品,标识豁免能够让消费者知悉商品可能是转基因商品,阴性标识能够让消费者知悉商品确定不是转基因商品。因此,转基因生物标识制度应当包括阳性标识制度、标识豁免制度和阴性标识制度三个有机组成部分。需要特别说明的是,当前学界从是否要求转基因商品必须进行标识的视角,将转基因生物标识制度分为强制标识制度和自愿标识制度,这种分类具有实践意义和学术价值。但是,笔者认为,从整体视角看,如此分类有失科学。事实上,实行所谓强制标识制度的国家或地区,也不排斥企业自愿标识;而实行所谓自愿标识制度的国家或地区,也会要求对具有特殊性状的转基因生物必须进行标识。

（1）阳性标识制度

阳性标识属于强制标识,转基因生物阳性标识制度的法理基础是保障消费者知情权。在转基因商品争议不断的背景下,生产者缺乏主动披露转基因信息的内在动力;而且,转基因商品具有典型的信用品特性,在物理外观、营养成分等方面与非转基因商品几乎等同,消费者不能通过感官确认,也无法通过消费体验识别,从而缺乏自己获取信息的能力。因此,市场需要政府（代表公共权力）发挥作用,通过制定转基因生物阳性标识制度,强制转基因商品生产者披露信息,确保消费者知情权的实现。

（2）标识豁免制度

转基因生物标识豁免制度是指允许部分转基因商品可以不标注阳性标识的法律制度,其前提是转基因生物标识与商品安全无关,其法理基础是对消费者知情权的必要限制。转基因生物标识豁免制度貌似与保障消费者知情权背道而驰,实则不然;合理的转基因生物标识豁免制度,反而让消费者知情权更有保障。消费者对转基因商品的知情权绝非漫无边际,知情权的实现受经济社会条件的制约和社会公共利益的制衡。一方面,我国转基因生物与非转基因生物的共存状态、饮食文化传统、市场主体差异、检测技术水平、政府监管能力等现实因素,制约着消费者知情权的实现;倘若忽略这些客观存在的制约因素,要求所有转基因商品均须标注阳性标识,必然导致部分生产者采取制度性对策行为,集体利用各种方法规避阳性标识制度,反而会严重损害消费者的知情权。比如,我国餐饮店、农贸市场里几乎看不到转基因生物标识,便是例证。另一方面,消费者通过标识了解转基因商品之后,倘若感到并无安全之虞,而且价廉物美,继而选择接受,那么继续对这种转基因商品实行强制标识,只会加重生产者、消费者的经济负担,浪费社会资源,损害社会公共利益。在上述情形下,理性的选择应当是对消费者知情权进行必要限制,建立转基因生物标识豁免制度。

（3）阴性标识制度

阴性标识属于自愿标识,转基因生物阴性标识制度的法理基础是企业商业言论自由不得滥用。企业虽然有权根据市场需求自主决策是否对商品标注阴性标识,但不能滥用权利来损害消费者权益。在当前的转基因商品舆论环境下,商品生产者为获得消费者青睐,提高产品市场占有率,极易在市场竞争和经济利益的双重驱动下,滥用企业商业言论自由,肆意标注阴性标识,欺诈或误导消费者。因此,需要通过制定转基因生物阴性标识制度,规范生产者标注阴性标识的行为,确保阴性标识内容真实且不会误导消费者,切实保障消费者权益。

(二)转基因生物标识制度的缺陷

1. 阳性标识制度的不足

我国转基因生物阳性标识制度的不足,主要是标识对象范围有失均衡。一方面,对含有目录内转基因生物的商品,不分含量多少、产品特性和主体差异,一律要求进行标识;另一方面,对大量已经批准但未列入目录转基因生物的商品,则没有标识要求。标识对象范围失衡的根源在于规制工具有失科学。第一,标识阈值的缺失。我国转基因生物阳性标识制度没有设定标识阈值,采取的是以定性为标准的制度设计。然而,由于共存状态下的交叉污染、饮食文化传统下混合加工等现实因素,商品要实现转基因成份"零含量"客观上很难做到。因此,这种制度设计明显脱离实际,导致对含有目录内转基因生物的商品要求过于严格。第二,标识目录不科学。一是协调性差。我国颁发转基因生物安全证书是以转基因生物品种①为对象,即便是同类转基因生物,倘若具体品种不同,仍需另行申请安全证书,但标识目录却以转基因生物种类及其产品为罗列对象,使得两者之间协调性很差,无法实现有效衔接。二是动态不足。转基因生物安全证书审批的动态性决定了标识目录不能一成不变,应当根据实际审批情况进行动态调整。实践中,尽管近年来有大批转基因生物获得安全证书,但从 2002 年《第一批实施标识管理的农业转基因生物目录》出台至今,目录未作任何调整,动态性近乎丧失,使得大量获批的转基因生物游离于标识对象范围之外。

2. 标识豁免制度的缺陷

我国转基因生物标识豁免制度依存于对转基因生物阳性标识制度的反面解读,因此在立法上缺乏豁免条件、豁免程序及豁免范围的相关规定。

第一,豁免条件缺失。由于我国对消费者转基因商品知情权实现的制约因素认识不足,致使立法上没有规定标识豁免应当具备的条件。豁免条件的缺失,不仅意味着我国当前对部分转基因生物实行标识豁免的法律依据不足,还意味着执法者自由裁量权的极度扩张,使市场机制的调节作用无从发挥。

第二,豁免程序缺失。为避免过度限制消费者知情权,能够公平对待各类转基因生物,应当制定标识豁免的决策程序以确保公平正义,然而我国立法缺乏程序上的制度安排。

---

① 品种以具体转入或修改的基因性状为基础进行命名。比如,都是转基因大豆,但由于转入基因性状不同,就会有不同的品种名称,如"抗除草剂大豆 CV 127""抗虫大豆 MON 87701"等。

第三,豁免对象不明。实践中,我国对标识目录外转基因生物实行了标识豁免,但并没有将标识豁免对象及时向社会公布,消费者无从知悉哪些商品可能属于转基因商品。豁免对象不够明晰,使得标识豁免制度已经不是对消费者知情权进行必要限制,而是直接对消费者知情权进行了剥夺。

3. 阴性标识制度的缺失

转基因生物阴性标识能够降低消费者选择非转基因商品的经济成本,可以满足消费者的差异化需求,有利于消费者权益保护。但是,由于我国转基因生物阴性标识制度的缺失,给企业滥用阴性标识提供了可乘之机,导致原本有利于保护消费者权益的阴性标识,却产生了侵害消费者权益的后果。实践中,部分企业为抢占市场份额,获取更多经济利益,从仅标注"非转基因"字样,到标出"更安全、更健康"等字样;从仅对市场中存在相应转基因生物原料的商品进行标注,到对市场中不存在相应转基因生物原料的商品进行标注,甚至个别企业对转基因商品也标注阴性标识。愈演愈烈,乱象丛生。市场中标注阴性标识的商品,绝大多数未经过国家认可的认证机构认证,很难保证标识内容与客观事实相符,容易造成欺诈消费者的后果;在当前转基因商品的舆论环境下,各种品质效果方面的描述,通常造成误导消费者的后果。此外,转基因生物阴性标识具有很强的裹挟效应,其他企业往往迫于市场压力而被动跟进,导致更多消费者的权益受损。因此,我国建立转基因生物阴性标识制度已经迫在眉睫。

(三)完善转基因生物标识制度的构想

完善我国转基因生物标识制度的目标,应当是构建以阳性标识制度为主、标识豁免制度为辅、阴性标识制度为必要补充的科学合理的转基因生物标识制度,以便充分发挥其制度功能。

1. 完善阳性标识制度

我国应通过改进规制工具,确立合理的阳性标识对象范围。第一,设定标识阈值。借鉴国外经验,结合国内实际,我国转基因生物阳性标识阈值应设定为5%比较合适。而且,还要根据转基因生物市场的变化情况,建立标识阈值的动态调整机制。第二,改进标识目录。一是明确品种。目录中罗列的转基因生物应当以具体品种为对象,且品种名称以安全证书上载明的为准。以转基因大豆为例,不应概括表述为"转基因大豆",而应表述为"抗除草剂大豆 CV 127""抗虫大豆 MON 87701"等安全证书上的名称。明确品种是目录动态更新的前提,否则,即便有同类转基因生物的新品种获得批准,目录也无法更新。二是动态更新。我国应根据转基因生物审批的情况,定期更新标识目录,及时将获得安全证书且有必要实行标识管理的转基因生物列入目录。目前,我国应当尽快将早已获批的转基因棉花、转基因木瓜和转基因甜菜品种列入其中。

2. 健全标识豁免制度

健全转基因生物标识豁免制度,关键在于制定豁免规则。第一,设定豁免条件。转基因生物标识豁免条件的设定,既涉及消费者实现知情权制约因素的认知,又涉及社会公共利益的考量,属于转基因生物标识豁免制度中的难点。但可以明确的是,转基因成份含量低于标识阈值、经营主体能力较弱以及消费者已经接受等均应属于满足标识豁免的条件。第二,制定豁免程序。转基因生物标识豁免的决策程序,应当科学合理地设计,力求避免独断决策,必须有公众参与的环节,绝对不能让决策的承受者失去话语权,以确保豁免程序的正当性。第三,公布豁免对象。我国应建立转基因生物标识豁免目录,列出所有标识豁免对象,并及时向社会公布,以便让消费者全面了解豁免对象的情况,同时为动态调整豁免对象提供条件。目前,我国可以将转基因成份含量低于标识阈值的转基因商品、使用转基因疫苗的动物商品、以转基因微生物为媒介制造的商品、添加转基因生物添加剂的商品,以及餐饮业者、农贸市场个体户、无固定经营场所摊贩、农户等能力较弱的特殊市场主体销售的转基因商品进行标识豁免,并以转基因生物品种为对象列入标识豁免目录之中。

3. 建立阴性标识制度

我国建立转基因生物阴性标识制度的目标,应当是防止阴性标识的欺诈性和误导性。第一,明确标注阴性标识的条件。建议将标注阴性标识的条件设定为"标识对象在国内市场上存在相应转基因生物原料",理由如下:如果允许市场上尚不存在相应转基因生物原料的商品标注阴性标识,会误导消费者认为市场上存在相应的转基因商品,使消费者产生不必要的困惑与忧虑。对于市场上不存在相应转基因原料的商品,消费者无须通过阴性标识进行识别。允许企业标注阴性标识,只会徒增成本,纯害无益,还会对其他企业产生裹挟效应,最终造成社会资源的巨大浪费。比如,我国个别企业对花生油标注"非转基因压榨",其他企业被迫跟进标注,既误导了消费者,又浪费了社会资源。第二,限定阴性标识的内容。建议将阴性标识内容指定为标注"非转基因"字样,禁止任何效果性描述或绝对性表述。实践中,"更健康""更安全"等效果性描述,对消费者具有很强的误导性。另外,我国政府正在努力塑造良好的转基因生物社会舆论环境,倘若允许阴性标识内容进行效果性描述,会对消费者心理形成巨大冲击,不利于良好社会舆论环境的形成。第三,明确标注主体的证明责任。标注阴性标识的企业应当对标识内容的真实性以及不具误导性负有证明责任,以利于执法机关对阴性标识合法性的认定,以及降低消费者的维权成本。

转基因生物产业的命运,应当交由市场决定。恐惧源于未知,接受始于了解,所以转基因生物标识制度对推广转基因生物至关重要。转基因生物标识制度的功能在于保障消费者知情权的实现,阳性标识、标识豁免和阴性标识都是消费者实现知情权的有效路径。目前,我国转基因生物标识制度的诸多缺陷,已经成为转基因生物产业健康发展的制度障碍。我国应当尽快构建以阳性标识制度为主、标识豁免制度为辅、阴性标识制度为必要补充的科学合理的转基因生物标识制度,为落实我国发展转基因生物产业的重大战略决策提供有力的制度支撑[①]。

---

① 张忠民.我国转基因食品标识制度的反思与完善[J].食品工业科技,2016,37(11):26-29.

第二节　转基因生物标识阈值问题

转基因生物标识问题与消费者知情权紧密相关,持续成为人们关注的焦点议题。近年来,不少专家学者对转基因生物标识问题进行了研究,从不同视角指出了我国转基因生物标识制度的不足。其中,转基因生物标识阈值的缺失,为不少学者所诟病。从现有研究成果看,虽然谈及标识阈值者为数不少,但都是浅尝辄止,并未深入研究,相关成果无法为我国设定切实可行的转基因生物标识阈值提供有力的理论支撑。笔者拟通过对转基因生物标识阈值的内涵、功能、设定原则、设定路径等问题的深入研讨,提出具有建设性的参考建议,希冀对我国设定行之有效的转基因生物标识阈值有所裨益。

一、转基因生物标识阈值的内涵

(一)阈值的内涵

所谓阈值,是指某系统或物质状态发生剧烈改变的那一个点或区间[①]。阈值源于极限理论的发展[②],是人们从变量无限化的视角,观察事物的运动规律时,根据不同变量值与事物运动之间的相互关系,按照事物从量变到质变的临界点或者自身效果需求,而确定的一个变量值。由于阈值反映了自然界的客观规律,因而成为社会科学和自然科学研究中的有力工具,被广泛地应用于数学、物理学、经济学、医学、生态学等多个学科。纵观阈值在各个学科的应用,阈值的内涵都反映了事物从量变到质变的规律,都是基于事物从量变到质变不连续的现象,将事物从量变到质变的临界值确定为阈值。如生态阈值,是指当生态因子扰动接近生态阈值时,生态系统的结构功能或

---

① 赵慧霞,吴绍洪,姜鲁光.生态阈值研究进展[J].生态学报,2007,27(1):338-345.

② 王元月,杜希庆,曹圣山.阈值选取的 Hill 估计方法改进——基于极值理论中 POT 模型的实证分析[J].中国海洋大学学报(社会科学版),2012(3):42-46.

过程会发生不同状态间的跃变①。

（二）转基因生物标识阈值的内涵

从阈值的内涵来理解，转基因生物标识阈值的内涵，似乎应界定为触发转基因生物产生生态环境安全或人类健康安全问题的最低限值。但值得注意的是，迄今为止，人类尚未发现转基因商品中转基因成份含量与安全之间存在关联性的科学证据。换言之，转基因成份含量与转基因商品安全性之间没有对应关联。同样不容忽视的是，自转基因生物诞生以来，人类对转基因生物安全性的忧虑，不仅未能消除，反而与日俱增。由此可见，转基因生物标识阈值的内涵，是人类在无法掌控转基因生物安全风险的情况下，为预防未知风险，实现消费者知情权，而采取的一种管制措施。正是基于转基因生物标识阈值内涵的上述特点，使得世界各国设定的转基因生物标识阈值，呈现大小不一、千差万别的局面。世界各国在设定转基因生物标识阈值时，除考虑科学因素外，更多地顾及了经济和社会因素，使阈值本身不仅包含了科技理性，更包含了经济理性和政策理性，集中反映了一个国家或地区对转基因生物安全风险的忍受度②。

二、转基因生物标识阈值的类型

在世界范围内，转基因生物标识制度有强制标识制度和自愿标识制度之分，转基因生物标识有阳性标识和阴性标识之别③，而阈值在强制或自愿标识制度下的阳性或阴性标识中均有适用空间，因而可作以下分类。

（一）阳性标识阈值

阳性标识阈值是指应当或可以对转基因商品进行阳性标识的转基因成份最低含量值，包括强制阳性标识阈值和自愿阳性标识阈值。强制阳性标识阈值的含义是，商品中转基因成份的含量达到或超过阈值，就应当进行阳性标识；商品中转基因成份的含量低于阈值，则可不进行阳性标识。自愿阳性标识阈值的含义是，商品中转基因成份的含量达到或超过阈值，才可进行阳性标识；商品中转基因成份的含量低于阈值，则不得进行阳性标识。

---

① 王永杰,张雪萍.生态阈值理论的初步探究[J].中国农学通报,2010,26(12):282-286.
② 张忠民.欧盟转基因食品标识制度浅析[J].世界经济与政治论坛,2007(6):80-83.
③ 刘旭霞,欧阳邓亚.转基因食品标识法律问题研究综述[J].粮油食品科技,2011,19(3):70-74.

（二）阴性标识阈值

阴性标识阈值是指可以对转基因商品进行阴性标识的转基因成份最高含量值。商品中转基因成份的含量低于阈值,才可以进行阴性标识;商品中转基因成份的含量达到或超过阈值,则不得进行阴性标识。无论实行强制标识制度还是自愿标识制度的国家或地区,对可以进行阴性标识的商品,均采取了类似的管理方式,即标注与否由当事人自行决定,唯对标识内容的具体要求,有所不同。比如,美国食品药品监督管理局认为应当避免使用"不含转基因成份"或"未经转基因技术处理"等字眼,理由是它会使消费者认为商品中的转基因成份达到"零"水平,还会误导消费者认为不含转基因成份的商品比含有转基因成份的商品更优良[①]。

三、转基因生物标识阈值的计算

鉴于转基因生物标识阈值是一个限值,因而绝大多数国家或地区采用百分比形式进行表述,比如设定阈值为5%;个别国家采用"克每千克"的形式进行表述,比如澳大利亚和新西兰[②]。但无论何种表述方式,均涉及如何计算的问题。

（一）计算基准

计算转基因生物标识阈值时,有两种基准对象可供选择,一是重量,二是核酸量。前者是以重量为基准,用样品中转基因成份的重量除以样品总重量,再乘上百分百得出阈值;后者是以核酸量为基准,用样品中某原料品种转基因核酸量除以该品种的核酸总量,再乘上百分百得出阈值[③]。

（二）计算方式

对于混合加工的商品而言,无论选取何种计算基准对象,都无法回避采用概括计算方式还是单独计算方式的问题。概括计算是指将所有原料品种概括进行计算确定阈值;单独计算是指将单个原料品种分别进行计算确定阈值。比如,某种食品(如北

---

① 张忠民.美国转基因食品标识制度法律剖析[J].社会科学家,2007(6):70-74.

② Australia New Zealand Food Standards Code - Standard 1.5.2-Food Produced Using Gene Technology [DB/OL].访问日期:2015-09-12.

③ 厉建萌,宋贵文,刘信,等.浅谈转基因产品阈值管理[J].农业科技管理,2009,28(3):29-32.

方的窝头、煎饼等)由玉米、大豆两种原料加工而成,玉米中含有转基因玉米,大豆中也含有转基因大豆,在计算阈值时,如果采用概括计算方式,则应当将转基因玉米和转基因大豆的含量(无论何种基准进行计算均可)相加,概括进行计算;如果采用单独计算方式,则应当将转基因玉米和转基因大豆的含量,分别进行计算。

截至目前,尽管很多国家或地区在转基因生物标识立法中,都明确设定了阈值,但对于阈值的计算基准和计算方式,却语焉不详,使得相关法规在执行时,经常产生争议。

四、转基因生物标识阈值的功能

(一)提高共存状态下转基因生物标识制度的执行力

自转基因生物商业化以来,发展十分迅猛,已经形成了全球范围内的转基因生物与非转基因生物共存的局面。转基因生物在种植养殖、收获运输、生产加工、流通消费等环节中,要么基于自然原因,如基因漂移、基因污染等,要么基于人为原因,如有意或无意的混杂、交叉污染等,都可能使商品中含有转基因成份。由于缺乏阈值的设定,"任何转基因成份偶然的、技术上不可避免地出现都需要标识会在执行上产生困难"[1],致使以定性(零含量)为标准的转基因生物强制(阳性)标识制度,执行力大为降低,面临诸多困境。而转基因生物标识阈值"作为确保标识具有真实性和可执行性的一个工具"[2],能有效提高转基因生物标识制度的执行力。

(二)促进转基因生物产业的持续健康发展

在以定性为标准的转基因生物强制标识制度下,只要商品中含有转基因成份,无论含量多少,均需进行阳性标识;只有商品中不含转基因成份,才能进行阴性标识。这种制度设计,由于忽略了检测技术的局限性,不仅不切实际,还会误导消费者[3],降低消费者的购买意愿[4]。所谓转基因成份"零"含量,只能表示现有检测技术无法检

① 付文侠,王长林.转基因食品标识的核心法律概念解析[J].法学杂志,2010(11):113-115.
② 付文侠.转基因食品标识的比较法研究[M].昆明:云南人民出版社,2011:47.
③ YU Z, WENXUAN Y. Improving the Enforceability of the Genetically Modified Food Labeling Law in China with Lessons from the European Union[J]. Vt. J. Envtl. L., Spring, 2013(15):465-492.
④ 黄建,齐振宏,冯良宣,等.标识管理制度对消费者转基因食品购买意愿的影响研究——以武汉市为例[J].中国农业大学学报,2013,18(5):220-225.

出,并不意味着其确定不含转基因成份,使标识内容与实际情况并不相符。更为严重的后果是,对商品中转基因成份的极限检测,会大大增加转基因商品企业的标识成本,让企业处于两难境地。若转基因商品企业认真执行标识制度,必然造成转基因商品价格升高,而价格是影响消费者购买意愿的显著因素①,进而导致转基因商品在市场上处于不利的竞争地位。若转基因商品企业规避执行标识制度,不仅会面临行政处罚,而且一旦被消费者发现真相,企业可能遭受毁灭性打击;此外,还可能引起国际贸易争端,近年来发生的多起欧盟退货事件便是例证②。无论企业如何选择,结果都会有碍于转基因生物产业的发展。而转基因生物标识阈值的设定,可以降低商品生产者的标识成本,增强转基因商品的市场竞争力,让生产者和消费者都能真正从中受益,最终实现转基因生物产业的持续健康发展。

(三)保障转基因生物消费者知情权的实现

人们对转基因生物标识的讨论,焦点集中在实现消费者的知情权。从消费者视角观之,消费者不仅希望知悉哪些是单纯的转基因商品,还希望知悉哪些是含有转基因成份的商品,甚至希望知悉哪些确定是非转基因商品。考虑到我国的饮食文化传统,含有转基因成份的商品(食品)种类和范围,要比单一成份的转基因商品更为丰富和广泛。换言之,消费者对转基因商品的知情权是否真正实现,很大程度上取决于对含有转基因成份的商品是否知情。以定性为标准的转基因生物强制标识制度,使得转基因生物标识成本很高,加之市场上消费者对转基因生物安全风险的非理性认识③,极易诱发商品生产企业的机会主义倾向,致使各种没有转基因标识的转基因商品在各地市场上销售④,甚至进行阴性标识,严重损害消费者的知情权。而转基因生物标识阈值的设定,可以降低商品生产企业的标识成本,抑制机会主义产生,更有利于保障消费者知情权的实现。至于因阈值而豁免标识的转基因商品,不宜认为对消费者知情权构成侵害,因为在共存状态下,商品中意外含有少量转基因成份,实属难以避免,消费者应当给予必要的容忍。以食品为例,倘若消费者只愿食用确定不含转

---

① 程培塭,卢凌霄,陈忠辉,等.国内消费者对转基因食品购买意愿研究综述:元分析[J].华南农业大学学报(社会科学版),2011,10(2):82-92.

② 王大元.欧盟退货的转基因大米是怎么回事? [N].北京科技报,2014-08-04(6).

③ 张金荣,刘岩.风险感知:转基因食品的负面性——基于长春市城市居民食品安全意识的调查分析[J].社会科学战线,2012(2):218-223.

④ 张秀芳,张宪省.城市居民对转基因食品的认知与消费:鲁省调查[J].改革,2012(7):146-151.

基因成份的食品,可以选择购买经过有权机关认证的有机食品①。

五、转基因生物标识阈值立法的比较考察

（一）国外转基因生物标识阈值的立法现状

目前,采用转基因生物强制标识制度的主要有欧盟、澳大利亚、新西兰、中国、日本、俄罗斯、巴西、中国台湾等60多个国家或地区②;采用转基因生物自愿标识制度的主要有美国③、加拿大、中国香港等少数国家或地区④。无论是强制标识制度还是自愿标识制度、是阳性标识还是阴性标识,都有阈值的适用空间。

1. 阳性标识阈值

（1）强制标识制度下阳性标识阈值

绝大多数实行转基因生物强制标识制度的国家或地区,均设定有阳性标识阈值。比如,欧盟为0.9%(转基因成份来源获得欧盟批准)和0.5%(转基因成份来源未获欧盟批准)⑤;巴西、澳大利亚(换算)、捷克共和国、沙特阿拉伯、以色列为1%;瑞士(单一成份原料)、韩国(商品中前5种含量最高的原料的转基因成份含量)为3%⑥;日本(商品中前3种含量最高的商品原料的转基因成份含量)、俄罗斯、泰国、我国台湾地区为5%等⑦。

---

① SALLY N V. Mandatory Labeling of Genetically Engineered Food: Constitutionally, You Do Not Have a Right to Know[J]. S. J. Agric. L. Rev., 2012-2013(22): 215-239.

② LAURA Murphy, JILLIAN Bernstein, ADAM Fryska. More Than Curiosity: The Constitutionality of State Labeling Requirements for Genetically Engineered Foods[J]. Vt. L. Rev., Winter, 2013(38): 477-553.

③ 如前所述原因,本书暂时仍将美国作为采取自愿标识制度的国家进行讨论。

④ 陈超,展进涛.国外转基因标识政策的比较及其对中国转基因标识政策制定的思考[J].世界农业,2007(11): 21-24.

⑤ THE EUROPEAN PARLIAMENT AND THE COUNCIL OF THE EUROPEAN UNION. Regulation (EC) No 1829/2003 of the European Parliament and of the Council of 22 September 2003 on genetically modified food and feed[J]. Official Journal of the European Communities, 2003(L268): 1-23.

⑥ SEUNG-A Chung, MICHAEL G. Francom, Kathryn Ting. 韩国农业生物技术年报(2011年)[J].生物技术进展,2013,3(1):57-68.

⑦ 金芜军,贾士荣,彭于发.不同国家和地区转基因产品标识管理政策的比较[J].农业生物技术学报,2004,12(1):1-7.

（2）自愿标识制度下阳性标识阈值

加拿大设定的转基因生物阳性标识阈值为5%。对于单组分商品,若由转基因原料与非转基因原料混杂生产,转基因原料成份占到5%以上时,方可进行阳性标识;若转基因原料成份低于5%,则不允许进行阳性标识。对于多组分商品,若商品中任一组分存在混杂情况对该组分的标注,也适用上述规定。我国香港地区设定的转基因生物阳性标识阈值也为5%,即在意外混杂的情况下,转基因成份占到5%以上时,才能进行阳性标识。

2. 阴性标识阈值

（1）强制标识制度下阴性标识阈值

多数实行转基因生物强制标识制度的国家,均未设定阴性标识阈值,而是采取定性标准确定,要求拟进行阴性标识的商品,必须证明其不含有转基因成份。有些国家比如日本还进一步要求,若国内没有批准此类转基因成份,则禁止进行阴性标识①。当然,也有少数实行转基因生物强制标识制度的国家,出于豁免的考虑,设定有阴性标识阈值,如日本规定意外混杂转基因成份低于5%的商品,才允许进行阴性标识②。

（2）自愿标识制度下阴性标识阈值

美国和我国香港地区均不提倡对商品进行阴性标识。加拿大设定的转基因生物阴性标识阈值为5%。对于单组分商品,若由转基因原料与非转基因原料混杂生产,转基因原料成份低于5%时,方可进行阴性标识;对于多组分商品,若商品中任一组分存在混杂情况,对该组分的标注,也适用此规定③。

（二）我国转基因生物标识阈值的立法现状

根据我国《食品安全法》《食品标识管理规定》《农业转基因生物安全管理条例》《农业转基因生物标识管理办法》等相关法律法规,我国对转基因生物实行的是强制标识制度。对于阳性标识,以定性为标准,只要商品中含有目录中的转基因成份,就必须进行标识,并未考虑到可能意外混杂的现实情况而设定阈值;对于阴性标识,则并未纳入管理范围,阈值问题更是无从谈起。

---

① 李宁,付仲文,刘培磊,等.全球主要国家转基因生物安全管理政策比对[J].农业科技管理,2010,29(1): 1-6.

② 刘旭霞,李洁瑜,朱鹏.美欧日转基因食品监管法律制度分析及启示[J].华中农业大学学报(社会科学版),2010(2):23-28.

③ 付仲文.一些国家和地区转基因生物标识制度概况[J].世界农业,2009(11):37-42.

（三）比较与启示

通过比较考察，不难发现，世界上绝大多数实行转基因生物强制标识制度的国家，甚至是个别实行转基因生物自愿标识制度的国家，均对转基因生物标识采取了阈值管理。原因在于，在转基因生物与非转基因生物共存的状态下，实现转基因成份零含量，很难做到；只有实行阈值管理，才是科学而理性的选择，才能真正实现转基因生物标识制度的功能。反观我国转基因生物标识制度，采取强制阳性标识，但以定性为标准，判定是否需要标识，缺少阳性标识阈值的设定；阴性标识则尚未纳入管理范围，更无须说设定阴性标识阈值了。我国转基因生物标识阈值的缺失，使得标识制度的科学性不足，可行性较差，负面效应凸显。有些转基因商品企业为降低标识成本，保持产品的价格优势，常常选择规避标识制度，侵害消费者知情权①；有些企业为增加商品的竞争优势，肆意对商品进行阴性标识，欺诈或误导消费者，严重侵害了转基因商品的市场基础，扰乱了转基因商品的市场秩序②。可见，我国对转基因生物标识实行阈值管理，已势在必行、迫在眉睫。

六、设定转基因生物标识阈值的具体构想

（一）我国设定转基因生物标识阈值的指导原则

1. 经济原则

经济原则是指在设定转基因生物标识阈值时，应充分考虑到管理成本、生产成本和消费成本，考虑到与国外法规和国际规范的衔接性和协调性，设定的转基因生物标识阈值，能够切实促进我国转基因生物产业的健康持续发展，能够有效保障我国在转基因商品国际贸易中的合法权益。

2. 可行原则

可行原则是指在设定转基因生物标识阈值时，应当充分考虑我国的转基因技术能力、转基因检测水平、转基因生物产业发展状况，以及我国饮食文化传统、区域及行

① 李慧,杨冬燕,杨永存,等.深圳市场4种国产农产品转基因成分监测结果[J].现代预防医学,2006,33(7):1152-1153.
② 彭海容.花生油虚标"非转基因"企业居心何在?[J].中国食品,2014(10):73.

业间的实际差异,设定的转基因生物标识阈值,能够与客观实际紧密结合,做到切实可行,行之有效。

3.透明原则

透明原则是指在设定转基因生物标识阈值时,应当充分考虑到管理者知情权、生产者知情权和消费者知情权的实现,力求做到公开透明,设定的转基因生物标识阈值,能够让管理者有的放矢,让生产者积极主动,让消费者知情选定。

(二)我国设定转基因生物标识阈值的现实路径

1.阈值类型

借鉴国外立法经验,结合我国转基因生物产业的实际发展状况,我国应当设定转基因生物阳性标识阈值和阴性标识阈值两个类型。

(1)阳性标识阈值

我国设定转基因生物阳性标识阈值,已是刻不容缓。伴随着我国转基因粮食作物安全证书的陆续发放,转基因大豆等粮食作物进口量的逐年增加,转基因生物与非转基因生物共存状态正在不断走深,加之我国食品多原料加工、烹饪的饮食文化传统,使得我国含有转基因成份的商品种类,呈现指数增长态势。我国转基因生物阳性标识的定性标准,已经不合时宜,继续沿用不仅会阻碍转基因生物产业的健康发展,也不利于消费者知情权的真正实现,且已危及到我国转基因生物标识制度的功能发挥。

(2)阴性标识阈值

转基因生物阴性标识对降低消费者的感知风险[①]、促进消费者树立正确的消费观念、实现消费者选择权,以及保障我国在国际贸易中的合法权益等方面,具有重要意义。目前,由于我国没有将转基因生物阴性标识纳入管理范围,使得市场上转基因生物阴性标识乱象丛生[②],严重妨害了国内消费者对转基因商品的认识理性,导致了多起国际贸易退货或销毁事件的发生。因而,我国应当将转基因生物阴性标识纳入标识制度的管理范围,并设定阴性标识阈值,以增强转基因生物标识制度的功能。

---

① 郭际,吴先华,叶卫美.转基因食品消费者购买意愿实证研究——基于产品知识、感知利得、感知风险和减少风险策略的视角[J].技术经济与管理研究,2013(9):45-52.

② 彭海容.花生油虚标"非转基因"企业居心何在?[J].中国食品,2014(10):73.

2. 阈值计算

（1）以核酸量为计算基准

确定转基因生物阈值的计算基准,应当以转基因生物检测方法为依据。根据我国颁布的转基因成份检测国家标准,主要有以下三类转基因生物检测方法。一是蛋白检测方法,该方法具备简便、快速、费用低的特点,但仅能进行转基因生物的定性或半定量检测,适用范围受限。二是核酸检测方法(PCR),该方法具备检测灵敏度高、适用范围广、操作简便等优势,能够进行转基因生物的定性和定量检测,已经成为现行的主要检测方法。三是基因芯片法,该方法可以比较精确地进行转基因成份的定性、定量检测,但存在成本昂贵、重复性差、分析范围较窄等不足,目前使用率较低[①]。我国现行有效的转基因成份检测国家标准中,绝大多数为核酸检测方法,因而统一以核酸量为计算基准,较为合适。

（2）单独计算

选择以商品中单个原料品种来计算转基因成份含量,确定阈值,主要是考虑到以下三个因素。一是按照我国饮食文化传统,食品大多为数种原料加工而成,单成份食品较少;二是我国转基因成份检测的国家标准,多为检测单个品种设计;三是适应国际贸易的需要,采用转基因生物强制标识的国家,多数规定商品中主要原料品种的转基因成份超过阈值,就需要进行阳性标识。对于阳性标识阈值而言,单独计算并不意味着要求计算商品中所有原料品种的转基因成份含量,否则,会大幅增加成本,事实上也没有必要,仅要求计算商品中前 3 种含量最高的原料品种的转基因成份含量即可。对于阴性标识阈值而言,鉴于阴性标识给消费者传递的是不含转基因成份的信息,即便消费者考虑到共存中意外混杂的因素,对其容忍度也依然会很低,因而应要求计算商品中所有原料品种的转基因成份含量。

3. 阈值大小

（1）阳性标识阈值宜设定为5%

关于我国转基因生物阳性标识阈值,有学者提出应设定为10%[②],有学者提出应设定为0.9%[③]。参考国外立法,结合国内实际,笔者认为设定为 5% ,比较适宜。即商品中前 3 种含量最高的任何原料品种的转基因成份含量达到或超过5%的,必须进

①　陈颖.食品中转基因成分检测指南[M].北京:中国标准出版社,2010:34-35.

②　卢长明.我国实施转基因产品定量标识的对策与建议[J].科技导报,2011,29(24):11.

③　孟繁华,李清.欧美转基因农业发展的两重性[J].世界农业,2014(6):59-63.

行阳性标识。转基因生物阳性标识阈值设定得过低,会增加生产企业的成本,激发其不予标识的机会主义倾向,欺诈消费者,不利于转基因生物产业的健康持续发展。转基因生物阳性标识阈值设定过高,虽然会降低转基因商品生产者的标识成本,但消费者的接受度也会随之降低。且考虑到我国转基因生物的种类和数量日趋增多的事实,较高的阈值能够更加科学地界定转基因商品,增加执法的可行性①。

（2）阴性标识阈值宜设定为 0.9%

阴性标识阈值设定为 0.9%,是指商品中任一原料品种的转基因成份含量均低于 0.9% 时,才可以进行阴性标识。转基因生物阴性标识阈值设定得过低,会对检测技术水平要求过高,导致可行性较差。转基因生物阴性标识设置得过高,不仅消费者无法接受,也无法缓解国际贸易中的冲突问题。因为实行转基因生物强制标识的国家或地区中,欧盟最为严格,其阳性标识的阈值为 0.9%,若我国阴性标识阈值设定为 0.9%,则进行阴性标识的商品出口到这些国家和地区,都不会产生争端。

至于转基因成份含量高于 0.9% 而低于 5% 的转基因商品,属于阳性标识的豁免范围,当事人可以进行阳性标识,也可不予标识,但不能进行阴性标识②。

---

① 乔雄兵,连俊雅.论转基因食品标识的国际法规制——以《卡塔赫纳生物安全议定书》为视角[J].河北法学,2014,32(1):134-143.

② 张忠民.转基因食品标识阈值问题研究[J].食品科学,2015,36(9):254-259.

第三节　转基因生物阳性标识制度

转基因生物自诞生伊始,就交织着奉为天使般的赞扬和视为魔鬼般的诅咒,争议不断,愈演愈烈。消费者对转基因商品无所适从,于是对知情权的诉求与日俱增。然而,消费者与生产者之间严重的信息不对称,使消费者对转基因商品的知情权无法通过市场竞争得以实现,市场调节出现失灵,需要公共权力(政府)进行适度干预,通过制定转基因生物阳性标识制度,强制生产者披露信息,矫正信息偏差以恢复市场机能。转基因生物阳性标识制度与消费者知情权紧密相关,其核心是实现消费者与生产者权益的平衡。我国建立转基因生物阳性标识制度较早,但十多年的法律实践表明,其法律效果并不尽如人意。近年来,不少专家学者对转基因生物阳性标识制度进行研究,但绝大多数研究局限于消费者保护单向视角,通过对制度设计的比较考察或经济分析,提出完善制度的建议,鲜有从法理基础出发论述转基因生物阳性标识制度完善的文献。法学界一般认为,"法律理论就是对法律产生、存在和发展规律的揭示,而法律实践就是对具体法律理论的直接应用和使用,目的在于产生出被应用的法律理论所预期的现实结果"①。因此,通过探讨转基因生物阳性标识制度的法理基础,更有助于理解其立法目标和作用机理,更有利于找到其法律实践效果差的缘由及提出完善制度的建议。

一、消费者知情权是转基因生物阳性标识的法理基础

对消费者知情权的保护有着坚实的经济学和法学理论基础。"当今社会,消费者知情权已经成为人们生存与发展的一项不可或缺的首要的基本权利。"②然而,在转基因商品市场中,消费者知情权不会自动实现。转基因生物阳性标识是消费者知情权实现的有效保障,消费者知情权是转基因生物阳性标识的法理基础。转基因生物阳性标识与商品安全无关,因而"风险预防原则"并非转基因生物阳性标识

① 姚建宗.中国语境中的法律实践概念[J].中国社会科学,2014(6):141-162.
② 李国光,张严方.网络维权中消费者基本权利之完善[J].法学,2011(5):31-36.

的法理基础。

(一)经济学视域下的消费者知情权

消费者知情权的产生有着很深的经济学理论根源。古典经济学认为,市场是"看不见的手",引导着市场主体在追求自身利益最大化的同时使社会公共利益最大化,从而实现对资源的有效配置①。此后,西方主要经济学流派均推崇市场在资源配置中的作用,仅在是否需要政府②干预以及干预程度方面,认识有所不同③。在市场中,"主要有两大利益集团:消费者与生产者"④,两者是基本的经济主体。在经济秩序的形成中,消费比生产更具主动性。1776 年亚当·斯密在其名著《国富论》中就指出"消费是一切生产的唯一目的"⑤,嗣后西方经济学流派提出了"消费者主权"⑥理论。在消费者主权理念下,消费对生产具有支配性,"消费者通过手中的货币选票直接影响企业的利润,间接影响社会经济的发展方向"⑦。"更进一步讲,在市场经济中资源配置的终极力量来源于消费者主权。如果消费者没有'主权'或无法行使'主权',经济活动就失去了源头"⑧。在市场经济条件下,"消费者占有的信息越充分,消费者行为越理智,越有利于增强消费者主权"⑨,而"妨碍消费者主权实现的障碍,最大的莫过于生产者与消费者之间信息的不对称"⑩。换言之,消费者知情权的实现是消费者行使"主权"的前提。

---

① 张明澍.论政府与市场关系的两个主要方面[J].政治学研究,2014 (6):62-70.
② 经济学中的政府是一个与市场相对应的广义概念,包含立法机构、行政机构和司法系统。参见曾康霖.政府干预经济及其在市场经济中角色的确立[J].经济学家,2007,1(1):67-73.
③ 在经济学中,政府(国家)在经济中应当发挥什么样的作用是最为基本的问题。党的十八届三中全会审议通过的《中共中央关于全面深化改革若干重大问题的决定》指出:"经济体制改革是全面深化改革的重点,核心问题是处理好政府和市场的关系,使市场在资源配置中起决定性作用和更好发挥政府作用。"参见 TANZI V. Government versus markets:The changing economic role of the state. Cambridge University Press,2011,P. Pix;张旭.政府和市场的关系:一个经济学说史的考察[J].理论学刊,2014 (11):54-62.
④ 魏埙,韩保江."市场势"、消费者主权与企业行为优化[J].经济研究,1995 (2):60-65.
⑤ SMITH A. 郭大力,王亚南译.国民财富的性质和原因的研究[M].北京:商务印书馆,1974:227.
⑥ 奥地利学派和剑桥学派都认为"消费者主权"是市场关系中最重要的原则,奥地利学派代表人物、诺贝尔经济学奖得主哈耶克曾提出"消费者主权理论"。
⑦ 杜丹清,吕扬武.消费者主权维护与扩大内需[J].商业研究,2013 (3):40-43.
⑧ 孙明贵,王滨.消费者主权的经济含义与实现途径[J].经济问题探索,2008 (2):166-169.
⑨ 魏埙,韩保江."市场势"、消费者主权与企业行为优化[J].经济研究,1995 (2):60-65.
⑩ 杜丹清,吕扬武.消费者主权维护与扩大内需[J].商业研究,2013 (3):40-43.

　　消费者与生产者①之间的信息不对称现象,在转基因商品市场中表现得尤为突出。一方面,生产者没有披露转基因商品信息的动力。在转基因生物争议不断的背景下,披露转基因商品相关信息,会降低商品的市场竞争力。生产者为追求利益最大化,没有任何披露信息的内在动力;相反,却存在不予披露信息的充分动机。另一方面,消费者没有克服信息不对称的能力。对于消费者而言,转基因商品具有典型的信用品特性②。转基因商品与非转基因商品在物理外观、营养成分等方面往往具有实质等同性③,消费者无法通过感官确认,也不能通过消费体验进行识别,从而缺乏克服信息不对称的能力。因此,市场本身不能克服消费者与生产者之间的信息不对称,使得消费者主权无从行使。"在那些不能依靠竞争来诱使信息显示的市场中,可能需要强制的信息披露"④,而"强制要求经营者提供信息是公权对自然人与经营者的交易进行规制的主要信息工具"⑤。由是,转基因商品市场需要政府(代表公共权力)发挥作用,通过制定转基因生物阳性标识制度,强制转基因商品生产者披露信息,确保消费者知情权的实现。

---

① 经济学语境下,与消费者对应的概念是生产者;法学语境下,与消费者对应概念是经营者(如《消费者权益保护法》)或者生产者、销售者(如《产品质量法》)。本书统一采用"生产者"表述,其含义与"经营者"相同,均指商品的生产者和销售者。

② Nelson(1970年)、Darby(1973年)等学者以消费者对商品的了解程度为依据将所有商品划分为搜寻品(Search products)、经验品(Experience products)和信用品(Credit products)三大类。搜寻品是指购买前消费者已掌握充分信息的商品,比如根据产品颜色、光泽、肥瘦、新鲜程度等仅凭感官就能确认其品质的商品;经验品是指只有购买后才能判断其质量的商品,比如根据食用后可能出现的不良反应(头晕、恶心、腹泻等)确认其品质的商品;而信用品则是指购买后也不能判断其品质的商品。参见:NELSON P. Information and Consumer Behavior. Journal of Political Economy, 1970, 78(2):311-329;DARBY M R, KARNI E. Free competition and the optimal amount of fraud. Journal of law and economics, 1973, 16:67-88;何坪华,凌远云,刘华楠.消费者对食品质量信号的利用及其影响因素分析——来自9市,县消费者的调查[J].中国农村观察,2008(4):41-52;程民选,刘嘉,何旬.赋权于民:食品安全领域消费者权益保护的新视角——基于产权经济学的分析[J].消费经济,2013(1):79-84.

③ 目前,世界各国均将"实质等同"作为转基因生物安全性评估的重要工具。实质等同是指如某个转基因生物与传统生物在种属、来源、生物学特征、主要成分、食用部位、使用量、使用范围和应用人群等方面比较大体相同,所采用工艺和质量标准基本一致,可视为它们具有实质等同性。

④ 丹尼尔·F.史普博.管制与市场[M].余晖,何帆,等,译.上海:上海人民出版社,2008:583.

⑤ 应飞虎,涂永前.公共规制中的信息工具[J].中国社会科学,2010(4):116-131.

（二）法学视域下的消费者知情权

消费者知情权①的概念最早由美国总统肯尼迪提出，1962 年 3 月 15 日他向国会提交的"关于保护消费者利益的总统特别国情咨文"中提出了包括知情权在内的 4 项消费者权利。从实质意义上讲，"消费者知情权最初脱胎于民事权利，其关注点最先是经营者与消费者之间的诚信告知关系"，"民事法律和规范的变化发展以及局限最能体现消费者知情权产生和发展的逻辑"②，而将民法上的知情利益发展成为经济法权利最能体现消费者知情权的本质。近代民法认为，人有着至高无上的理性，消费者的知情利益可以通过主体平等、意思自治及契约自由等基本理念和制度框架得以自动实现③。民事主体之间的经济实力、社会势力、信息收集能力的差异完全没有被当成重要问题④，因此在法律上没有出现生产者与消费者的分野。伴随着市场经济的发展、科学技术的进步和社会分工的细化，商品信息越来越复杂，交易主体之间的信息掌控能力差距越来越大，"近代民法制度在应对消费者弱势信息地位问题上表现得软弱无力，于是促成了现代民法（特别是契约法）的修正"⑤。现代民法通过强化诚实信用原则，不断扩大生产者的告知义务，以保护消费者的知情利益。然而，消费者与生产者之间"所谓平等性和互换性已经丧失，出现了严重的两极分化和对立"⑥，现代民法试图将"基于民事主体特殊身份而产生的消费者知情利益"，融入"基于权利对象而确定的民事权利体系"，存在着法理上的障碍。这就意味着"基于传统的告知义务模式已经不可能真正全面地保护消费者的知情利益"⑦。于是，面对日益严重的消费者问题，政府积极介入，从市场主体视角出发，基于消费者与生产者在经济能力和信息能力方面的巨大差距，在经济法上确立了消费者知情权。我国《消费者权益保护

① "消费者知情权"是由公法领域的"知情权"衍生出的概念。公法层面上"知情权"的概念，是美国新闻记者肯特·库柏在 1945 年一次演讲中首次明确提出的，其基本含义是公民有权知道其应该知道的信息，国家应保障公民在最大范围内享有获取信息的权利，特别是有关国家政务信息的权利。参见汪习根，陈焱光.论知情权[J].法制与社会发展，2003，9（2）：62-74.。

② 王宏.论消费者知情权产生和发展的三个阶段[J].山东社会科学，2012（1）：172-176.

③ 星野英一.私法中的人[A].王闯，译//梁慧星.为权利而斗争[C].北京：中国法制出版社，2000：346-347.

④ 王全兴，管斌.民商法与经济法关系论纲[J].法商研究，2000（5）：13-22.

⑤ 王宏.论消费者知情权产生和发展的三个阶段[J].山东社会科学，2012（1）：172-176.

⑥ 梁慧星.从近代民法到现代民法[A]//梁慧星.民商法论丛[C].北京：法律出版社，1997：241.

⑦ 李友根.论经济法权利的生成——以知情权为例[J].法制与社会发展，2008，14（6）：54-65.

法》第八条和第二十条分别规定了消费者的知情权和生产者的告知义务①。

　　转基因生物是人类利用基因技术改变生物遗传信息的产物,因而自诞生伊始就争议不断。我国对基因技术科学普及不够②,致使消费者对转基因商品心存顾虑,转基因商品舆论环境缺乏理性。加之"消费者作为市场经济中的弱势群体,其'弱势'主要体现为与经营者在交易信息上的不对称地位"③。因此,消费者对转基因商品知情权的诉求,具有现实性和正当性④。我国《消费者权益保护法》已经确立了消费者知情权,倘若通过该法可以实现消费者转基因商品知情权,那么就没有对转基因商品实行强制标识的必要,遗憾的是该法难以保障消费者转基因商品知情权的实现。《消费者权益保护法》规定的生产者提供商品信息"应当真实、全面"是一个范围非常广泛、内涵极不确定的概念,商品信息范围是否包含"转基因信息"不甚明确,致使消费者与生产者对此存在巨大的认识差异。从消费者角度而言,获得信息越充分,越能保障其权益,认为应当包括"转基因信息",而且信息还要尽可能具体充分。从生产者角度而言,向消费者提供"转基因信息",必然会增加经营成本,提供的信息越细化,需要的成本越高;而且,还会增加经营风险,因为"转基因信息"会降低商品的市场竞争力,使自己在市场竞争中处于劣势地位。所以,生产者认为自己无须承担超越法律明确规定范围的告知义务,以确保自身利益在合法范围内最大化。虽然《消费者权益保护法》还规定消费者可以向生产者进行询问,生产者"应当作出真实、明确的答复",但该规定依然无法让消费者实现知情权。一方面,基于转基因商品信用品的特性,消费者很难在未掌握一定信息情况下向生产者提出问题。另一方面,《消费者权益保护

---

① 《消费者权益保护法》第八条规定"消费者享有知悉其购买、使用的商品或者接受的服务的真实情况的权利。消费者有权根据商品或者服务的不同情况,要求经营者提供商品的价格、产地、生产者、用途、性能、规格、等级、主要成份、生产日期、有效期限、检验合格证明、使用方法说明书、售后服务,或者服务的内容、规格、费用等有关情况";第二十条规定"经营者向消费者提供有关商品或者服务的质量、性能、用途、有效期限等信息,应当真实、全面,不得作虚假或者引人误解的宣传。经营者对消费者就其提供的商品或者服务的质量和使用方法等问题提出的询问,应当作出真实、明确的答复"。
② 我国政府已经意识到了这个问题,2015年2月出台的中央一号文件《关于加大改革创新力度加快农业现代化建设的若干意见》中,不仅提出"加强农业转基因生物技术研究、安全管理",还专门提出"加强农业转基因生物科学普及"。
③ 陆青.论消费者保护上的告知义务——兼评最高人民法院第17号指导性案例[J].清华法学,2014,8(4):150-168.
④ 政府是否承认消费者对转基因商品享有知情权,直接决定了实行何种类型的转基因生物标识制度。比如,此前,美国认为转基因生物与传统生物没有实质区别,据此否认消费者对转基因生物享有知情权,于是实行转基因生物自愿标识制度;欧盟认为转基因生物与传统生物不同,消费者有权知悉,于是实行转基因生物强制标识制度。参见:张忠民.美国转基因食品标识制度法律剖析[J].社会科学家,2007(6):70-74;张忠民.欧盟转基因食品标识制度浅析[J].世界经济与政治论坛,2007(6):80-83.

法》对生产者"没有告知"和经询问"没有回答或没有明确回答"的行为,没有设置法律责任。可见,无论消费者是否询问,生产者不予告知(答复)的法律成本极低。于是,当消费者购买到转基因商品想要维权时,就又回到了现代民法的制度框架中,需要证明商品中含有转基因成份,举证责任过于繁重。而且,转基因商品生产者的侵权方式具有隐蔽性,在众多受害消费者中不是每人都知道自己受到了侵害;由于维权成本高、收益小,致使维权行为效益低下,甚至额外受损,知道权益受损者也不是每人都会寻求救济。当预期救济成本大于预期救济获利时,一个理性的人就没有动力去寻求救济,如此状况可能产生激励侵权的效果①,致使消费者转基因商品知情权受害更为严重。因此,问题的关键"在于在法律上直接赋予经营者的强制性说明义务"②,这就需要政府再次介入,通过制定转基因生物阳性标识制度,强制生产者披露信息,以确保消费者知情权的实现。

二、"风险预防原则"不是转基因生物阳性标识制度的法理基础

关于转基因生物阳性标识制度的法理基础问题,有学者认为:消费者知情权和风险预防原则构成了对转基因商品进行标识规制的理论基础③;还有学者对消费者知情权是转基因生物阳性标识制度的法理基础提出异议,认为:作为 WTO 的成员国,我国有关转基因生物阳性标识的国内立法应当尽量避免与 WTO 规则的冲突,进而提出以"风险预防原则"为法理基础的解释模型④。事实上,且不论"增强与国际法的协调性"能否成为国内法的法理基础,即便从"避免与 WTO 规则的冲突"这一目标和"风险预防原则"本身内涵来审视,"风险预防原则"亦不应成为转基因生物阳性标识制度的法理基础。

"风险预防原则",又称风险防范原则或预防原则,最早产生于20世纪60年代的德国环境法中,此后被一系列的国际文件所采用,其中1992年的《里约宣言》最具代表性。《里约宣言》明确提出了预防原则:为了保护环境,各国应按照本国的能力,广泛适用预防措施。遇有严重或不可逆转损害的威胁时,不得以缺乏科学、充分、确实

① 许明月.普遍性侵权、机会主义与侵权现象的法律控制——对传统侵权法的反思[J].法商研究,2005(4):47-51.

② 应飞虎.从信息视角看经济法基本功能[J].现代法学,2001,23(6):56-66.

③ 付文佚.转基因食品标识的比较法研究[M].昆明:云南人民出版社,2011:139.

④ 竺效.论转基因食品之信息敏感风险的阳性标识法理基础[J].法学家,2015(2):120-127.

的证据为理由,延迟采取符合成本效益的措施防止环境恶化①。"由于预防原则本身的复杂性,加之诸多环境保护公约措辞不统一及法律效力多为宣言和'软法'的现状,预防原则的国际法律地位一直存有争议"②,"从1997年的荷尔蒙案到2006年的生物技术产品案的近10年间,关于预防原则的性质、内涵与法律地位,无论是理论界还是实务部门仍然未达成一致,以至于实践中对于预防原则的态度仍为保守"③。因此,"尽管预防原则在许多国际条约及国内法中被宣示,但是,它并没有成为真正具有普遍约束力的强制性法律原则"④,在WTO争端解决实践中也未得到应用,"迄今为止,没有任何权威性国际法院或法庭承认预防原则为国际习惯法或法律一般原则"⑤。所以,即便将"风险预防原则"作为转基因生物阳性标识制度的法理依据,也无法实现"避免与WTO规则的冲突"的目标;换言之,"避免与WTO规则的冲突"也就不能成为将"风险预防原则"作为转基因生物阳性标识制度法理基础的理由。

那么,抛开"避免与WTO规则的冲突"的考量,"风险预防原则"能否作为转基因生物阳性标识制度的法理基础呢?可以通过探讨支持者的主张,得出初步结论。支持者认为"当有一定科学证据证明转基因商品可能对生态安全或环境保护具有潜在巨大的、不可逆转的风险,但尚不具备科学上充足的证据证明该种转基因生物具有对人体健康的实质风险或对动植物的生命、健康的风险时,可以根据我国国内环境法上的风险预防原则,采取积极防范的措施,包括对该种转基因商品采取阳性标识措施"⑥。此主张至少意味着以下三点:其一,"风险预防原则"的适用范围从环境保护领域扩张到商品管理领域;其二,转基因生物阳性标识不仅要保障消费者知情权,还要防范消费者生命健康权(人身安全权)遭受侵害;其三,"举证责任转换"⑦,除非生产者有充分科学证据证明转基因商品对人体健康无害,否则不得豁免标识。

首先,将"风险预防原则"扩张到商品管理领域特别是转基因商品管理领域,并无不妥,但其并非适用于转基因商品管理的所有环节。具体而言,"风险预防原则"可以适用于涉及转基因商品安全的转基因生物研发管理、转基因生物安全评价等制度,但并不适用于转基因生物标识管理制度。因为,转基因商品的安全风险问题,属于转基因生物研发和安全评价阶段的议题,倘若其不能通过安全评价并获得安全证书,就不

①③⑤ 曾炜.论国际习惯法在WTO争端解决中的适用——以预防原则为例[J].法学评论,2015,33(4):109-116.
② 陈亚芸.EU和WTO预防原则解释和适用比较研究[J].现代法学,2012(6):146-157.
④ 李秋高.论风险管理法律制度的构建——以预防原则为考察中心[J].政治与法律,2012(3):72-78.
⑥ 竺效.论转基因食品之信息敏感风险的阳性标识法理基础[J].法学家,2015(2):120-127.
⑦ 牛惠之.预防原则之研究——国际环境法处理欠缺科学证据之环境风险议题之努力与争议[J].台湾大学法学论丛,2005,34(3):1-71.

会被允许上市,也就根本没有标识制度适用的余地。换言之,转基因生物标识是上市流通阶段的议题,与商品本身的安全性无关。倘若被批准上市的转基因生物安全性确实存在问题,则美国、加拿大等国家不可能实行转基因生物自愿标识制度。质言之,即便采取转基因生物阳性标识制度,也不可能解决转基因生物本身的安全性问题。实际上,最先将"风险预防原则"的适用范围从环境保护领域扩张到食品管理领域的欧盟,也只是将其作为"分析风险的方针"①,并非作为食品标识的指导原则。

其次,将转基因生物阳性标识制度保障的消费者权利扩展至生命健康权,有失妥当。通过转基因生物阳性标识避免消费者生命健康权遭受损害,蕴含着转基因商品存在人体健康安全隐患的前提。转基因商品是否存在人体健康安全隐患是事实判断,而非价值判断,因此只能依据科学技术,且不应有国界之分。倘若转基因商品确实对人体健康存在安全隐患,那么就关系到消费者的生命健康权。生命健康权是一项基本人权和宪法性权利②,不得轻易被限制③。由此,实行转基因生物阳性标识制度的国家或地区所采取的标识豁免措施,将失去正当性;而美国、加拿大等国家实行转基因生物自愿标识制度,将更加无法解释。另外,商品安全特别是食品安全问题为一个公共管理问题,更是公共产品问题④,应当属于政府责任。倘若转基因商品确实存在人体健康安全隐患,政府通过转基因生物阳性标识制度,让消费者自行选择是否消费,意味着要自行承担相关责任,存在国家转嫁责任之嫌⑤。所以,结论只能是转基因生物标识与商品安全无关,转基因生物阳性标识制度并没有防范消费者生命健康权遭受侵害的功能。

---

① 1996 年以来,欧洲接连发生疯牛病、口蹄疫等一系列食品安全事件,由此引发了欧洲消费者的恐慌和对食品安全的信赖危机。面对食品领域出现的科学研究还不能完全解释的潜在风险,欧盟决策者们决定将风险预防原则引入到食品安全管理的过程之中。1997 年,欧盟执委会发布《消费者健康与食品安全》(Consumer Health and Food Safety)规定,在科学证据不充分或存在某些不确定的情况下,欧盟执委会将以预防原则作为分析风险的方针。参见:王传干. 从"危害治理"到"风险预防"——由预防原则的嬗变检视我国食品安全管理[J]. 华中科技大学学报(社会科学版),2012,26(4):59-67.

② 根据《世界人权宣言》《世界卫生组织章程》《经济、社会及文化权利公约》等国际规范,生命健康权属于一项基本人权,世界各国大都确认其为宪法性权利。参见:杜承铭,谢敏贤. 论健康权的宪法权利属性及实现[J]. 河北法学,2007,25(1):64-67.

③ 限制宪法性权利必须遵循法律保留原则、限制条件明确化原则、比例原则、公共利益法则、利益衡量原则和救济原则。参见:高慧铭. 基本权利限制之限制[J]. 郑州大学学报(哲学社会科学版),2012,45(1):49-52.

④ 张云河,戴庆华. 食品安全管理的三维进路研究——基于公共产品视域的阐释[J]. 现代管理科学,2015(12):91-93.

⑤ MARKIE P. Mandatory Genetic Engineering Labels and Consumer Autonomy. Paul Weirich. Labeling Genetically Modified Food: The Philosophical and Legal Debate. New York: Oxford University Press, Inc, 2007:88-105.

最后,举证责任转换要求生产者提供充分科学证据证明转基因商品对人体无害,是一项"不可能完成的任务"。尽管"世界卫生组织"(WHO)、"联合国粮农组织"(FAO)和"经济合作与发展组织"(OECD)等在其研究报告中都认为目前上市的转基因商品均是安全的①;也尽管在实践中,"过去的 16 年全世界共食用了 2 万亿份含有转基因成份的膳食,没有一例被证明对健康有害"②。但生产者仍然难以提出充分的证据证明转基因商品将来不会产生对人体的损害,事实上这也是转基因商品之所以存在争议的根源。因此,倘若要求生产者提供充分科学证据证明转基因商品对人体无害才能豁免标识,则转基因生物标识豁免的规定和自愿标识制度同样将失去正当性。不可否认,消费者在转基因商品知情权诉求中,存在对转基因商品安全有所顾虑的因素,但原因在于"转基因技术的公众认知与食品安全成负相关""食品安全早已触碰到了公众最敏感的神经"③。

综上所述,"风险预防原则"不是转基因生物阳性标识制度的法理基础。

三、转基因生物阳性标识制度的缺陷与完善

我国非常重视对消费者转基因商品知情权的保护,2001 年就建立了转基因生物阳性标识制度。根据《食品安全法》《农业转基因生物安全管理条例》《农业转基因生物标识管理办法》《食品标识管理规定》等法规④,我国实行的是以定性为标准的转基因生物阳性标识制度,并采取目录管理模式。特别是 2015 年 10 月 1 日起施行新《食

---

① FAO/WHO, Safety Aspects of Genetically Modified Food of Plant Origin (Report of a Joint FAO/WHO Expert Consultation on Foods Derived from Biotechnology). 2001, PP. 20-22; OECD, Report of the Task Force for the Safety of Novel Foods and Feeds. 2000:4-6.

② MARTINA, NEWELL-MC G,转基因作物在美国的发展、应用和趋势[J].刘海军,译.华中农业大学学报,2014(6):31-39.

③ 徐振伟,李爽,陈茜.转基因技术的公众认知问题探究[J].中国农业大学学报(社会科学版),2015,32(5):102-110.

④ 此外,国家农业部制定了国家标准《农业转基因生物标签的标识》(农业部 869 号公告-1-2007),规定了农业转基因生物标识的位置、标注方法、文字规格和颜色等要求;国家商业部制定了国内贸易行业标准《餐饮企业经营规范》(SB/T 10426—2007),规定各种经济类型的餐饮业者"使用转基因原料及其制品制作的食品,须明示"。

品安全法》，不仅将转基因食品的标识规范提升到法律层面，还设置了多种法律责任①。现基于对转基因生物阳性标识制度法理基础的认识，紧密结合我国的实际情况，提出如下完善建议。

（一）规制工具的完善

1. 标识阈值

转基因生物标识阈值是转基因生物阳性标识制度的一种规制工具，是立法者设定的一个商品中转基因成份含量的临界值，转基因成份含量超过阈值的商品必须予以标识，转基因成份含量低于阈值的商品可得标识豁免。标识阈值越小，对消费者知情权限制越少，消费者知情权范围就越大，而对生产者言论自由限制越大，生产者披露信息责任越重；标识阈值越大，则效果反之。可见，标识阈值的大小，体现了政府干预转基因商品市场的程度，反映了法律对消费者转基因商品知情权限制的态度。

（1）标识阈值的缺失

我国转基因生物阳性标识制度中没有设定标识阈值，采取的是以定性为标准的制度设计。商品（含原料，下同）中只要含有标识目录内转基因生物成份，无论多少均需标识②，只有商品中标识目录内转基因生物成份为"零含量"，才可以豁免标识。就含有标识目录内转基因生物的商品而言，消费者知情权得到了极度地扩张，没有任何限制。这种以定性为标准的制度设计，体现了政府对转基因商品市场的过度干预，既忽略了消费者转基因商品知情权实现所依赖的经济社会条件，又忽略了消费者知情权与生产者商业言论自由、社会公共利益之间的平衡。

一方面，其忽略了消费者转基因商品知情权实现所依赖的经济社会条件。第一，忽略转基因商品的舆论环境。我国转基因商品舆论环境非常严峻，有关转基因商品特别是食品安全性的报道无不触动着公众敏感的神经，"三代绝育""致癌致残""灭

---

① 新《食品安全法》第六十九条规定"生产经营转基因食品应当按照规定显著标示"；第一百二十五条规定的生产者违反标识规定的法律责任有"没收违法所得和违法生产经营的食品、食品添加剂，并可以没收用于违法生产经营的工具、设备、原料等物品；违法生产经营的食品、食品添加剂货值金额不足一万元的，并处五千元以上五万元以下罚款；货值金额一万元以上的，并处货值金额五倍以上十倍以下罚款；情节严重的，责令停产停业，直至吊销许可证"。

② 必须明确的是，根据我国法律法规，并非只有标识目录内列出的产品才需要标识，而是只要商品中含有目录内列出的转基因生物，无论多寡，均需标识。比如，我国《食品标识管理规定》第十六条规定："食品有以下情形之一的，应当在其标识上标注中文说明……（三）属于转基因食品或者含法定转基因原料的；……"。

华阴谋"等各种令人不安的消息不绝于耳①,"随着越来越多转基因作物获得种植许可并进入市场,近年来大众对它的恐慌也愈演愈烈"②。转基因生物标识阈值的缺失,使得大量商品均需标识,给消费者造成我国转基因生物已经普遍商业化的假象,势必对社会舆论造成严重的负面影响。第二,忽略了转基因生物与非转基因生物深度共存的状态。随着转基因生物产业的迅速发展,已经形成了转基因生物与非转基因生物深度共存的状态。在共存状态下,转基因生物在种植养殖、收获运输、生产加工、流通消费等环节中,要么基于自然原因,如基因漂移、基因污染等,要么基于人为原因,如有意或无意的混杂、交叉污染等,都可能使商品中含有转基因成份③。因而,要实现转基因成份"零含量",客观上很难做到。第三,忽略了我国的饮食文化传统。根据我国的饮食文化传统,绝大多数食品既有主料又有多种辅料,单一原料食品很少,如此食品中混杂转基因成份的概率大大增加。第四,忽略了科学技术的局限性。转基因成份检测技术具有局限性,存在极限检测值,所谓转基因成份"零含量",只能表示现有检测技术无法检出,并不意味着其确定不含转基因成份,只会使标识内容与实际情况不相符合,误导消费者④。第五,忽略了政府的监管能力。实践中,含有少量转基因成份的商品种类繁多,经营主体数量庞大,以我国现有执法力量不可能监管到位。第六,经济性差。我国转基因商品豁免标识的"零含量"要求,必然造成经济性差的后果。从微观上看,增加了转基因商品生产者和消费者的经济负担;从宏观上看,造成了社会资源的巨大浪费。以检测成本为例,转基因商品检测实验室建设需要经费近千万元,每年运转经费需要近百万元⑤。

另一方面,忽略了消费者知情权与生产者商业言论自由、社会公共利益的平衡。由于法律置消费者知情权实现的经济社会条件于不顾,严重脱离国内实际情况,过度保护消费者知情权,过分增加生产者信息披露责任,必然引起生产者的对策行为。"对策行为是指被规制者为自身利益的最大化而对公权规制作出对抗其效果的行为"⑥。生产者是理性的经济人,面对如此繁重的披露义务,巨额的经济成本和激烈的市场竞争,势必诱发生产者的机会主义倾向,普遍采取规避标识规定的行为。这种

① 王扬,刘晓莉.我国转基因食品安全社会监管问题研究[J].河北法学,2015,33(2):42-48.
② 戴佳,曾繁旭,郭倩.风险沟通中的专家依赖:以转基因技术报道为例[J].新闻与传播研究,2015(5):32-45.
③ 张忠民.转基因食品标识阈值问题研究[J].食品科学,2015,36(9):254-259.
④ ZHUANG Y, YU W X. Improving the Enforceability of the Genetically Modified Food Labeling Law in China with Lessons from the European Union[J]. Vt. J. Envtl. L., Spring, 2013(15):465-492.
⑤ 胡璇子,郭爽.转基因标识:知情权的成本[N].中国科学报,2015-6-24(5).
⑥ 应飞虎.弱者保护的路径、问题与对策[J].河北法学,2011,29(7):8-12.

行为是由于制度的不当而导致的对策行为,属于制度性对策行为,具有普遍性、必然性,不仅损害了消费者的利益,生产者也面临巨大的法律风险,最终使得社会公共利益遭受损害。而且,"制度性对策行为对制度的消极影响是彻底的、致命的"①,以至于有学者发出疑问:"为什么中国有关转基因标识的律令法条看似不少,却在市场经济的大浪淘沙中名存实亡呢?"②。

(2)标识阈值的完善

标识阈值作为一种重要的规制工具,在实践中已被实行转基因生物阳性标识制度的国家或地区广泛采用。比如,欧盟的标识阈值为0.9%(转基因成份来源获得欧盟批准)和0.5%(转基因成份来源未获欧盟批准)③,巴西、澳大利亚、新西兰、捷克、沙特阿拉伯、以色列的标识阈值为1%,瑞士、韩国的标识阈值为3%,日本、俄罗斯、泰国的标识阈值为5%④等。

关于我国转基因生物标识阈值的设定,前已论及,综合考虑我国转基因商品市场干预需求和消费者与生产者之间利益平衡,我国的标识阈值设定为5%比较合适。另外,考虑到我国转基因商品的种类和数量日趋增多的事实,相对较高的阈值能够更加科学地认定标识对象,增加执法的可行性⑤。我国转基因生物标识阈值的内涵应当是,以核酸为计算基准,商品中前3种含量最高的任何原料品种的转基因成份含量达到或超过5%的,必须进行标识;低于5%的,可得豁免标识⑥。同时,根据转基因商品市场干预需求的变化情况,适时对转基因生物标识阈值进行动态调整。实践中,动态调整标识阈值已不乏先例,比如:2003年,欧盟将标识阈值从1%调整为0.9%⑦,巴西将标识阈值从4%调整为1%⑧;2015年,我国台湾地区将标识阈值从5%调整

① 应飞虎.权利倾斜性配置研究[J].中国社会科学,2006(3):55-68.

② 李响.比较法视野下的转基因食品标识制度研究[J].学习与探索,2015(7):72-77.

③ THE EUROPEAN PARLIAMENT AND THE COUNCIL OF THE EUROPEAN UNION. Regulation (EC) No 1829/2003 of the European Parliament and of the Council of 22 September 2003 on genetically modified food and feed. Official Journal of the European Communities, 2003(L268):11,22.

④ 金芜军,贾士荣,彭于发.不同国家和地区转基因产品标识管理政策的比较[J].农业生物技术学报,2004,12(1):1-7.

⑤ 乔雄兵,连俊雅.论转基因食品标识的国际法规制——以《卡塔赫纳生物安全议定书》为视角[J].河北法学,2014,32(1):134-143.

⑥ 张忠民.转基因食品标识阈值问题研究[J].食品科学,2015,36(9):254-259.

⑦ 张忠民.欧盟转基因食品标识制度浅析[J].世界经济与政治论坛,2007(6):80-83.

⑧ 祁潇哲,贺晓云,黄昆仑.中国和巴西转基因生物安全管理比较[J].农业生物技术学报,2013,21(12):1498-1503.

为 3%①。

2. 标识目录

从转基因生物阳性标识制度的法理基础来看,转基因生物阳性标识制度属于经济法的范畴。经济法是国家为维护社会公共利益而对经济生活进行适度干预的法律,其功能在于创造条件使市场能够充分的发挥作用②,因此"与其他规范相比,经济法的规范更追求效率"③。标识目录作为转基因生物阳性标识制度的规制工具,承载着政府对转基因生物阳性标识进行动态管理,从而提高规制效率的职能。鉴于此,笔者对有学者提出的"废除转基因产品标识目录制"④的主张,并不赞同;与之相反,认为应当坚持目录制并加以改进完善。

(1)标识目录的缺陷

2002 年,我国制定了《第一批实施标识管理的农业转基因生物目录》。标识目录内转基因生物有五类十七种,具体为大豆种子、大豆、大豆粉、大豆油、豆粕、玉米种子、玉米、玉米油、玉米粉、油菜种子、油菜籽、油菜籽油、油菜籽粕、棉花种子、番茄种子、鲜番茄、番茄酱。只要商品中含有标识目录内转基因生物成份,无论多寡,均需标识;标识目录外的转基因生物商品,属于标识豁免对象,含量多少,在所不问。

从提高规制效率视角审视,我国标识目录存在以下缺陷:第一,项目不全。对所有已经获得国家批准的转基因生物,政府均有责任让消费者知悉。目前,我国仅有"实施标识管理的农业转基因生物目录"一个项目,如此消费者对哪些转基因商品属于标识豁免范围,不甚清晰,因此标识目录项目有待完善。第二,协调性差。标识目录不能与转基因生物安全证书有效衔接,致使规制效果大打折扣。主要表现在两个方面,一是我国颁发转基因生物安全证书是以原料品种为对象,而标识目录却以产品为标识对象;审批以原料为视角,目录就不宜以产品为视角。二是我国颁发转基因生物安全证书均是以转基因生物的具体品种为对象,即便是同类转基因生物,倘若具体品种不同,仍然需要另行申请安全证书,但标识目录却以转基因生物的种类为对象进行罗列。可见,转基因生物标识目录与转基因生物安全证书审批制度之间协调性很差,法律效果自然不尽人意。第三,动态不足。审批的动态性决定了标识目录不能一成不变,应当根据实际情况进行动态调整。实践中,尽管近年来我国转基因生物市场发展迅速,转基因商品种类和数量俱增,但我国自《第一批实施标识管理的农业转基

① 张忠民.我国台湾地区转基因食品标识制度变革浅析[J].食品工业科技,2015,36(23):24-28.
② 许明月.市场、政府与经济法——对经济法几个流行观点的质疑与反思[J].中国法学,2004 (6):106-113.
③ 应飞虎.为什么"需要"干预?[J].法律科学,2005,23(2):52-60.
④ 付文佚.我国转基因食品标识困境的立法破解[J].中州学刊,2015(9):55-61.

因生物目录》出台以来,十多年未进行任何调整,动态性近乎丧失。

（2）标识目录的完善

为充分发挥标识目录的功能,我国应当将《实施标识管理的农业转基因生物目录》改名为《农业转基因生物标识管理目录》,并从以下四个方面改进完善:第一,增加项目。《农业转基因生物标识管理目录》中,除"实施标识管理的农业转基因生物目录"外,还应增加"农业转基因生物标识豁免目录",以便让消费者全面了解市场中转基因商品的概况,同时为动态调整目录提供基础条件。第二,所列内容应针对原料。无论实施标识管理目录还是标识豁免目录,均应只列出原料品种,不罗列产品形态。以转基因玉米为例,只列出转基因玉米品种即可,其产品玉米粉、玉米油等,无须逐一列出,否则无法穷尽。第三,细化品种。目录中列出的原料不应概括表述,而应细化明确到品种,具体名称以安全证书为准。以转基因大豆为例,不应概括表述为"转基因大豆",应当表述为"抗除草剂大豆 GTS 40-3-2""抗除草剂大豆 CV 127""抗虫大豆 MON 87701"等。细化品种是目录动态更新的前提,否则即便有新的转基因生物品种获得批准,目录也无法更新。第四,动态更新。根据转基因生物审批和市场干预需求变化等情况,定期更新目录。获得安全证书且认为应当实行标识管理的转基因生物,应及时列入实施标识管理目录;认为没有必要实行标识管理的转基因生物,或者消费者认可、市场表现良好,已经没有市场干预需求的转基因生物,及时列入标识豁免目录。

（二）标识范围的完善

由于标识阈值的缺失和标识目录的缺陷,使得政府对标识目录内与外的商品市场干预非常不均衡,导致转基因生物阳性标识制度对阳性标识范围的界定科学性不足。为充分发挥转基因生物阳性标识制度的功能,实现政府对转基因商品市场的均衡干预,我国应当对转基因生物阳性标识对象进行调整,以完善阳性标识范围。消费者知情权是转基因生物阳性标识制度的法理基础,因此,只要市场上存在的转基因商品,除基于消费者知情权限制予以标识豁免外,均应纳入阳性标识范围。目前,除含有目录内转基因生物成份的商品外,我国已经形成了转基因棉籽油及其制品、转基因木瓜及其制品、转基因甜菜及其制品的庞大市场。

1. 转基因棉籽油及其制品

自 1995 年引入美国保铃棉以来,我国种植转基因棉花已经 20 年[①]。2014 年我国

---

① 郭三堆,王远,孙国清,等.中国转基因棉花研发应用二十年[J].中国农业科学,2015,48(17):3372-3387.

有 710 万小农户种植了 390 万公顷转基因棉花,占当年棉花种植总面积的 93%①。"转基因棉籽在各地都普遍用于榨油,并在市场上销售为人类食用,根据实地调查,农民普遍食用这种棉籽油"②。转基因棉籽油还可用于加工种类多样的商品,可见转基因棉籽油及其制品的市场已经形成。

2. 转基因木瓜及其制品

转番木瓜环斑病毒复制基因的番木瓜华农 1 号由华南农业大学研发成功,于 2006 年获得在广东省生产应用的安全证书(农基安证字 2006 第 001 号③),于 2010 年获得在华南地区生产应用的安全证书(农基安证字 2010 第 056 号)。转基因木瓜在我国种植发展迅速,广东省的种植比例由 2007 年的 70% 很快上升到 2012 年的 95%,全国转基因木瓜的种植面积至少达到了 6275 公顷④。实际上,"目前国内市场上销售的木瓜基本上都是转基因品种(包括从美国进口的转基因品种)"⑤。

3. 转基因甜菜及其制品

我国没有批准转基因甜菜在国内种植,但批准了进口转基因甜菜及其制品。近年来,批准进口了转基因抗农达甜菜 H7-1(农基安证字 2009 第 031 号)及其糖、糖浆制品(农基安证字 2011 第 026 号)。由于以糖、糖浆为原料的商品种类繁多,我国转基因甜菜及其制品的市场已经形成。

从市场干预需求和消费者知情权实现的视角审视这些商品与转基因大豆及其制品、转基因玉米及其制品以及转基因油菜及其制品并无区别。然而,我国转基因生物阳性标识制度并未将这些商品列入阳性标识范围,反映出政府干预的极度不均衡,应当予以矫正。因此,我国应当将这些转基因商品列入阳性标识的范围。当然,倘若这些转基因商品符合标识豁免条件,仍然可得豁免标识。

综上所述,转基因生物自诞生以来就争议不断,消费者对知情权的诉求与日俱增。消费者与生产者之间严重的信息不对称,使消费者转基因商品知情权无法通过市场竞争得以实现,需要公共权力(政府)进行适度干预,通过制定转基因生物阳性标识制度,矫正信息偏差以恢复市场机能。转基因生物阳性标识制度与消费者知情权

① CLIVE J. 2014 年全球生物技术/转基因作物商业化发展态势[J].中国生物工程杂志,2015,35(1):1-14.
② 环境保护部.中国转基因生物安全性研究与风险管理[M].北京:中国环境出版社,2008:246.
③ 该转基因生物获得的国家农业转基因生物安全证书编号,下同。参见农业部官方网站"转基因权威关注"网页"审批信息"栏目,访问日期:2015-07-18.
④ 吴孔明,刘海军.中国转基因作物的环境安全评介与风险管理[J].华中农业大学学报,2014(6):112-114.
⑤ 罗云波,贺晓云.中国转基因作物产业发展概述[J].中国食品学报,2014,14(8):10-15.

紧密相关,其核心是实现消费者与生产者权益的平衡。转基因生物阳性标识制度是消费者转基因商品知情权实现的有效保障,消费者知情权是转基因生物阳性标识制度的法理基础。转基因生物标识与商品安全无关,因而"风险预防原则"不能成为转基因生物阳性标识制度的法理基础。我国转基因生物阳性标识制度对阳性标识范围的界定,有失科学;对消费者权益与生产者权益的保护,有失均衡。十多年的法律实践表明,其法律效果并不尽如人意。基于对转基因生物阳性标识制度法理基础的认识,紧密结合我国实际,建议通过设定标识阈值、改进标识目录来完善标识规制工具,通过对阳性标识对象进行调整以完善标识范围,以便充分发挥转基因生物阳性标识制度的功能[1]。

---

[1] 张忠民. 论转基因食品标识制度的法理基础及其完善[J]. 政治与法律,2016(5):118-131.

第四节　转基因生物标识豁免制度

转基因生物安全争议愈演愈烈,消费者对转基因商品无所适从,于是对知情权的诉求与日俱增。转基因生物标识制度与消费者知情权紧密相关,转基因生物阳性标识制度是消费者实现知情权的有效保障。然而,消费者知情权应有必要边界,否则阳性标识制度的立法目标反而难以实现。倘若要求所有转基因商品均需标识,既不科学,又无必要,更不可行。因此,实行转基因生物阳性标识制度的国家或地区,无一例外地建立了转基因生物标识豁免制度。我国在建立转基因生物阳性标识制度的同时,也建立了转基因生物标识豁免制度,但由于对其制度功能的定位存在认识偏差,致使豁免制度存在诸多缺陷,科学性不足,可行性较差,负面效应凸显,亟须完善。科学的转基因生物标识豁免制度,有利于真正维护消费者和生产者的合法权益,促进转基因生物产业的健康发展。

一、转基因生物标识豁免制度及其功能定位

(一)转基因生物标识豁免制度

转基因生物标识豁免制度,是指在转基因生物阳性标识制度下,允许部分转基因商品可以不予标识的法律制度。转基因生物标识豁免与转基因生物阳性标识恰似一枚硬币的两面,互为前提,相互依存,而且在一定条件下可以相互转化。

1.转基因生物标识豁免制度建立的前提

转基因生物标识与商品安全性无关,是建立转基因生物标识豁免制度的前提。转基因生物是人类利用高新科技改变生物遗传信息的产物,因而自诞生伊始就存在安全争议。世界各个国家或地区对转基因生物安全性都十分重视,均建立了各自的安全评价体系,只有通过了安全评价的转基因生物(原料),才能进入流通市场。转基因生物安全评价体系的可靠性,在实践中得到了证实。据估计,"过去的16年全世界

共食用了 2 万亿份含有转基因成份的膳食,没有一例被证明对健康有害"①。所以,转基因商品安全与否,属于安全评价阶段的议题,若不能通过安全评价并获得安全证书,就不会被允许上市,也就根本没有标识制度适用的余地。换言之,转基因生物标识是上市流通阶段的议题,与商品本身的安全性无关。倘若转基因生物安全性确实存在问题,则美国、加拿大等国家不可能实行转基因生物自愿标识制度。质言之,即便采取转基因生物阳性标识制度,也不可能解决转基因商品本身的安全性问题。不可否认,消费者在转基因商品知情权诉求中,存在对转基因商品安全心存顾虑的因素,但原因在于"转基因技术的公众认知与食品安全成负相关","食品安全早已触碰到了公众最敏感的神经"②。正是基于转基因生物标识与商品安全性无关,立法者才可以根据客观情况的需求,出于平衡转基因商品相关方利益、避免社会资源浪费和促进转基因生物产业健康发展的考虑,建立转基因生物标识豁免制度。

2. 建立转基因生物标识豁免制度的原因

必须建立转基因生物标识豁免制度的原因,主要体现在以下五个方面:第一,执行难度。在转基因生物与非转基因生物共存的状态下,转基因生物在种植养殖、收获运输、生产加工、流通消费等环节中,要么基于自然原因,如基因漂移、基因污染等,要么基于人为原因,如有意或无意的混杂、交叉污染等,都可能使商品中含有转基因成份。生产者要实现商品中转基因成份"零含量"十分困难。第二,监管能力。实践中,含有转基因成份或者使用转基因原料的商品(主要是食品)种类繁多,比如转基因食用油加工商品就数不胜数;转基因商品销售场所数量庞大,比如餐饮小店便比比皆是。要实现对转基因生物标识的有效监管,所需之监管力量不可想象,显然非现有执法力量所能胜任。第三,技术水平。科技具有局限性,目前转基因成份的检测极限是 0.01%③,以转基因成份"零含量"为标准要求标识,技术水平显然无法支撑检测需要。第四,标识成本。商品生产者对转基因与非转基因原料分别运输、储存、加工、流通所承担的成本,以及对转基因商品的检测、标识的成本,会成为企业的沉重负担,最终消费者要为此买单。第五,产业发展。实行转基因生物阳性标识制度,无意遏制转基因生物产业发展,而是想通过阳性标识,将转基因生物产业的前途命运,交给市场中的消费者决定;在消费者消除顾虑并接受某类转基因商品后,及时进行标识豁免,

① MARTINA N-M. 转基因作物在美国的发展、应用和趋势[J]. 华中农业大学学报,2014,33(6):31-39.
② 徐振伟,李爽,陈茜. 转基因技术的公众认知问题探究[J]. 中国农业大学学报(社会科学版),2015,32(5):102-110.
③ 卓勤. 各国转基因食品标识制度概况分析[J]. 中国食品学报,2014(8):16-20.

为企业和消费者减轻负担,有利于促进转基因生物产业的发展。

所以,转基因生物标识豁免制度,既是经济利益权衡的理性选择,又是科技水平局限的当然结果;从制度功能角度审视,还是促进转基因生物产业健康发展的必然路径。

(二)转基因生物标识豁免制度的功能定位

我国的转基因生物标识豁免制度,依存于对转基因生物阳性标识制度的反面解读,因而对标识豁免制度功能的定位,受到阳性标识制度功能的限制,局限于能否实现消费者知情权方面。然而,从更宏观的视角审视,会发现转基因生物标识豁免制度的功能,绝不局限于此。

1. 保障消费者权益

转基因生物标识豁免制度貌似与消费者知情权保障背道而驰,实则不然;科学的转基因生物标识豁免制度,反而让消费者权益更有保障。消费者实现知情权,是实现其他权益的前提。消费者知情权的实现,有赖于真实情况的知悉;若获悉的是虚假信息,损害比未知悉更为严重。倘若没有转基因生物标识豁免制度,则所有过程中使用转基因原料或者含有转基因成份的商品均需标识,转基因商品标识成本很高,加之市场上消费者对转基因商品安全风险的非理性认识[1],极易诱发企业的机会主义倾向,采取各种方法规避阳性标识制度,导致大量没有标识的转基因商品在市场上销售[2],严重损害消费者的知情权。即便企业克服了机会主义思想,依法进行标识,则巨大的标识成本也会转嫁给消费者,严重侵害消费者的经济利益。毕竟有些转基因商品如转基因食用油及其制品,消费者已避无可避。转基因生物标识豁免制度能够大幅降低企业的标识成本,抑制机会主义产生,更有利于保障消费者权益。而且,转基因生物标识豁免制度可以将执法力量从浩如烟海的转基因商品中解放出来,提高对真正需要标识的转基因商品的监管效率,使转基因生物阳性标识制度落到实处,同样有利于保障消费者权益。应当指出,在"消费者知情权是转基因生物阳性标识基石"仍存争议[3]的背景下,部分转基因商品标识的豁免,不宜认为对消费者知情权构成侵害,因

---

[1] 张金荣,刘岩. 风险感知:转基因食品的负面性——基于长春市城市居民食品安全意识的调查分析[J]. 社会科学战线,2012(2):218-223.

[2] 张秀芳,张宪省. 城市居民对转基因食品的认知与消费:鲁省调查[J]. 改革,2012(7):146-151.

[3] DU L. GMO Labelling and the Consumer's Right to Know:A Comparative Review of the Legal Bases for the Consumer's Right to Genetically Modified Good Labelling[J]. McGill JL & Health,2014,8:1-42.

为共存状态下商品中含有极少量转基因成份,实属难以避免,加之诸多难以克服的客观因素,消费者对此应给予必要的理解和容忍。

2. 保障生产者权益

转基因生物标识豁免制度在保护生产者权益方面意义重大。倘若没有转基因生物标识豁免制度,所有转基因商品均需标识,商品生产过程管理和转基因成份极限检测的巨大成本,会使企业处于两难境地。若企业认真执行阳性标识制度,必然造成转基因商品价格升高,而价格是影响消费者购买意愿的显著因素[①],致使转基因商品在市场中处于不利的竞争地位。若企业规避执行阳性标识制度,不仅会面临行政处罚和消费者索赔,不诚信的企业形象可能给企业造成毁灭性后果。而转基因生物标识豁免制度可以大大降低生产者的标识成本,增强转基因商品的市场竞争力,保障生产者的合法权益。事实上,转基因生物标识豁免制度是从社会整体利益出发对生产者言论自由权与消费者知情权之间的再次平衡,以便在保护消费者知情权的同时,也能兼顾到生产者的合法权益[②]。

3. 促进转基因生物产业健康发展

转基因生物产业的命运,应当交由市场决定,不应由当权者径行裁决,更不应被扼杀于非理性的安全争议旋涡之中。转基因商品的安全争议,让消费者顾虑重重,甚至心存恐惧,消费者要求实现知情权具有正当性。建立转基因生物阳性标识制度,让消费者实现知情权,进而实现选择权,是将转基因生物产业命运交由市场决定的举措。

恐惧源于未知,接受始于了解;阻碍消费者知情,只会增强恐惧。因此,实行转基因生物阳性标识制度的宗旨,不仅是为了让消费者知情,更是为了让消费者了解,进而理性抉择是否接受。以某种转基因食品为例,倘若消费者通过标识了解之后,无论是出于何种原因,选择不接受,则这种转基因食品必然会退出市场;倘若消费者了解之后,感到并无安全之虞,而且价廉物美,继而选择接受,则这种转基因食品的市场占有率自然会不断增加。问题是,在这种转基因食品被市场接受后,继续实行强制标识,只会加重生产者、消费者的经济负担,阻碍转基因生物产业的健康发展,因而失去必要性,理性选择应当是对这种转基因食品实行标识豁免。

---

① 程培堸,卢凌霄,陈忠辉,等.国内消费者对转基因食品购买意愿研究综述:元分析[J].华南农业大学学报(社会科学版),2011,10(2):82-92.

② 张忠民.美国转基因食品标识制度法律剖析[J].社会科学家,2007(6):70-74.

由此观之,科学的转基因生物标识豁免制度,对促进转基因生物产业健康发展,至关重要,功能显著。转基因生物标识豁免制度使转基因生物阳性标识制度不再是转基因生物产业的"死亡之吻"①,而使之成为转基因生物产业的"曙光之恋"。

二、转基因生物标识豁免制度的法理基础

消费者知情权限制是转基因生物标识豁免制度的法理基础。无论是在经济学视域下还是在法学视域下考量,消费者对转基因商品的知情权均需要予以限制。法理对消费者知情权限制的范围,就是转基因生物标识豁免的范围;法律关于标识豁免的相关规定,就是消费者转基因商品知情权限制的表现形式。

(一)经济学视域下的消费者知情权限制

消费者与生产者之间严重的信息不对称,市场本身无法克服,需要政府进行干预。然而,"政府并非是具有完全理性的'超人',而是具有有限理性的'常人',在进行干预决策时,也会面临如何进行最佳选择的难题"②。一方面,政府必须考虑市场的干预需求。政府干预市场的目的是让市场功能得以发挥,而不是替代市场,市场存在需求是政府干预的前提;因此,政府干预市场时,必须根据消费者对信息的需要程度判断市场干预需求的大小。另一方面,政府必须考量自身的干预能力。政府干预市场时应当确保干预的效率,这就要求政府必须在考量自身干预能力的基础上,选择合适的干预对象和科学的干预方法。总之,政府干预市场追求的是一种动态均衡,"政府有选择的、恰当的干预可以使市场的运行更为流利"③,若过度干预或过于僵化,均会适得其反。

政府在干预转基因商品市场时,至少应在以下两个方面作出抉择:其一,消费者转基因商品知情权的范围。政府需要判断让消费者在多大范围内实现转基因商品知情权,才可以使市场重新发挥功能,由此确定干预的程度。其二,政府干预对象的范围。政府是通过强制生产者披露信息来实现消费者转基因商品知情权的,而生产者又呈现类型多种多样、能力参差不齐的状况,政府必须判断将哪些生产者列为干预对象,既是力所能及,又是效率最高。政府对消费者转基因商品知情权范围和干预对象范围的抉择,意味着需要对消费者转基因商品知情权进行一定程度的限制,也就意

① Mark Lynas. Why we need to label GMOs[DB/OL]. 访问日期:2015-07-18.
② 应飞虎.论均衡干预[J].政治与法律,2001(3):51-55.
③ 张旭.政府和市场的关系:一个经济学说史的考察[J].理论学刊,2014(11):54-62.

着需要对部分转基因商品豁免标识。

（二）法学视域下的消费者知情权限制

在法学视域下，"法律始终是保护肯定性自由的力量与限制否定性自由的工具"①，因而权利限制可界定为"立法机关为界定权利边界而对权利的客体和内容以及对权利的行使所作的约束性规定"；"权利限制的直接目的是为了界定权利边界，权利限制的最终目的是为了保护和扩大权利"②。由于权利限制具有普遍性，我国在宪法层面就设有约束性规定。宪法第五十一条规定："公民在行使自由和权利的时候，不得损害国家的、社会的、集体的利益和其他公民的合法的自由和权利"。鉴于法学研究中对权利构成与权利限制问题，存在"外部理论"与"内部理论"之分③，现从"权利的内在限制"和"权利的外在限制"两个维度，探讨消费者转基因商品知情权的限制问题。

1. 消费者知情权的内在限制

"权利的内在限制理论把权利的构成和权利的限制当作一个问题来处理。该理论认为，权利自始都有其固定范围，权利的保障范围并非漫无边界。相反，按照权利的本质，任何权利都有自然而然的固定范围"④。权利内在限制理论源于权利的相对性理论，权利相对性理论来自权利限度理论。"所谓权利的限度理论，是指任何一种权利的行使，都有它的合理限度，都存在着一个运用和行使的适当与否的问题。""权利如同任何其他事物一样，也是有其限度的。拥有了权利的同时，也就意味着拥有了限度"，"超越了权利的限度，就可能走向权利滥用"⑤。因此，对权利"限度"的确定，成为限制权利的关键，否则权利的内在限制在形式上就难以实现；要确定这个"限度"，必须揭示制约权利的因素，否则权利的内在限制在实质上也无法实现。关于制约权利的因素，马克思曾经作出过最本质的揭示："权利永远不能超出社会的经济结构以及由经济结构所制约的社会文化发展。"⑥换言之，"一切有关自由和权利的法律

---

① 博登海默. 法理学——法律哲学和法律方法[M]. 邓正来译. 北京：中国政法大学出版社，1999：285.

② 丁文. 权利限制论之疏解[J]. 法商研究，2007，24（2）：138-145.

③ ROBERT ALEXY. A Theory of Constitutional Rights, translated by Julian Rivers, Oxford University Press, 2002, pp. 178-179.

④ 丁文. 权利限制论之疏解[J]. 法商研究，2007，24（2）：138-145.

⑤ 刘作翔. 权利相对性理论及其争论——以法国若斯兰的"权利滥用"理论为引据[J]. 清华法学，2013，7（6）：110-121.

⑥ 马克思. 哥达纲领批判[A]. 马克思恩格斯选集[C]. 北京：人民出版社，1972，3：12.

确认及其实现,都取决于具体的特定的社会条件,离不开社会条件的给予和制约"①;"离开了这种限制,基于这一权利的期待利益就不会转化为现实"②。

　　根据权利的内在限制理论,消费者的转基因商品知情权绝非漫无边际,消费者在拥有知情权的同时,也就拥有了知情权的限度,超越限度行使知情权就可能走向权利滥用。法律在确定消费者转基因商品知情权的限度时,必须考虑我国的经济社会条件。至少应当考虑以下制约因素:其一,舆论环境。我国转基因商品舆论环境非常严峻,存在明显的"妖魔化"倾向。其二,共存状态。随着转基因生物产业的迅速发展,已经形成了转基因生物与非转基因生物深度共存的状态。其三,饮食文化。根据我国的饮食文化传统,绝大多数食品既有主料又有多种辅料。其四,能力差异。我国市场中的生产者数量庞大而又参差不齐,既有大中型企业,又有餐饮业者、零售业者,转基因商品市场主体之间的能力差异巨大。其五,技术水平。科技具有局限性,转基因成份检测技术存在极限检测值。其六,监管能力。实践中,含有转基因成份或者使用转基因原料的商品种类繁多,比如转基因食用油加工食品就数不胜数;转基因商品销售场所数量庞大,比如餐饮小店便比比皆是。要实现对转基因生物标识的有效监管,必须考虑我国的监管力量。法律应当在综合考虑上述制约因素的基础上,确定消费者转基因商品知情权的限度;同时,对消费者知情权进行限制的范围,就是转基因生物标识豁免的范围。

　　2. 消费者知情权的外在限制

　　权利的外在限制理论把"权利的构成"和"权利的限制"分为两个层次。首先解决"权利的构成"问题,"这时候权利的范围是宽泛的、没有边界的、存在无限可能性的"③。然后讨论"权利的限制"问题,"就是通过衡量公共利益、他人权利、国家功能的实现等因素,从外部去确定什么样的权利主张不能得到支持的问题"④。换言之,当该项权利与其他权益产生冲突时,法律为了平衡权利冲突,必须对该项权利进行限制,以确定权利的边界。

　　在法律关系中,一个权利主体享有的权利,必须与义务主体负有的义务相对应,即权利义务相一致原则⑤。与消费者权益对应的是生产者的义务,但生产者并不是纯

---

① 刘作翔. 权利冲突的几个理论问题[J]. 中国法学,2002(2):56-71.
② 刘凯湘. 权利的期盼[M]. 北京:法律出版社,2003:96.
③ 张翔. 公共利益限制基本权利的逻辑[J]. 法学论坛,2005,20(1):24-27.
④ 丁文. 权利限制论之疏解[J]. 法商研究,2007,24(2):138-145.。
⑤ 张文显. 法理学[M]. 北京:高等教育出版社,2007:146.

粹的义务主体,他也享有经济自由的权利①。消费者转基因商品知情权对应的是生产者的信息披露义务,而生产者是否披露信息,属于其商业言论自由的范畴。一般认为,商业言论主要包括商业广告、商品标识以及其他形式的信息传递;商业言论自由是指市场主体为商业目的而传播商品或服务信息的自由(或权利)②。商业言论自由根植于言论自由和经济自由,属于应受法律保护之权利③。消费者转基因商品知情权要扩大范围,就必须增加生产者的信息披露义务,限制生产者的商业言论自由。因此,在转基因商品信息披露问题上,消费者知情权与生产者商业言论自由之间存在权利冲突。而且,"如果不加区别,盲目加重经营者的责任,又会阻碍科学技术发展,损害全体消费者的利益"④。可见,消费者转基因商品知情权的扩张,在影响生产者权益的同时,还影响着转基因商品的研发,最终影响转基因技术的发展;而转基因技术的发展,有利于提升全体消费者的福祉,符合社会公共利益的需要。所以,消费者转基因商品知情权与社会公共利益之间也可能产生冲突。消费者转基因商品知情权与生产者的商业言论自由、社会公共利益之间的权利冲突,需要法律通过合理的权利义务安排来予以平衡;法律平衡权利冲突的过程,就是对消费者转基因商品知情权限制的过程,也就是确定转基因生物标识豁免范围的过程。

三、转基因生物标识豁免制度的立法缺陷

(一)转基因生物标识豁免制度的立法考察

1.我国立法

根据《食品安全法》《农业转基因生物安全管理条例》《农业转基因生物标识管理办法》《食品标识管理规定》等法规,我国实行转基因生物阳性标识制度,并采取目录

① 钱玉文.论消费者权之法律边界[J].现代法学,2012,34(4):108-116.
② 赵娟.商业言论自由的宪法学思考[J].江苏行政学院学报,2009(4):114-119.
③ 目前,学界对商业言论自由的研究还不够深入,近两年才开始引起学者们的关注。我国生产者的商业言论自由主要体现于宪法中的言论自由和企业法中的经营自由之中,美国则已通过判例将商业言论自由纳入宪法第一修正案的保护之列。参见:赵娟,田雷.论美国商业言论的宪法地位——以宪法第一修正案为中心[J].法学评论,2005,23(6):105-112.蔡祖国,郑友德.不正当竞争规制与商业言论自由[J].法律科学,2011,29(2):121-132.李一达.言论抑或利益——美国宪法对商业言论保护的过去、现在和未来[J].法学论坛,2015,30(5):152-160.
④ 杨立新,陶盈.消费者权益保护中经营者责任的加重与适度[J].清华法学,2011,5(5):83-92.

管理模式。只要商品中含有目录内转基因生物,无论多寡,均需标识。目前,目录内转基因生物有五类十七种,具体为大豆种子、大豆、大豆粉、大豆油、豆粕、玉米种子、玉米、玉米油、玉米粉、油菜种子、油菜籽、油菜籽油、油菜籽粕、棉花种子、番茄种子、鲜番茄、番茄酱。由此可以推出目录外转基因生物及其制品,即属标识豁免对象,含量多少,在所不问。我国转基因生物标识豁免对象主要是转基因棉籽油及其制品、转基因木瓜及其制品、转基因甜菜及其制品、转基因微生物制品、转基因食品添加剂及其制品等转基因商品。

2. 国外立法

目前,实行转基因生物阳性标识制度的欧盟、俄罗斯、澳大利亚、新西兰、巴西、日本、韩国等60多个国家或地区[1],都建立了转基因生物标识豁免制度。豁免对象主要是转基因成份含量较少或者已经不含转基因成份的商品、转基因饲料饲养的动物及其产品,以及特殊商品经营者出售的商品等[2]。比如,澳大利亚和新西兰规定最终产品中不含新的 DNA 或蛋白质的食品、食品添加剂或加工辅助物质以及在加工点销售(如餐馆等)的食品可不进行标识;俄罗斯规定由转基因原料生产的食品,若不含外源基因及外源蛋白,且在营养价值方面与其传统产品具有实质等同性,则不需要标识;韩国规定只要终产品中不含外源 DNA 或蛋白质,就无须标识,如转基因大豆酱油和食用油等[3]。在阈值豁免方面,欧盟为 0.9%(转基因成份来源获得欧盟批准)和 0.5%(转基因成份来源未获欧盟批准)[4],巴西、澳大利亚、新西兰、捷克、沙特阿拉伯、以色列为 1%,瑞士、韩国为 3%,日本、俄罗斯、泰国为 5% 等[5],食品(原料)中转基因成份含量低于阈值,可得豁免标识。

与国外立法相比,我国转基因生物标识豁免制度采取的是定性标准而非定量标准,没有对转基因商品及其生产经营者分门别类、区别对待,制度设计缺陷明显。

① LAURA Murphy, JILLIAN Bernstein, ADAM Fryska. More Than Curiosity: The Constitutionality of State Labeling Requirements for Genetically Engineered Foods[J]. Vt. L. Rev., 2013,38:477-553.
② 徐琳杰,刘培磊,熊鹏,等.国际上主要国家和地区农业转基因产品的标识制度[J].生物安全学报,2014,23(3):301-304.
③ 陈超,展进涛.国外转基因标识政策的比较及其对中国转基因标识政策制定的思考[J].世界农业,2007(11):21-24.
④ THE EUROPEAN PARLIAMENT AND THE COUNCIL OF THE EUROPEAN UNION. Regulation (EC) No 1829/2003 of the European Parliament and of the Council of 22 September 2003 on genetically modified food and feed[J]. Official Journal of the European Communities,2003(L268):1-23.
⑤ 金芜军,贾士荣,彭于发.不同国家和地区转基因产品标识管理政策的比较[J].农业生物技术学报,2004,12(1):1-7.

(二)转基因生物标识豁免制度的立法缺陷

1. 可行性差

我国转基因生物标识豁免制度要求商品中目录内转基因生物成份"零含量",才得豁免标识。这种以定性为标准的制度设计,致使豁免对象有失科学,执行困难,可行性差。因为,其忽略了转基因生物与非转基因生物共存状态下,商品生产加工过程中,实难做到转基因成份"零含量";其忽略了转基因成份检测技术的局限性,监测技术存在极限监测值,所谓转基因成份"零含量",只能表示现有检测技术无法检出,并不意味着其确定不含转基因成份,只会使标识内容与实际情况不相符合,误导消费者①;其忽略了我国的饮食文化传统,要求添加转基因生物配料或者转基因食用油加工的商品均需标识,严重脱离实际;其低估了转基因商品监管的难度,对于由转基因原料加工但成品中已不含转基因成份的商品,无法通过检测确定是否需要标识,只有实行过程监管才能认定,但执法力量不可能监管到位;其忽视了转基因商品市场主体之间的巨大差异,数量庞大而又参差不齐的餐饮业者、零售业者,不能得以豁免,实属勉为其难,很不切合实际。由此,制度不当导致转基因商品生产者采取"制度性对策行为"②,将具有普遍性和必然性。以致有学者发出疑问,"为什么中国有关转基因标识的律令法条看似不少,却在市场经济的大浪淘沙中名存实亡呢?"③

2. 经济性差

我国转基因生物标识豁免制度的"零含量"要求,以及对转基因商品及其经营者个性的忽略,使之未能有效地再次平衡消费者与生产者之间的利益关系,浪费资源,经济性差。微观上看,增加了转基因商品生产者和消费者的经济负担;宏观上看,造成了社会资源的巨大浪费。以检测成本为例,转基因商品检测实验室建设需要经费近千万元,每年运转经费需要近百万元④。加之,2015 年 10 月 1 日施行的新《食品安全法》,针对转基因食品标识设有专门条款,转基因食品生产企业将面临更为艰难的抉择。企业选择依法标识,会使成本增加,产品价格上涨,在市场竞争中处于劣势;企

---

① YU ZHUANG, WENXUAN YU. Improving the Enforceability of the Genetically Modified Food Labeling Law in China with Lessons from the European Union[J]. Vt. J. Envtl. L., 2013,15:465-492.
② 应飞虎. 权利倾斜性配置研究[J]. 中国社会科学,2006(3):124-135.
③ 李响. 比较法视野下的转基因食品标识制度研究[J]. 学习与探索,2015(7):72-77.
④ 胡璇子,郭爽. 转基因标识:知情权的成本[N]. 中国科学报,2015-06-24(5).

业选择违法规避标识,不仅会面临"没收违法所得、产品、原料、设备,苛以高额罚款、停产停业、吊销许可证"等非常严厉的行政处罚,还会面临消费者"价款十倍或者损失三倍"的索赔。

3.动态性差

转基因生物标识豁免制度要实现促进转基因生物产业健康发展的功能,核心在于发挥动态调节的作用。转基因生物标识豁免制度不能一成不变,应当与时俱进,根据实际情况进行动态调整。对于消费者业已接受的转基因商品,应当及时列为豁免对象。我国《农业转基因生物标识管理办法》和《第一批实施标识管理的农业转基因生物目录》自2002年出台以来,十多年未进行任何调整。在此期间,我国转基因生物市场发展迅速,转基因商品种类和数量俱增,消费者对部分转基因商品接受度不断提高。转基因棉花种植面积大幅增长,国产转基因木瓜、进口转基因甜菜及其制品,已经进入了市场;消费者在农贸市场和餐厅消费时,已经认可不予标识的现状。遗憾的是,我国转基因生物标识豁免制度并未作任何调整,动态性近乎丧失。

四、转基因生物标识豁免制度的完善构想

我国应当以增强转基因生物标识豁免制度的可行性、经济性、动态性为原则,完善转基因生物标识豁免制度的制度设计。

（一）豁免对象

我国应当借鉴国外立法经验,结合国内实际,调整转基因生物标识的豁免对象范围。

1.应当列为标识豁免对象的商品

（1）转基因成份低于阈值的转基因商品

转基因商品中的转基因成份低于阈值,应当豁免标识。前已论及,在转基因生物与非转基因生物深度共存背景下,要实现商品中转基因成份零含量,极为困难。以食品为例,按照我国的饮食文化传统,大多数食品一般包含一到两种主原料和多种辅助原料,单一原料成份的食品很少,倘若含有少量转基因辅助原料的食品也需要标识,则标识对象数量庞大、标识成本十分惊人。因此,实行阈值管理才是科学而理性的选择。

（2）转基因饲料饲养的动物及其制品

转基因饲料饲养的动物及其产品,本身并不含转基因成份,应当豁免标识。这类

商品包含两种情况,一是转基因饲料饲养的动物,比如由转基因豆粕、转基因玉米粉、转基因油菜籽粕以及转基因棉花籽等饲养的动物;二是加入转基因生物改良的非转基因饲料饲养的动物,比如为提高动物生产性能和饲料利用率[1],在饲料中加入转基因巴斯德毕赤酵母生产的植酸酶(农基安证字 2004 第 025、026 号)[2]、重组毕赤酵母 GS115 表达的 α-半乳糖苷酶(农基安证字 2012 第 009 号)等。

(3)使用转基因疫苗的动物及其制品

动物饲养过程中,为预防疾病或者实现特定目的,会涉及转基因疫苗的使用,由于转基因疫苗在动物体内残留量极低,因而应当豁免标识。动物使用转基因疫苗有两种情况,一是注射疫苗,比如注射重组杆状病毒 AcMNPV 表达的猪圆环病毒 2 型 ORF2 基因工程亚单位疫苗(农基安证字 2012 第 005 号)、重组毕赤酵母 X33 表达的鸡传染性法氏囊 vp2 基因工程亚单位疫苗(农基安证字 2013 第 249 号),以及注射重组 LHRH(促性腺激素释放激素)融合蛋白(农基安证字 2005 第 245 号)去势疫苗[3]等;二是食用疫苗,比如动物食用转基因植物中表达的大肠杆菌热敏肠毒素 B 亚单位、乙型肝炎病毒表面抗原、诺沃克病毒外壳蛋白、口蹄疫病毒、狂犬病病毒糖蛋白、变异链球菌表面蛋白等疫苗[4]。

(4)转基因微生物为媒介制造的商品

有些发酵食品加工,会使用转基因微生物,但成品中基本不含转基因成份,因而应当豁免标识。比如,使用转抗菌肽 CAD 基因啤酒酵母 CAD-1(农基安证字 2004 第 027、028、029 号)生产的啤酒,以及未来可能使用转基因乳酸杆菌(目前尚未获得我国安全证书)生产的酸奶等。

(5)添加转基因食品添加剂的食品

鉴于食品中添加转基因食品添加剂的含量很少,应当豁免标识。比如,食品中加入由转基因大肠杆菌发酵生产的阿斯巴甜(主要从德国进口),或者重组毕赤酵母 GS 115 生产的木聚糖酶(农基安证字 2011 第 068 号)、葡聚糖酶(农基安证字 2011 第 069 号)、葡萄糖氧化酶(农基安证字 2013 第 012 号)、果胶酶(农基安证字 2013 第 013 号)等。

---

① 孙朋朋,宋春阳.植酸酶的生物学功能及其在动物生产中的应用[J].饲料工业,2014,35(8):16-19.

② 该转基因生物获得的国家农业转基因生物安全证书编号,下同。参见农业部官方网站"转基因权威关注"网页"审批信息"栏目,访问日期:2015-07-18。

③ 沈育华,陈志远,鲁江陵,等.重组"LHRH 融合蛋白去势注射液"对猪的促生长试验[J].福建畜牧兽医,2013,35(4):9-10.

④ 周岩,赵苪,何男男,等.转基因植物疫苗的最新研究进展[J].中国畜牧兽医,2013,40(1):61-65.

（6）特殊市场主体销售的转基因商品

我国法规要求餐饮业者、农贸市场个体户、无固定经营场所摊贩、农户等市场主体,向消费者销售转基因商品时,应当进行标识。然而,实践中基本无人履行这项法定义务,说明制度设计存在缺陷,严重脱离了我国国情。因此,与其漠视有法不依,让法律形同虚设,不如结合实际,积极完善制度,将这些特殊主体向消费者销售的转基因商品,列为标识豁免对象。

2. 不应列为标识豁免对象的商品

（1）转基因棉籽油及其制品

我国是棉花种植大国,自 1995 年引入美国保铃棉以来,种植转基因棉花已将近 20 年[①]。2014 年我国有 710 万小农户种植了 390 万公顷转基因棉花,占当年棉花种植总面积的 93%[②]。转基因棉花生产的"转基因棉籽在各地都普遍用于榨油,并在市场上销售为人类食用,根据实地调查,农民普遍食用这种棉籽油"[③]。转基因棉籽油除供人们直接食用外,还可用于加工种类多样的商品。尽管我国在《第一批实施标识管理的农业转基因生物目录》出台之前,就已经大量种植转基因棉花,但转基因棉籽油及其制品却被排斥在目录之外,成为标识豁免对象。从商品特征看,转基因棉籽油与转基因大豆油、转基因菜籽油、转基因玉米油,没有实质区别,应当同等对待,不应豁免标识。有理由认为,转基因棉籽油如此规定是立法者有意为之,其中缘由,不甚明晰。较为合理的解释是,2002 年我国制定转基因生物标识制度时,为提高国外转基因农作物进入国内的门槛,抵抗其对国内农产品市场的冲击,同时为本国进行转基因技术研究和转基因生物产业开发留出时间,才对进口转基因商品要求较为严格,而对国产转基因商品要求较为宽松[④]。

（2）转基因木瓜及其制品

转番木瓜环斑病毒复制基因的番木瓜华农 1 号由华南农业大学研发成功,于 2006 年获得在广东省生产应用的安全证书（农基安证字 2006 第 001 号）,于 2010 年获得在华南地区生产应用的安全证书（农基安证字 2010 第 056 号）。转基因木瓜在我国种植发展迅速,广东省的种植比例由 2007 年的 70% 很快上升到 2012 年的 95%,全国转基因木瓜的种植面积至少达到了 6 275 公顷[⑤]。实际上,"目前国内市场上销

① 郭三堆,王远,孙国清,等.中国转基因棉花研发应用二十年[J].中国农业科学,2015,48(17):3372-3387.
② CLIVE J. 2014 年全球生物技术/转基因作物商业化发展态势[J].中国生物工程杂志,2015,35(1):1-14.
③ 环境保护部.中国转基因生物安全性研究与风险管理[M].北京:中国环境出版社,2008:246.
④ 赵维,生吉萍.转基因食品标识的问题与困惑[J].中国农业大学学报,2015,20(3):1-8.
⑤ 吴孔明.中国转基因作物的环境安全评介与风险管理[J].华中农业大学学报,2014(6):112-114.

售的木瓜基本上都是转基因品种(包括从美国进口的转基因品种)"①,甚至还包括相当比例的未经农业部批准的转基因木瓜品种。2012 年,深圳市疾病预防控制中心对市场上的转基因番木瓜进行筛查和品系鉴定,对随机抽取转基因番木瓜 57 份进行检测,结论是九成以上在售的转基因番木瓜并非我国农业部批准种植的转基因品系②。虽然转基因木瓜大量种植发生在《第一批实施标识管理的农业转基因生物目录》出台之后,但我国无视其已经占领近乎整个市场的事实,至今仍未将其纳入实行标识管理的目录,有失妥当。

(3)转基因甜菜及其制品

我国没有批准转基因甜菜在国内种植,但批准了进口转基因甜菜及其制品。2009 年,批准进口转基因抗农达甜菜 H7-1(农基安证字 2009 第 031 号);2011 年,批准进口转基因抗农达甜菜 H7-1 及其糖、糖浆制品(农基安证字 2011 第 026 号),有效期均为三年。因此,我国市场上已经存在转基因甜菜及其糖、糖浆制品,而且以糖、糖浆为原料的商品种类繁多。我国出台《第一批实施标识管理的农业转基因生物目录》时,转基因甜菜及其制品还未获准进口,未列入实施标识管理的目录,实属正常;但是,在已经批准进口多年的情况下,仍未将其列入其中,着实难以理解。

转基因棉籽油及其制品、转基因木瓜及其制品和转基因甜菜及其制品不该当然地成为标识豁免对象,应当列入实行标识管理的目录之中。因为,这些商品从未进行标识,消费者知情权、选择权无从实现,因而并未接受过市场的考验。鉴于其不存在客观上不能或不可行的情况,这种绕过市场选择、径行豁免标识的制度安排,有失公平性和正当性。

(二)实践路径

1. 建立机制

为使转基因生物标识豁免制度真正起到"调节器"的作用,我国应当建立转基因生物标识豁免对象的审查机制:第一,审查主体。转基因生物标识豁免对象的审查主体,应当与负责制定、调整转基因生物标识目录的主体相同。根据《农业转基因生物安全管理条例》《农业转基因生物标识管理办法》《农业转基因生物安全管理部际联席会议制度》等法规,"农业转基因生物安全管理部际联席会议"应当是转基因生物

---

① 罗云波,贺晓云.中国转基因作物产业发展概述[J].中国食品学报,2014(8):10-15.

② 杨永存,李浩,杨冬燕,等.2012 年深圳市市售转基因番木瓜检测[J].中国食品卫生杂志,2013,25(5):419-423.

标识豁免对象的审查主体①。第二，豁免条件。转基因生物标识的豁免条件，是转基因生物标识豁免制度中的难点。由于转基因生物标识涉及政治、经济、文化、贸易等多方面的因素，至今尚无国家或地区明确规定转基因生物标识的豁免条件。但是，为充分发挥转基因生物标识豁免制度的功能，我国应当对此进行探索。从商品的转基因成份含量、加工过程、经营主体、普及程度、消费者认可度等多个视角，明确一些基本条件。第三，豁免程序。转基因生物标识豁免的决策程序，应当设计得科学合理，力求避免独断决策，必须有公众参与的环节，绝对不能让决策的承受者失去话语权，确保转基因生物标识豁免程序的正当性。

2. 设定阈值

关于我国转基因生物标识阈值的设定，前已论及，参考国外立法，结合国内实际，我国设定为5%比较适宜。转基因生物标识阈值设定过低，会增加生产企业的成本，激发其不予标识的机会主义倾向，欺诈消费者，不利于转基因生物产业的健康发展。转基因生物标识阈值设定过高，虽然会降低生产企业的标识成本，但消费者接受度也会随之降低，同样不利于转基因生物产业的健康发展。而且，考虑到我国转基因商品的种类和数量日趋增多的事实，较高的阈值能够更加科学地认定标识对象，增加执法的可行性②。我国转基因生物标识阈值的内涵应当是，以核酸为计算基准，商品中前3种含量最高的任何原料品种的转基因成份含量达到或超过5%的，必须进行标识，低于5%的，得以豁免标识③。同时，根据国内外转基因生物市场和转基因商品管理制度的变化情况，适时对转基因生物标识阈值进行动态调整。实践中，动态调整标识阈值已不乏先例，比如，2003年，欧盟将标识阈值从1%调整为0.9%④，巴西将标识阈

---

① 《农业转基因生物标识管理办法》第二条规定："国家对农业转基因生物实行标识制度。实施标识管理的农业转基因生物目录，由国务院农业行政主管部门商国务院有关部门制定、调整和公布"，并未明确具体主体；《农业转基因生物安全管理条例》第五条规定"国务院建立农业转基因生物安全管理部际联席会议制度。农业转基因生物安全管理部际联席会议由农业、科技、环境保护、卫生、外经贸、检验检疫等有关部门的负责人组成，负责研究、协调农业转基因生物安全管理工作中的重大问题"，虽然明确了"农业转基因生物安全管理工作中的重大问题"的责任主体，但"农业转基因生物标识目录制定、调整"是否属于"重大问题"，不甚明了。直到2007年10月，《国务院办公厅关于同意农业转基因生物安全管理部际联席会议制度的函》（国办函〔2007〕106号）下发后，主体问题才得以明确。《农业转基因生物安全管理部际联席会议制度》第一条规定，农业转基因生物安全管理部际联席会议"主要职能"中包括"制定、调整农业转基因生物标识目录"。
② 乔雄兵，连俊雅.论转基因食品标识的国际法规制——以《卡塔赫纳生物安全议定书》为视角[J].河北法学，2014，32(1)：134-143.
③ 张忠民.转基因食品标识阈值问题研究[J].食品科学，2015，36(9)：254-259.
④ 张忠民.欧盟转基因食品标识制度浅析[J].世界经济与政治论坛，2007(6)：80-83.

值从 4% 调整为 1%①;2015 年,我国台湾地区将标识阈值从 5% 调整为 3%②。

3. 改进目录

鉴于转基因生物标识管理目录是实现标识动态管理的重要工具,笔者对"废除转基因产品标识目录制"③的主张,并不赞同;与之相反,认为应当坚持目录制并加以改进完善。考虑到我国转基因生物标识豁免制度的动态调整需求,应当将《实施标识管理的农业转基因生物目录》改名为《农业转基因生物标识管理目录》,并从以下四个方面进行改进。第一,豁免目录。《农业转基因生物标识管理目录》中,除了"实施标识管理的农业转基因生物目录",还应增加"农业转基因生物标识豁免目录",以便让消费者充分了解市场中的转基因商品概况,同时为动态调整目录提供基础条件。第二,内容应针对原料。无论是实行标识管理目录还是标识豁免目录,均应只列出原料品种,不罗列产品形态。以转基因大豆为例,只列出转基因大豆即可,其产品豆芽、豆油、豆浆、豆酱等,无须逐一列出,否则无法穷尽。第三,细化品种。目录中列出的原料品种不应概括表述,而应细化明确,具体名称以安全证书为准。以"转基因玉米"为例,不应概括表述为"转基因玉米",应当表述为"抗虫和耐除草剂转基因玉米 Bt11""抗虫转基因玉米 MON863"等。细化品种是动态更新目录的基础,否则拟豁免具体的转基因生物品种,将无法实现。第四,动态更新。根据转基因生物市场情况,定期更新目录,将首次批准商业化的转基因生物,及时列入实行标识管理目录;将市场表现良好,消费者业已接受,确无标识必要的转基因生物,及时列入标识豁免目录。

4. 实施步骤

转基因生物标识豁免不可能也不应当一蹴而就,而应当分情况、分先后逐步开展,可按以下思路实施豁免:第一,转基因商品不含转基因成份的优先豁免,仍含有转基因成份的延迟豁免。我国采取的是以过程为基础的转基因生物阳性标识制度,只要商品在生产过程中使用了转基因原料,无论最终产品是否含有转基因成份,均需标识。消费者对转基因商品的关注点,是转入基因的表达产物。因此,在确定转基因生物标识豁免对象时,应当优先考虑那些虽然使用转基因原料,但深加工后已经不含或者检测不出转基因成份的商品(比如精炼转基因大豆油、啤酒、白酒等),而加工后仍然含有转基因成份的商品,则相对延迟豁免。第二,同源转基因商品优先豁免,非同

---

① 祁潇哲,贺晓云,黄昆仑.中国和巴西转基因生物安全管理比较[J].农业生物技术学报,2013,21(12):1498-1503.

② 张忠民.我国台湾地区转基因食品标识制度变革浅析[J].食品工业科技,2015,36(23):24-28.

③ 付文佚.我国转基因食品标识困境的立法破解[J].中州学刊,2015(9):55-61.

源转基因商品延迟豁免。基于目标基因的来源不同,转基因可分为同源转基因和异源转基因。同源转基因是利用受体同物种或其近缘野生种的含完整启动子和终止子的基因,异源转基因利用的是不同物种的功能基因。同源转基因所用的基因早已存在于受体同物种或其近缘野生种中,并没有改变受体物种的基因库,也没有提供任何额外的性状,因此并不产生额外的风险①。作为一种新的育种方式,已经被应用于马铃薯②、苹果③和大米④等物种。从理论上讲,同源转基因生物与传统育种育成生物一样安全。因而,有学者提出应当将同源转基因生物和异源转基因生物区别对待,给予同源转基因生物更为宽松的法律环境,否则会严重阻碍同源转基因生物的研发⑤。所以,在确定转基因生物标识豁免对象时,应当优先考虑豁免同源转基因商品,非同源转基因商品则相对延迟豁免。第三,转基因商品具有实质等同性的优先豁免,不具有实质等同性的延迟豁免。实质等同是转基因生物进行安全性评估的工具,是指如某个转基因生物与传统生物在种属、来源、生物学特征、主要成分、食用部位、使用量、使用范围和应用人群等方面比较大体相同,所采用工艺和质量标准基本一致,可视为它们是同等安全的,具有实质等同性。目前,以美国为代表的支持转基因的国家和组织支持实质等同作为风险评估的主要工具⑥。鉴于具有实质等同性的转基因商品更容易被消费者接受,因而在确定转基因生物标识豁免对象时,应当优先考虑具有实质等同性的转基因商品,不具有实质等同性的转基因商品(特别是具有特殊性状的食品),则相对延迟豁免。

　　综上所述,转基因生物产业的命运,应当交由市场决定。消费者对转基因商品心存顾虑,要求实现知情权具有正当性,但消费者知情权应有必要边界。转基因生物阳性标识制度下,转基因生物标识豁免制度不可或缺。转基因生物标识与商品安全性

---

① 黄三文,杜永臣,屈冬玉.同源转基因将成为利用野生资源进行作物育种的一种有效手段[J].园艺学报,2006,33(6):1397-1400.

② JACOBSEN E,SCHOUTEN H J. Cisgenesis, a new tool for traditional plant breeding, should be exempted from the regulation on genetically modified organisms in a step by step approach[J]. Potato Research,2008,51(1):75-88.

③ VANBLAERE T,FLACHOWSKY H,GESSLER C, et al. Molecular characterization of cisgenic lines of apple 'Gala' carrying the Rvi6 scab resistance gene[J]. Plant biotechnology journal,2014,12(1):2-9.

④ 王虹玲,阚国仕,李珊珊,等.利用同源转基因技术培育氮高效利用转基因水稻[J].浙江农业学报,2011,23(5):862-869.

⑤ SCHOUTEN H J, KRENS F A, JACOBSEN E. Cisgenic plants are similar to traditionally bred plants:international regulations for genetically modified organisms should be altered to exempt cisgenesis[J]. EMBO Rep. 2006,7(8):750-753.

⑥ 付文佚,王长林.转基因食品标识的核心法律概念解析[J].法学杂志,2010(11):113-115.

无关,是建立转基因生物标识豁免制度的前提;经济利益权衡和诸多客观因素的存在,是建立转基因生物标识豁免制度的依据;消费者知情权限制,是建立转基因生物标识豁免制度的法理基础。转基因生物标识豁免与转基因生物阳性标识,互为前提,相互依存,且在一定条件下可以相互转化,这使得转基因生物标识豁免制度能够起到"调节器"的作用。从宏观视角审视,我国的转基因生物标识豁免制度功能,不应局限于消费者知情权方面,而应定位为保护消费者、生产者双方的合法权益,以及促进转基因生物产业的健康发展。长期以来,我国对转基因生物标识豁免制度功能定位的偏差,致使豁免制度在立法上存在可行性差、经济性差、动态性差等诸多缺陷,科学性不足,负面效应凸显。因此,我国应当通过设定科学的标识豁免对象、采取合理的实践路径,尽快完善转基因生物标识豁免制度①。

---

① 张忠民.转基因食品标识豁免制度研究[J].食品科学,2016,37(11):262-269.

第五节　转基因生物阴性标识制度

转基因生物安全是社会热议的焦点,参与主体之多,涉及范围之广,交锋平台之多元,观点对立之尖锐,实属罕见。然而,转基因生物安全与否,并未越辩越明晰,反而越辩越混沌,不仅未能消除消费者的思想顾虑,甚至加重了消费者的心理焦虑。于此情形下,转基因生物阴性标识因迎合消费者需求,而备受企业青睐,市场中标注转基因生物阴性标识的商品数量增长迅猛。实践中,我国转基因生物阴性标识制度的立法缺失,给企业利用消费者的忧虑心理,将"非转基因"作为噱头进行炒作,提供了可乘之机。部分企业为抢占市场份额,获取更多经济利益,从仅标注"非转基因"字样,到标出"更安全、更健康"等字样;从仅对市场中存在相应转基因原料的商品进行标注,到对市场中不存在相应转基因原料的商品进行标注,甚至个别企业对转基因商品也标注阴性标识。可谓愈演愈烈,乱象丛生。我国转基因生物阴性标识的泛滥无序,已经严重侵害消费者权益,损害企业利益,扰乱市场秩序,阻碍转基因生物产业健康发展,亟需构建完善。近年来,我国学者研究转基因生物标识问题时,对于转基因生物阴性标识也有所提及。但从研究现状看,"法学界对这个问题上几乎集体'哑声',即使有一些学者进行相关研究,既有研究成果也大多属于'蜻蜓点水',主流的法学学术期刊上更鲜有涉及该问题的学术成果","未能给出有针对性的应对策略,难以为立法决策提供科学的理论参考"①。笔者尝试在考察国外转基因生物阴性标识制度立法例的基础上,结合国内实际提出构建我国转基因生物阴性标识制度的具体建议,希冀对我国相关立法有所助益。

一、转基因生物阴性标识制度的法理基础

转基因生物是人类利用高新科技改变生物遗传信息的产物,因而自诞生伊始就存在安全争议。消费者出于对转基因生物安全的心理顾虑,强烈要求通过转基因生物阳性标识实现知情权。世界各个国家或地区对转基因生物安全性都十分重视,均

---

① 孙良国.法律家长主义视角下转基因技术之规制[J].法学,2015(9):129-138.

建立了各自的安全评价体系,只有通过了安全评价的转基因生物(原料),才能进入流通市场。转基因生物安全评价体系的可靠性,在实践中得到了证实。据估计,"过去的 16 年全世界共食用了 2 万亿份含有转基因成份的膳食,没有一例被证明对健康有害"①。从科学基础原则视角观之,有理由认为转基因生物并无安全之虞。然而,从风险预防原则视角观之,转基因生物的安全评价结论和实践效果,并不能得出足以让人信服的转基因生物确系安全的结论。人们会有如下疑虑,通过了安全评价仅表明当前科学技术不能证明其有害,不等于有充分的科学证据证明其无害;目前没有出现健康损害,不等于将来不会出现健康损害。基于上述认识上的差异,不同国家或地区对消费者是否拥有转基因商品知情权,存在两种截然相反的态度。

由于消费者知情权的实现,依赖于企业(经营者)披露商品信息,而企业是否披露相关信息,属于商业言论自由②的范畴。在人们对转基因生物安全存在思想顾虑的背景下,企业不会主动披露相关信息,消费者知情权很难实现。换言之,就转基因商品相关信息的披露问题,消费者知情权与企业商业言论自由之间存在权利冲突,需要公权力(政府)介入予以平衡。由此,不同国家或地区对消费者是否拥有转基因商品知情权的态度,集中反映在对消费者知情权与企业商业言论自由之间的权利义务安排之上。认为消费者拥有转基因商品知情权的国家或地区,通过法律限制企业的商业言论自由,强制企业通过标识披露转基因商品相关信息,以实现消费者知情权,由此产生了转基因生物强制标识制度③;认为消费者并不拥有转基因商品知情权的国家或地区,则坚持企业是否通过标识披露转基因商品相关信息,属于企业行使商业言论自由的内容,企业有权自行决定,由此产生了转基因生物自愿标识制度。

---

① MARTINA NEWELL-MC GLOUGHLIN. 转基因作物在美国的发展、应用和趋势[J]. 华中农业大学学报,2014,33(6):31-39.

② 商业言论自由根植于言论自由和经济自由,属于应受法律保护的权利,世界各国已经形成共识;唯有争议者,是商业言论自由的内涵及其是否应当作为一项宪法性权利予以保护。一般认为,商业言论自由是指市场主体为商业目的而传播商品或服务信息的自由(或权利)。商业言论主要包括商业广告、商品标识以及其他形式的信息传递。参见:邓辉. 言论自由原则在商业领域的拓展——美国商业言论原则评述[J]. 中国人民大学学报,2004(4):117-123;赵娟,田雷. 论美国商业言论的宪法地位——以宪法第一修正案为中心[J]. 法学评论,2005(6):105-112;赵娟. 商业言论自由的宪法学思考[J]. 江苏行政学院学报,2009(4):114-119;蔡祖国,郑友德. 不正当竞争规制与商业言论自由[J]. 法律科学(西北政法学院学报),2011,29(2):121-132.

③ 即便是实行转基因生物强制标识制度的国家或地区,对消费者知情权的范围,是仅限于终产品中仍含有转基因成分的商品,还是所有生产加工过程中涉及转基因生物的商品,也存在认识上的差异,因而通过法律强制企业披露信息的范围有所不同,于是有了基于产品和基于过程的强制阳性标识之别。

　　尽管世界各国在消费者是否拥有转基因商品知情权的问题上存在争议①,但对商品未使用转基因原料生产加工或不含转基因成份的信息,不属于消费者知情权的范围,却达成了一致认识,原因是非转基因生物本来就是传统生物,并没有额外的安全风险。由是,无论实行强制标识制度还是实行自愿标识制度的国家或地区,均未强制企业通过标识披露商品属于非转基因商品的相关信息,均认为企业披露与否属于商业言论自由的范围,应由企业自行决定。因此,转基因生物阴性标识属于自愿标识的范畴。这就意味着是否标注、如何标注转基因生物阴性标识,企业有权根据市场需要自主决策。然而,在人们对转基因生物安全心存忧虑的背景下,企业为提升商品竞争力,获得消费者青睐,提高商品市场占有率,在市场竞争的激励和经济利益的驱动下,极易滥用转基因生物阴性标识,进而侵害消费者权益、损害竞争者利益甚至危害社会公益。企业滥用转基因生物阴性标识仅为表象,其实质是企业对商业言论自由的滥用。鉴于"任何自由都容易为肆无忌惮的个人和群体所滥用"②,"学界一般认为权利并不绝对,权利的行使往往存在着具体的限制"③,以防止权利被滥用。"权利不得滥用,是指行使权利不得背离权利应有的社会目的,也不得超越权利应有的界限"④,而法律是界定权利边界的有效工具。因此,要有效防止企业滥用转基因生物阴性标识,切实保障他人权利和公共利益,关键在于通过法律对企业商业言论自由进行必要限制⑤。必须指出的是,尽管都是对企业商业言论自由的限制,此处自愿标识下的限制与前述强制标识下的限制,在限制内容和目的上有所不同。强制标识下限制的是企业不表达的自由,限制目的是平衡权利冲突和实现消费者知情权;自愿标识下限制的是企业表达的自由,限制目的是防止权利滥用和保障他人权利及公共利益不受侵害。

　　目前,世界各国选择的限制企业商业言论自由的路径有所不同。有些国家选择通过现行消费者权益保护法、竞争法等法律,以对企业行使商业言论自由的一般性限制,适用于企业滥用转基因生物阴性标识的具体情形;有些国家选择专门针对转基因生物阴性标识予以立法,明确标注阴性标识的条件,规范标注阴性标识的行为,其实

① DU L. GMO Labelling and the Consumer's Right to Know: A Comparative Review of the Legal Bases for the Consumer's Right to Genetically Modified Good Labelling[J]. McGill JL & Health, 2014, 8(1).

② 博登海默. 法理学:法律哲学与法律方法[M]. 邓正来译. 北京:中国政法大学出版社, 2004:302.

③ 石文龙. 论我国基本权利限制制度的发展——我国《宪法》第51条与德国《基本法》第19条之比较[J]. 比较法研究, 2014(5):161-174.

④ 张俊浩. 民法学原理[M]. 北京:中国政法大学出版社, 2000:85.

⑤ 应当指出,尽管都是对企业商业言论自由的限制,此处自愿标识下的限制与前述强制标识下的限制,在限制内容和目的上有所不同。强制标识下限制的是企业不表达的自由,限制目的是平衡权利冲突和实现消费者知情权;自愿标识下限制的是企业表达的自由,限制目的是防止权利滥用和保障他人权利及公共利益不受侵害。

质仍是对企业行使商业言论自由的限制。当然,无论采取何种路径限制企业商业言论自由,都涉及政府的价值取向,并体现于转基因生物阴性标识的限制条件之中。当前,世界各国大都倾向于优先保护消费者、竞争者权益和维护社会公共利益,因而通常要求转基因生物阴性标识的内容必须真实且不会误导消费者,而且即便是满足这一条件的转基因生物阴性标识,政府出于公共利益的需要,也可以予以禁止。

综上所述,转基因生物阴性标识是企业商业言论自由的具体表现形式,转基因生物阴性标识制度的法理基础是对企业商业言论自由的限制。

二、转基因生物阴性标识制度的适用范围

无论实行强制标识制度还是实行自愿标识制度的国家或地区,转基因生物与非转基因生物共存的状态都客观存在。在此环境下,转基因生物阴性标识因有助于消费者以较低的经济成本买到非转基因商品,在任何标识制度下均有适用空间。

在转基因生物强制标识制度下,标注阳性标识的商品肯定是转基因商品,但并不意味着没有标注阳性标识的商品就是非转基因商品,消费者无法通过阳性标识实现买到非转基因商品的愿望。究其缘由,原因有二:一是标识豁免。转基因生物强制标识制度制定时,立法者不可能要求所有转基因商品均须标识,否则,既不科学,又无必要,更不可行。因此,实行转基因生物强制标识制度的国家或地区,无一例外地建立了转基因生物标识豁免的规范。豁免对象主要是转基因成份含量在阈值以下或者已经不含转基因成份的商品、使用转基因生物作为辅助物质的商品以及餐饮业者直接销售给消费者的商品。二是机会主义。转基因生物强制标识制度执行时,由于消费者对转基因商品认可度较低,企业守法成本很高;同时,由于政府监管往往力不从心,企业违法成本较低。如此境况,极易诱发企业的机会主义行为,有意规避阳性标识,使得市场中存在为数不少的未标注阳性标识的转基因商品。因此,在强制标识制度下,转基因生物阴性标识可以满足消费者买到非转基因商品的需求,存在适用空间。

在转基因生物自愿标识制度下,企业考虑到消费者的心理顾虑,通常不会选择对转基因商品标注阳性标识。消费者对商品是否为转基因商品都无从识别,要实现购买非转基因商品的愿望,势必极为困难。近年来,消费者为实现知情权和选择权,要求政府改弦易张建立转基因生物强制标识制度的呼声日益高涨。值得注意的是,实行转基因生物自愿标识制度的四个国家或地区中,除我国香港地区外,美国①、加拿大、阿根廷均为转基因作物种植大国,市场中转基因商品的占比都很高,通过建立转

---

① 如前所述原因,本书暂时仍将美国作为采取自愿标识制度的国家进行讨论。

基因生物强制标识制度,实现消费者知情权,成本巨大。以美国为例,美国农业部统计数据表明,2015 年美国转基因大豆种植率为 94%,转基因玉米植率为 92%①,"美国食品中有 80% 包含转基因原料"②,若实行强制标识制度,标识成本相当于原来成本的 6% ~ 9%,相应产品的销售成本还会增加 6%③,"经济上和实际上的障碍使得标识制度难以执行"④。况且,即便建立了强制标识制度,碍于市场中转基因商品的广泛存在,标识豁免范围势必更宽,也很难满足消费者购买非转基因生物的要求,较为经济的方案是逆向选择,建立转基因生物阴性标识制度。所以,在自愿标识制度下,转基因生物阴性标识的适用空间更大。

综上所述,无论是转基因生物强制标识制度还是自愿标识制度,"立法并未赋予消费者以充分的知情权,由此严重限制了消费者在转基因商品与非转基因商品之间的选择,这会导致他们不自愿地食用转基因商品而不自知,所以该问题的核心是要保障消费者享有充分的知情权,使得他们有机会作出自主的决定"⑤。当然,消费者为避开转基因生物,可以选择经过认证的有机食品,但需要付出昂贵的选择成本⑥。由此,转基因生物阴性标识有助于消费者既能选到非转基因商品,又无需付出昂贵的经济成本,从而具有巨大的适用空间。

三、国外转基因生物阴性标识制度立法考察

(一)转基因生物强制标识下的阴性标识制度

世界上实行转基因生物强制标识制度的有欧盟、澳大利亚、日本、韩国、泰国等 60

---

① 美国是世界上转基因作物种植面积最大的国家,其转基因作物种植面积的增长速度也十分迅猛。转基因大豆种植率 1997 年仅为 17%,2003 年超过 80%,2007 年超过 90%;转基因玉米种植率 1997 年仅为 10%,2001 年超过 50%,2014 年超过 90%。参见:USDA. Recent Trends in GE Adoption [DB/OL]. 访问日期:2016-01-21.

② WONG T B. Playing Politics with Food:Comparing Labeling Regulations of Genetically Engineered Foods across the North Atlantic in the United States and European Union[J]. San Joaquin Agric. L. Rev.,2013,23:243.

③ 赵将,生吉萍. 转基因食品标识的问题与困惑[J]. 中国农业大学学报,2015,20(3):1-8.

④ RICHARD E. Goodman. 生物安全:美国转基因作物的评价与管理[J]. 华中农业大学学报,2014,33(6):83-109.

⑤ 陈景辉. 面对转基因问题的法律态度——法律人应当如何思考科学问题[J]. 法学,2015(9):118-128.

⑥ SALLY NOXON VECCHIARELLI. Mandatory Labeling of Genetically Engineered Food:Constitutionally,You Do Not Have a Right to Know[J]. S. J. Agric. L. Rev.,2013,22:230.

多个国家或地区①,对转基因生物阴性标识的立法态度不尽一致。

1. 欧盟

虽然消费者知情权和选择权保护是欧盟转基因生物相关立法的重点领域②,但主要体现在转基因生物强制阳性标识方面。对于转基因生物阴性标识,欧盟法律虽未禁止使用,但也没有建立统一的转基因生物阴性标识制度。欧盟将转基因生物阴性标识与其他商品标识等同对待,通过现行的商品安全、商品标签、公平交易、消费者保护等方面的法律法规,对企业标注转基因生物阴性标识的行为进行规范。欧盟大部分消费者对转基因商品持反对态度③,赞同对转基因商品采取标签标注,他们觉得这样做,至少选择权在消费者手里,而不是在政府或企业那里④,因而市场上转基因生物阴性标识标注率较高⑤。为更加有效地规范企业标注转基因生物阴性标识的行为,德国、法国、奥地利、丹麦、荷兰等欧盟成员国,选择了建立转基因生物阴性标识制度的路径,只是设定的阴性标识条件有所不同。比如,德国法律规定,终产品中转基因成份含量在0.1%以下⑥的食品,以及奶牛产奶3周前、家禽产蛋6周前、家禽屠宰10周前、肉牛屠宰12个月前、猪屠宰4个月前未食用转基因饲料,动物肉、蛋、奶及其制品可以标注转基因生物阴性标识。奥地利比德国宽松,终产品中转基因成份含量在0.9%以下的食品,允许标注转基因生物阴性标识,而且对动物产品标注阴性标识,要求动物食用非转基因饲料的期间,要短一些。但意大利、荷兰、芬兰比德国更为严格,动物肉、蛋、奶类商品要标注转基因生物阴性标识,须动物自出生后从未食用过转基因饲料。同时,各国普遍要求企业建立转基因生物隔离系统,制作身份证明文件,将

---

① LAURA Murphy, JILLIAN Bernstein, ADAM Fryska. More Than Curiosity: The Constitutionality of State Labeling Requirements for Genetically Engineered Foods[J]. Vt. L. Rev., Winter, 2013, 38: 480.

② 陈亚芸. 欧盟转基因和非转基因作物共存的法律问题研究[J]. 德国研究, 2015, 30(1): 56-69.

③ CALABRÒ G, VIERI S. The use of GMOs and consumers' rights in the European Union[J]. International Journal of Environment and Health, 2014, 7(2): 128-143.

④ 胡加祥. 欧盟转基因食品管制机制的历史演进与现实分析——以美国为比较对象[J]. 比较法研究, 2015 (5): 140-148.

⑤ 比如,德国一项调查表明,在51个乳品企业抽样中,有76%的企业都或多或少生产标注阴性标识的牛奶。参见:Punt M J, Venus T J, Wesseler J H H. Dairies investment decisions in voluntary GM-free labeling standards in Germany(2015) [DB/OL]. 访问日期:2016-01-21.

⑥ 事实上,部分欧盟国家规定转基因成分含量在0.1%以下的商品才可以标注阴性标识,仅是表明一种对转基因生物阴性标识严格管制的立法态度而已。因为,实践中欧盟允许意外混杂转基因成分含量在0.9%以下的有机食品,可以标注有机食品标识。参见:HUBBARD K, HASSANEIN N. Confronting coexistence in the United States: organic agriculture, genetic engineering, and the case of Roundup Ready ® alfalfa[J]. Agriculture and human values, 2013, 30(3): 325-335.

非转基因生物的可追溯性和测试报告作为阴性标识的基础。当然,也有欧盟成员国认为在转基因生物强制标识制度下,没有必要建立转基因生物阴性标识制度。比如,瑞典法律规定标注转基因生物阴性标识是非法行为①。最近,欧盟委员会正在就转基因生物阴性标识统一立法议题进行研讨②。

2. 其他国家

澳大利亚③、日本、韩国等国家均选择了专门针对转基因生物阴性标识予以立法的路径。澳大利亚法律允许不含转基因成份的商品标注阴性标识,但提出了严格的阴性标识条件,澳大利亚竞争与消费者委员会负责对转基因生物阴性标识进行审查和监督,防止企业使用虚假信息误导和欺骗消费者④。日本法律允许使用转基因生物阴性标识,但要求商品必须施行分别生产流通管理,并进行严格的非转基因 IP(身份保持)认证。非转基因商品分别生产流通管理手册规定,每一阶段都需向下一阶段出具管理记录和非转基因证明文件。并且,禁止对国内不存在相应转基因原料的商品标注转基因生物阴性标识⑤。近年来,日本对未达到强制阳性标识标准的食品,企业可否任意自行标注阴性标识存在很大争议⑥。韩国法律允许使用转基因生物阴性标识,但企业必须提供商品原料非转基因 IP 认证、偶然混杂率低于 3% 以及定性检测结果为阴性的相关证明⑦。除瑞典外,泰国也明确禁止使用转基因生物阴性标识,认为那样会对消费者造成误导。

(二)转基因生物自愿标识下的阴性标识制度

实行转基因生物自愿标识制度的美国⑧、加拿大、阿根廷和我国香港地区,均未禁止使用转基因生物阴性标识。美国正在推进转基因生物阴性标识的立法工作,而加拿大已经建立了转基因生物阴性标识制度。

---

① VIVIAN Moses, GRAHAM Brookes. The world of "GM-free"[J]. GM Crops & Food, 2013, 4(3):138-139.
② Food Standards Agency(UK). SHORT CONSULTATION: EU HARMONISATION OF "GM-FREE" LABELLING (31 January 2013)[DB/OL]. 访问日期:2015-08-02.
③ 由于新西兰与澳大利亚在转基因生物管理上系共同立法,所以新西兰对转基因生物阴性标识的规制,与澳大利亚一致。
④ 于爱芝.澳大利亚转基因技术在农业中的应用、管理政策及启示[J].世界农业,2008(7):11-14.
⑤ 刘培磊,李宁,汪其怀.日本农业转基因生物安全管理实施进展[J].世界农业,2006(8):43-46.
⑥ 高桥滋.日本转基因食品法制度的现状及课题[J].法学家,2015(2):134-139.
⑦ 付仲文.一些国家和地区转基因生物标识制度概况[J].世界农业,2009(11):37-42.
⑧ 如前所述原因,本书暂时仍将美国作为采取自愿标识制度的国家进行讨论。

1. 美国

长期以来,在《生物技术治理协调框架》指导下,美国食品药品监督管理局、农业部和环保署等联邦机构均采取了"亲生物技术"的基本态度,尽力避免为转基因商品施加任何不合理的监管负担,目标就是促进转基因生物产业的发展①。因而,美国对可能给转基因生物发展带来负面影响的阴性标识,管理较为严格。美国食品药品监督管理局认为应当尽量避免使用转基因生物阴性标识,因为它会使消费者认为商品中的转基因成份达到"零"水平,还会误导消费者认为非转基因商品比转基因商品更为优良。美国法律规定,如果企业对商品标注转基因生物阴性标识,就必须证明其标识内容属实且没有误导性②,若企业不能提供证实"标识表述或暗示的重要事实"的充分证据,则阴性标识会被认为具有误导性③。近年来,美国消费者要求实现转基因商品知情权的呼声非常高涨。2013 年,《纽约时报》开展的一项全国性调研表明,93% 的消费者支持对转基因商品进行标识,75% 的消费者对转基因商品有不同程度的心理顾虑④。由此,转基因生物强制标识成为美国公共政策制定中的热点议题⑤,2013 年美国有 32 个州提出了 110 项有关转基因的法案⑥,开始动摇其一贯主张的转基因生物自愿标识态度⑦。美国康涅狄格州首先通过了转基因生物强制标识的地方法规,此举对美国其他州启动转基因生物强制标识的立法程序产生了积极影响⑧。其后,美国缅因州、佛蒙特州也先后通过转基因生物强制标识的地方法规,加州、华盛顿州和俄勒冈州的立法动议仅以微小差距被否决⑨。与此同时,美国众多转基因生物相

① 刘银良.美国转基因生物技术治理路径探析及其启示[J].法学,2015(9):139-149.
② 美国通过判例将商业言论自由纳入宪法(宪法第一修正案)保护范围,但前提条件是该商业言论合法且没有误导性.参见:蔡祖国,郑友德.不正当竞争规制与商业言论自由[J].法律科学(西北政法学院学报),2011,29(2):121-132;李一达.言论抑或利益——美国宪法对商业言论保护的过去、现在和未来[J].法学论坛,2015,30(5):152-160.
③ 张忠民.美国转基因食品标识制度法律剖析[J].社会科学家,2007(6):70-74.
④ Allison Kopicki, Strong Support for Labeling Modified Foods, N. Y. Times (July 27,2013) [DB/OL]. 访问日期:2015-08-02.
⑤ HEMPHILL T A, Banerjee S. Mandatory Food Labeling for GMOs[J]. Regulation,2014,37:7.
⑥ PAMELA M P, Many States Weigh GMO Labels, Stateline (Mar. 13,2014) [DB/OL]. 访问日期:2015-08-02.
⑦ 竺效.论转基因食品之信息敏感风险的强制标识法理基础[J].法学家,2015(2):120-127.
⑧ MULLER J M. Naturally Misleading:FDA's Unwillingness to Define Natural and the Quest for GMO Transparency through State Mandatory Labeling Initiatives[J]. Suffolk UL Rev.,2015,48:511.
⑨ PIFER R H. Mandatory Labeling Laws:What Do Recent State Enactments Portend for the Future of GMOs [J]. Penn St. L. Rev.,2014,118:799-806.

关企业每年花费巨资游说各级政府反对转基因生物强制标识制度出台①。2015年7月,美国众议院通过了《安全准确的食品标签法案》,法案规定企业可不标注商品是否含有转基因成份,无须遵循美国某些州政府要求标注转基因成份的法规②。尽管法案还需要美国参议院通过、总统签署等程序才能最终成为法律,但其折射出美国联邦政府对转基因生物自愿标识的态度并未改变。但是,美国消费者对转基因商品知情权的强烈诉求,已经引起了联邦政府的重大关切。终于,经过强制标识支持者与反对者的反复博弈,2016年7月29日美国总统奥巴马签署了《国家生物工程食品信息披露标准》(S.764法案),使其正式成为联邦法律,规定符合条件的转基因食品应当披露相关信息,但披露方式不限于标识③。鉴于美国市场上转基因商品较为普及,政府也试图通过允许标注转基因生物阴性标识的途径,让消费者实现知情权和选择权。2015年5月,美国农业部拟出台相关政策,对转基因生物阴性标识实施认证制度。政策规定,转基因生物阴性标识属于自愿标识,企业根据需要自愿进行认证与标注,但必须自行承担相关费用;通过认证的转基因生物阴性标识上可标明"经美国农业部认证"字样,美国农业部市场管理局负责认证和审批工作④。遗憾的是,政策至今还未正式出台。目前,美国只有根据《1990有机食品生产法》的规定,可以对通过了国家有机计划认证的有机食品标注转基因生物阴性标识⑤。

2. 加拿大

与美国不同,加拿大建立了统一的转基因生物阴性标识制度。加拿大法律规定,若采取国际认可的检测方法对商品(原料)进行检测,检测不到转基因成份,可以对该商品(原料)标注转基因生物阴性标识。对于单一原料商品(食品),若原料转基因成份含量低于5%,且并非故意添加,可以对该商品标注转基因生物阴性标识。对于多

---

① BLANCHARD K B. The Hazards of GMOS: Scientific Reasons Why They Should Be Regulated, Political Reasons Why They Are Not, and Legal Answers to What Should Be Done[J]. Regent UL Rev., 2015,27:134.

② CAREY G. US House committee approves anti-GMO labeling law[DB/OL]. 访问日期:2015-08-02.

③ 刘旭霞,张楠.美国国家生物工程食品信息披露标准法案评析[J].中国生物工程杂志,2016,36(11):131-138.

④ Mary Clare Jalonick. USDA Develops New GMO-Free Certification And Label For Foods [DB/OL]. 访问日期:2016-06-02.

⑤ 在美国,还有一种表述为"天然(natural)"或"全天然(all natural)"的食品标识。2013年的统计表明,美国22.1%食品和34%饮料标注有"天然"标识。但是,美国食品药品管理局没有明确"天然"的具体含义,认为"没有添加色素、人工香料等食品添加剂"的食品均可标注"天然"标识,因而标注"天然"标识的食品仍然可能含有转基因成份。参见:GRAY C. A Natural Food Fight: The Battle between the Natural Label and GMOs [J]. Wash. UJL & Pol'y, 2016, 50:123-145.

种原料商品(食品),任何一种原料中转基因成份含量低于5%,且并非故意添加,可以对该种原料标注转基因生物阴性标识;若要对所有原料概括标注转基因生物阴性标识,则要求所有原料中不能含有包括生物酶在内的任何转基因技术制品,且不能含有无法说明来源的原料或原料成份。而且,如果市场上不存在相应的转基因生物(原料),原则上不得标注转基因生物阴性标识,除非在标识上附加解释性说明(比如"同其他禽类一样,本火鸡为非基因工程产品");企业要标注转基因生物阴性标识,必须提供验证资料;转基因生物阴性标识内容必须真实,不得误导消费者①。

实践中,美国和加拿大市场上早已存在企业自行标注的大量转基因生物阴性标识。其中,大部分通过了一家非营利性国际组织(The Non-GMO Project)的认证,该组织还为企业标注转基因生物阴性标识提供了统一的"蝴蝶"标徽②。

(三)国外转基因生物阴性标识立法的有益启示

鉴于转基因生物阴性标识有助于消费者以较低的经济成本买到非转基因商品,企业标注转基因生物阴性标识的行为,属于行使其商业言论自由的范围;加之,转基因生物阴性标识与阳性标识不同,消费者通过阳性标识实现知情权和选择权的同时,意味着要自行承担相关责任,存在国家转嫁责任之嫌③,而消费者通过阴性标识实现的是对非转基因商品的知情权,不存在转嫁责任的问题。所以,无论是实行转基因生物强制标识制度还是自愿标识制度的国家和地区,除瑞典、泰国等极少数国家外,都允许使用转基因生物阴性标识。然而,由于转基因生物阴性标识在市场中具有强大的生命力,且涉及消费者权益保护、市场竞争秩序维护、公共利益保护等多个方面,为防止企业在利益驱动下滥用转基因生物阴性标识,应当通过法律予以规制。"由于立法者的有限理性、社会的变动性以及法律语言的模糊性等诸多因素的影响,法定权利的界限在立法上未必都能被界定清楚"④,因而采用既有法律规制转基因生物阴性标识,具有局限性和滞后性,往往无法取得预期的法律效果⑤。因此,越来越多的国家选

---

① National Standard of Canada. Voluntary Labelling and Advertising of Foods that are and are not Products of Genetic Engineering(Canadian General Standards Board - CAN/CGSB-32.315-2004)[DB/OL].

② MAUREEN K. Non-GMO Project in Canada [DB/OL]. 访问日期:2016-06-02.

③ MARKIE PETER. Mandatory Genetic Engineering Labels and Consumer Autonomy[A]. Paul Weirich. Labeling Genetically Modified Food: The Philosophical and Legal Debate[C]. New York: Oxford University Press, Inc, 2007:88-105.

④ 梁迎修. 权利冲突的司法化解[J]. 法学研究,2014(2):61-72.

⑤ 实际上,我国"非转基因"食品广告、食品标识泛滥成灾,也是例证。参见:张忠民. 论我国非转基因食品广告的法律规制[J]. 食品工业科技,2015,36(5):32-36.

择专门立法予以规范,明确标注阴性标识的条件,规范标注阴性标识的行为,防范转基因生物阴性标识的滥用。特别是近年来,转基因生物安全争议在世界范围内持续发酵,消费者对转基因商品知情权的诉求与日俱增,实现非转基因商品选择权的愿望日益强烈,企业自行标注转基因生物阴性标识的商品种类不断增多,使得世界各国对转基因生物阴性标识越来越重视,对建立转基因生物阴性标识制度,在认识上越来越趋同。因此,在宏观认识层面上,国外立法实践对我国的有益启示是:建立转基因生物阴性标识制度系大势所趋。

在制度设计层面,国外转基因生物阴性标识制度的立法实践,为我国构建转基因生物阴性标识制度,提供如下有益启示:第一,转基因生物阴性标识的法理基础是对企业商业言论自由的限制。第二,转基因生物阴性标识在性质上属于附条件的自愿标识,企业拥有自主决策是否予以标注的权利。第三,转基因生物阴性标识的对象范围,原则上以市场中存在相应转基因生物(原料)为限。第四,转基因生物阴性标识的内容,必须真实可靠,不得误导消费者,标注企业有义务予以证实。第五,科学的 IP认证体系和统一的检测方法,对于转基因生物阴性标识制度的实施,至关重要。第六,鉴于转基因生物与非转基因生物深度共存,设定科学合理的转基因生物阴性标识阈值,有利于提高制度的可行性。

四、构建转基因生物阴性标识制度的必要性

根据《食品安全法》《农业转基因生物安全管理条例》《农业转基因生物标识管理办法》等法律法规,我国仅建立了强制性转基因生物阳性标识制度,并未建立转基因生物阴性标识制度。同时,我国法规也没有禁止转基因生物阴性标识的使用,只是未将转基因生物阴性标识与其他商品标识区别对待,企业自行标注转基因生物阴性标识时,应当遵守《消费者权益保护法》《反不正当竞争法》《食品标识管理规定》《农产品包装和标识管理办法》等调整商品标识的法律法规。质言之,我国选择的是以现行法律限制企业滥用转基因生物阴性标识的路径。由于转基因生物阴性标识属于新生事物,我国相关法规缺少明确规范;标识监管部门对其重视不够,加之多头管理弊端重重,最终未能实现有效监管,使得市场上转基因生物阴性标识泛滥成灾,引发了一系列负面效应。但究其根源,实为通过现行法律限制企业商业言论自由,存在局限性和滞后性。换言之,转基因生物阴性标识制度的立法缺失,给企业滥用转基因生物阴性标识提供了可乘之机。因此,我国构建转基因生物阴性标识制度已经非常必要。

(一)保障消费者权益的需要

转基因生物阴性标识降低了消费者选择非转基因商品的经济成本,满足了消费

者的差异化需求,有利于消费者权益保护。但是,由于我国转基因生物阴性标识制度的缺失,导致其泛滥无序,使原本有利于保护消费者权益的阴性标识,产生了侵害消费者权益的后果。

首先,侵害消费者知情权。消费者知情权的实现,依赖于对商品真实信息的充分知悉,而市场中标注转基因生物阴性标识的商品,绝大多数未经过国家认可的认证机构认证,标识内容与客观事实难以相符;即便是内容真实的转基因生物阴性标识,也可能具有误导性。比如对花生油标注阴性标识,标识内容确定真实,因为世界上还不存在转基因花生,但会误导消费者认为市场上存在转基因花生油。而且,转基因生物阴性标识属于自愿标识,企业的"经济利益目标与社会公益目标函数之间的差异会促使其采取不适当的手段进行标识的伪造"①。虚假或误导的转基因生物阴性标识,均构成对消费者知情权的侵害。

其次,侵害消费者财产权。消费者对转基因商品的非理性认识,增加了转基因生物阴性标识误导消费者的概率,而阴性标识内容中效果方面的描述,则直接构成对消费者的误导。尽管国内市场上非转基因商品的价格普遍高于转基因商品,被误导的消费者往往宁愿付出相对较高的经济成本,也会作出购买标注转基因生物阴性标识商品的决策,由此构成对消费者财产权益的侵害。

最后,侵害消费者健康权。国内市场上部分转基因生物阴性标识的内容,含有"更安全""更健康""不管几比几,不要转基因"等信息,暗示转基因商品不够安全。这些缺乏科学依据的信息,不仅使消费者在作出购买决策时产生严重的心理困扰,还会让以前食用过转基因商品的消费者担心身体健康已经受到损害,进而产生精神焦虑,身心健康遭受侵害。

(二)保障企业权益的需要

企业为迎合消费者需求,提升商品竞争力,获取经济利益,具有标注转基因生物阴性标识的内在动力。但在缺乏法律规制的环境中,企业极易在利益诱惑下产生机会主义倾向,滥用转基因生物阴性标识,进而侵害诚实企业的合法权益。无论转基因商品企业(含生产者和经营者)还是非转基因商品企业,都可能因转基因生物阴性标识的滥用,遭受经济损失。

一方面,转基因商品企业是转基因生物阴性标识滥用的最直接受害者。企业滥用转基因生物阴性标识的目的是获取经济利益,因而往往通过捏造、夸大商品功能,

---

① 张辉. 生物安全法律规制研究:经济法视域的解读[M].厦门:厦门大学出版社,2009:219.

强调商品的"非转基因"特性,增加消费者对转基因商品安全的忧虑程度,进一步降低消费者购买转基因商品的意愿①,促使消费者选择自己的商品。因此,转基因生物阴性标识的滥用,侵害的不仅是同类转基因商品企业,而且往往波及所有转基因商品企业,致使转基因商品处于不利的竞争地位,相关业者经济利益受损。

另一方面,转基因生物阴性标识的滥用具有很强的裹挟效应,同类非转基因商品企业遭受经济损失往往在所难免。企业滥用转基因生物阴性标识,对消费者购买决策影响很大,同类非转基因商品(市场中存在相应转基因原料)企业,会处于非常被动的境地。倘若坚持不标注阴性标识,则存在让消费者怀疑商品中含有转基因成份的风险,商品市场占有率势必会降低,从而遭受经济损失;倘若被动地也标注阴性标识,虽然能够保住商品市场份额,但增加了企业的运营成本,甚至会因为涉嫌不正当竞争遭受经济处罚,同样会遭受经济损失。

(三)促进转基因生物产业健康发展的需要

转基因生物产业的健康发展,有利于提升人民群众的福祉,符合公共利益的需要。转基因生物产业要健康发展,需要良好的社会舆论环境、市场秩序和政府公信力。但在缺乏法律规制的环境中,虚假而混乱的转基因生物阴性标识,会对这些方面产生很大的负面影响,阻碍转基因生物产业健康发展。

首先,破坏社会舆论环境。良好的转基因生物社会舆论,对于转基因生物产业的健康发展至关重要,其不仅影响消费者的接受度,还会影响政府的决策②。我国转基因生物舆论环境非常严峻,存在明显的"妖魔化"倾向。有关转基因生物安全性的报道无不触动着公众敏感的神经,"三代绝育""致癌致残""灭华阴谋"等各种令人不安的消息不绝于耳③,"随着越来越多转基因作物获得种植许可并进入市场,近年来大众对它的恐慌也愈演愈烈"④。为此,我国2015年中央一号文件《关于加大改革创新力度加快农业现代化建设的若干意见》,专门提出要"加强农业转基因生物科学普及"。于此背景下,企业滥用转基因生物阴性标识,对"非转基因"进行炒作,会进一步误导消费者的观念,加之消费者群体易于接受暗示并具有传染性的特点,最终必然

---

① 黄建,齐振宏,冯良宣,等.标识管理制度对消费者转基因食品购买意愿的影响研究——以武汉市为例[J].中国农业大学学报,2013(5):220-225.

② 比如,我国政府对转基因生物产业非常重视,在资金、政策上均大力支持,曾为两种转基因水稻和一种转基因玉米颁发了安全证书,但最终因为激烈的反对舆论而中止了其商业化进程。参见:陈晓亚,杨长青,贾鹤鹏.中国转基因作物面临的问题[J].华中农业大学学报,2014,33(6):115-117.

③ 王扬,刘晓莉.我国转基因食品安全社会监管问题研究[J].河北法学,2015,33(2):42-48.

④ 戴佳,曾繁旭,郭倩.风险沟通中的专家依赖:以转基因技术报道为例[J].新闻与传播研究,2015(5):32-45.

导致转基因生物的社会舆论环境更加恶劣。

其次,扰乱市场秩序。转基因生物产业要健康发展,良好的市场秩序不可或缺,而转基因生物阴性标识的滥用,会扰乱市场秩序。一方面,部分转基因生物阴性标识通过对消费者的欺骗或误导,破坏了本应以诚信为本的交易行为,扰乱了市场的交易秩序。另一方面,部分企业对商品肆意标注转基因生物阴性标识,属于不正当竞争行为,损害了竞争对手的合法权益,扰乱了市场的竞争秩序。企业滥用转基因生物阴性标识在扰乱市场交易秩序和市场竞争秩序的同时,必然会扰乱市场的管理秩序。

最后,降低政府公信力。政府公信力对促进转基因生物产业健康发展意义重大。公众对政府公共管理能力的信任,有助于提高对转基因商品的接受度,公众接受度的提高是转基因生物产业健康发展的基础。美国转基因生物产业发展迅猛,得益于公众对政府管理能力的信任,而"欧盟诸国就是因为'疯牛病'问题使得政府公信力下降,从而导致消费者对转基因食品的恐惧"①,进而严重制约了转基因生物产业的发展。改革开放以来,"中国在取得重大成就的同时,一定程度上政府的公信力下降已成不争的事实。尤其是近年来的三鹿奶粉事件、山西疫苗事件以及转基因主粮事件等频发和上升的态势表明,公众对政府的公信力普遍存在着信任危机的问题"②。"在政府公信力缺失的语境下,任何转基因的涉及即使是最简单的科普,也会引起公众的情绪反扑"③,更无须说未经认证但已充斥商场的转基因生物阴性标识了。所以,转基因生物阴性标识的滥用,必定会进一步降低我国政府的公信力。

综上所述,为实现对转基因生物阴性标识的有效规制,切实维护消费者和企业的合法权益,促进转基因生物产业健康发展,我国确有必要建立转基因生物阴性标识制度。

五、构建转基因生物阴性标识制度的具体设想

我国构建转基因生物阴性标识制度,宗旨应当是保障消费者和企业双方权益,促进转基因生物产业健康发展,核心应当是标识对象、标识内容和标识监管,制度设计应确保标识对象科学、标识内容真实和标识监管有力,并力求经济可行。借鉴国外立法经验,结合国内实际状况,提出如下建议。

---

① 何光喜,赵延东,张文霞,等.公众对转基因作物的接受度及其影响因素——基于六城市调查数据的社会学分析[J].社会,2015,35(1):121-142.
② 姜萍.中国公众抵制转基因主粮商业化:三重缘由之探[J].自然辩证法通讯,2012,34(5):26-30.
③ 徐振伟,李爽,陈茜.转基因技术的公众认知问题探究[J].中国农业大学学报(社会科学版),2015,32(5):102-110.

（一）转基因生物阴性标识的对象

1. 允许标注转基因生物阴性标识的对象范围

我国允许标注转基因生物阴性标识的对象范围,应以国内市场存在相应转基因原料的商品为限。既可标注商品本身,也可标注商品原料。

（1）须市场存在相应转基因原料

纵观现行转基因生物阴性标识制度立法例,绝大多数规定只有市场上存在相应转基因原料的商品,才能成为标注阴性标识的对象。加拿大对此有所放宽,但条件是必须在阴性标识上附加解释性说明,以避免误导消费者;部分欧盟成员国将"转基因饲料饲养动物"作为一种例外进行规范。转基因生物阴性标识对象须以市场存在相应转基因原料为要件,主要原因如下:第一,避免误导消费者。如果允许市场上尚不存在相应转基因原料的商品标注阴性标识,会误导消费者认为市场上存在相应的转基因商品,使消费者产生不必要的困惑与忧虑。第二,防止不正当竞争。企业对市场上尚不存在相应转基因原料的商品标注阴性标识,会暗示消费者未标注阴性标识的同类商品,可能属于转基因商品或含有转基因成份,对消费者的购买决策产生实质性影响,涉嫌构成不正当竞争行为。第三,避免社会资源浪费。对于市场上不存在相应转基因原料的商品,消费者无须通过阴性标识进行识别,即可确定其为非转基因商品,允许企业对其标注转基因生物阴性标识,徒增成本、纯害无益,还会对其他企业产生裹挟效应,最终造成社会资源的巨大浪费。比如,我国个别花生油企业对花生油标注"非转基因压榨",其他企业被迫跟进标注,既误导消费者,又涉嫌不正当竞争,还浪费社会资源。

另外,我国政府正在努力塑造良好的转基因生物社会舆论环境,倘若允许市场上不存在相应转基因原料的商品标注阴性标识,市场上转基因生物阴性标识必然随处可见,即便附上解释性说明,也会对消费者心理形成巨大冲击,不利于良好社会舆论环境的形成。

（2）市场范围须以国内为限

虽然大多数国家对转基因生物阴性标识对象都提出了"市场存在相应转基因原料"的要求,但对"市场范围"的界定却不尽相同。实行转基因生物强制标识制度的国家或地区,因为存在转基因生物市场准入的行政许可,通常将"市场范围"限定在国内或区域内市场。比如,日本、韩国等国家以国内市场为限,德国、意大利、法国、奥地利、荷兰等国家以欧盟市场为限。

我国实行严格的转基因生物市场准入制度,无论是国内还是国外的转基因生物

（商品），未获得国家农业部颁发的"农业转基因生物安全证书"，均不得进入国内市场流通。因此，倘若不将"市场范围"界定为国内市场，则必然产生与"允许市场上不存在相应转基因原料的商品标注阴性标识"同样的负面后果。而且，农业部为提高行政透明度，加强公众对行政的监督，已通过官方网及时向社会公开了安全证书的审批情况。当企业对国内尚未批准但国际市场已经存在相应转基因原料的商品标注转基因生物阴性标识时，会误导消费者认为政府已经批准这种转基因原料进入市场，只是刻意没有公开相关信息，进而质疑政府，使政府公信力进一步降低。因此，我国应当将"市场存在相应转基因原料"中的市场范围，限定为国内市场。

2. 禁止标注转基因生物阴性标识的对象范围

出于促进转基因生物产业健康发展的考虑，我国禁止标注转基因生物阴性标识的对象范围，除国内市场不存在相应转基因原料的商品外，还应当包括国内市场存在相应"生产涉及转基因技术制品"的四类商品。

（1）非转基因饲料饲养动物的肉、蛋、奶及其制品

国内市场上存在转基因饲料饲养的动物，主要有以下两种情况。第一，转基因饲料饲养的动物，比如由转基因豆粕、转基因玉米粉、转基因油菜籽粕以及转基因棉花籽等饲养的动物；第二，加入转基因生物改良的非转基因饲料饲养的动物，比如为提高动物生产性能和饲料利用率，在饲料加入转基因巴斯德毕赤酵母生产的植酸酶（农基安证字 2004 第 025、026 号）[1]、重组毕赤酵母 GS115 表达的 α-半乳糖苷酶（农基安证字 2012 第 009 号）等。由此，非转基因饲料饲养动物的肉、蛋、奶及其制品可否标注转基因生物阴性标识，需要政府决策。德国、法国、意大利、奥地利等欧洲国家，允许这类商品标注转基因生物阴性标识，只是提出了不同的标识条件（动物未食用转基因饲料的期间）。但是，日本、韩国、澳大利亚、加拿大等更多的国家却明确禁止这类商品标注转基因生物阴性标识。

实际上，转基因饲料饲养动物本身并不含转基因成份，动物制品也并非规范意义上的转基因商品，严格而言，应当被列入"市场上不存在相应转基因原料"的商品之列，此亦为大多数国家禁止其标注转基因生物阴性标识的原因。欧盟部分成员国之所以允许这类商品标注转基因生物阴性标识，系欧洲近年来频繁爆发的"二噁英""毒豆芽""马肉丑闻""鸡蛋标签造假"等食品安全事件以及消费者对食品安全知情权呼声高涨之故；作为对消费者的积极回应，政府采取了扩张企业商业言论自由的决策，

---

[1] 该转基因生物获得的国家农业转基因生物安全证书编号，下同。参见农业部官方网站"转基因权威关注"网页"审批信息"栏目，访问日期：2016-11-02。

为消费者扩大非转基因产品知情权范围提供机会。就我国而言,动物肉、蛋、奶及其制品是人们生活的必需品,倘若允许这类商品标注转基因生物阴性标识,不仅会浪费大量社会资源,还会使消费者产生更多忧虑,扰乱社会舆论。而且,允许这类商品标注转基因生物阴性标识,却禁止"未使用转基因疫苗、转基因微生物、转基因添加剂的商品"标注阴性标识,会有失公允。因此,我国应当禁止非转基因饲料饲养动物的肉、蛋、奶及其制品标注转基因生物阴性标识。

(2)未使用转基因疫苗动物的肉、蛋、奶及其制品

国内市场上存在使用转基因疫苗的动物,主要有以下两种情况。第一,注射疫苗,比如注射重组杆状病毒 AcMNPV 表达的猪圆环病毒 2 型 ORF2 基因工程亚单位疫苗(农基安证字 2012 第 005 号)、重组 LHRH(促性腺激素释放激素)融合蛋白(农基安证字 2005 第 245 号)去势疫苗等;第二,食用疫苗,比如动物食用转基因植物中表达的大肠杆菌热敏肠毒素 B 亚单位、乙型肝炎病毒表面抗原、诺沃克病毒外壳蛋白、口蹄疫病毒、变异链球菌表面蛋白等疫苗。鉴于转基因疫苗在动物体内残留量极低,甚至完全没有残留,动物制品本身并非转基因商品,实行强制标识制度的国家均未要求这类商品标注阳性标识;那么,对于未使用转基因疫苗动物的肉、蛋、奶及其制品,就更加没有标注转基因生物阴性标识的必要。目前,没有国家允许这类商品标注转基因生物阴性标识,我国同样应当将其列入禁止标注阴性标识的对象范围。

(3)未使用转基因微生物生产的商品

国内市场上存在使用转基因微生物生产的商品,比如使用转抗菌肽 CAD 基因啤酒酵母 CAD-1(农基安证字 2004 第 027、028、029 号)生产的啤酒等商品。这类商品虽然生产过程中使用了转基因微生物,但终产品中基本不含转基因成份,实行强制标识制度的国家也未要求这类商品标注阳性标识。对于未使用转基因微生物生产的同类商品,同样没有标注转基因生物阴性标识的必要性,因而我国应当禁止这类商品标注转基因生物阴性标识。

(4)未使用转基因生物添加剂的商品

国内市场存在使用转基因生物添加剂的商品,比如在食品中加入由转基因大肠杆菌发酵生产的阿斯巴甜(主要从德国进口),或者重组毕赤酵母 GS115 生产的木聚糖酶(农基安证字 2011 第 068 号)、葡聚糖酶(农基安证字 2011 第 069 号)、葡萄糖氧化酶(农基安证字 2013 第 012 号)、果胶酶(农基安证字 2013 第 013 号)等。食品添加剂在现代食品工业中应用十分广泛,倘若允许未使用转基因生物添加剂的食品标注转基因生物阴性标识,那么阴性标识对象范围将会极度扩张,因而没有国家允许这类商品标注转基因生物阴性标识。就我国而言,一则食品中添加剂含量很少,消费者对食品是否使用转基因添加剂并不关注;二则在我国目前的转基因生物舆论环境下,

大量食品标注转基因生物阴性标识,可能会引起消费者的恐慌情绪,因而应当禁止这类商品标注转基因生物阴性标识。

(二)转基因生物阴性标识的内容

从国外立法情况看,转基因生物阴性标识内容包括标识用语和标识标徽(logo)两个要素。我国转基因生物阴性标识制度,对标识用语应指定为"非转基因"字样,禁止效果性描述或绝对性表述;对标识标徽可不予限定,由企业或者认证机构自行设计,但不得违反相关法规。

1. 标识用语

实行不同转基因生物标识制度的国家或地区,对如何表达"使用基因工程技术"制成的商品(原料),存在不同认识,因而指定的转基因生物阴性标识用语也有所不同。

实行转基因生物强制标识制度的国家或地区,绝大多数将"使用基因工程技术"表达为"转基因(genetically modified)",因而指定的转基因生物阴性标识用语为"非转基因(GMO-free 或 without GMOs)"。只有德国和我国台湾地区外,德国指定的转基因生物阴性标识用语为"未使用基因技术(without gene technology)";我国台湾地区指定的转基因生物阴性标识用语为"非基因改造"或者"不是基因改造",还可以附加"符合某国(地区)标准"或者"实际的非故意掺杂率",比如"符合欧盟标准",或"非故意掺杂率0.9%以下"[1]。实行转基因生物自愿标识制度的美国和加拿大则认为,用语"转基因(genetically modified)"不够科学,动植物、微生物的基因组成(genetic makeup)可能因很多因素而改变,因而应当直接使用"基因工程技术(genetic engineering 或 genetically engineered)"。因此,美国食品药品监督管理局认为转基因生物阴性标识用语,应当避免使用"不含转基因成份(GMO free)"或"非转基因(not genetically modified)"等字眼,而应当使用尽可能避免误导消费者的表达,比如"非基因工程技术制成大豆豆油(This oil is made from soybeans that were not genetically engineered)"。加拿大指定的转基因生物阴性标识用语与美国类似,指定使用"非基因工程产品(not a product of genetic engineering, non-genetically engineered product)"的字样,而且禁止使用"不含(free)"或"100%"等绝对性词汇。值得注意的是,美国和加拿大市场上由非营利性国际组织推出的标有"The Non-GMO Project"字样的商品,普

---

① 张忠民. 我国台湾地区转基因食品标识制度变革浅析[J]. 食品工业科技,2015,36(23):24-28.

遍存在。

我国对使用基因工程技术制成的商品,已经约定俗成地使用"转基因商品"表述,因而不会引起消费者的误解。我国法规中除1993年原国家科委制定的《基因工程安全管理办法》和1996年农业部制定的《农业生物基因工程安全管理实施办法》①表述为"基因工程"外,其他全部表述为"转基因"。实践中,真正容易误导消费者的标识用语是效果性描述或绝对性表述。另外,与转基因生物阳性标识用语多元化不同,转基因生物阴性标识用语比较单一。对于阳性标识,倘若转基因生物与相应非转基因生物不具有实质等同性②,则标识中应当明确其特性所在;或者商品使用转基因原料加工,但终产品中已经不含转基因成份,可在标识中予以明确,因而标识用语表现多元。对于阴性标识,非转基因生物不存在类似特别情况,因而标识用语具备整齐划一的条件。因此,我国转基因生物阴性标识用语可指定为"非转基因"字样,同时禁止效果性描述和绝对性表述。比如,"更安全""更健康""不要转基因"等描述。同时,"每一颗都是非转基因""100%非转基因"等表述也属禁止之列。当然,鉴于世界各国指定的转基因生物阴性标识用语不尽相同,我国在非转基因生物国际贸易中,应当注意进口国的相关法律规定。

2. 标识标徽

在激烈的市场竞争中,企业为了吸引消费者眼球,增强转基因生物阴性标识的可识别性,经常使用特点鲜明、容易辨认的标徽。标识标徽可以单独使用,也可以与标识用语结合使用,实践中多数为结合使用。绝大多数建立转基因生物阴性标识制度的国家,未指定统一的阴性标识标徽,允许企业自行选定,只要不违反该国相关法律规定。唯有德国提供了统一的阴性标识标徽,但并不强制企业使用。实践中,企业使用的阴性标识标徽,部分是企业自行设计,多数是认证机构提供。比如,国内的中国检验认证集团和国外的"The Non-GMO Project"组织,均为企业提供转基因生物阴性标识标徽。鉴于转基因生物阴性标识标徽,仅具有识别功能,并不传递额外信息,一般不存在误导消费者的问题,加之转基因生物阴性标识属于自愿标识,因而法律没有必要指定统一的标识标徽,在不违反我国法律法规的前提下,应当允许企业自行选定。

---

① 《农业生物基因工程安全管理实施办法》的法律依据为《基因工程安全管理办法》,这两部法规虽然没有宣布废止,但在《农业转基因生物安全管理条例》颁布后,实际上已经名存实亡。

② 实质等同是转基因生物进行安全性评估的工具,是指如某个转基因生物与传统生物在种属、来源、生物学特征、主要成分、食用部位、使用量、使用范围和应用人群等方面比较大体相同,所采用工艺和质量标准基本一致,可视为它们是同等安全的,具有实质等同性。

(三)转基因生物阴性标识的阈值

为提高转基因生物阴性标识制度的可行性,我国应当对阴性标识实行阈值管理;我国转基因生物阴性标识阈值设定为 0.9%,较为合适。

在转基因生物与非转基因生物深度共存背景下,要实现商品中转基因成份零含量,极为困难。而且,考虑到我国的饮食文化传统,绝大多数食品既有主料又有多种辅料,单一原料食品很少,因此食品原料中意外混杂转基因成份的概率会大大增加。倘若规定商品(原料)只有转基因成份"零含量"才能标注阴性标识,既不现实,也不科学。事实上,目前转基因成份定量检测的最低值只有 0.01%[①]。因此,实行阈值管理才是科学而理性的选择,目前已为多数国家所采用。加拿大设定的转基因生物阴性标识阈值为 5%,日本也为 5%[②],我国台湾地区为 3%,意大利、奥地利为 0.9%,德国、法国、荷兰为 0.1%。必须强调的是,必须是意外混杂转基因成份的情况,才有适用阈值管理的余地;倘若是刻意加入转基因原料,则无论含量多少,均不得标注转基因生物阴性标识。

综合考虑各种因素,我国转基因生物阴性标识阈值设定为 0.9% 为宜。转基因生物阴性标识阈值设定过低,会对检测技术水平要求过高,且检测成本过大,导致可行性较差。转基因生物阴性标识设定得过高,消费者无法接受[③]。我国转基因生物阴性标识阈值的内涵是,单组分原料商品的原料转基因成份含量低于 0.9% 时,可对商品标注阴性标识;多组分原料商品任一原料品种的转基因成份含量低于 0.9% 时,可以对该种原料进行阴性标识。另外,我国转基因生物阴性标识阈值设定为 0.9%,有助于缓解国际贸易中的冲突问题,因为其达到了多数国家转基因生物阴性标识的要求。当然,由于目前我国转基因生物阳性标识制度采取的是定性标准,尚未实行阈值管理,只要含有转基因成份,就需进行阳性标识,因而转基因生物阴性标识阈值的设定,应当与转基因生物阳性标识阈值的设定同时进行。

必须指出,由于转基因生物与非转基因生物在物理外观上并无区别,"当用物理维度说明一个复杂商品的质量状况变得困难时,认证标志、强制性标准、卖方声誉等非直接表明质量状况的信息将成为必要,并且产品质量被直接描述或验证越困难,交易双方对质量维度以外的信息依赖就越强。因此需要这些机构严格遵循相关法律,

---

① 卓勤.各国转基因食品标识制度概况分析[J].中国食品学报,2014,14(8):16-20.

② 食品中重量比例前三位的原料所含转基因原料的重量比例,如果食品在生产时有加水,则水并不作为原料进行考量。参见:高桥滋.日本转基因食品法制度的现状及课题[J].法学家,2015(2):134-139..

③ 张忠民.转基因食品标识阈值问题研究[J].食品科学,2015,36(9):254-259.

保障信息的真实性"①；而且,从欧盟成员国和日本的立法实践看,要对转基因生物阴性标识实行阈值管理,商品的非转基因 IP 认证体系和转基因成份检测至关重要。商品的非转基因 IP 认证体系可以证明企业未故意添加转基因成份,转基因成份检测则确保商品转基因成份含量在阈值以下。因此,我国应积极推进第三方 IP 认证机构和检测机构的认证认可工作,尽快完善不同转基因成份检测的国家标准。为便于区分管理,甚至可以考虑借鉴欧盟经验,为转基因生物(原料)设置独特代码(由数字或数字和字母组成,用于认定转基因生物的特定信息),要求独特代码在转基因生物生产、加工、流通等各个环节中传递②,以提高转基因生物与非转基因生物的甄别效率。而且,新修订的《食品安全法》已经明确提出建立国家食品安全全程追溯制度,为食品非转基因 IP 认证提供了有力支撑。

(四)转基因生物阴性标识的监管

为使转基因生物阴性标识制度落到实处,我国应建立"以农业行政部门为主,食品药品监督管理和工商行政管理部门为辅"的转基因生物阴性标识监管机制。

转基因生物阴性标识具有提高商品竞争力的作用,因而企业标注阴性标识的动力十足。由于转基因生物阴性标识属于自愿标识,在经济利益的驱动下,即使法律明确了转基因生物阴性标识的条件,倘若不能有效监管,也会乱象丛生。我国目前转基因生物阴性标识的泛滥无序,除制度缺失的原因外,管理部门监管不力也是重要因素。转基因生物阴性标识的监管主体,涉及卫生行政、农业行政、质量监督、工商行政管理、食品药品监督管理等多个部门,由于各部门间职责分工不清,信息交流不够,协同合作不足,管理衔接不畅,甚至相互推诿,致使市场中标注转基因生物阴性标识的商品比比皆是,尤其是食用油领域,已经泛滥成灾。

2015 年 10 月 1 日新《食品安全法》实施后,转基因生物阴性标识的监管主体虽然有所减少,只有农业行政、食品药品监督管理和工商行政管理三个部门,但仍是多头管理。农业行政部门根据《农产品质量安全法》《农产品包装和标识管理办法》等法规,负责农产品③的转基因生物阴性标识的监管;食品药品监督管理部门根据《食品安全法》《食品标识管理规定》等法规,负责除农产品外食品的转基因生物阴性标识的监管;工商管理部门根据《消费者权益保护法》《反不正当竞争法》《商标法》《广告法》《关于商品包装物广告监管有关问题的通知》等法规,负责对涉及消费者保护、

---

① 应飞虎,涂永前.公共规制中的信息工具[J].中国社会科学,2010(4):116-131.

② 付文侠.我国转基因食品标识困境的立法破解[J].中州学刊,2015(9):56-61.

③ 来源于农业的初级产品,即农业活动中获得的植物、动物、微生物及其产品。

不正当竞争以及"符合广告特征"的转基因生物阴性标识的监管。

考虑到目前转基因生物阴性标识监管不力的形成原因,建立以农业行政部门为主的转基因生物阴性标识监管机制,比较切实可行。农业行政部门长期实际履行着对转基因生物阳性标识的监管责任,具备管理转基因生物阴性标识的技术能力和执法经验。而且,将转基因生物阳性标识和阴性标识一同进行监管,有利于提高监管效率、降低监管成本。至于监管机制的实现路径,既可以在转基因生物阴性标识制度中予以明确,也可以由地方政府根据《食品安全法》第六条的授权确定本级政府部门职责时予以明确。当然,农业行政部门在监管转基因生物阴性标识的过程中,应积极会同食品药品监督管理和工商行政管理部门不断完善信息共享、协同执法等相关制度和措施,建立健全综合治理的长效机制,力求实现对转基因生物阴性标识的有效监管。

综上所述,在转基因生物安全争议不断的背景下,转基因生物阴性标识因有助于消费者以较低成本买到非转基因商品,迎合了消费者的需求,获得了企业的青睐。无论是实行转基因生物强制标识制度还是自愿标识制度的国家或地区,除了瑞典、泰国等极少数国家,都允许使用转基因生物阴性标识,由此世界范围内标注转基因生物阴性标识的商品种类和数量均在迅猛增长。然而,转基因生物阴性标识属于自愿标识,在经济利益驱动下,极易导致企业滥用阴性标识。建立转基因生物阴性标识制度,规范企业标注转基因生物阴性标识的行为,逐渐成为世界各国的共识,很多国家已经付诸实践。我国转基因生物阴性标识制度的立法缺失,致使转基因生物阴性标识泛滥无序,负面效应凸显。为切实保障消费者和企业双方权益,促进转基因生物产业健康发展,构建转基因生物阴性标识制度,已然势在必行。

借鉴国外经验,结合国内实际,我国构建转基因生物阴性标识制度,应当以标识对象、标识内容以及标识监管为核心。在标识对象方面,应以国内市场存在相应转基因原料的商品为限,禁止非转基因饲料饲养或未使用转基因疫苗动物的肉、蛋、奶及其制品,以及未使用转基因微生物或转基因生物添加剂的商品标注转基因生物阴性标识。在标识内容方面,应将标识用语指定为"非转基因"字样,禁止效果性描述或绝对性表述;对标识标徽可不予限定,由企业自行选择,但不得违反相关法规。为提高转基因生物阴性标识制度的可行性,我国应当对阴性标识实行阈值管理,设定科学的阴性标识阈值;为使转基因生物阴性标识制度落到实处,我国应建立以农业行政部门为主的转基因生物阴性标识监管机制。力争通过转基因生物阴性标识制度的科学构建,实现对转基因生物阴性标识的有效规制。

笔者虽然紧密结合国情提出了一些具体建议,对我国构建转基因生物阴性标识制度有一定参考价值。但是,对转基因生物阴性标识制度的具体环节,如证明文件内容、检测费用承担、审查程序、法律责任等方面；对转基因生物阴性标识制度的配套制度，如认证机构、检测机构的认证认可等方面，尚缺乏深入研究。希望能够抛砖引玉，引起更多学者特别是法律界学者对此议题的关注，积极研究，群策群力，为我国转基因生物阴性标识立法提供更加科学的理论参考。

第六节　非转基因广告管制法律制度

目前,我国消费者对转基因生物安全普遍存在心理顾虑,并且伴随着争辩的深入与日俱增。部分商家为赢得消费者青睐,利用消费者的这种心态,把"非转基因"作为卖点进行包装。从开始通过商品标识醒目告知,到近期利用媒体广告大肆炒作,从开始仅标注"非转基因"字样,到近期提出"更安全、更健康""不管几比几、不要转基因"等宣传口号,可谓愈演愈烈,乱象丛生。以至于农业部专门向国家工商总局发了《农业部办公厅关于商请对涉及转基因广告加强管理的函》(农办科函〔2014〕76 号)①,由此拉开了我国非转基因广告专项治理的序幕。中央电视台率先回应,于 2014 年 10 月发出《关于"非转基因产品"广告的审查要求通知》②,正在央视刊播的非转基因广告戛然而止,随后,多家地方电视台也跟进停播。非转基因广告的泛滥,严重侵害了消费者和诚实经营者的合法权益,扰乱了市场秩序,严重干扰转基因生物产业的健康发展。面对如此情形,人们不禁要问:我国对非转基因广告规制状况究竟如何? 为何叫停非转基因广告? 为何是农业部门而非广告主管机关工商部门提出叫停? 非转基因广告是否违法,有无判断标准? 如果合法,怎能说停就停? 如果违法,为何今日才停? 这些疑问需要从法律层面予以解答。

一、非转基因广告的内涵与危害

(一)非转基因广告的定义

非转基因广告是指商品生产者或经营者承担费用,通过一定媒介和形式,直接或间接地介绍自己所推销的商品,宣传内容包含"非转基因"原料生产等信息的商业广告。比如,宣称"非转基因""每一颗都是非转基因""100%非转基因""中国非转基因食用油第一品牌""非转基因,更安全、更健康""不管几比几、不要转基因""转基因对

---

① 乔金亮.农业部:炒作"非转基因"只是商业包装[N].粮油市场报,2014-10-15(1).
② 胡军华,陈佳怡.转基因广告战或被叫停食用油商战回归常态[N].粮油市场报,2014-10-11(A05).

家人健康不好"等内容的食品广告。非转基因广告涉及广告主、广告经营者、广告发布者、广告荐证者等多方主体,本书将其统称为广告行为人。

（二）非转基因广告的形式

1. 传统广告

传统广告是非转基因广告的主要表现形式,是指广告行为人通过报纸、广播、电视、电影、网络、手机、路牌、橱窗、印刷品、霓虹灯、电子显示牌等媒介或者形式,刊播、设置、张贴的非转基因广告。

2. 包装标识

包装标识也是非转基因广告的表现形式。根据国家工商管理总局《关于商品包装物广告监管有关问题的通知》的规定,若商品包装标识的"非转基因"标注,"不属于该类商品国家标准要求必须标注的事项"且"符合广告特征",则适用广告法进行规范和监管。我国司法实践认可此规定,在最高人民法院公布的司法判例中已经得到印证①。

（三）非转基因广告的类型

1. 真实广告

真实非转基因广告,是指宣传内容真实,确系对客观事实表述的广告。比如,某花生油广告宣称商品由"非转基因"原料生产,就属于真实广告,因为截至目前世界上尚不存在转基因花生。如是之故真实非转基因广告也可能构成误导广告。

2. 虚假广告

虚假非转基因广告,是指宣传内容全部或部分为虚假表述的广告。比如,某食用油广告宣称"非转基因原料生产,更安全、更健康",即便其能够证明商品确实由"非转基因原料生产",但"更安全、更健康"则涉嫌虚假表述,因为迄今为止尚没有转基因生物比非转基因生物"更不安全或不健康"的科学证据。

---

① 中国法院网.皮昊昊诉重庆远东百货有限公司重庆市武陵山珍王生物开发有限公司等产品责任纠纷案 [DB/OL].访问日期:2015-12-20.

3. 误导广告

误导非转基因广告,是指宣传内容全部或部分属于引人误解表述的广告,至于内容本身是否真实,在所不问。比如,上述花生油广告宣称商品由"非转基因"原料生产,即使广告内容真实,也会误导消费者认为市场上存在转基因花生油,且暗示消费者非转基因花生油更好。

(四)非转基因广告的危害

1. 侵害消费者合法权益

非转基因广告传递给消费者的通常是虚假或者误导性信息,这比消费者没有获得信息损害更大。消费者会因被欺骗或误导而改变购买决策,为此遭受经济损失,甚至损害身体健康。

2. 侵害诚实竞争者利益

非转基因广告通过暗示,贬损诚实竞争者的商品,使消费者降低购买转基因商品的意愿[①],甚至怀疑没有做广告的同类非转基因商品,可能含有转基因成份,让对手处于不利竞争地位,损害诚实竞争者的经济利益。

3. 扰乱商品市场秩序

良好的商品市场秩序,对管理者、经营者、消费者都至关重要。非转基因广告通过对消费者的欺骗或误导,破坏了本应以诚信为本的交易行为,扰乱了市场的交易秩序。通过不正当竞争行为,损害了竞争对手的合法权益,扰乱了市场竞争秩序。最终,必然扰乱对市场秩序的管理。

(五)非转基因广告危害的特征

1. 表现形式的多重性

非转基因广告表现形式起初是包装标识,然后是传统广告,最后是两种并存。从

---

① 黄建,齐振宏,冯良宣,等.标识管理制度对消费者转基因食品购买意愿的影响研究——以武汉市为例[J].中国农业大学学报,2013(5):220-225.

效果看,传统广告影响大;从规模看,包装标识数量多。因此,不能仅从传统广告角度加以规制。

2. 受害对象的广泛性

非转基因广告的侵害对象,不仅包括消费者、同类商品竞争者,还包括所有转基因生物业者的合法权益。因此,不能单从保护消费者视角加以规制。

3. 侵害形态的特殊性

传统领域的广告倘若内容真实,产生侵害后果的概率一般很低。但非转基因广告却不然,即便广告内容真实,也会产生误导消费者和损害竞争者利益的后果,上述花生油非转基因广告便是实例。因而,不能过分依赖广告内容真实性判断加以规制。

4. 侵害性质的普遍性

非转基因广告侵害方式具有隐蔽性,在众多受害人中不是每人都知道自己受到了侵害;由于私法救济成本高收益少,知道权益受损者也不是每人都会寻求救济。当预期救济成本大于预期救济获利时,一个理性的人就没有动力寻求救济;如此状况可能产生激励侵权的效果①。所以,非转基因广告侵害具有普遍性侵权性质,除提高私法救济效益外,必须考虑公权力介入加以规制。

二、非转基因广告法律规制的现状评析

非转基因广告的后果通常是广告行为人获益而受众权益受损,这恰似一个硬币的两面,相辅相成,消除了其中一面,另一面也失去了存在的基础②。因此,对非转基因广告的法律规制,应当从公法规制和私法规制两个维度入手。公法规制通过公权力介入,使广告行为人无法获利,甚至遭受额外惩罚;私法规制使受害人能通过民事救济弥补所受损害,甚至有所收益。鉴于非转基因广告侵害的普遍性侵权性质,我国应当采取以公法规制为主、私法规制为辅,双管齐下、共同治理的制度设计。

---

① 许明月.普遍性侵权、机会主义与侵权现象的法律控制——对传统侵权法的反思[J].法商研究,2005(4):47-51.

② 张世鹏.论虚假广告侵权责任立法国际趋势及对我国的借鉴[J].安徽大学学报(哲学社会科学版),2013(2):125-131.

（一）非转基因广告法律规制的现状

1. 立法现状

对非转基因广告的法律规制，我国主要有以下法律法规。法律主要有《广告法》《食品安全法》《反不正当竞争法》《消费者权益保护法》《产品质量法》《农产品质量安全法》《民法典》合同编、侵权责任编等；行政法规主要有《广告管理条例》《农业转基因生物安全管理条例》《食品安全法实施条例》等；部门规章主要有农业部的《农产品包装和标识管理办法》《农业转基因生物标识管理办法》，国家工商总局的《广告管理条例实施细则》《食品广告发布暂行规定》《食品广告监管制度》，国家质检总局的《食品标识管理规定》等。

2. 公法规制现状

（1）传统广告公法规制现状

我国对传统广告形式非转基因广告的管理，由工商部门负责。唯在广告审查环节，一般商品广告由广告经营者、广告发布者审查，保健食品、药品、农药、兽药等广告由食品药品监管部门等相关单位审查。近年来，工商部门对非转基因广告的管制，非常不力，使得非转基因广告数量日益增多，大有愈演愈烈之势[①]，以至于农业部不得不为此专门致函国家工商总局，商请对非转基因广告加强管理。

（2）包装标识公法规制现状

我国对包装标识形式非转基因广告，实行多头管理。工商部门负责"符合广告特征"商品包装的管理，农业部门负责农产品（来源于农业的初级产品）包装标识的管理，食品药品监管部门负责食品包装标识的管理。多头管理，职责不清，使得我国对包装标识广告的管理，近乎形同虚设，超市中标有"非转基因"字样的商品不断涌现，尤其是食用领域，比比皆是。

3. 私法规制现状

（1）传统广告私法规制现状

传统广告形式非转基因广告的受害人，只能向广告行为人主张侵权责任，然而，囿于受害人对侵权人主观过错、因果关系的举证责任繁重，加之维权收益过低，至今

---

① 卓木.杜绝"非转基因"广告对公众的误导[N].中国工商报,2014-10-21(005).

尚未发现采取此途径维权者。

（2）包装标识私法规制现状

包装标识形式非转基因广告的受害人,虽可在侵权责任和违约责任之间选择,但均困难重重。向广告行为人主张侵权责任,所遇困境与前述相同;向广告行为人主张违约责任,因商品经营者与广告行为人往往并非一人,基于合同的相对性,主张很难获得支持。

4. 新近规制动态评析

2014年9月前后,农业部向国家工商总局发了《关于商请对涉及转基因广告加强管理的函》,国家工商总局由此加强了对非转基因广告的监管。2014年10月9日,中央电视台发布《关于"非转基因产品"广告的审查要求通知》,要求"对我国乃至全球均无转基因品种商业化种植的作物及其加工品的广告,禁止使用非转基因广告词,对已有转基因品种商业化种植的作物及其加工品广告,除按规定收取证明材料外,禁止使用非转基因效果的词语"[①]。必须指出,对非转基因广告如此管理,标准过于简单,法律依据不足,只能是权宜之计。

（二）非转基因广告法律规制的缺陷

1. 公法规制的缺陷

（1）立法缺失

第一,缺乏虚假广告的界定。我国《广告法》规定广告不得含有虚假或引人误解的内容,不得欺骗和误导消费者,但并没有明确可操作性强的认定标准,致使认定非转基因广告是否属于虚假广告时,往往遭遇困难。

第二,缺少误导广告的界定。我国《广告法》规定"不得误导消费者",《反不正当竞争法》规定禁止"引人误解的虚假宣传",但缺少认定"误导"或"引人误解"的具体标准。实践中,大多数非转基因广告具有误导性,缺乏误导广告的界定,严重影响了法律规制的效果。

第三,广告审查制度的缺陷。除保健食品、药品广告外,我国非转基因广告由广告经营者负责审查,而审查商品中是否含有转基因成份,商品效果宣传依据是否科学充分,需要很强的专业知识水平,广告经营者一般不具备这方面的能力,由此造成非

---

① 胡军华,陈佳怡. 转基因广告战或被叫停　食用油商战回归常态[N]. 粮油市场报,2014-10-11(A05).

转基因广告审查,只能流于形式,未能实现广告审查制度的功能。

第四,转基因生物阴性标识制度的缺失。我国《农业转基因生物安全管理条例》仅建立了转基因生物阳性标识制度(强制标注转基因),并未将转基因生物阴性标识(标注非转基因)纳入管理范围。转基因生物阴性标识制度的缺失,导致行政执法缺乏有力法律支撑,给非转基因广告泛滥,提供了可乘之机。

（2）执法不力

第一,传统广告执法不严。工商部门对传统广告形式非转基因广告执法不力,有一定制度性原因,但是,若能严格执法,有效管制虚假广告,非转基因广告也不至于如此泛滥。依现行法规,含有"效果表述"的非转基因广告当属虚假广告,因为广告主不可能提供充分的科学证据。当然,工商管理部门对其危害性认识不足,进而影响执法资源配置,也是导致执法不严的因素。

第二,包装标识执法缺位。我国对包装标识形式非转基因广告多头管理,但职责不清、管理动力不足,导致执法缺位。必须指出,农业部门对"非转基因生物标识"最应具有管理积极性,但因当前"非转基因标识"的商品,基本不属于农产品,因而并无执法权。

第三,公法责任过轻。我国 2015 年新修订《广告法》设定的公法责任主要是"由工商行政管理部门责令停止发布广告,责令广告主在相应范围内消除影响,处广告费用三倍以上五倍以下的罚款,广告费用无法计算或者明显偏低的,处二十万元以上一百万元以下的罚款;两年内有三次以上违法行为或者有其他严重情节的,处广告费用五倍以上十倍以下的罚款,广告费用无法计算或者明显偏低的,处一百万元以上二百万元以下的罚款,可以吊销营业执照,并由广告审查机关撤销广告审查批准文件、一年内不受理其广告审查申请"。作为工商部门直接执法依据的《广告管理条例实施细则》,仅规定了"通报批评、处以违法所得额三倍以下的罚款,但最高不超过三万元,没有违法所得的,处以一万元以下的罚款"。《食品标识管理规定》则规定"责令限期改正;逾期不改的,处以 1 万元以下罚款"。显而易见,"对违法广告的法律责任的设定上,《细则》比《广告法》轻得多"[①],食品标识的违法责任,则更无足轻重。公法责任过轻,让非转基因广告行为人违法成本很低,根本不能起到惩戒作用,反而产生反向激励效果。

2. 私法规制的缺陷

（1）权利主体范围窄

非转基因广告受害人广泛,但有权进行私法救济者较少。依我国法规,只有"为

① 应飞虎.对虚假广告治理的法律分析[J].法学,2007(3):81-90.

生活消费需要购买"商品的消费者和因"引人误解的虚假宣传"致害或"商品声誉被损害"的竞争者,才能通过私法维权。没有购买商品的消费者、购买商品的非消费者以及非同类商品的经营者,均不在范围之内。

（2）维权成功概率小

非转基因广告受害人主张侵权责任时,因非转基因广告侵权并非特殊侵权行为,受害人必须证明广告行为人的主观过错、客观行为、危害后果及因果关系,对于受害人而言,举证责任繁重,几乎不可能完成;主张违约责任时,因广告内容往往并非合同内容,基于合同相对性,缺乏请求权基础。

（3）维权行为效益低

我国民事损害赔偿遵循填平原则,以受害人损失为限确定加害人赔偿额度,除非法律另有规定。实践中,受害人损失往往不大,但维权成本高、收益小,致使维权行为效果很低,甚至徒增额外损失。虽然,《消费者权益保护法》规定有 3 倍赔偿、《食品安全法》规定有 10 倍赔偿,但索赔原因是"有欺诈行为"和"不符合食品安全标准",并非广告侵害;索赔对象是销售者和生产者,并非广告行为人,因而并无适用空间。

（三）完善非转基因广告法律规制的建议

1. 公法规制的完善

（1）建立健全法律法规

第一,明确虚假广告的界定。对于虚假广告的界定,我国已有立法行动。新《广告法》第二十八条规定"广告以虚假或者引人误解的内容欺骗、误导消费者的,构成虚假广告",并列举了可认定为虚假广告的四种具体情形。新《广告法》对我国认定非转基因广告是否为虚假广告,具有积极作用。

第二,明确误导广告的界定。我国大多数非转基因广告具有误导性,遗憾的是,新《广告法》并未明确误导广告的界定,而是试图将其纳入虚假广告范畴进行规范。事实上,误导广告与虚假广告区别显著,虚假广告着眼于广告内容本身的真实性,而误导广告着眼于广告效果的误导性,应当在制度设计上区别对待。因此,建议将来再行修订《广告法》时专门明确误导广告的界定,在认定标准上强调广告效果的误导性,对广告内容真实与否在所不问;在误导性判断上,以一般消费者的认知能力为依据,只要达到一定数量即可予以判定。

必须指出,虚假广告特别是误导广告的界定,对于非转基因广告法律规制而言,至关重要,其既是公法规制的依据,又是私法规制的基础。

第三,健全商品广告审查制度。广告经营者对非转基因广告审查能力的不足,是造成非转基因广告乱局的重要因素。我国应当健全商品广告审查制度,改由农业部门负责非转基因广告审查,该部门负责农业转基因生物的安全管理,具备审查相关证明文件的能力。

第四,建立转基因生物阴性标识制度。建立转基因生物阴性标识制度,对我国规范非转基因广告非常重要。转基因生物阴性标识制度可以确立阴性标识(标注非转基因)的商品范围,为判定非转基因广告的法律性质,提供法律依据。而且,转基因生物阴性标识制度还能够赋予农业部门对商品"非转基因"包装标识的管理职能。具体而言,能否进行转基因生物阴性标识,应当以国内市场是否已经合法存在同类品种为标准,合法存在依据为国内批准商业化或批准进口。对国内市场尚无合法存在同类品种的非转基因广告,应当明确禁止;对国内市场已有合法存在同类品种的非转基因广告,应当要求广告行为人提供证明材料,证明广告内容的真实性,由农业部门负责审查。

目前,最经济有效的完善途径是修订《农业转基因生物安全管理条例》,建立转基因生物阴性标识制度,明确非转基因广告由农业部门负责审查。理由有二:一是该条例是规范转基因生物安全的法规,上述制度纳入其中比较合适;二是该条例是国务院制定的行政法规,《广告法》已经明确规定广告内容不得有"行政法规规定禁止的情形""广告主申请广告审查,应当依照行政法规向广告审查机关提交有关证明文件",可实现有效对接。

(2)强化执法主体职责

工商管理部门应当充分认识到非转基因广告的危害性,合理配置执法资源,加大对传统广告的执法力度。工商管理部门、农业部门、食品药品监管部门应当进一步明确职责,实现对包装标识形式非转基因广告的有效管理。执法部门能否做到有法必依、执法必严,对非转基因广告法律规制的完善影响深远。比如,倘若"买5袋大米3袋转基因"①的情况果真出现,那么禁止国内市场尚无合法存在同类品种的非转基因广告,就会丧失公信力。

(3)加大公法责任力度

现行法规对虚假、误导广告设定的公法责任过轻,根本无法对非转基因广告起到惩戒作用,反而激励违法行为的发生。新《广告法》规定的公法责任,虽然较之以前法规有大幅提高,但是对于通常为大型企业的非转基因广告行为人而言,仍显得惩罚力度不够,仍有进一步加大的空间。

---

① 陈海燕,方其才.武汉:买5袋米3袋转基因老板撕收据赶记者[DB/OL].访问日期:2015-11-16.

2. 私法规制的完善

（1）扩大权利主体范围

由于我国法律对消费者概念的限制，使得有权主张非转基因广告损害赔偿的主体范围相当狭窄。应当通过对消费者概念的扩大解释，将"没有购买广告商品"的消费者、并非"为生活消费需要购买"广告商品的组织等非转基因广告的受害人，纳入权利主体范围。权利主体范围的扩张，有利于更多受害人通过私法途径寻求救济，提高非转基因广告私法规制的效果。

（2）改良归责制度设计

非转基因广告受害人通过私法途径维权成功率低，原因在于现行法规中的合同相对性、举证责任等规则，因而有必要针对非转基因广告侵害的特征，改良制度设计。2014 年 3 月 15 日起施行的《最高人民法院关于审理食品药品纠纷案件适用法律若干问题的规定》对此有所回应，规定了"购买商品的消费者"可以向商品生产者主张违约责任，突破了合同相对性；消费者向商品生产者、销售者主张侵权责任时，实行举证倒置规则。遗憾的是，对合同相对性的突破，仅局限于生产者，并不包含广告行为人。换言之，消费者不能向广告行为人主张违约责任；消费者向广告行为人主张侵权责任时，不能适用举证倒置规则。因此，我国应当考虑将广告内容内化为合同内容或者允许合同受害人向广告行为人主张违约责任，对非转基因广告侵权，实行过错推定、举证倒置等规则，降低受害人私法维权的难度。

（3）提高私法责任额度

非转基因广告受害人通过私法途径维权效益低，原因在于我国民事赔偿中的填平原则，加害人以受害人损失为限进行赔偿。为提高受害人的维权收益，增加受害人维权的积极性，应当对非转基因广告侵害实行惩罚性赔偿。比如，对于目前为数众多的非转基因食品广告而言，将非转基因食品广告侵权责任，纳入《食品安全法》规定的"10 倍赔偿"的适用范围。

当然，在转基因生物与非转基因生物深度共存的状态下，在国家大力发展转基因生物产业的背景下，非转基因广告作为一种新的社会现象，还在不断演变之中，我国应对此高度关注，以便适时完善相关法律法规，真正实现对非转基因广告的有效法律规制[①]。

---

① 张忠民.论我国非转基因食品广告的法律规制[J].食品工业科技,2015(5):32-36.

三、非转基因广告紧急叫停的法律剖析

(一)紧急叫停原因:广告具有严重的社会危害性

非转基因广告宣传的"每一颗都是非转基因""100%非转基因""非转基因,更安全、更健康""不管几比几、不要转基因""转基因对家人健康不好"等内容,要么缺乏科学依据,要么误导公众认知,借助现代广告的巨大影响力,造成了严重的社会危害,这是非转基因广告被紧急叫停的原因。

1.侵害消费者权益,引发公众恐慌情绪

消费者实现知情权是实现其他权益的前提。消费者知情权的实现,依赖于真实信息的知悉;若获悉虚假或误导信息,损害比未被告知更为严重。非转基因广告传递给消费者的往往是虚假或者误导的信息,侵害了消费者的知情权。消费者被欺骗或误导后,往往会做出购买广告商品的决策,遭受经济损失,甚至造成身体健康损害。而且,非转基因广告大肆宣传的各种口号,促使曾经食用过转基因商品(特别是食品)的消费者,担心身体健康已经受到损害,加重了消费者对转基因商品安全的心理焦虑。消费者对转基因商品安全的焦虑情绪,极具传导性和感染性,会在相互交流中不断加剧,进而引发公众的恐慌情绪。

2.损害竞争者利益,扰乱商品市场秩序

非转基因广告产生的基础是企业对经济利益的追求,倘若不能通过广告向消费者传递非转基因商品更为优良的信息,则广告发布目标就难以实现,不仅无法获取经济利益,还会徒增企业营销成本。非转基因广告一般会通过对商品效果的虚假描述,明示或暗示地贬损其他竞争者的商品,降低消费者购买转基因商品的意愿[1],转而选择购买广告商品,从中获取巨额利益,由此给诚实竞争者造成了经济损失。同时,非转基因广告还在客观上扰乱了商品市场秩序。非转基因广告欺骗或误导消费者,使得交易行为失去诚信,破坏了市场的交易秩序;非转基因广告损害诚实竞争者的合法权益,属于不正当竞争行为,使得市场竞争混乱,扰乱了市场的竞争秩序;非转基因广告对商品市场交易秩序和竞争秩序的破坏,最终必然扰乱市场的管理秩序。

---

① 黄建,齐振宏,冯良宣,等.标识管理制度对消费者转基因食品购买意愿的影响研究——以武汉市为例[J].中国农业大学学报,2013,18(5):220-225.

3.扰乱社会舆论导向,阻碍转基因生物产业发展

转基因生物产业要健康发展,消费者认可和政府支持不可或缺,非转基因广告对二者均存在不良影响。非转基因广告严重误导了消费者对转基因商品安全的认知,激发了消费者对转基因商品的抵触情绪。有调查表明,2003 年我国消费者表示接受转基因商品的人数约占 60%,到 2012 年急剧下降到约 24%,表示抵制转基因商品的人数则从约 9% 急剧上升到约 42%[1]。消费者对转基因商品的抵触情绪使我国政府在构建正确舆论导向上的努力收效甚微,已经影响我国转基因生物产业的发展决策。我国政府对转基因生物产业非常支持,采取投入巨资、出台政策[2]等措施鼓励发展。比如,2009 年 8 月,农业部批准了两种转基因水稻和一种转基因玉米的安全证书,距离商业化仅一步之遥,但直到 2014 年 8 月三份安全证书有效期届满,也未获批商业化,公众对转基因食品的负面社会舆论,影响了政府的决策[3]。所以,2015 年 2 月,中央一号文件《关于加大改革创新力度加快农业现代化建设的若干意见》中,不仅提出"加强农业转基因生物技术研究、安全管理",还专门提出"加强农业转基因生物科学普及"。

(二)农业部门叫停:管理部门衔接不畅

根据我国《广告法》《消费者权益保护法》《反不正当竞争法》等法规,工商部门对非转基因广告负有管理职责;然而实践中却是农业部门先叫停非转基因广告,个中缘由,值得探究。

有危害才有治理,有职责才有行动,应当从非转基因广告的社会危害入手寻根溯源。非转基因广告侵害了消费者权益,但在当前社会舆论背景下,大多数消费者对转

---

① 余昌.国内学者检索国际全部 9333 篇转基因作物论文并进行后续追踪,"认为转基因不安全"均被证明是错的[N].北京日报,2015-01-21(17).

② 2006 年 2 月,国务院发布的《国家中长期科学和技术发展规划纲要(2006—2020 年)》(国发〔2005〕44 号)中,生物技术被列为八大前沿技术之首,转基因生物新品种培育被列为十六个重大专项之一。2007 年 4 月,国务院办公厅发布《生物产业发展'十一五'规划》(国办发〔2007〕23 号),提出要大力支持生物技术发展。2007 年 6 月,农业部发布《农业科技发展规划(2006—2020 年)》(农科教发〔2007〕6 号),提出要继续保持水稻、转基因抗虫棉、基因工程疫苗等方面的国际领先优势。2008 年 7 月,国务院通过了高达 200 亿元人民币的转基因生物新品种培育科技重大专项资金,是中华人民共和国成立以来农业科技领域投入最大的技术项目。2012 年 7 月,国务院发布的《"十二五"国家战略性新兴产业发展规划》中,生物产业被列为七大国家战略性新兴产业之一。

③ 马丽.北理工报告:媒体报道"成功"阻止转基因水稻商业化[DB/OL].访问日期:2015-08-26.

基因商品存在认知局限,并未意识到权益受到侵害,也就不会到工商部门投诉;非转基因广告侵害诚实竞争者利益,企业虽能明显感知,但碍于维权举证难、成本高、收益低,也鲜有采取措施维权者。由此,工商部门很难充分认识到非转基因广告对市场秩序的严重危害性。然而,基于现代广告的巨大影响力,非转基因广告对消费者心理和社会舆论的影响,却立竿见影。人们对转基因商品安全的争论骤然升温,而且反对者日益增多,支持者日趋减少。为数众多的"反转者"开始质疑政府对转基因生物管理不力,更反对批准转基因农作物商业化,由此给肩负转基因生物管理职责的农业部门造成了巨大的压力①。可见,农业部门先叫停非转基因广告,实属职责所系。

必须指出,非转基因广告社会危害性严重,农业部门压力重重,而作为广告主管机关的工商部门却认识不足;这充分说明工商部门在非转基因广告管理中与农业等相关部门信息交流不够,协同合作不足,管理衔接不畅。农业部门在重压之下,不得不致函工商总局,紧急叫停非转基因广告。

(三)长期泛滥原因:管理制度存在缺陷

非转基因广告得以长期泛滥,除工商部门监管不力外,广告管理制度的缺陷也难辞其咎。

1. 事前审查制度的缺陷

我国非转基因广告事前审查制度,主要法律依据是《广告法》《保健食品广告审查暂行规定》等法律法规。其中,新《广告法》第三十四条规定,广告经营者、广告发布者依据法律、行政法规查验有关证明文件,核对广告内容。第四十六条规定,发布药品、农药、兽药和保健食品广告,以及法律、行政法规规定应当进行审查的其他广告,应当在发布前由有关部门对广告内容进行审查;未经审查不得发布。《保健食品广告审查暂行规定》第二条规定,省级以上食品药品监管部门负责保健食品广告的审查。由此,非转基因广告除非属于药品、农药、兽药和保健食品广告,否则由广告经营者和广告发布者负责审查。实践中,尚未发现非转基因广告属于药品、农药、兽药和保健食品广告的情况,基本上都是普通食品广告。

值得注意的是,审查非转基因广告主提供的证明文件,特别是审查不含转基因成份及效果方面的证明材料,需要很强的专业知识水平,而广告经营者、发布者通常不具备这方面的能力。农业部门负责转基因生物安全监管,具有审查非转基因广告证

---

① 近年来,农业部一直处于转基因生物安全争议的风头浪尖上。网络上,声讨农业部的言论此起彼伏,不绝于耳;现实中,不断有消费者到农业部办公地点表达诉求,有律师甚至将农业部诉至法院。

明材料的专业能力,但并没有审查职权。可见,我国非转基因广告事前审查制度,存在制度设计缺陷,造成非转基因广告的事前审查,只能流于形式,无法实现广告事前审查制度的功能。

2. 事后监管制度的缺陷

我国非转基因广告事后监管制度,主要法律依据是《广告法》《食品广告监管制度》等法律法规。原《广告法》第六条规定:"县级以上人民政府工商行政管理部门是广告监督管理机关",为强调广告协同监管的重要性,新《广告法》将该条款修订为"县级以上地方工商行政管理部门主管本行政区域的广告监督管理工作,县级以上地方人民政府有关部门在各自的职责范围内负责广告管理相关工作"。《食品广告监管制度》第一条规定,食品广告监管是食品安全监管的重要环节,是工商部门的法定职责;工商部门应当建立健全综合治理的长效机制,并会同有关部门不断完善相关管理制度和措施,强化对商品广告活动的监管。

实践中,工商部门对非转基因广告的事后监管,未能严格执行上述规定,与相关部门沟通协作不够,特别是缺乏事后监管的协同管理制度,最终导致事后监管不力。

(四)说停就停缘由:违法标准不够明晰

政府叫停非转基因广告,应当有充分的法律依据。我国调整非转基因广告的法规主要是《广告法》《食品安全法》《消费者权益保护法》《反不正当竞争法》等法律。其中,《食品安全法》于 2015 年 4 月 24 日重新修订,自 2015 年 10 月 1 日起施行。《广告法》第三条规定:"广告应当真实、合法",第四条规定:"广告不得含有虚假或者引人误解的内容,不得欺骗、误导消费者";《消费者权益保护法》第二十条规定:"经营者向消费者提供有关商品或者服务的质量、性能、用途、有效期限等信息,应当真实、全面,不得作虚假或者引人误解的宣传";《食品安全法》第七十三条规定:"食品广告的内容应当真实合法,不得含有虚假内容";《反不正当竞争法》第九条规定:"经营者不得利用广告或者其他方法,作引人误解的虚假宣传。"仔细研读上述规定,不难发现,非转基因广告是否违法,要看其是否构成虚假广告或者误导广告,核心问题是认定标准。

1. 虚假广告认定标准不明

我国现行法规中的虚假广告认定标准,不够明晰。从法条看,似乎可以根据广告内容是否真实判定是否构成虚假广告,但问题是广告内容真实与否的认定标准,法律却并未提及。实践中,只能交由执法者自由裁量。执法者在认定非转基因广告是否构成虚假广告时,对广告主提供证明文件的证明力拥有很大的自由裁量空间,这给随时叫停非转基因广告提供了条件。

2. 误导广告认定标准缺失

我国非转基因广告管理中,误导广告认定标准的缺失,比虚假广告更为凸显。原因在于,实践中非转基因广告大多数具有误导性,而我国法律缺乏误导广告的认定标准,相关规定还不尽一致。法律对广告误导多少比例的消费者,才能认定为误导广告,缺乏规定;法律对"误导"是否以广告内容"虚假"为前提,并不统一。《广告法》第四条、《消费者权益保护法》第二十条规定不以广告内容"虚假"为前提,《反不正当竞争法》第九条和《食品安全法》第七十三条、第一百四十条规定以广告内容"虚假"为前提。误导广告的立法差异和认定标准缺失,为执法者叫停非转基因广告,提供了很大的法律适用空间。比如某品牌花生油广告宣称是"非转基因"食品,广告内容真实无疑,因为截至目前世界上还不存在转基因花生,显然不能认定为虚假广告;但在认定是否为误导广告时,执法者在消费者是否被误导的判定上,在法律的选择适用上,均有很大弹性空间。

可见,我国法规中虚假广告认定标准不明、误导广告认定标准缺失,使得执法者认定非转基因广告是否违法时,拥有很大的自由裁量权,由此才可以说停就停。

(五)应对的策略

1. 强化非转基因广告综合管理

我国对非转基因广告管理不力,管理部门之间缺乏配合和有效衔接是重要原因。因此,必须强化非转基因广告的综合管理,以工商部门为主,农业部门、食品药品监管部门、新闻出版广电部门等为辅,紧密配合,共同管理。

必须指出,农业部门和食品药品监管部门参与管理具有必然性。因为,非转基因广告与商品包装标识息息相通,广告语通常同时出现在商品包装标识上,而商品包装标识存在参照广告管理的情形。根据国家工商总局颁布的《关于商品包装物广告监管有关问题的通知》,对"符合广告特征"的商品包装标识,适用《广告法》进行管理。农业部门根据《农产品包装和标识管理办法》等法规,对农产品的包装标识拥有管理权;食品药品监管部门根据《食品标识管理规定》等法规,对食品包装标识拥有管理权。可见,这些部门参与管理,均系职责所在。

而且,新《广告法》已经授权政府有关部门在各自的职责范围内负责广告管理相关工作,这为非转基因广告的综合管理,提供了有力的法律支撑。

2.建立转基因生物阴性标识制度

我国缺乏转基因生物阴性标识制度,这也是造成非转基因广告监管不力的重要因素。阴性标识是指明确标出商品中不含转基因成份的标识①。我国《农业转基因生物安全管理条例》《农业转基因生物标识管理办法》等法规,仅建立了阳性标识制度,并未将阴性标识纳入管理范围。阴性标识制度的缺失,致使非转基因广告的违法性认定,缺乏最直接的法律依据,给非转基因广告的泛滥,提供了可乘之机。

建议修订《农业转基因生物安全管理条例》,建立转基因生物阴性标识制度,明确阴性标识的内容和条件,为我国有效管理非转基因广告提供一条新路径。因为,该条例属于"行政法规",而《广告法》第九条明确规定广告内容不得有"法律、行政法规规定禁止的其他情形",能够实现有效对接。

3.完善非转基因广告管理制度

(1)事前审查制度的完善

事前审查制度至关重要,具有避免损害发生的制度功能。考虑到非转基因广告的严重社会危害性,应当参照保健食品广告的管理模式,建立由农业部门负责事前审查的管理制度。遗憾的是,《广告法》修订时并没有改变立场,没有明确将"涉及转基因广告"像"保健食品广告"那样特别对待,依规定非转基因广告仍然由广告经营者、广告发布者负责审查。目前,最经济的完善途径还是修订《农业转基因生物安全管理条例》,明确非转基因广告由农业部门负责事前审查。因为,《广告法》第四十六条规定:"发布医疗、药品、医疗器械、农药、兽药和保健食品广告,以及法律、行政法规规定应当进行审查的其他广告,应当在发布前由有关部门对广告内容进行审查;未经审查,不得发布",基于条例的"行政法规"属性,同样可实现有效对接。

(2)事后监管制度完善

完善非转基因广告事后监管制度,既要强调工商部门严格执法,又要注重综合管理相关制度的建设。工商部门要充分认识到非转基因广告的危害性,合理配置执法资源,确保有法必依;同时,要建立健全监管信息共享制度和监管执法联动制度,确保与农业部门、食品药品监管部门、新闻出版广电部门等单位之间,监管信息共享,执法资源互为补充。目前,农业部门已经采取行动。2015 年 1 月,农业部发出《关于指导做好涉转基因广告管理工作的通知》,要求各省农业部门要与当地工商、食品药品监

---

① 张忠民.美国转基因食品标识制度法律剖析[J].社会科学家,2007(6):70-74.

管等部门积极协调配合,依法加强对涉及转基因广告的监督管理工作①。

4. 完善非转基因广告违法性认定标准

(1)虚假广告认定标准的完善

对于虚假广告认定标准的完善,《广告法》修订时已经有所回应。《广告法》第二十八条规定:"广告以虚假或者引人误解的内容欺骗、误导消费者的,构成虚假广告",并明确了可认定为虚假广告的四种具体情形,包括"商品或者服务不存在""商品信息或允诺等与实际情况不符,对购买行为有实质性影响""使用虚构、伪造或者无法验证的证明材料"和"虚构使用商品的效果"。《广告法》借鉴了美国《兰哈姆法》第四十三条②和《联邦贸易委员会法》第十二条、第十五条③对虚假广告的有关规定,较原《广告法》有所进步,对我国认定非转基因广告是否为虚假广告具有积极作用。

(2)误导广告认定标准的完善

我国《广告法》修订时没有专门规定误导广告,试图将其纳入虚假广告的范畴进行规范;而该法列举的"虚假广告"具体情形中,又没有误导广告的情形。《食品安全法》修订时,也只是强调"商品广告内容应当真实合法",不得"作虚假宣传,欺骗消费者",对内容真实但"误导消费者"的广告缺乏关注。这种立法思路忽略了误导广告与虚假广告的显著区别,虚假广告认定着眼于广告内容本身的真实性,而误导广告认定着眼于广告效果的误导性,应当在制度设计上区别对待。可见,上述法律的修订,并未解决非转基因广告管理中最需要完善的误导广告认定标准问题。因此,将来再修订《广告法》和《食品安全法》时,应对误导广告进行专门规定,明确误导广告的认定标准;同时,鉴于我国《反不正当竞争法》已列入修订计划,建议将该法第九条"不得作引人误解的虚假宣传",修改为"虚假或者引人误解的宣传",与《消费者权益保护法》和《广告法》保持一致。

至于误导广告的认定标准,我国应该强调广告整体效果的误导性,特别是对普通消费者购买决策的实质性误导,而对广告内容的真实性可在所不问。具体标准可借鉴国外立法和司法实践经验,结合我国实际予以确定。具体到非转基因广告,只要广告足以引起消费者对商品真实情况产生误解,已经或可能影响消费者的购买决策,就应当被认定为误导广告。在认定非转基因广告是否足以引起消费者误解时,应当注

---

① 农业部.关于指导做好涉转基因广告管理工作的通知(农科(执法)函〔2015〕第 18 号)[DB/OL].访问日期:2015-08-26.

② 15 USC 1125 (Section 43 of the Lanham Act, False designations of origin, false descriptions, and dilution forbidden)[DB/OL].访问日期:2015-08-26.

③ Federal Trade Commission Act [DB/OL].访问日期:2015-08-26.

意以下三个方面。其一,消费者选择方面。判定消费者是否误解时,以消费者中的"愚人""中人"还是"智人"的认知水平为标准,需要选择确定。鉴于转基因技术属于高新科技,消费者虽然有所耳闻,但通常知之甚少,因而选取具有平均认知水平和经验的"中人"消费者比较合适。其二,"足以"认定方面。对非转基因广告足以引起消费者误解中"足以"的认定,就个体而言,不应当要求误解产生的"风险"转化为具体的"损害";从整体而论,不应当确定太高的误解率,借鉴国外实践经验,确定为15%左右为宜。其三,"误解"标准方面。目前,两大法系对引人误解均采用多重标准综合判断①。其中,欧盟立法值得借鉴,欧盟《不公平商业行为指令》第六条第二款规定,即便陈述中不包含虚假信息,倘若根据当时具体的情况,考虑到其特点和环境,造成或可能造成普通消费者作出原本不会作出的交易决定时,应当被认定为具有误导性②。就非转基因广告而言,应综合考量广告用词、表达语气、场景背景、组合方式、肢体动作等多个方面,来判定是否引起或可能引起普通消费者产生误解③。

---

① 柳元兴.论引人误解的不正当竞争行为的判断标准[J].江苏商论,2012(11):35-39.

② DIRECTIVE 2005/29/EC OF THE EUROPEAN PARLIAMENT AND OF THE COUNCIL of 11 May 2005 concerning unfair business-to-consumer commercial practices in the internal market and amending Council Directive 84/450/EEC, Directives 97/7/EC, 98/27/EC and 2002/65/EC of the European Parliament and of the Council and Regulation (EC) No 2006/2004 of the European Parliament and of the Council ('Unfair Commercial Practices Directive'). Official Journal of the European Union, L149 of 11. 6. 2005.

③ 张忠民.非转基因食品广告被叫停的法律剖析[J].社会科学家,2016(5):115-119.

第七节　转基因生物进口法律制度

转基因生物进口既涉及我国人民健康和安全、动植物的生命和健康、生态环境安全的保护问题,又涉及贸易公平、粮食安全等政治经济问题,因而国家十分重视对转基因生物进口的法律规制。我国通过《进出口商品检验法》农业转基因生物安全管理条例》《进出口商品检验法实施条例》《农业转基因生物进口安全管理办法》等法律法规①,建立了转基因生物进口审批制度和检验检疫制度。

一、转基因生物进口审批制度

(一)转基因生物进口审批制度的立法现状

我国转基因生物进口的审批制度,主要法律依据是农业部的《农业转基因生物进口安全管理办法》。《农业转基因生物进口安全管理办法》规定,我国进口农业转基因生物,必须获得农业部颁发的农业转基因生物安全证书或者相关批准文件。农业部以安全评价为前提,将进口转基因生物及其产品按照用于研究试验、用于生产、用作加工原料以及直接用作消费品等类型进行审批。进口农业转基因生物用于生产或用作加工原料的,应当在取得农业部颁发的农业转基因生物安全证书后,方能签订合同。进口农业转基因生物,没有农业部颁发的农业转基因生物安全证书和相关批准文件的,或者与证书、批准文件不符的,作退货或者销毁处理。

1. 用于研究和试验的转基因生物

(1)用于研究或中间试验的转基因生物。
我国法律根据拟进口的转基因生物的安全等级,提出了不同的具体要求。

---

① 我国 2007 年制定的《新资源生物管理办法》本来对转基因生物进出口也有所规范,然而 2013 年出台的《新食品原料安全性审查管理办法》,不但废止了《新资源生物管理办法》,还明确规定办法不适用于转基因生物。

第一,安全等级Ⅰ、Ⅱ的转基因生物。从我国境外引进安全等级Ⅰ、Ⅱ的农业转基因生物进行实验研究,引进单位应当向农业转基因生物安全管理办公室提出申请,并提供下列材料:农业部规定的申请资格文件、进口安全管理登记表、引进农业转基因生物在国外已经进行了相应的研究的证明文件、引进单位在引进过程中拟采取的安全防范措施。经审查合格后,由农业部颁发农业转基因生物进口批准文件。

第二,安全等级Ⅲ、Ⅳ的转基因生物。从我国境外引进安全等级Ⅲ、Ⅳ的农业转基因生物进行实验研究和所有安全等级的农业转基因生物进行中间试验,引进单位应当向农业部提出申请,并提供下列材料:农业部规定的申请资格文件、进口安全管理登记表、引进农业转基因生物在国外已经进行了相应研究或试验的证明文件、引进单位在引进过程中拟采取的安全防范措施、农业转基因生物安全评价所需的相应材料。经审查合格后,由农业部颁发农业转基因生物进口批准文件。

(2)用于环境释放和生产性试验的转基因生物

从我国境外引进农业转基因生物进行环境释放和生产性试验,引进单位应当向农业部提出申请,并提供下列材料:农业部规定的申请资格文件、进口安全管理登记表、引进农业转基因生物在国外已经进行了相应的研究的证明文件、引进单位在引进过程中拟采取的安全防范措施、农业转基因生物安全评价所需的相应材料。经审查合格后,由农业部颁发农业转基因生物安全审批书。

(3)用于生产的转基因生物

境外公司向中华人民共和国出口转基因植物种子、种畜禽、水产苗种和利用农业转基因生物生产或者含有农业转基因生物成份的植物种子、种畜禽、水产苗种等拟用于生产应用,应当向农业部提出申请,并提供下列材料:进口安全管理登记表、输出国家或者地区已经允许作为相应用途并投放市场的证明文件、输出国家或者地区经过科学试验证明对人类、动植物、微生物和生态环境无害的资料、境外公司在向我国出口过程中拟采取的安全防范措施、农业转基因生物安全评价所需的相应材料。

必须强调的是,境外公司在提出上述申请时,应当在中间试验开始前申请,经审批同意,试验材料方可入境,并依次经过中间试验、环境释放、生产性试验三个试验阶段以及农业转基因生物安全证书申领阶段。中间试验阶段的申请经审查合格后,由农业部颁发农业转基因生物进口批准文件,境外公司凭此批准文件依法向有关部门办理相关手续;环境释放和生产性试验阶段的申请,经安全评价合格后,由农业部颁发农业转基因生物安全审批书,境外公司凭此审批书向有关部门办理相关手续;安全证书的申请,经安全评价合格后,由农业部颁发农业转基因生物安全证书,境外公司凭此证书依法向有关部门办理相关手续。引进的农业转基因生物在生产应用前,应取得农业转基因生物安全证书,方可依照有关种子、种畜禽、水产苗种的相关法律法规的规定办理相应的审定、登记或者评价、审批手续。

2. 转基因商品及其加工原料的进口

境外公司向我国出口农业转基因生物用作加工原料或者直接用作消费品,应当向农业部申请领取农业转基因生物安全证书。申请程序分为一般程序和简化程序两种。

(1)一般程序

境外公司按照一般程序提出申请时,应当提供下列材料:进口安全管理登记表、安全评价申报书、输出国家或者地区已经允许作为相应用途并投放市场的证明文件、输出国家或者地区经过科学试验证明对人类、动植物、微生物和生态环境无害的资料、农业部委托的技术检测机构出具的对人类、动植物、微生物和生态环境安全性的检测报告、境外公司在向我国出口过程中拟采取的安全防范措施。经安全评价合格后,由农业部颁发农业转基因生物安全证书。

(2)简化程序

境外公司按照一般程序的申请获得批准后,再次向我国提出申请时,符合同一公司、同一农业转基因生物条件的,可简化安全评价申请手续。申请时只需提供以下材料:进口安全管理登记表、农业部首次颁发的农业转基因生物安全证书复印件、境外公司在向我国出口过程中拟采取的安全防范措施。经审查合格后,由农业部颁发农业转基因生物安全证书。

进口用作加工原料或者直接用作消费品的农业转基因生物如果具有生命活力,应当建立进口档案,载明其来源、贮存、运输等内容,并采取与农业转基因生物相适应的安全控制措施,确保农业转基因生物不进入环境。

3. 转基因生物过境转移

关于转基因生物过境问题,我国法律规定,过境我国的转基因产品,货主或者其代理人应当事先向国家质检总局提出过境许可申请,经批准后方可过境。但是,由于这项规定与过境自由原则相冲突①。过境自由原则是指货物、船舶和其他运输工具,如经过一缔约方领土的一段路程,无论有无转船、仓储、卸货或改变运输方式等情形,仅为起点和终点均不在运输所经过的缔约方领土的全部路程的一部分,则应被视为经该缔约方领土过境;来自或前往其他缔约方领土的过境运输,应具有经过每一缔约

---

① 上述制度内容请参阅《农业转基因生物安全管理条例》《农业转基因生物进口安全管理办法》等法规的条文。

方领土的过境自由①。因此，2010 年 7 月，我国出台《国务院关于第五批取消和下放
管理层级行政审批项目的决定》②取消了农业转基因生物过境转移的审批。

（二）转基因生物进口审批制度的立法缺陷

1. 与国际规范存在一定冲突

我国转基因生物进口审批制度与国际规范存在的冲突，主要表现在与 GATT 1994
确立的国民待遇原则和一般例外条款的适用上。

（1）关于国民待遇原则的适用

国民待遇原则是指任何缔约方的产品进口至任何其他缔约方领土时，在有关影
响其国内销售、标价出售、购买、运输、分销或使用的所有法律、法规的规定方面，其所
享受的待遇不得低于国内同类产品所享受的待遇，即某一缔约方进口产品"应该获得
的待遇不低于本国同类产品的待遇"③。我国法律规定国外转基因生物只能在获得
农业部颁发的农业转基因生物安全证书后才能进入我国市场。我国农业部对用于研
究、试验、生物原料生产的转基因生物进口的要求与国内要求没有差异，符合国民待
遇原则当无争议。但是，农业部对转基因生物原料和直接消费的转基因生物的进口，
却提出高于对国内同类产品的要求，即在国内上述两类生物无需再进行安全性评价
即可申请农业转基因生物安全证书，而从国外进口则需要申请，因此，我国法律的这
项规定与国民待遇原则存在冲突。

（2）关于一般例外条款的适用

GATT 1994 规定缔约方即使违背了 WTO 的义务，只要其措施的实施不在情形相
同的国家之间构成任意或不合理歧视的手段，或构成对国际贸易的变相限制的要求
的前提下，WTO 也不阻止任何缔约方采取或实施下述相关措施：一是为保护公共道
德所必需的措施；二是为保护人类、动植物的生命或健康所必需的措施；三是为保护
可用尽的自然资源所必需的有关措施④。我国转基因生物法律法规的立法目的无不
是为了保护生态环境安全和人类身体健康，但是，是否可以适用一般例外条款，也不
是没有争议，因此存在不相协调的隐患。

---

① 陈立虎.转基因产品国际贸易的法律规制——兼论争端解决中的法律适用问题[J].法商研究,2005(2)：
107-117.

② 国发〔2010〕21 号。

③④ 陈立虎.转基因产品国际贸易的法律规制——兼论争端解决中的法律适用问题[J].法商研究,2005(2)：
107-117.

2. 应对转基因成份低水平混杂问题过于僵化

我国转基因生物进口审批制度对于转基因成份低水平混杂（LLP）问题缺乏有效应对，更没有针对低水平混杂的转基因生物，按照是否获得转基因生物安全证书为标准，作出具体制度安排。实践中，根据现行法规，无论商品中转基因成份混杂的水平高低，混杂的转基因生物是否获得转基因生物安全证书，均采取退货或销毁的方式处理。比如，国家质检总局发布数据显示，自2013年10月到2014年4月，全国出入境检验检疫机构共检出含有MIR162转基因玉米成份的美国进口玉米及其制品112.4万吨，均作了退运处理①。

（三）转基因生物进口审批制度的完善建议

1. 适时增强与国际规范的协调性

由于转基因生物进口涉及到贸易公平、粮食安全等政治经济问题，为了避免转基因作物进口对国内的影响，针对政治、经济影响较大的转基因作物，可以暂时采取目前的法律制度。待我国转基因生物产业发展到一定水平后，就应当考虑修改相关制度，以缓解我国转基因生物进口审批制度与国际规范的冲突问题。届时，我国应从完善国内生产的转基因生物的安全评价入手，做到国内产品与国外产品同等对待，这些冲突自然就能得以解决。

2. 灵活应对转基因成份低水平混杂问题

伴随转基因生物与非转基因生物共存状态的不断深入，转基因商品中的低水平混杂问题日益成为国际贸易中的焦点问题。有研究表明，欧盟与其他国家农产品国际贸易中，转基因成份低水平混杂问题引发的贸易摩擦日益突出，预计未来这类贸易摩擦会在更大范围内出现，更多的农户和企业会受到影响②。实践中，转基因生物国际贸易争端主要集中在产品属于未准入转基因生物成份和产品中未准入转基因生物成份低水平混杂两种情况③。我国作为转基因生物贸易大国，应当尽快完善转基因生物进口审批制度，有效应对转基因成份低水平混杂可能引发的国际贸易摩擦问题，按

---

① 林远.中国退运112.4万吨美国MIR162转基因玉米[J].广西质量监督导报,2014 (5):15.

② 徐丽丽,田志宏.欧盟转基因作物审批制度及其对我国的启示[J].中国农业大学学报,2014,19(3):1-10.

③ 谢传晓,李新海,张世煌.农产品未准入转基因成分"低水平混杂"的概念、成因及对策[J].作物杂志,2015(3):
1-4.

照是否获得转基因生物安全证书为标准,作出具体的制度安排。

二、转基因生物进口检验检疫制度

(一)转基因生物进口检验检疫制度的立法现状

我国转基因生物进口检验检疫制度,主要体现于《进出境转基因产品检验检疫管理办法》的相关规定。该办法分别对进入我国境内销售的转基因商品和在我国过境的转基因产品,提出不同的检验检疫要求。

1. 进境检验检疫

(1)申报要求

货主或者其代理人在办理进境报检手续时,应当在"入境货物报检单"的货物名称栏中注明是否为转基因产品。如申报货物为转基因产品,除按规定提供有关单证外,还应当提供法律法规规定的主管部门签发的农业转基因生物安全证书或者相关批准文件以及农业转基因生物标识审查认可批准文件。

(2)审查批准

第一,标识核查。对于我国实行强制标识的进境转基因产品,检验检疫机构应当核查标识,符合农业转基因生物标识审查认可批准文件的,准予进境;不按规定标识的,重新标识后方可进境;未标识的,不得进境。

第二,基因检测。对列入实行强制标识的农业转基因生物目录的进境转基因产品,如申报货物是转基因产品,检验检疫机构应当实施转基因项目的符合性检测;如申报货物是非转基因产品,检验检疫机构应进行转基因项目抽查检测;对实行强制标识的农业转基因生物目录以外的进境动植物及其产品、微生物及其产品和生物,检验检疫机构可根据情况实施转基因项目抽查检测。检验检疫机构按照国家认可的检测方法和标准进行转基因项目检测。

经转基因检测合格,才准予进境。如有下列情况之一的,检验检疫机构通知货主或者其代理人作退货或者销毁处理:一是申报货物为转基因产品,但经检测其转基因成份与批准文件不符;二是申报货物为非转基因产品,但经检测其含有转基因成份。

另外,进境供展览用的转基因产品,须获得法律法规规定的主管部门签发的有关批准文件后方可入境,展览期间应当接受检验检疫机构的监管。展览结束后,所有转基因产品必须作退回或者销毁处理。如因特殊原因,需改变用途的,须按有关规定补办进境检验检疫手续。

2. 过境检验检疫

（1）申报要求

过境的转基因产品，货主或者其代理人应当事先向国家质检总局提出过境许可申请。申请过境许可需提交以下资料：转基因产品过境转移许可证申请表、输出国家或者地区有关部门出具的境外已进行相应的研究证明文件或者已允许作为相应用途并投放市场的证明文件、转基因产品的用途说明和拟采取的安全防范措施等。

（2）审查批准

国家质检总局对符合要求的申请，签发"转基因产品过境转移许可证"并通知进境口岸检验检疫机构；对不符合要求的申请，签发"不予过境转移许可证"，并说明理由。过境转基因产品进境时，货主或者其代理人须持规定的单证和过境转移许可证向进境口岸检验检疫机构申报，经检验检疫机构审查合格，才准予过境，并由出境口岸检验检疫机构监督其出境。对改换原包装及变更过境线路的过境转基因产品，应当按照规定重新办理过境手续①。

（二）转基因生物进口检验检疫制度的立法缺陷

我国转基因生物进口检验检疫制度的主要缺陷是必须检测转基因项目的对象太少。根据我国转基因生物进口检验检疫制度，国家质检部门仅对申报货物是转基因产品，且属于实行强制标识的农业转基因生物目录中的产品，实施转基因项目的符合性检测；而对申报货物是非转基因产品，只进行转基因项目抽查检测；对实行强制标识的农业转基因生物目录以外的进境动植物及其产品、微生物及其产品和生物，更是根据具体情况确定是否实施转基因项目抽查检测。如此，我国转基因生物进口必须检测转基因项目的对象，仅是局限于申报货物为转基因产品又被列入农业转基因生物目录的产品，而且只进行符合性检测。如果进口的转基因生物不属于我国实行强制标识的农业转基因生物目录中的产品，或者属于目录中的产品，但申报货物为非转基因生物，那么即使没有经过有关部门审批，也可能堂而皇之地进入我国销售；所以，必须检测转基因项目的对象太少，是我国转基因生物进口检验检疫的一个巨大漏洞。现实生活中，已经出现了一些案例给我们敲响了警钟。2007年11月20日，北京两家进口生物超市中，被检测出美国抗除草剂转基因大米，该转基因大米的品种名为

① 上述制度内容请参阅《进出口商品检验法》《农业转基因生物安全管理条例》《进出口商品检验法实施条例》《农业转基因生物进口安全管理办法》《进出境转基因产品检验检疫管理办法》等法规的条文。

LL601,属于拜耳作物科学有限公司的产品,但至今未获中国农业部批准在中国上市销售①。总之,我国转基因生物进口检验检疫制度,仅仅针对实行阳性标识的转基因生物进行重点检验检疫的做法,对保护我国消费者十分不利,因为所有类型的转基因生物都可能对消费者造成伤害。

(三)转基因生物进口检验检疫制度的完善建议

针对我国转基因生物进口检验检疫制度的不足,笔者认为提高我国对进口转基因生物的检验检疫要求,将转基因项目设为进口生物的常规检测项目,是较为有效的思路。理由如下:一方面,从技术角度讲,具有可行性。随着转基因技术日新月异的发展,目前的转基因检测技术水平已经能够为转基因项目设为常规检测项目提供技术支持。另一方面,彻底解决必须检测转基因项目对象太少的问题。将转基因项目设为进口生物的常规检测项目后,无论进口生物是否申报为转基因产品,也无论进口生物是否属于实行强制标识的农业转基因生物目录中的产品,均需要进行转基因项目检测。

---

① 易蓉蓉.美国转基因大米惊现北京[N].科学时报,2007-11-21(A01).

第七章　转基因生物安全救济法律制度

第一节　转基因生物安全突发事件应急预案制度

　　人类对转基因生物存在很大争议的主要原因,在于转基因生物可能存在破坏生态环境安全和损害人类身体健康的潜在风险。在当代科学技术水平下,现有科学证据虽不能排除转基因生物存在生态环境和人类健康方面的风险,但也不能证实转基因生物给生态环境和人类健康带来了损害。人类理性地选择了在当代科学技术水平下进行决策,否则风险将无处不在,人类将裹足不前。当人类认为风险不能成为放弃转基因技术的理由时,当人类以现有科技水平作出发展转基因生物产业的决策时,就已经认识到了科学具有局限性。因此,人类将科学作为决策基石的同时,绝对不能对科学的局限性视而不见。科学具有局限性决定了转基因生物的潜在风险可能转变为现实损害,甚至可能转化为破坏力巨大的转基因生物安全突发事件。转基因生物安全突发事件是指在转基因生物研发试验、生产加工以及流通消费过程中,突然发生的表现为人体健康损害、生态环境破坏、社会秩序混乱的紧急事件。人类具有冒险的天性,但也有自我保护的本能。因此,非常有必要依循风险预防原则,对可能发生的转基因生物安全突发事件,作出必要的应对安排。凡事预则立,不预则废。我国为应对可能发生的转基因生物安全突发事件,不仅制定了相关法律法规,还建立了转基因生物安全突发事件应急预案制度,以便最大限度地控制转基因生物安全突发事件的发生、发展,并且将其造成的损害及负面影响程度降至最低①。

一、转基因生物安全突发事件应急预案制度的立法现状

　　2003 年,我国发生"非典"突发事件后,应对突发事件的立法工作得到了高度重视,制定了《突发事件应对法》②、《突发公共卫生事件应急条例》③、《突发环境事件应

---

① 于文轩. 生物安全立法研究[M]. 北京:清华大学出版社,2009:195.
② 2007 年 8 月 30 日中华人民共和国主席令第 69 号。
③ 2003 年 5 月 9 日国务院令第 376 号。

急管理办法》^①等法律法规。同时,还逐步建立起"横向到边、纵向到底"的应急预案体系,成为以"一案三制"(即应急预案、应急体制、应急机制、应急法制)为核心的应急管理总体系的重要组成部分^②。应急预案是针对可能的突发事件而事先制定的行动计划或方案;按照不同的责任主体,我国的应急预案体系可以分为总体应急预案、专项应急预案、部门应急预案、地方应急预案、企事业单位应急预案以及大型集会活动应急预案等六个层次^③。截至目前,可适用于转基因生物安全突发事件的国家级应急预案,主要有《国家突发公共事件总体应急预案》、《国家突发环境事件应急预案》^④、《国家重大生物安全事故应急预案》三部,但均缺乏针对性。针对性较强的是农业部制定的《农业转基因生物安全突发事件应急预案》^⑤,该预案在位阶上属于部门应急预案。遗憾的是,该部门应急预案并未向社会公开发布,个中缘由,无从判断。此后,全国多个省市县都制定了地方农业转基因生物安全突发事件应急预案。笔者以《农业转基因生物安全突发事件应急预案》为例,介绍一下我国转基因生物安全突发事件应急预案的主要内容。

(一)适用范围

农业转基因生物安全突发事件是指从事农业转基因生物的研究、试验、生产、经营和进口等相关活动中,突然发生环境安全和食用安全事件,潜在的风险或安全隐患转化为现实危害,威胁环境安全、人体健康并造成重大经济损失和重大社会影响。重大转基因生物安全突发事件是指对人类、动物、植物、微生物和生态系统构成严重威胁,具有高度侵袭性、传染性、转移性、致病性和破坏性的生物灾害。一般转基因生物安全突发事件是指对动物、植物、微生物和生态系统构成一定威胁,具有转移性和破坏性的生物灾害。

(二)遵循原则

坚持"依法监控、预防为主、分级负责、科学防范"的方针,遵循政府统一领导,部门分工负责和早发现、早报告、快反应、严处置的工作原则,建立突发事件快速反应机

---

① 2015 年 4 月 16 日环境保护部令第 34 号。
② 张海波,童星.中国应急预案体系的优化——基于公共政策的视角[J].上海行政学院学报,2012,13(6):23-37.
③ 詹承豫.动态情景下突发事件应急预案的完善路径研究[J].行政法学研究,2011(1):53-58.
④ 国办函〔2014〕119 号。
⑤ 农办发〔2005〕8 号。

制。一旦发生安全突发事件,根据农业转基因生物的安全等级、突发事件发生的区域、危害程度和损失情况,及时采取措施果断处理。

（三）组织机构与职责

1.决策机构

成立转基因生物安全突发事件应急指挥部,负责行政区域内农业转基因生物安全突发事件应急处理的决策和协调。

2.咨询机构

成立由生物技术研发、安全性研究、生产、加工、检验检疫、公共健康、环境保护和贸易等领域的专家组成的农业转基因生物安全突发事件应急处置专家指导组,作为农业转基因生物安全突发事件处理的技术指导和咨询机构。

3.执行机构

县级以上各级人民政府农业行政主管部门负责本行政区域内农业转基因生物安全突发事件的监控、报告、组织、处理等工作。科技、财政、外经贸、卫生、环保、检验检疫等有关部门要根据各自职责,按照指挥部分工,积极做好有关突发事件的应急处理工作。

（四）监测、报告、级别认定和信息发布

1.监测

县级以上人民政府农业行政主管部门应当根据本地农业转基因生物的应用和试验状况,确定重点监测区和监测对象,设置环境安全监测点,实行定期检测制度,防控安全事件发生。

2.报告

任何单位和个人发现农业转基因生物安全事件或安全事件隐患时,应当及时向当地县农业行政主管部门报告。县农业行政主管部门接到转基因生物安全事件报告后,应立即赶赴现场调查核实,初步认定为农业转基因生物安全突发事件的,应当在2小时内报省级农业行政主管部门;省级农业行政主管部门认定为重大农业转基因生物安全突发事件的,应在2小时内上报国务院农业行政主管部门和省人民政府。

3.级别认定

农业转基因生物安全突发事件分为两类,即重大事件和一般事件。重大事件由国务院农业行政主管部门认定,一般事件由省级政府农业行政主管部门认定,必要时报国务院农业行政主管部门确认。

4. 信息发布

重大农业转基因生物安全突发事件的信息由国务院农业行政主管部门发布。一般农业转基因生物安全突发事件的信息发布内容报国务院农业行政主管部门和省政府审定同意后,由省级农业行政主管部门发布,其他任何单位和个人不得违反规定发布或者散布农业转基因生物安全事件信息。

（五）应急响应

应急响应分为两级。一级响应是指发现农业转基因生物对人类、动植物和生态环境存在较大危险或造成较大经济损失时,由国务院农业行政主管部门依法宣布禁止生产、加工、经营和进口,收回农业转基因生物安全证书,销毁有关存在危险的农业转基因生物。二级响应是指一旦发生生物安全事故,应立即强制封锁现场,销毁试验材料,进行全方位的环境监测,可采取物理控制、化学控制、生物控制、环境控制和规模控制等多种措施。各级农业行政主管部门负责对非法研究、试验、生产、加工、经营或者进口、出口的农业转基因生物实施封存或者扣押。从事转基因生物生产、加工、经营和进口的单位或个人,发现转基因生物扩散、残留并造成危害的,必须立即采取有效措施加以控制、消除,并向当地农业行政主管部门报告。

转基因生物试验过程发生意外事故时,应立即封闭试验区域,对事故点的场所、废弃物、设施进行彻底消毒,对试验生物迅速销毁;组织专家查清缘由;对周围一定距离范围内的植物、动物、土壤和水环境进行监控,直至解除封锁。对于人畜共患的转基因动物用微生物,应对事故涉及的当事人群进行强制隔离观察,对研发检测实验室也作类似处理。当转基因生物造成人体中毒、过敏等伤害时,应迅速组织医疗机构进行救治,并立即停止该种转基因生物的试验、生产、进口和销售。对于同一种转基因生物,若境外发生重大安全问题,应采取应急措施,责令有关单位停止试验、生产、进口和销售。

（六）应急解除和后期处置

1. 应急解除

农业转基因生物安全突发事件应急处置工作结束,需要解除应急状态的,由事件发生地应急指挥部向省级应急指挥部提出申请,省级应急指挥部组织专家对突发事件基本情况、发生原因、采取的应急处理措施等内容进行评估,并报国务院农业行政主管部门审定同意后,解除应急状态,恢复正常。

2. 后期处置

应急状态解除后,有关部门应按照职责分工继续对事发区域进行持续监测,根据监测情况和需求及时向当地人民政府提出报告和建议。各级政府在对事件发生的损失、重建能力等进行评估后,要及时制订重建和恢复生产、生活计划,采取政府扶持、社会救助、税收优惠等有关政策和措施,帮助受灾单位和个人渡过难关,恢复生产、生活。

(七)应急保障

1. 通信与信息保障

突发事件发生期间,各级应急指挥部实行全天值班制度,设立专门电话,确保应急期间信息畅通。

2. 应急队伍保障

各级人民政府农业行政主管部门要加强农业转基因生物安全监管队伍的建设,加强培训,保障应急队伍储备。

3. 经费保障

农业转基因生物安全突发事件应急处置所需经费由各级财政解决。

4. 技术保障

农业部成立农业转基因生物安全突发事件应急处置专家指导组,开展突发事件的预警、预报、预防和应急处置技术的研究,加强技术储备,提供技术支撑①。

二、转基因生物安全突发事件应急预案制度的立法缺陷

结合转基因生物安全突发事件的特点,从《农业转基因生物安全突发事件应急预

---

① 上述预案内容请参阅《农业转基因生物安全突发事件应急预案》的条文。或参见:张忠民. 转基因食品法律规制研究[D]. 重庆:重庆大学,2008:207-209.

案》以及其他省市县制订的应急预案内容来看,我国转基因生物安全突发事件应急预案制度,主要存在以下缺陷。

(一)应急预案缺乏预防性

尽管转基因生物安全突发事件应急预案制度是在风险预防原则指导下的建立,且《农业转基因生物安全突发事件应急预案》中也明确提出了要坚持"预防为主"的方针,但是应急预案的内容并没有充分体现出预防性。现行应急预案的预防性集中体现于"对重点监测区和监测对象,设置环境安全监测点,实行定期检测制度"和"发现农业转基因生物安全事件或安全事件隐患时,及时逐级报告"的规定之中,折射出一种"临事管理"的思想,缺乏"无事管理"的理念。换言之,应急预案的预防性规定集中在临事管理,即监测和报告部分,较少涉及无事管理,即危机预防和应急准备部分①。

(二)应急预案缺乏全面性

转基因生物安全突发事件表现形式具有多样性,既可能表现为破坏生态环境的环境安全事件,又可能表现为损害人体健康的公共卫生事件,还可能表现为公共群体骚乱的社会维稳事件。而且,转基因生物安全突发事件的这三类表现形式,彼此之间并非泾渭分明,而是呈现关联性的特征,相互之间存在内在关联,在特定的情景下还可能相互转化、相互触发、相互加强,带来危害后果更为广泛和严重的"多米诺骨牌效应"。然而,从我国现行转基因生物安全突发事件应急预案的内容看,主要是应对生态环境安全突发事件的规定,对公共卫生安全突发事件着墨甚少,对社会维稳安全事件更是鲜有提及。从转基因生物安全突发事件类型的视角审视,应急预案内容安排有失均衡,对待应急对象厚此薄彼,不能体现全面应对转基因生物安全突发事件的预案宗旨。

(三)应急预案缺乏针对性

虽然各地区转基因生物安全突发事件应急预案的应急对象相同,但是各省市县的转基因生物产业发展状况却千差万别。因此,只有各地紧密结合本地区的实际情况来制订应急预案,应急预案才有针对性,才能发挥良好的应急效果。然而,纵观各地区的转基因生物安全突发事件应急预案不难发现,其内容同质化非常严重,从体例

---

① 林鸿潮.论应急预案的性质和效力——以国家和省级预案为考察对象[J].法学家,2009,(2):22-30.

安排到具体内容,基本照搬上级的版本。尽管应急预案的高度沿袭可以在一定程度上保持结构上的稳定性和对应性,具备维护法制统一、便于查找和适用等诸多优点①,但是各地区转基因生物产业发展水平、应急保障能力、生态环境状况、产业发展水平等方面的较大甚至巨大差异,也绝对不能视而不见。应急预案内容的高度同质化,必然导致预案脱离当地实际,不能提出针对性的应急措施,致使应急预案的应急效果大打折扣,甚至无法发挥应急预案的功能。

(四)应急预案缺乏操作性

我国转基因生物安全突发事件应急预案,普遍存在框架性、原则性的类似法律条款的内容很多,具体的、可操作的类似技术规程的内容很少,根据转基因生物的不同种类、发展阶段、产业类型等专门制订的操作规程严重缺失的问题。这个问题致使应急预案的可操作性较差,而且由于各地区应急预案内容的高度同质化,应急预案位阶越低,可操作性差的缺陷体现得越为凸显。转基因生物安全突发事件应急预案可操作性差的直接后果是:平时很难进行演练,临事无法正常运转,最终导致应急预案功能丧失。因此,我国转基因生物安全突发事件应急预案在功能定位上,亟须从宏观指导的原则导向到微观操作的实用导向转变②,制定大量的具体行动方案,切实提高应急预案的可操作性。

(五)应急预案缺乏联动性

转基因生物安全突发事件表现形式的多样性,决定了实施应急预案必然涉及多个政府部门。转基因生物安全突发事件可能表现为环境安全事件、公共卫生事件以及社会维稳事件,应急预案实施时就需要环保、卫生、科技、经贸、检验检疫、食药监管、财政、公安等多个政府部门联合行动。值得注意的是,我国转基因生物安全突发事件应急预案是由农业行政部门制订,虽然较为充分体现了农业行政部门的思量,但由于既缺乏相关部门的实质性参与,又缺少相应的组织法支撑,很可能导致这个以农业行政部门为指挥核心的应急预案,在实施时无法得到相关部门及时、有效的联动支持,致使应急预案的实施效果事倍功半。

---

① 熊晓青,张忠民.突发雾霾事件应急预案的合法性危机与治理[J].中国人口·资源与环境,2015,25(9):160-167.
② 钟开斌.中国应急预案体系建设的四个基本问题[J].政治学研究,2012(6):87-98.

三、转基因生物安全突发事件应急预案制度的完善建议

尽管迄今为止,我国尚未发生一起转基因生物安全突发事件,但实践经验的缺乏,不应成为完善转基因生物安全突发事件应急预案制度的障碍。毕竟任何事物的发展,都会遵循一定的规律。我们应当通过积极探索、掌握和利用转基因生物安全突发事件的规律,来完善我国转基因生物安全突发事件应急预案制度。

(一)加大无事管理力度,增强预防性

为了能够更充分地体现出应急预案的预防性,必须加大无事管理力度,在危机预防、应急准备方面加强制度建设。第一,加强监测系统建设。可以通过建立全国统一的转基因生物安全监测、报告、通报网络体系,实现信息共享;通过转基因生物安全信息评估指标体系的建设,提高监测信息的利用效率,及时洞悉转基因生物安全的态势。第二,加强预警系统建设。不仅是要求农业行政部门,而是要求转基因生物安全相关的所有政府行政部门加强对重点生物、重点阶段、重点场所的日常监管,定期进行安全监测、检查,并相互通报安全信息。第三,建立举报制度。作为对行政监管工作的有益补充,社会监督的功能不可或缺。应当鼓励任何单位和个人向政府有关部门举报转基因生物安全事故或隐患,以及有关责任人不履行转基因生物安全监管职责的行为。必要时,应当给予举报有功的单位或人员一定的精神或物质奖励,以便形成良好的正确导向。

(二)各类突发事件兼顾,增强全面性

鉴于转基因生物安全突发事件,既可能表现为破坏生态环境的环境安全事件,又可能表现为损害人体健康的公共卫生事件,还可能表现为公共群体骚乱的社会维稳事件,那么应急预案就应当针对这三个维度进行制度设计,既不能厚此薄彼,更不能顾此失彼。一方面,加强对转基因生物安全公共卫生事件的应急制度建设。要加强对转基因食品、转基因药品等产品的主要消费人群健康状况的检测,并配套相关的突发事件后续应急措施。另一方面,要建立转基因生物安全社会维稳事件的应急制度。要加强对重点群体、重点媒体,特别是互联网、自媒体平台的日常检测力度,并建立切实可行的应急具体行动方案。总之,需要对转基因生物安全突发事件应急预案,在预警、发生、定级、响应、解除、善后处置等环节中进行大量增补完善,才能实现应急预案应对突发事件的全面性。

(三)紧密结合地方实际,增强针对性

各地区的转基因生物安全突发事件应急预案,只有紧密结合当地实际情况,才能真正发挥应急预案的功能。我国地域广阔,经济发展不平衡,因而各地转基因生物产业发展情况及非转基因作物种植情况各具特色、千差万别。比如,转基因生物产业方面,海南是转基因作物种子重点繁殖基地,新疆是转基因棉花重要产区,华东地区、中南地区的转基因生物医药产业较为发达,北京、湖北的转基因生物研发机构较为集中,等等;非转基因作物方面,华北地区是重要玉米产区,华南地区是重要稻米产区,东北地区是重要大豆产区,等等。各地必须结合本地区的上述特点,从实际出发制定转基因生物安全突发事件应急预案,并且根据本地实际情况的变化,定期对预案进行评估、修订,如此才能有的放矢,充分发挥应急预案的功能。

(四)重视技术规范研究,增强操作性

转基因生物安全风险及其预防技术的研究成果,是建立转基因生物安全突发事件应急预案技术性规范的基础。然而,在市场经济条件下,自然科学领域的学者们缺乏研究转基因生物安全风险及其预防技术手段的内在动力,这就需要政府介入加强供给,政府有义务组织科研力量针对不同阶段、不同生物、不同产品的安全风险及其防范进行研究。根据研究结论,从过程上分别针对研发试验、生产加工、流通消费等环节,从种类上分别针对转基因动物、植物、微生物物种,从产品上分别针对转基因食品、转基因医药、转基因能源等品种,建立系统的技术性应急规范和具体行动方案,并加强对相关人员的培训和演练,切实提高转基因生物安全突发事件应急预案的可操作性。

(五)提高应急预案阶位,增强联动性

要增强转基因生物安全突发事件应急预案实施的联动性,最为经济有效的路径是提高应急预案的位阶,从部门应急预案提高到国家级专项应急预案。具体而言,由国务院制定《转基因生物安全突发事件应急预案》,以"全国统一领导、地方政府负责、部门指导协调、各方联合行动"为应急预案的工作原则,成立国家级的转基因生物安全突发事件应急指挥部作为决策机构,建立以农业行政部门为核心的指挥机构,明确要求环保、卫生、科技、经贸、检验检疫、食药监管、财政、公安等多个政府行政部门,根据各自职责,按照指挥部分工,积极做好有关突发事件的应急处理工作。如此,制订应急预案时政府相关行政部门均会实质性参与,应急预案已经体现了部门博弈的

结果,在实施应急预案时各部门自然会积极配合、联合行动。

　　整体而言,学界对转基因生物安全突发事件应急预案相关问题的研究还非常缺乏。在自然科学领域,学者们热衷于转基因生物及其产品的研发,成果颇丰;对转基因生物安全风险及其预防的研究则缺少动力,成果少见。在社会科学领域,学者们对应急预案宏观研究较多,但微观研究很少①,当然其中或许与自然科学研究成果无法为社会科学研究提供支撑有关。本书对完善我国转基因生物安全突发事件应急预案制度,提出了一些不太成熟的建议,也是囿于自身知识结构所限,而显得宏观有余,微观不足。所以,笔者期待自然科学领域和社会科学领域的学者们,能够共同努力、通力协作,唯如此我国才能建立科学有效、切实可行的转基因生物安全突发事件应急预案制度。

---

①　李尧远,曹蓉.我国应急管理研究十年(2004—2013):成绩、问题与未来取向[J].中国行政管理,2015(1)83-87.

第二节　转基因食品召回制度

在全球范围内,已经广泛商业化的转基因生物中,转基因大豆、转基因玉米、转基因油菜、转基因甜菜等食用作物占比很大,以此为原料生产加工的转基因食品更是品种繁多、琳琅满目,已经到了避无可避的程度。民以食为天,食以安为先。由于转基因食品安全性事关公众身体健康,长期以来持续成为转基因生物安全争议中最为核心的问题。因此,在转基因生物安全救济阶段中,转基因食品安全救济问题是一个至关重要的环节。目前,针对转基因食品可能发生的安全问题,最为重要的救济制度当属转基因食品召回制度。

一、转基因食品召回制度的立法现状

食品召回是食品的生产经营者对自己生产、经营的已经进入市场的某一批次的食品可能存在危害消费者健康、安全时,依法收回此不安全食品,并对消费者予以更换、赔偿,最大限度地减少、消除食品安全危害的重要手段,是国际上普遍推行的最能有效监督食品安全的措施①。我国食品召回制度起步较晚,1995 年,在《食品卫生法》的个别条文中第一次提及"食品召回"的概念,2007 年国家质检总局制定了《食品召回管理规定》,食品召回制度才在规章层面上得以确立。2009 年,我国《食品安全法》明确规定"国家建立食品召回制度",食品召回制度始得正式在法律层面上确立。2015 年,随着全国人大修订《食品安全法》、国家食品药品监督管理总局制定《食品召回管理办法》②,进一步丰富了食品召回制度③的内容,两部法规相互配合、相辅相成,共同构建了我国食品召回制度的基本法律框架④。鉴于转基因食品属于食品下位概念,关于食品召回的法律法规当然适用于转基因食品。据此,我国转基因食品召回制

---

① 张鹤.我国引进食品召回制度的再思考[J].政法论丛,2015(6):102-108.
② 国家食品药品监督管理总局令 2015 年第 12 号。
③ 适用于食品、食品添加剂和保健食品。
④ 邓蕊.中国食品召回制度若干法律问题探析[J].行政与法,2017(2):53-59.

度的主要有以下内容①。

（一）召回管理主体

国家食品药品监督管理总局负责指导全国不安全转基因食品停止生产经营、召回和处置的监督管理工作；负责汇总分析全国不安全转基因食品的停止生产经营、召回和处置信息，根据转基因食品安全风险因素，完善转基因食品安全监督管理措施。

县级以上地方食品药品监督管理部门负责本行政区域的不安全转基因食品停止生产经营、召回和处置的监督管理工作；负责收集、分析和处理本行政区域不安全转基因食品的停止生产经营、召回和处置信息，监督转基因食品生产经营者落实主体责任。

县级以上食品药品监督管理部门组织建立由医学、毒理、化学、食品、法律等相关领域专家组成的食品安全专家库，为不安全转基因食品的停止生产经营、召回和处置提供专业支持。

（二）召回责任主体

转基因食品生产经营者应当依法承担食品安全第一责任人的义务，建立健全相关管理制度，收集、分析转基因食品安全信息，依法履行不安全转基因食品的停止生产经营、召回和处置义务。

食品生产者发现其生产的转基因食品不符合食品安全标准或者有证据证明可能危害人体健康的，应当立即停止生产，召回已经上市销售的转基因食品，通知相关经营者和消费者，并记录召回和通知情况。食品经营者发现其经营的转基因食品有前款规定情形的，应当立即停止经营，通知相关生产者和消费者，并记录停止经营和通知情况。转基因食品生产者认为应当召回的，应当立即召回。

食品经营者对因自身原因所导致的不安全转基因食品，应当根据法律法规的规定在其经营的范围内主动召回。食品经营者召回不安全转基因食品应当告知供货商。供货商应当及时告知生产者。食品经营者在召回通知或者公告中应当特别注明系因其自身的原因导致转基因食品出现不安全问题。因生产者无法确定、破产等原因无法召回不安全转基因食品的，转基因食品经营者应当在其经营的范围内主动召回不安全食品。

---

① 参见我国《食品安全法》第六十三条、《食品召回管理办法》相关条文。

（三）召回对象范围

转基因食品召回制度适用于我国境内生产经营的所有不安全转基因食品。不安全转基因食品是指食品安全法律法规规定禁止生产经营的转基因食品以及其他有证据证明可能危害人体健康的转基因食品，包括因标签、标志或者说明书不符合食品安全标准的转基因食品。

（四）停止生产经营

生产经营者在召回不安全转基因食品之前，应当立即停止生产经营。食品生产经营者发现其生产经营的转基因食品属于不安全食品的，应当立即停止生产经营，采取通知或者公告的方式告知相关转基因食品生产经营者停止生产经营、消费者停止食用，并采取必要的措施防控转基因食品安全风险。食品生产经营者未依法停止生产经营不安全转基因食品的，县级以上食品药品监督管理部门可以责令其停止生产经营不安全转基因食品。

食品集中交易市场的开办者、食品经营柜台的出租者、食品展销会的举办者、网络食品交易第三方平台提供者发现食品经营者经营的转基因食品属于不安全食品的，应当及时采取有效措施，确保相关经营者停止经营不安全转基因食品。

（五）召回具体方式

我国转基因食品召回制度设立了主动召回和责令召回两种方式。食品生产者通过自检自查、公众投诉举报、经营者和监督管理部门告知等方式知悉其生产经营的转基因食品属于不安全食品的，应当主动召回。食品生产者应当主动召回不安全转基因食品而没有主动召回的，县级以上食品药品监督管理部门可以责令其召回。

（六）召回分级管理

根据食品安全风险的严重和紧急程度，转基因食品召回分为三级。一级召回：食用后已经或者可能导致严重健康损害甚至死亡的，食品生产者应当在知悉转基因食品安全风险后 24 小时内启动召回，并向县级以上地方食品药品监督管理部门报告召回计划。二级召回：食用后已经或者可能导致一般健康损害，食品生产者应当在知悉转基因食品安全风险后 48 小时内启动召回，并向县级以上地方食品药品监督管理部门报告召回计划。三级召回：标签、标识存在虚假标注的转基因食品，食品生产者应当在知悉转基因食品安全风险后 72 小时内启动召回，并向县级以上地方食品药品监督管理部门报告召回计划。标签、标识存在瑕疵,食用后不会造成健康损害的转基因食品,食品生产者应当改正,可以自愿召回。

(七)召回计划执行

食品生产者应按时制订并报告转基因食品召回计划,并按照召回计划执行。转基因食品召回计划应当包括下列内容:食品生产者的名称、住所、法定代表人、具体负责人、联系方式等基本情况;食品名称、商标、规格、生产日期、批次、数量以及召回的区域范围;召回原因及危害后果;召回等级、流程及时限;召回通知或者公告的内容及发布方式;相关食品生产经营者的义务和责任;召回食品的处置措施、费用承担情况;召回的预期效果。县级以上地方食品药品监督管理部门收到转基因食品生产者的召回计划后,必要时可以组织专家对召回计划进行评估。评估结论认为召回计划应当修改的,转基因食品生产者应当立即修改,并按照修改后的召回计划实施召回。

(八)召回公告发布

转基因食品召回公告应当包括下列内容:食品生产者的名称、住所、法定代表人、具体负责人、联系电话、电子邮箱等;食品名称、商标、规格、生产日期、批次等;召回原因、等级、起止日期、区域范围;相关食品生产经营者的义务和消费者退货及赔偿的流程。不安全食品在本省、自治区、直辖市销售的,转基因食品召回公告应当在省级食品药品监督管理部门网站和省级主要媒体上发布。省级食品药品监督管理部门网站发布的召回公告应当与国家食品药品监督管理总局网站链接。不安全转基因食品在两个以上省、自治区、直辖市销售的,转基因食品召回公告应当在国家食品药品监督管理总局网站和中央主要媒体上发布。

(九)召回完成期限

实施一级召回的,转基因食品生产者应当自公告发布之日起 10 个工作日内完成召回工作。实施二级召回的,转基因食品生产者应当自公告发布之日起 20 个工作日内完成召回工作。实施三级召回的,转基因食品生产者应当自公告发布之日起 30 个工作日内完成召回工作。情况复杂的,经县级以上地方食品药品监督管理部门同意,转基因食品生产者可以适当延长召回时间并公布。

(十)召回食品处置

转基因食品生产经营者应当依据法律法规的规定,对因停止生产经营、召回等原因退出市场的不安全食品采取补救、无害化处理、销毁等处置措施。转基因食品生产经营者未依法处置不安全食品的,县级以上地方食品药品监督管理部门可以责令其依法处置不安全转基因食品。

对违法添加非食用物质、腐败变质、病死畜禽等严重危害人体健康和生命安全的不安全转基因食品,食品生产经营者应当立即就地销毁。不具备就地销毁条件的,可由不安全转基因食品生产经营者集中销毁处理。转基因食品生产经营者在集中销毁处理前,应当向县级以上地方食品药品监督管理部门报告。

对因标签、标识等不符合食品安全标准而被召回的转基因食品,食品生产者可以在采取补救措施且能保证食品安全的情况下继续销售,销售时应当向消费者明示补救措施①。

二、转基因食品召回制度的立法缺陷

转基因食品属于食品的一个类别,我国基于《食品安全法》和《食品召回管理办法》建立的食品召回制度,适用于转基因食品召回当无异议。但是,对于转基因食品召回的管理而言,现行食品召回制度严重缺乏针对性和可操作性,由此造成了诸多缺陷。主要体现在以下几个方面:

(一)召回主体范围偏小

现行食品召回制度规定的食品召回责任主体范围,较之以前有所扩大,值得肯定。根据2009年制定的《食品安全法》和2007年制定的《食品召回管理规定》,食品召回责任主体是由于生产原因造成不安全食品的生产者,现行食品召回制度将范围扩大到所有不安全食品的生产者(造成不安全食品的原因在所不问),以及由于食品经营者的原因造成食品不安全的经营者。但是,对于转基因食品而言,食品召回责任主体范围还是偏小,应当进一步扩大到转基因食品原料的研发者。因为,与传统食品不同,导致转基因食品成为"不安全食品"的原因,除了由于生产者和经营者造成,还可能由研发者造成。比如,在研发转基因作物的过程中,研发者将一种能产生毒性蛋白的基因转入受体食品,然而在当时的科技水平下,尚无法发现这个危险因素,继而获得了转基因生物安全证书,并经商业化后进入食品流通领域。于此情形下,仅仅由对造成"不安全食品"并无过错的转基因食品的生产者和经营者承担食品召回责任,

---

① 上述制度内容请参阅《食品安全法》《食品召回管理办法》等法规的条文。

而基于该转基因作物商业化获取巨额利益的研发者却可独善其身,有失公允。因此,研发者应当成为转基因食品召回的责任主体之一。而且,研发者熟悉转基因作物的具体情况,更有利于妥善处置召回的转基因食品。

(二)召回对象确定困难

我国食品召回制度适用对象为不安全食品,结合《食品安全法》第六十三条和《食品召回管理办法》第二条的规定看,不安全食品包括"食品安全法律法规规定禁止生产经营的食品""不符合食品安全标准的食品"和"有证据证明可能危害人体健康的食品"三个类别。就转基因食品而言,认定是否属于"食品安全法律法规规定禁止生产经营的食品"相对容易,所有以没有获得转基因生物安全证书并批准商业化的转基因原料生产的食品,均属此类。但是,认定某种转基因食品是否属于其他两个类别的不安全食品则非常困难。其一,认定转基因食品是否属于"不符合食品安全标准的食品"貌似简单,实则不然。从表面看,只要以食品安全标准为依据,加以判别即可。但问题是,何为"食品安全标准",在没有食品安全标准时当如何处理。关于食品安全标准的范围,有学者认为包括"食品安全国家标准、食品安全地方标准以及食品安全企业标准"①。笔者对此观点并不赞同,认为食品安全标准应当局限于食品安全国家标准和没有国家标准时地方特色食品的食品安全地方标准。2016年1月12日,国家卫计委向质检总局发的《关于食品安全国家标准有关问题的复函》②中,明确"在相关食品安全国家标准发布实施前,现行食用农产品质量安全标准、食品卫生标准、食品质量标准和有关食品的行业标准仍然有效,食品生产经营活动及其监督管理应当按照现行相关标准执行"。可见,在有食品安全国家标准的情况下,排除了其他任何标准作为执法依据的适用空间;在缺乏食品安全国家标准情况下,仍然明确排除了企业标准可以作为食品安全执法依据。事实上,由于转基因食品属于新兴食品,针对转基因特性的食品安全标准,无论是国家层面、地方层面还是企业层面,都极度匮乏。从法理上讲,这些缺乏食品安全标准的转基因食品,很难被确定为召回对象。其二,认定某种转基因食品是否属于"有证据证明可能危害人体健康的食品",则会更加困难。转基因食品之所以充满争议,原因恰恰是现有科学证据不能证明其确定有害,但又不能保证其确定无害;换言之,现有科学证据既不能排除其可能有害,但又不能排除其可能无害。于此情形下,判断某种转基因食品是否属于"有证据证明可能危害人

---

① 汪全胜,黄兰松.食品召回制度中"不安全食品"的认定问题探讨? [J].宏观质量研究,2016,4(4):112-119.

② 国卫办食品函〔2016〕34号。

体健康的食品",将变得异常困难且复杂。

(三)召回评估程序缺失

现行食品召回制度的不安全食品认定标准对转基因食品的不适应性,必然会转化为召回责任主体与召回执法主体之间的分歧焦点——该转基因食品是否属于召回对象。转基因食品生产经营企业作为食品召回的责任主体,其首先是"经济人",需要考虑实施召回引发的损耗成本和收益[①]。当召回成本很高而收益甚微时,最理性的策略不是抗拒执法部门的召回指令,而是提出该转基因食品不属于不安全食品的主张。于此情形下,就需要一个公正的召回评估程序来认定该转基因食品是否符合召回的条件。遗憾的是,我国现行食品召回制度缺少召回评估程序的相关规定。召回评估程序的缺失,不仅会影响转基因食品召回的法律效果,还会降低食品召回制度的公信力。

三、转基因食品召回制度的完善建议

鉴于《食品安全法》第一百五十一条规定"转基因食品的食品安全管理,本法未作规定的,适用其他法律、行政法规的规定",笔者认为,首先较为经济的完善路径是修订《农业转基因生物安全管理条例》,增加关于转基因生物召回的条款;然后,由国务院农业行政部门根据该条款制定《转基因食品召回制度》予以细化。在《转基因食品召回制度》中,可对上述缺陷予以完善。具体设想为:第一,农业行政管理部门协助食品药品监督管理部门负责转基因食品召回的监督管理工作。我国对进入市场前的转基因生物的安全管理工作,主要由农业行政部门负责;并且进入市场后的转基因食品的安全管理工作,农业行政部门也有权参与管理,因为绝大多数法律法规都针对转基因产品设定有特别条款,要求同时遵守国家或农业部制定的规范性文件。所以,农业行政部门参与到转基因食品召回工作中,有利于提高执法效果。第二,由于研发原因造成某一批次或类别的转基因食品被认定为不安全食品需要召回的,研发者是召回责任主体之一,与生产经营者共同履行召回义务。第三,国务院农业行政部门应当积极会同国务院卫生行政部门和国务院食品药品监督管理部门,尽快制定并公布转基因食品安全国家标准,为认定转基因食品是否属于不安全食品,提供执法依据。在某种转基因食品的食品安全国家标准缺失的情况下,不应当依据其他标准来认定该

---

① 徐芬,陈红华.基于食品召回成本模型的可追溯体系对食品召回成本的影响[J].中国农业大学学报,2014,19(2):233-237.

转基因食品属于不安全食品。笔者认为,食品安全国家标准不应在缺乏法律依据的前提下,被其他标准所替代。原因在于食品安全国家标准虽然不是正式的法律渊源,但却具有类似于部门规章的法律拘束力①。第四,对于认定某种转基因食品是否属于"有证据证明可能危害人体健康的食品",笔者认为应当采取非常审慎的态度,除非有证据证明这种转基因食品有相当大概率危害人体健康时,才可认定为不安全食品予以召回。第五,应当设定转基因食品召回评估程序,负责认定某种转基因食品是否符合召回的条件。鉴于国务院农业行政部门负责管理转基因生物安全的客观情况,建议由其负责转基因食品召回评估的管理工作。关于评估机构的确定,较为可行的做法是由国家农业转基因生物安全委员会来负责评估工作。转基因食品召回评估程序还应当建立科学合理的评估步骤,明确评估结果的法律效力,以便提高转基因食品召回制度的运转效率。

必须强调的是,尽管实践中至今尚未发现转基因食品存在食用安全问题,但积极开展转基因食品召回制度的研究工作仍然具有重要意义。毕竟不符合标签、标识食品安全国家标准的转基因食品属于召回对象,它不仅涉及消费者知情权和选择权的实现问题,更涉及市场能否在转基因食品商业化进程中起到决定性作用的问题。遗憾的是,截至目前,我国学界对转基因食品召回法律制度的研究却非常滞后,尚未发现专门研究转基因食品召回问题的文献资料,根本无法为我国转基因食品召回制度的建设提供有力的理论支撑。笔者虽然就转基因食品召回制度提出了一些建议,但都不成熟,希望能抛砖引玉,引起更多学者特别是法律学者的关注。

---

① 方明,徐静.试论食品安全标准在食品安全管制中的拘束力[J].江苏社会科学,2013(6):90-95.

结　论

　　转基因生物产业前景广阔,发展转基因生物产业是我国的国家战略。我国投入巨资、颁布规划,正在努力促进转基因生物产业健康发展,转基因生物加速商业化进程已是必然趋势。实践中,转基因生物可能引发的安全问题、公众参与度低、人们心理顾虑重、舆论环境不良、市场环境混乱、政府公信力受损、市场功能发挥不力等问题,已经成为我国转基因生物产业健康发展的严重阻碍。这些阻碍因素的形成与转基因生物安全法律制度的不完善,紧密相关。所以,我国现行转基因生物安全法律制度,已经无法为国家战略的落实提供有力的制度支撑,亟须研究完善。

　　在转基因生物安全问题方面。近些年来,伴随着转基因技术的不断进步,转基因生物在农业、食品、医药、环境、能源等领域中发挥着越来越重要的作用,转基因生物产业在全球范围内发展非常迅速。与此同时,转基因生物在人类健康、生态环境和经济社会方面的潜在风险也备受关注。在人类健康方面,主要有毒性、致敏性、抗生素耐药性、营养失衡等问题;在生态环境方面,主要有破坏生物多样性、制造超级杂草、基因污染等问题;在经济社会方面,主要有伦理道德、宗教信仰、消费者保护、国际贸易争端等问题。而且从时间维度看,转基因生物上述安全问题在研发试验、生产加工和流通消费环节中,呈现既交叉重叠又侧重不同的态势。针对转基因生物安全问题,法律应当作出必要的制度安排。

　　在转基因生物安全法律制度基础理论方面。法律制度建设需要基础理论支撑,因而有必要对转基因生物安全法律制度的相关基础理论进行探讨。首先,转基因生物安全法律制度的法理基础是维护生态环境安全、保障消费者权益和促进生物经济健康发展。我国正在大力建设生态文明,生态环境安全应当得到有效维护;消费者作为转基因生物安全的最终承担者,消费者权益应当予以保障;加快发展生物经济,对突破我国经济发展瓶颈,全面建设小康社会意义重大,生物经济发展应当得到促进。其次,转基因生物安全法律制度的价值取向是安全、秩序和公平。安全价值包含人类安全与生态安全,公平价值包含代内公平与代际公平,秩序价值包含人际之间的社会秩序、自然秩序以及人与自然之间秩序。其中,安全价值是转基因生物安全法律制度追求的首要价值目标。再次,转基因生物安全法律制度的基本原则是风险预防原则、科学基础原则、实质等同原则、公众参与原则和信息公开原则。不同阶段的转基因生物安全法律制度所规范的关系和解决的矛盾有所不同,遵循的法律原则也应当有所侧重。我国应当协调运用这些法律原则设计不同阶段的法律制度。转基因生物研发试验安全法律制度应优先遵循风险预防原则、科学基础原则、信息公开原则和公众参与原则进行制度设计;转基因生物生产加工安全法律制度应优先遵循实质等同原则进行制度设计;转基因生物流通消费安全法律制度应优先遵循公众参与原则、信息公开原则进行制度设计;转基因生物安全救济法律制度,应优先遵循风险预防原则、信息公开原则来进行制度设计。最后,转基因生物安全法律制度的基本理念是转基因生物商业化应为立法背景、转基因生物安全应当由政府供给、转基因生物商业化应由市场决定、公众参与权益应当得到法律保障、安全管理基本思路应当及时调整。转基因生物安全法律制度的构建与完善,应当正视我国商业化的大背景,让政府与市场均发挥各自应有的作用和功能,保障公众参与的权益,将管理思路从"全程式"调整为"抓紧两端、放松中间、预防不测",以便充分契合我国国情,充分发挥制度功能。

在转基因生物安全法律制度的比较法和国际法考察方面。其一,通过比较最具代表性的欧盟、美国转基因生物安全法律制度,得出如下有益启示:从立法背景看,我国与欧盟和美国既有类似之处,又有明显不同。在促进转基因生物产业发展方面,我国与美国类似;在农业结构、粮食安全、政府公信力等方面,我国与欧盟类似;在公众对转基因生物的接受程度方面,我国则介于欧盟和美国之间。我国转基因生物安全立法背景的独特性,决定了我国不能效仿欧美任何一方的立法模式,只能创造性地建立一套符合我国国情的转基因生物安全法律制度。从法律原则看,欧盟与美国把风险预防原则与科学基础原则贯穿始终的做法,弊端较为明显,我国应取长补短,通过协调使用法律原则,实现相对经济的、理想的规范效果。从法律制度看,在转基因生物大规模商业化的背景下,我国应当大力完善公众参与制度,没必要专门针对转基因生物建立追溯制度和损害赔偿规则。其二,以贸易自由为中心和以环保健康为中心的两类转基因生物安全国际规范之间存在冲突,从规范前提、规范原则、规范方法的协调性看,两类国际规范的冲突很难调和,这给我国转基因生物安全立法如下启示。一是国内立法需与国际法相协调,但要以保障国家利益为优先;二是积极参与国际规则的制定,以便取得有利的法律地位;三是合理利用贸易壁垒的规则,为我国转基因生物产业发展争取更多的时间和空间。

在转基因生物研发试验安全法律制度方面。转基因生物的安全隐患,源于其外源基因;因而研发试验阶段是安全隐患之源头,应为规制重点。科学的转基因生物研发试验安全法律制度,可实现从源头控制安全的效果。首先,安全评价制度。2016 年新修订的《农业转基因生物安全评价管理办法》弥补了部分不足,但仍然存在安委会机制缺失、检测机构性质单一、安全标准严重不足、回避规则执行不力等缺陷。应当通过建立产生规则和运转规则健全安委会机制,通过公平对待事业单位和企业单位来实现检测机构多元化,通过人力保障和物质支持来加速安全标准制定,通过细化回避规则和明确法律责任强化回避规则执行力。其次,报告制度。存在适用范围不足和监督落实不力的缺陷,2017 年 1 月农业部通报的 11 起违反管理规定的事件中,有10 起属于应报告未报告的情况。我国应当将从事安全等级为Ⅰ和Ⅱ的转基因生物实验研究纳入报告范围。同时,从明确监督主体、强化监督队伍、保障监督经费、加强技术支持、加大信息公开力度等方面,切实监督报告制度的落实。再次,报批制度。硬性将转基因生物安全证书与商业化行政许可合二为一是该项制度最大的缺陷。证明转基因生物安全性的安全证书属于事实判断,判断基础是科学技术,追求的是科学性;转基因生物商业化行政许可属于价值判断,判断基础是现实需求,追求的是正当性。前者判断是否正确,取决于当时的科技水平;后者决策是否正确,取决于当时的政治、经济、文化、伦理等诸多因素。因此,应当将转基因生物安全证书与商业化行政许可相分离,安全证书作为转基因生物安全评价合格的证明文件,审批文书作为转基因生物商业化行政许可的证明文件。给公众树立科学上安全的转基因生物未必获得商业化行政许可,而获得商业化行政许可的转基因生物一定是安全的深刻印象,彻底改变目前公众持有转基因生物没有获得商业化许可就是存在安全性问题的错觉。最后,公众参与制度。公众参与转基因生物商业化决策至关重要,直接影响着转基因生物是否能够进出市场,这就需要建立科学的转基因生物商业化许可公众参与制度,为公众参与提供制度保障。公众对转基因生物安全的认知,是公众参与的知识基础。我国风险交流机制匮乏,导致实践中乱象丛生,造成不良舆论环境,因而应当建立转基因生物风险交流机制。公众对转基因生物信息知情权的实现,是公众参与的基本前提。长期以来,我国政府对转基因生物安全相关信息公开的数量有限、时间滞后,这就需要建立以"公开为原则、不公开为例外"的信息公开制度,及时、全面地公开相关信息。公众参加科研活动如转基因大米试吃,是公众参与的有益补充,但法律应当保障参与公众的健康安全。

在转基因生物生产加工安全法律制度方面。进入生产加工阶段的转基因生物,肯定已经获得了安全证书,并获得了商业化行政许可,因而并无安全之虞且公众争议不大,应当主要以实质等同原则为指导进行制度设计。首先,品种审定制度。我国缺乏转基因生物种子(苗、畜、禽)品种审定制度,造成了法规上有审定要求,实践中却无法办理的窘境,目前是转基因生物商业化进程的直接障碍。我国应当尽快制定转基因生物品种审定办法,审定标准要能体现转基因生物的特性,不宜将"增产"作为必备指标,并且应当对非主要农作物、非主要林木等不做品种审定要求。其次,生产、加工审批制度。我国转基因生物生产、加工审批制度的不足,在于脱离实际、可行性差,且涉及利益主体众多,故而对法律公信力造成了很大的危害。因此,早在 2010 年国务院就取消了"农民养殖、种植转基因动植物审批"项目。从我国国情看,这还远远不够。其中与传统生物具有实质等同性的转基因生物生产、加工活动,均应取消审批。如此一来,需要审批的数量将大大减少,现行审批制度的诸多不足,都会迎刃而解。最后,生产、加工情况报告制度。实践证明,我国转基因生物生产、加工情况报告制度,既不可行,又无必要,应当废止。

在转基因生物流通消费安全法律制度方面。转基因生物流通消费安全法律制度有两个主要功能,一是通过实现消费者知情权和选择权,让市场决定具体转基因生物品种的前途命运;二是为转基因生物产业健康发展,提供一个良好的市场环境。首先,标识制度。转基因生物标识制度应当包括阳性(强制)标识制度、标识豁免制度和阴性(自愿)标识制度三个有机组成部分。阳性标识能够让消费者知悉商品确定是转基因产品,其法理基础为消费者知情权;标识豁免能够让消费者知悉商品可能是转基因产品,其法理基础为消费者知情权的限制;阴性标识能够让消费者知悉商品确定不是转基因产品,其法理基础是生产者商业言论自由权的限制。阳性标识制度的不足,主要是标识对象范围有失均衡,含有目录内转基因生物的商品,无论含量多少,均需标识,而大量已经批准但未列入目录内的转基因生物的产品,则没有标识要求。标识对象范围失衡的根源在于标识阈值的缺失和标识目录不科学。标识豁免制度的不足,主要是豁免条件不明、豁免程序缺失、豁免对象不清。我国尚未建立转基因生物阴性标识制度。我国应当以核酸量为计算基准,采用单独计算方式设定转基因生物阳性标识阈值和阴性标识阈值;通过增加项目、针对原料、细化品种、动态更新改进标识目录。通过设定豁免条件、制定豁免程序、公布豁免对象完善豁免制度;通过明确标注阴性标识的条件、限定阴性标识的内容、明确标注主体的证明责任建立阴性标识制度。最终,构建以阳性标识制度为主、标识豁免制度为辅、阴性标识制度为必要补充的科学合理的转基因生物标识制度。其次,非转基因广告管制制度。我国部分商家利用消费者对转基因生物安全的忧虑心理,把"非转基因"作为卖点,通过广告大肆炒作。非转基因广告的泛滥,严重侵害了消费者和诚实经营者的合法权益,扰乱了市场秩序,干扰了转基因生物产业的健康发展。我国非转基因广告管制制度存在规则缺失、执法不力、责任过轻、维权困难等诸多缺陷,应当通过明确虚假广告和误导广告认定标准、健全广告审查制度、建立转基因生物阴性标识制度、明晰执法主体职责、提高公法责任等措施,加大公法管制力度;通过扩大权利主体范围、采取过错推定和举证倒置、实行惩罚性赔偿等措施,提高私法规制的效果。最后,进口法律制度。我国转基因生物进口审批制度应当适时增强与国际规范的协调性、灵活应对转基因成份低水平混杂问题,转基因生物进口检验检疫制度应当将转基因项目设为进口生物的常规检测项目。

在转基因生物安全救济法律制度方面。科学的局限性决定了转基因生物的潜在风险可能转变为现实损害,因而非常有必要依循风险预防原则,作出必要的应对安排。其一,应急预案制度。我国《农业转基因生物安全突发事件应急预案》缺乏预防性、全面性、针对性、操作性和联动性,应当通过加大无事管理力度增强预防性、各类突发事件兼顾增强全面性、紧密结合地方实际增强针对性、重视技术规范研究来增强操作性、提高应急预案阶位来增强联动性。其二,食品召回制度。我国转基因食品召回制度存在召回主体范围偏小、召回对象确定困难、召回评估程序缺失等不足,应当通过引入农业部门协助监管、将研发单位列入召回责任主体、加快制定转基因食品安全国家标准、强化"有证据证明可能危害人体健康的食品"的证明责任以及建立转基因食品召回评估程序等措施予以完善。

本书的研究成果是以转基因生物大规模商业化为背景,而系统地研究国内转基因生物安全法律制度的成果。研究成果对转基因生物安全的重大理论和实践问题进行了深入探讨,具有学术研究价值。研究成果对我国完善转基因生物安全相关法律法规,实现为发展转基因产业国家战略提供有力制度支撑的目标,具有重要参考价值。由于能力水平、知识结构所限,研究成果具有一定局限性,有些问题还需要进一步深入研究。

参考文献

一、中文文献

（一）中文著作

[1] 谈家桢.基因转移[M].上海:上海教育出版社,2004:2-8.

[2] 王明远.转基因生物安全法研究[M].北京:北京大学出版社,2010:1.

[3] 曾北危.转基因生物安全[M].北京:化学工业出版社,2004:1.

[4] 吕选忠,于宙.现代转基因技术[M].北京:中国环境科学出版社,2005.

[5] 农业部农业转基因生物安全管理办公室,中国农业科学院生物技术研究所,中国
农业生物技术学会.转基因30年实践[M].2版.北京:中国农业科学技术出版
社,2012.

[6] 殷丽君,孔瑾,李再贵.转基因食品[M].北京:化学工业出版,2002.

[7] 薛达元.转基因生物安全与管理[M].北京:科学出版社,2009.

[8] 李校堃.基因工程药物研究与应用[M].北京:人民卫生出版社,2016.

[9] 玛丽恩·内斯特尔.食品安全:令人震惊的食品行业真相[M].程池,黄宇彤,
译.北京:社会科学文献出版社,2004.

[10] 胡志红.西方生态批评研究[M].北京:中国社会科学出版社,2006.

[11] 蒙培元.人与自然:中国哲学生态观[M].北京:人民出版社,2004.

[12] 雷毅.深层生态学思想研究[M].北京:清华大学出版社,2001.

[13] 赵绘宇.生态系统管理法律研究[M].上海:上海交通大学出版社,2006.

[14] 陈昌曙.哲学视野中的可持续发展[M].北京:中国社会科学出版社,2000.

[15] 陈泉生.可持续发展与法律变革:21世纪法制研究[M].北京:法律出版
社,2000.

[16] 汪劲.环境法律的理念与价值追求:环境立法目的论[M].北京:法律出版
社,2000.

[17] 卓泽渊.法的价值论[M].北京:法律出版社,1999.

[18] 毛新志.转基因食品的伦理问题与公共政策[M].武汉:湖北人民出版社,2010.

[19] 阙占文.转基因生物越境转移损害责任问题研究:以《生物安全议定书》第27条为中心[M].北京:法律出版社,2011.

[20] 付文佚.转基因食品标识的比较法研究[M].昆明:云南人民出版社,2011.

[21] 陈颖.食品中转基因成分检测指南[M].北京:中国标准出版社,2010.

[22] 梁慧星,陈华彬.物权法[M].北京:法律出版社,1997.

[23] 丹尼尔·F.史普博.管制与市场[M].余晖,何帆,等译.上海:上海人民出版社,2008.

[24] 环境保护部.中国转基因生物安全性研究与风险管理[M].北京:中国环境出版社,2008.

[25] E.博登海默.法理学:法律哲学与法律方法[M].邓正来,译.北京:中国政法大学出版社,1999.

[26] 刘凯湘.权利的期盼[M].北京:法律出版社,2003.

[27] 张文显.法理学[M].3版.北京:高等教育出版社,2007.

[28] 张俊浩.民法学原理[M].3版.北京:中国政法大学出版社,2000.

[29] 农业部科技发展中心.农业转基因生物安全标准:2015版[M].北京:中国农业出版社,2016.

[30] 梁慧星.为权利而斗争:梁慧星先生主编之现代世界法学名著集[M].北京:中国法制出版社,2000.

[31] 张辉.生物安全法律规制研究:经济法视域的解读[M].厦门:厦门大学出版社,2009.

[32] 于文轩.生物安全立法研究[M].北京:清华大学出版社,2009.

[33] 陈亚芸.转基因食品的国际法律冲突及协调研究[M].北京:法律出版社,2015.

[34] 基因农业网.转基因"真相"中的真相[M].北京:北京日报出版社,2016.

[35] 黄昆仑,许文涛.转基因食品安全评价与检测技术[M].北京:科学出版社,2009.

(二)中文论文

[1] 栾金水.高新技术在调味品中的应用[J].中国调味品,2003,28(12):3-6.

[2] 盛耀,许文涛,罗云波.转基因生物产业化情况[J].农业生物技术学报,2013,21(12):1479-1487.

[3] 范云六,黄大昉,彭于发.我国转基因生物安全战略研究[J].中国农业科技导报,

2012,14(2):1-6.

[4] 祁潇哲,黄昆仑.转基因食品安全评价研究进展[J].中国农业科技导报,2013,15(4):14-19.

[5] 郑腾,陆承平.转基因技术对粮食生产的影响[J].生物学通报,2004,39(1):6-9.

[6] 邹世颖,贺晓云,梁志宏,等.转基因动物食用安全评价体系的发展与展望[J].农业生物技术学报,2015,23(2):262-266.

[7] 余乾,赵二虎,曹礼静,等.转基因动物及其产品的安全评估方法研究进展[J].中国生物工程杂志,2012,32(10):106-111.

[8] CLIVE J..2015年全球生物技术/转基因作物商业化发展态势[J].中国生物工程杂志,2016,36(4):1-11.

[9] 梁振鑫,尹富强,刘庆友,等.转基因动物乳腺生物反应器相关技术及研究进展[J].中国生物工程杂志,2015,35(2):92-98.

[10] 罗云波,贺晓云.中国转基因作物产业发展概述[J].中国食品学报,2014,14(8):10-15.

[11] CLIVE J..2014年全球生物技术/转基因作物商业化发展态势[J].中国生物工程杂志,2015,35(1):1-14.

[12] 张忠民.非转基因食品广告被叫停的法律剖析[J].社会科学家,2016(5):115-119.

[13] 张忠民.转基因食品法律规则研究[D].重庆:重庆大学,2008:1.

[14] 展进涛,石成玉,陈超.转基因生物安全的公众隐忧与风险交流的机制创新[J].社会科学,2013(7):39-47.

[15] 王庆庆,高鹏飞,李和刚,等.转基因猪中抗生素标记基因 neo 漂移风险评估[J].中国畜牧兽医,2015,42(10):2720-2725.

[16] 康均心,刘猛.转基因食品安全风险的法制监管[J].青海社会科学,2013(4):100-106.

[17] 王扬,刘晓莉.论我国转基因食品安全风险的法律防范[J].理论月刊,2014(8):104-107.

[18] 周薇.游离于是非之间的未知数:转基因食品福兮？祸兮[J].环境教育,2007(4):19-21.

[19] 蒋显斌,黄芊,凌炎,等.利用黑肩绿盲蝽兼性取食特性评价转基因水稻生态风险[J].中国生物防治学报,2016,32(3):311-317.

[20] 吕丹丹.全球农业转基因技术的是与非[J].生态经济,2016(10):2-5.

[21] 薛桂波. 生态风险视域下林木转基因技术的"负责任创新"[J]. 自然辩证法研究, 2015, 31(7): 32-37.

[22] 李建平, 肖琴, 周振亚. 中国农作物转基因技术风险的多级模糊综合评价[J]. 农业技术经济, 2013(5): 35-43.

[23] 卢宝荣, 王磊, 王哲. 转基因栽培稻基因漂移是否会带来环境生物安全影响[J]. 中国科学(生命科学), 2016, 46(4): 420-431.

[24] 牟文雅, 贾艺凡, 赵宗潮, 等. 转基因作物外源基因漂移风险及其控制技术研究进展[J]. 生态学杂志, 2016, 35(1): 243-249.

[25] 王康. 基因改造生物环境污染损害的私法救济[J]. 法律科学(西北政法大学学报), 2015, 33(5): 148-162.

[26] 王康. 基因改造生物环境风险的法律防范[J]. 法制与社会发展, 2016, 22(6): 132-147.

[27] 刘旭霞, 汪赛男. 转基因作物与非转基因作物的共存立法动态研究: 以美、日、欧应对基因污染事件为视角[J]. 生命科学, 2011, 23(2): 216-220.

[28] 王康. 基因污染的侵权法意涵[J]. 兰州学刊, 2014(12): 103-109.

[29] 肖显静. 转基因技术本质特征的哲学分析: 基于不同生物育种方式的比较研究[J]. 自然辩证法通讯, 2012, 34(5): 1-6.

[30] 吴秋凤. 转基因农业可持续发展的伦理原则[J]. 学术论坛, 2009, 32(2): 24-26.

[31] 毛新志. 转基因作物产业化的伦理学研究[J]. 武汉理工大学学报(社会科学版), 2011, 24(4): 451-457.

[32] 阎莉, 李立, 王晗. 转基因技术对生命自然存在方式的挑战[J]. 南京农业大学学报(社会科学版), 2013, 13(5): 84-90.

[33] 朱俊林. 转基因食品安全不确定性决策的伦理思考[J]. 伦理学研究, 2011(6): 14-19.

[34] 刘柳, 徐治立. 转基因作物产业化与行政伦理的进化[J]. 理论与改革, 2016(3): 118-121.

[35] 杨澜涛, 安娜. 转基因农作物研发的伦理困境与思考: 从湖南黄金大米事件谈起[J]. 西北农林科技大学学报(社会科学版), 2013, 13(5): 138-144.

[36] 朱俊林. 转基因大米人体试验的伦理审视[J]. 伦理学研究, 2013(2): 112-118.

[37] 叶山岭. 对转基因食品安全的伦理探析[J]. 自然辩证法研究, 2014, 30(5): 37-42.

[38] 肖显静. 伦理视域中的中国转基因水稻风险评价[J]. 兰州大学学报(社会科学

版),2015,43(4):111-113.

[39] 管开明.社会学视野下转基因食品社会评价的影响因素分析[J].湖北社会科学,2012(4):36-38.

[40] 张忠民.美国转基因食品标识制度法律剖析[J].社会科学家,2007(6):70-74.

[41] 贾鹤鹏,范敬群.知识与价值的博弈:公众质疑转基因的社会学与心理学因素分析[J].自然辩证法通讯,2016,38(2):7-13.

[42] 薛达元.转基因生物安全离不开公众参与[J].中国改革,2010(4):82-83.

[43] 胡加祥.转基因产品贸易与国际法规制研究[J].山西大学学报(哲学社会科学版),2015,38(4):96-107.

[44] 齐振宏,周萍入.转基因农产品国际贸易争端问题研究综述[J].商业研究,2012(2):14-19.

[45] 谢传晓,李新海,张世煌.农产品未准入转基因成分"低水平混杂"的概念、成因及对策[J].作物杂志,2015(3):1-4.

[46] 张忠民.转基因食品安全国际规范的冲突与协调:从"欧美转基因食品案"展开的思考[J].宁夏大学学报(人文社会科学版),2008,30(4):38-43.

[47] 徐丽丽,付仲文.国外转基因作物混杂安全管理及对我国的启示[J].价格理论与实践,2012(1):51-52.

[48] 徐丽丽,李宁,田志宏.转基因产品低水平混杂问题研究[J].中国农业大学学报(社会科学版),2012,29(2):125-132.

[49] 许志龙.求真求实　敢为人先:谈科技传媒的舆论引导力[J].青年记者,2016(24):16-17.

[50] 徐琳杰,孙卓婧,杨雄年,等.科学视角下的转基因技术认知和发展[J].中国生物工程杂志,2016,36(4):30-34.

[51] 戴佳,曾繁旭,郭倩.风险沟通中的专家依赖:以转基因技术报道为例[J].新闻与传播研究,2015,22(05):32-45+126-127.

[52] 芮必峰,董晨晨.舆论环境的变化与舆论引导的困境:以"转基因问题"为例[J].新闻界,2014(11):30-33.

[53] 霍有光,于慧丽.从转基因事件透析公众心理诉求及调适对策[J].情报杂志,2016,35(2):122-127.

[54] 王树义.生态安全及其立法问题探讨[J].法学评论,2006,24(3):123-129.

[55] 周珂,王权典.论国家生态环境安全法律问题[J].江海学刊,2003(1):113-120.

[56] 曲格平.关注生态安全之一:生态环境问题已经成为国家安全的热门话题

[J]. 环境保护, 2002, 30(5): 3-5.

[57] 石玉林, 于贵瑞, 王浩, 等. 中国生态环境安全态势分析与战略思考[J]. 资源科学, 2015, 37(7): 1305-1313.

[58] 洪大用. 经济增长、环境保护与生态现代化: 以环境社会学为视角[J]. 中国社会科学, 2012(9): 82-99.

[59] 熊伟. 环境财政、法制创新与生态文明建设[J]. 法学论坛, 2014, 29(04): 62-69.

[60] 黄巧云, 田雪. 生态文明建设背景下的农村环境问题及对策! [J]. 华中农业大学学报(社会科学版), 2014(2): 10-15.

[61] 陆群峰, 肖显静. 农业转基因技术应用对公众环境权的伤害性分析[J]. 中国科技论坛, 2012(8): 126-130.

[62] 徐以祥, 刘海波. 生态文明与我国环境法律责任立法的完善[J]. 法学杂志, 2014, 35(7): 30-37.

[63] 王树义, 周迪. 生态文明建设与环境法治[J]. 中国高校社会科学, 2014(02): 114-124+159.

[64] 管斌. 论消费者权利的人权维度: 兼评《中华人民共和国消费者权益保护法》的相关规定[J]. 法商研究, 2008, 25(5): 57-67.

[65] 杨狄, 梁超. 以"人权"为视角解读消费者权利[J]. 内蒙古师范大学学报(哲学社会科学版), 2015, 44(1): 69-73.

[66] 杜承铭, 谢敏贤. 论健康权的宪法权利属性及实现[J]. 河北法学, 2007, 25(1): 64-67.

[67] 邓心安. 生物经济时代与新型农业体系[J]. 中国科技论坛, 2002(2): 16-20.

[68] 邓心安, 张应禄. 经济时代的演进及生物经济法则初探[J]. 浙江大学学报(人文社会科学版), 2010, 40(2): 144-151.

[69] 邓心安, 楚宗岭, 程子昂. 美国生物经济政策及其比较性建议[J]. 资源科学, 2013, 35(11): 2188-2193.

[70] 孔令刚, 蒋晓岚. "生物经济"的兴起与实施"生物经济"强国战略[J]. 技术经济, 2007, 26(11): 125-128.

[71] 杨瑞龙. 制度创新: 经济增长的源泉[J]. 经济体制改革, 1993(05): 19-28+127.

[72] 刘长秋. 生物经济发展的法律需求及其立法原则研究[J]. 中国科技论坛, 2014(3): 48-52+59.

[73] 刘长秋. 生物经济发展与生命法学: 兼论当代生命法学的发展机遇及中国生命法学的使命[J]. 政治与法律, 2012(7): 80-89.

[74] 霍有光,于慧丽.利益相关者视阈下转基因技术应用的利益关系及利益协调[J].科技管理研究,2016,36(2):229-233.

[75] 张忠民.论转基因食品法律规制的哲学基础:以中国传统哲学为中心[J].创新,2011,5(5):81-85.

[76] 刘建辉.论环境法的价值[J].河北法学,2003,21(2):67-72.

[77] 刘宽红,鲍鸥.安全文化的人本价值取向及其系统模式研究[J].自然辩证法研究,2009,25(1):97-102.

[78] 安东.论法律的安全价值[J].法学评论,2012(3):3-8.

[79] 张洪波.以安全为中心的法律价值冲突及关系架构[J].南京社会科学,2014(9):89-95.

[80] 罗杭春.论国家经济安全是经济法的首要价值[J].湖南社会科学,2009(4):62-64.

[81] 于文轩.生物安全法之正义价值探析:以罗尔斯正义理论为视角[J].法商研究,2008,25(2):96-105.

[82] 张辉.论生物安全法之宽容原则[J].生态经济,2012(3):39-43.

[83] 杨成湘.实现代际公平的可能性路径[J].中南大学学报(社会科学版),2011,17(1):133-138.

[84] 秦宁,李华."人与自然和谐发展"的法治价值追求及其实现的路径选择[J].山东大学学报(哲学社会科学版),2011(3):59-65.

[85] 盛国军.可持续发展视阈中的代际伦理求证[J].马克思主义与现实,2006(3):155-159.

[86] 郑少华.论环境法上的代内公平[J].法商研究,2002,19(4):94-100.

[87] 武翠芳,姚志春,李玉文,等.环境公平研究进展综述[J].地球科学进展,2009,24(11):1268-1274.

[88] 陈泉生.环境时代宪法对环境资源公平享用的确认[J].现代法学,2004,26(6):133-139.

[89] 王爱华.公平观视角下的生态文明建设[J].毛泽东邓小平理论研究,2012(12):22-26.

[90] 王秀红.效率与公平:论环境法价值的冲突与协调[J].广西社会科学,2005(7):61-63.

[91] 王建国,谢冬慧.论环境保护法的价值取向[J].中州大学学报,2007,24(4):1-4.

[92] 周旺生.论法律的秩序价值[J].法学家,2003(5):33-40.

[93] 赵惊涛. 生态安全与法律秩序[J]. 当代法学, 2004, 18(3): 138-141.

[94] 陈福胜. 法治的实质: 自由与秩序的动态平衡[J]. 求是学刊, 2004, 31(5): 75-80.

[95] 蔡守秋. 环境秩序与环境效率: 四论环境资源法学的基本理念[J]. 河海大学学报(哲学社会科学版), 2005, 7(4): 1-5.

[96] 陈泉生. 生态文化价值取向的法律视角[J]. 东南学术, 2001(5): 28-37.

[97] 董玉庭. 论法律原则[J]. 法制与社会发展, 1999(06): 66-68.

[98] 庞凌. 法律原则的识别和适用[J]. 法学, 2004(10): 34-44.

[99] 曾炜. 论国际习惯法在 WTO 争端解决中的适用: 以预防原则为例[J]. 法学评论, 2015, 33(4): 109-116.

[100] 张忠民. 欧盟转基因食品标识制度浅析[J]. 世界经济与政治论坛, 2007(6): 80-83.

[101] 陈亮, 黄庆华, 孟丽辉, 等. 转基因作物饲用安全性评价研究进展[J]. 中国农业科学, 2015, 48(6): 1205-1218.

[102] 王迁. 美国转基因食品管制制度研究[J]. 东南亚研究, 2006(2): 46-51.

[103] 薛亮. 用科学的思想方法认识转基因[J]. 农业经济问题, 2014, 35(6): 4-9 +110.

[104] 贾士荣. 转基因植物食品中标记基因的安全性评价[J]. 中国农业科学, 1997(02): 2-16.

[105] 沈孝宙. 遗传工程食物的健康安全性问题: 介绍 20002001 年 FAO/WHO 联合专家顾问委员会的结论意见与建议[J]. 生物工程进展, 2001(5): 9-17.

[106] 张忠民. 论转基因食品标识制度的法理基础及其完善[J]. 政治与法律, 2016(5): 118-131.

[107] Martina Newell-McGloughlin, 刘海军. 转基因作物在美国的发展、应用和趋势[J]. 华中农业大学学报, 2014, 33(6): 31-39.

[108] 谈毅. 公众参与科技评价的目标与过程: 以转基因技术争论为例[J]. 科学学研究, 2006, 24(1): 30-35.

[109] 谈毅, 仝允桓. 公众参与技术评价的意义和社会背景分析[J]. 自然辩证法研究, 2004, 20(9): 63-66+85.

[110] 陈玲, 薛澜, 赵静, 等. 后常态科学下的公共政策决策: 以转基因水稻审批过程为例[J]. 科学学研究, 2010, 28(9): 1281-1289.

[111] 吴光芸, 吴金鑫. 我国政府信息公开制度的失衡与平衡[J]. 理论视野, 2014(10): 42-46.

［112］严仍昱.公民权利保障与政府信息公开制度构建［J］.中州学刊,2013(7)：12-15.

［113］王敬波.政府信息公开中的公共利益衡量［J］.中国社会科学,2014(9)：105-124+205.

［114］葛洪义.法律原则在法律推理中的地位和作用:一个比较的研究［J］.法学研究,2002,24(6)：3-14.

［115］胡加祥.欧盟转基因食品管制机制的历史演进与现实分析:以美国为比较对象［J］.比较法研究,2015(5)：140-148.

［116］徐振伟,文佳筠.美欧对待转基因农作物的态度差异及其原因兼后果分析［J］.经济社会体制比较,2016(6)：165-179.

［117］陈亚芸.欧盟转基因和非转基因作物共存的法律问题研究［J］.德国研究,2015,30(01)：56-69+134-135.

［118］顾成博.欧美转基因食品安全监管模式比较［J］.社会科学家,2015(10)：81-85.

［119］竺效.论转基因食品之信息敏感风险的强制标识法理基础［J］.法学家,2015(2)：120-127+179.

［120］刘旭霞,张楠.美国国家生物工程食品信息披露标准法案评析［J］.中国生物工程杂志,2016,36(11)：131-138.

［121］岳花艳.日本转基因农产品安全追溯监管制度研究［J］.世界农业,2015(12)：128-131

［122］孙彩霞,刘信,徐俊锋,等.欧盟转基因食品溯源管理体系［J］.浙江农业学报,2009,21(6)：645-648.

［123］佘丽娜,李志明,潘荣翠.美国与欧盟的转基因食品安全性政策演变比对［J］.生物技术通报,2011(10)：1-6.

［124］周超.国际法框架下我国转基因食品标识制度的完善［J］.求索,2016(6)：53-57.

［125］吴刚,金芜军,谢家建,等.欧盟转基因生物安全检测技术现状及启示［J］.生物技术通报,2015(12)：1-7.

［126］刘银良.美国生物技术的法律治理研究［J］.中外法学,2016,28(2)：462-485..

［127］阙占文.转基因作物基因污染受害者的请求权［J］.法学研究,2015,37(6)：65-79.

［128］杜珍媛.转基因生物损害赔偿制度初论［J］.生态经济,2014(12)：18-21.

[129] 王康. 基因污染的现行侵权法规范之因应政策:以损害救济为中心的初步分析 [J]. 大连理工大学学报(社会科学版), 2012, 33(4): 121-125.

[130] 秦天宝. 欧盟生物技术产业发展的法律保障:以转基因生物安全管制为例的考察 [J]. 河南财经政法大学学报, 2013, 28(4): 43-50.

[131] 刘银良. 美国转基因生物技术治理路径探析及其启示[J]. 法学, 2015(9): 139-149.

[132] 徐丽丽, 田志宏. 欧盟转基因作物审批制度及其对我国的启示[J]. 中国农业大学学报, 2014, 19(3): 1-10.

[133] 王小琼. 试析 WTO 框架下与转基因产品相关的贸易规则:兼论中国转基因产品立法之完善[J]. 国际经贸探索, 2006, 22(2): 38-42.

[134] 李艳芳. 论国际环境保护措施与世贸规则的协调[J]. 法学杂志, 2004, 25(1): 50-52.

[135] 乔雄兵, 连俊雅. 论转基因食品标识的国际法规制:以《卡塔赫纳生物安全议定书》为视角[J]. 河北法学, 2014, 32(1): 134-143.

[136] 陈亚芸. 转基因食品国际援助法律问题研究:兼论发展中国家的应对措施 [J]. 太平洋学报, 2014, 22(3): 1-10.

[137] 杨艳萍, 董瑜, 邢颖, 等. 欧盟新型植物育种技术的研究及监管现状[J]. 生物技术通报, 2016, 32(2): 1-6.

[138] 余翔, 李娜. 中国转基因粮食作物安全认证的法律与公信力争议初探[J]. 科技与经济, 2016, 29(4): 46-50.

[139] 刘培磊, 康定明, 李宁. 我国转基因技术风险交流分析[J]. 中国生物工程杂志, 2011, 31(8): 145-149.

[140] 沈岿. 风险交流的软法构建[J]. 清华法学, 2015, 9(6): 45-61.

[141] 李昂. 基于史密斯理论的我国转基因技术应用政府规制研究[J]. 科技管理研究, 2015, 35(23): 200-204.

[142] 康亚杰, 彭光芒. 转基因话题微博谣言传播的"回声室效应"[J]. 新闻世界, 2016(4): 48-53.

[143] 范敏. 修辞学视角下的食品安全风险交流:以方舟子崔永元转基因之争为例 [J]. 国际新闻界, 2016, 38(6): 97-109.

[144] 胡瑞法, 王玉光, 石晓华. 转基因安全:流言与证据[J]. 中国生物工程杂志, 2017, 37(1): 129-132.

[145] 王万华. 开放政府与修改《政府信息公开条例》的内容定位[J]. 北方法学, 2016, 10(6): 16-27.

[146] 潘丽霞,徐信贵.论食品安全监管中的政府信息公开[J].中国行政管理,2013(4):19-31+14.

[147] 苏竣,郭跃,汝鹏.从精英决策到大众参与:理性视角下的科技决策模式变迁研究[J].中国行政管理,2014(3):90-94.

[148] 黄小勇.决策科学化民主化的冲突、困境及操作策略[J].政治学研究,2013(4):3-12.

[149] 刘旭霞,刘渊博.论我国转基因生物技术发展中的公众参与[J].自然辩证法研究,2015,31(5):61-66.

[150] 刘小康.政府信息公开的审视:基于行政决策公众参与的视角[J].中国行政管理,2015(8):71-76.

[151] 骆梅英,赵高旭.公众参与在行政决策生成中的角色重考[J].行政法学研究,2016(1):34-45.

[152] 刘淑妍,朱德米.当前中国公共决策中公民参与的制度建设与评价研究[J].中国行政管理,2015(6):101-106.

[153] 朱巧燕.转基因大米品尝会:中国情境下的公众参与科学[J].中国生物工程杂志,2016,36(11):122-130.

[154] 严定非,黄伯欣.千人试吃转基因大米:一场严肃的科普活动?[J].人民文摘,2013(11):58-59

[155] 毛新志.转基因食品人体实验的伦理辩护[J].武汉科技大学学报(社会科学版),2007,9(2):125-128.

[156] 邓蕊.科研伦理审查在中国:历史、现状与反思[J].自然辩证法研究,2011,27(8):116-121.

[157] 马特.公共治理视角下的知情同意规则改革[J].管理世界,2014(7):174-175.

[158] 张忠民.转基因大米试吃活动的合法性探析[J].食品工业科技,2015,36(18):32-34+36.

[159] 李媛辉,董川玉.论我国《种子法》的修改与完善:以品种审定制度为视角[J].法学杂志,2014,35(12):57-64.

[160] 喻亚平,周勇涛.典型国家品种权公共政策实践经验的比较与借鉴[J].中国经济问题,2013(5):21-27.

[161] 贺利云.国外种业监管模式分析及对我国的启示[J].中国种业,2012(12):1-4.

[162] 付文侠,王长林.转基因食品标识的核心法律概念解析[J].法学杂志,2010,31

（11）：113-115.

［163］张忠民.我国转基因食品标识制度的反思与完善［J］.食品工业科技,2016,37（11）：26-29.

［164］赵慧霞,吴绍洪,姜鲁光.生态阈值研究进展［J］.生态学报,2007,27（1）：338-345.

［165］王元月,杜希庆,曹圣山.阈值选取的 Hill 估计方法改进:基于极值理论中 POT 模型的实证分析［J］.中国海洋大学学报（社会科学版）,2012（3）：42-46.

［166］王永杰,张雪萍.生态阈值理论的初步探究［J］.中国农学通报,2010,26（12）：282-286.

［167］刘旭霞,欧阳邓亚.转基因食品标识法律问题研究综述［J］.粮油食品科技,2011,19（3）：70-74.

［168］厉建萌,宋贵文,刘信,等.浅谈转基因产品阈值管理［J］.农业科技管理,2009,28（3）：29-32.

［169］黄建,齐振宏,冯良宣,等.标识管理制度对消费者转基因食品购买意愿的影响研究:以武汉市为例［J］.中国农业大学学报,2013,18（5）：220-225.

［170］程培堽,卢凌霄,陈忠辉,等.国内消费者对转基因食品购买意愿研究综述:元分析［J］.华南农业大学学报（社会科学版）,2011,10（2）：82-92.

［171］张金荣,刘岩.风险感知:转基因食品的负面性——基于长春市城市居民食品安全意识的调查分析［J］.社会科学战线,2012（02）：218-223.

［172］张秀芳,张宪省.城市居民对转基因食品的认知与消费:鲁省调查［J］.改革,2012（7）：146-151.

［173］陈超,展进涛.国外转基因标识政策的比较及其对中国转基因标识政策制定的思考［J］.世界农业,2007（11）：21-24.

［174］Chung S,G. Francom M,Ting K.韩国农业生物技术年报（2011 年）［J］.生物技术进展,2013,3（01）：57-68.

［175］金芜军,贾士荣,彭于发.不同国家和地区转基因产品标识管理政策的比较［J］.农业生物技术学报,2004,12（1）：1-7.

［176］李宁,付仲文,刘培磊,等.全球主要国家转基因生物安全管理政策比对［J］.农业科技管理,2010,29（1）：1-6.

［177］刘旭霞,李洁瑜,朱鹏.美欧日转基因食品监管法律制度分析及启示［J］.华中农业大学学报（社会科学版）,2010（2）：23-28.

［178］付仲文.一些国家和地区转基因生物标识制度概况［J］.世界农业,2009（11）：37-42.

[179] 李慧,杨冬燕,杨永存,等. 深圳市场 4 种国产农产品转基因成分监测结果[J]. 现代预防医学, 2006, 33(7): 1152-1153.

[180] 彭海容. 花生油虚标"非转基因"企业居心何在[J]. 中国食品, 2014(10): 73-73.

[181] 郭际,吴先华,叶卫美. 转基因食品消费者购买意愿实证研究——基于产品知识、感知利得、感知风险和减少风险策略的视角[J]. 技术经济与管理研究, 2013, 0(9): 45-52.

[182] 卢长明. 我国实施转基因产品定量标识的对策与建议[J]. 科技导报, 2011, 29(24): 11-11.

[183] 孟繁华,李清. 欧美转基因农业发展的两重性[J]. 世界农业, 2014(6): 59-63.

[184] 张忠民. 转基因食品标识阈值问题研究[J]. 食品科学, 2015, 36(9): 254-259.

[185] 姚建宗. 中国语境中的法律实践概念[J]. 中国社会科学, 2014(6): 141-162.

[186] 李国光,张严方. 网络维权中消费者基本权利之完善[J]. 法学, 2011(5): 31-36.

[187] 张明澍. 论政府与市场关系的两个主要方面[J]. 政治学研究, 2014(6): 62-70..

[188] 曾康霖. 政府干预经济及其在市场经济中角色的确立[J]. 经济学家, 2007(1): 67-73.

[189] 张旭. 政府和市场的关系：一个经济学说史的考察[J]. 理论学刊, 2014(11): 54-62.

[190] 魏埙,韩保江. "市场势"、消费者主权与企业行为优化[J]. 经济研究, 1995, 30(2): 60-65.

[191] 杜丹清,吕扬武. 消费者主权维护与扩大内需[J]. 商业研究, 2013(3): 40-43.

[192] 孙明贵,王滨. 消费者主权的经济含义与实现途径[J]. 经济问题探索, 2008(2): 166-169.

[193] 何坪华,凌远云,刘华楠. 消费者对食品质量信号的利用及其影响因素分析：来自 9 市、县消费者的调查[J]. 中国农村观察, 2008(4): 41-52.

[194] 程民选,刘嘉,何昀. 赋权于民：食品安全领域消费者权益保护的新视角：基于产权经济学的分析[J]. 消费经济, 2013, 29(1): 79-84.

[195] 应飞虎,涂永前. 公共规制中的信息工具[J]. 中国社会科学, 2010(4): 116-131+222-223.

[196] 汪习根,陈焱光. 论知情权[J]. 法制与社会发展, 2003(02): 62-74.

[197] 王宏. 论消费者知情权产生和发展的三个阶段[J]. 山东社会科学, 2012(1):

172-176.

[198] 王全兴,管斌.民商法与经济法关系论纲[J].法商研究(中南财经政法大学学报),2000(5):13-22.

[199] 李友根.论经济法权利的生成:以知情权为例[J].法制与社会发展,2008,14(6):54-65.

[200] 陆青.论消费者保护法上的告知义务——兼评最高人民法院第17号指导性案例[J].清华法学,2014,8(04):150-168.

[201] 许明月.普遍性侵权、机会主义与侵权现象的法律控制:对传统侵权法的反思[J].法商研究,2005,22(4):47-51.

[202] 应飞虎.从信息视角看经济法基本功能[J].现代法学,2001,23(6):187-188+192.

[203] 陈亚芸.EU和WTO预防原则解释和适用比较研究[J].现代法学,2012,34(6):146-157.

[204] 李秋高.论风险管理法律制度的构建:以预防原则为考察中心[J].政治与法律,2012(3):72-78.

[205] 牛惠之.预防原则之研究-国际环境法处理欠缺科学证据之环境风险议题之努力与争议[J].台大法学论丛台湾大学法律学院,2005,34(3):1-71

[206] 王传干.从"危害治理"到"风险预防":由预防原则的嬗变检视我国食品安全管理[J].华中科技大学学报(社会科学版),2012,26(4):59-67.

[207] 高慧铭.基本权利限制之限制[J].郑州大学学报(哲学社会科学版),2012,45(1):49-52.

[208] 戴庆华,张云河.食品安全管理的三维进路研究:基于公共产品视域的阐释[J].现代管理科学,2015(12):91-93.

[209] 徐振伟,李爽,陈茜.转基因技术的公众认知问题探究[J].中国农业大学学报(社会科学版),2015,32(5):102-110.

[210] 应飞虎.弱者保护的路径、问题与对策[J].河北法学,2011,29(7):8-12.

[211] 应飞虎.权利倾斜性配置研究[J].中国社会科学,2006(3):124-135.

[212] 李响.比较法视野下的转基因食品标识制度研究[J].学习与探索,2015(7):72-77.

[213] 祁潇哲,贺晓云,黄昆仑.中国和巴西转基因生物安全管理比较[J].农业生物技术学报,2013,21(12):1498-1503.

[214] 张忠民.我国台湾地区转基因食品标识制度变革浅析[J].食品工业科技,2015,36(23):24-27.

[215] 许明月.市场、政府与经济法:对经济法几个流行观点的质疑与反思[J].中国法学,2004(6):106-113.

[216] 应飞虎.为什么"需要"干预?[J].法律科学.西北政法学院学报,2005(02):52-60.

[217] 付文佚.我国转基因食品标识困境的立法破解[J].中州学刊,2015(9):55-61.

[218] 郭三堆,王远,孙国清,等.中国转基因棉花研发应用二十年[J].中国农业科学,2015,48(17):3372-3387.

[219] 吴孔明,刘海军.中国转基因作物的环境安全评介与风险管理[J].华中农业大学学报,2014,33(6):112-114.

[220] 卓勤.各国转基因食品标识制度概况分析[J].中国食品学报,2014,14(8):16-20.

[221] 应飞虎.论均衡干预[J].政治与法律,2001(3):51-55.

[222] 丁文.权利限制论之疏解[J].法商研究,2007,24(2):138-145.

[223] 刘作翔.权利相对性理论及其争论——以法国若斯兰的"权利滥用"理论为引据[J].清华法学,2013,7(06),110-121.

[224] 方明,徐静.试论食品安全标准在食品安全管制中的拘束力[J].江苏社会科学,2013(6):90-95.

[225] 刘作翔.权利冲突的几个理论问题[J].中国法学,2002(2):56-71.

[226] 张翔.公共利益限制基本权利的逻辑[J].法学论坛,2005,20(1):24-27.

[227] 钱玉文.论消费者权之法律边界[J].现代法学,2012,34(4):108-116.

[228] 赵娟.商业言论自由的宪法学思考[J].江苏行政学院学报,2009(4):114-119.

[229] 赵娟,田雷.论美国商业言论的宪法地位:以宪法第一修正案为中心[J].法学评论,2005,23(6):105-112.

[230] 蔡祖国,郑友德.不正当竞争规制与商业言论自由[J].法律科学(西北政法大学学报),2011,29(2):121-132.

[231] 李一达.言论抑或利益:美国宪法对商业言论保护的过去、现在和未来[J].法学论坛,2015,30(5):152-160.

[232] 杨立新,陶盈.消费者权益保护中经营者责任的加重与适度[J].清华法学,2011,5(5):83-92.

[233] 徐琳杰,刘培磊,熊鹏,等.国际上主要国家和地区农业转基因产品的标识制度[J].生物安全学报,2014,23(4):301-304.

［234］孙朋朋,宋春阳.植酸酶的生物学功能及其在动物生产中的应用［J］.饲料工业,2014,35(8):16-19.

［235］沈育华,陈志远,鲁江陵,等.重组"LHRH 融合蛋白去势注射液"对猪的促生长试验［J］.福建畜牧兽医,2013,35(4):9-10.

［236］周岩,赵茜,何男男,等.转基因植物疫苗的最新研究进展［J］.中国畜牧兽医,2013,40(1):61-65.

［237］赵将,生吉萍.转基因食品标识的问题与困惑［J］.中国农业大学学报,2015,20(3):1-6.

［238］杨永存,李浩,杨冬燕,等.2012 年深圳市市售转基因番木瓜检测［J］.中国食品卫生杂志,2013,25(5):419-423.

［239］黄三文,杜永臣,屈冬玉,等.同源转基因将成为利用野生资源进行作物育种的一种有效手段［J］.园艺学报,2006,33(6):1367-1400.

［240］王虹玲,阚国仕,李珊珊,等.利用同源转基因技术培育氮高效利用转基因水稻［J］.浙江农业学报,2011,23(5):862-869.

［241］邓辉.言论自由原则在商业领域的拓展:美国商业言论原则评述［J］.中国人民大学学报,2004,18(4):117-123.

［242］石文龙.论我国基本权利限制制度的发展:我国《宪法》第51 条与德国《基本法》第19 条之比较［J］.比较法研究,2014(5):161-174.

［243］Richard E. Goodman,吴昊,胡斌,等.生物安全:美国转基因作物的评价与管理［J］.华中农业大学学报,2014,33(6):83-109.

［244］陈景辉.面对转基因问题的法律态度:法律人应当如何思考科学问题［J］.法学,2015(9):118-128.

［245］于爱芝.澳大利亚转基因技术在农业中的应用、管理政策及启示［J］.世界农业,2008(7):11-14.

［246］刘培磊,李宁,汪其怀.日本农业转基因生物安全管理实施进展［J］.世界农业,2006(8):43-46.

［247］高桥滋,周蒨.日本转基因食品法制度的现状及课题［J］.法学家,2015(2):134-139+179.

［248］梁迎修.权利冲突的司法化解［J］.法学研究,2014,36(2):61-72.［维普］

［249］张忠民.论我国非转基因食品广告的法律规制［J］.食品工业科技,2015,36(05):32-34+36+38.

［250］陈晓亚,杨长青,贾鹤鹏,等.中国转基因作物面临的问题［J］.华中农业大学学报,2014,33(6):115-117.

[251] 王扬,刘晓莉.我国转基因食品安全社会监管问题研究[J].河北法学,2015,33(2):162-167.

[252] 何光喜,赵延东,张文霞,等.公众对转基因作物的接受度及其影响因素 基于六城市调查数据的社会学分析[J].社会,2015,35(1):121-142.

[253] 姜萍.中国公众抵制转基因主粮商业化:三重缘由之探[J].自然辩证法通讯,2012,34(5):26-30.

[254] 张世鹏.论虚假广告侵权责任立法国际趋势及对我国的借鉴[J].安徽大学学报(哲学社会科学版),2013,37(2):125-131.

[255] 应飞虎.对虚假广告治理的法律分析[J].法学,2007(3):81-90.[万方]

[256] 柳元兴.论引人误解的不正当竞争行为的判断标准[J].江苏商论,2012(11):35-39.

[257] 陈立虎.因产品国际贸易的法律规制:兼论争端解决中的法律适用问题[J].法商研究,2005,22(2):107-117.

[258] 林远.中国退运112.4万吨美国MIR162转基因玉米[J].广西质量监督导报,2014(5):15.

[259] 张海波,童星.中国应急预案体系的优化:基于公共政策的视角[J].上海行政学院学报,2012,13(6):23-37.

[260] 詹承豫.动态情景下突发事件应急预案的完善路径研究[J].行政法学研究,2011(1):51-56.

[261] 林鸿潮.论应急预案的性质和效力:以国家和省级预案为考察对象[J].法学家,2009(2):22-30.

[262] 熊晓青,张忠民.突发雾霾事件应急预案的合法性危机与治理[J].中国人口·资源与环境,2015,25(9):160-167.

[263] 钟开斌.中国应急预案体系建设的四个基本问题[J].政治学研究,2012(6):87-98.

[264] 李尧远,曹蓉.我国应急管理研究十年(2004—2013):成绩、问题与未来取向[J].中国行政管理,2015(1):83-87.

[265] 张鹤.我国引进食品召回制度的再思考[J].政法论丛,2015(6):102-108.

[266] 邓蕊.中国食品召回制度若干法律问题探析[J].行政与法,2017(2):53-59.

[267] 汪全胜,黄兰松.食品召回制度中"不安全食品"的认定问题探讨[J].宏观质量研究,2016,4(4):112-119.

[268] 徐芬,陈红华.基于食品召回成本模型的可追溯体系对食品召回成本的影响[J].中国农业大学学报,2014,19(2):233-237.

[269] 张忠民.转基因食品法律规制研究[D].重庆:重庆大学,2008.

[270] 张玲.转基因食品发展及其影响因素研究[D].南京:南京医科大学,2007.

[271] 王娜.国际法对转基因产品国际贸易的管制[D].北京:中国政法大学,2005.

二、外文文献

（一）外文著作

[1] J R. The Biotech Century—A Second Opinion：The Marriage of the Genetic Sciences and the Technologies Shaping Our World[M]. J. P. Tarcher, 1998：7-10.

[2] ROBERT F W. Molecular Biology[M]. U. S.：The McGraw-Hill Companies, Ins. 1999：20-23.

[3] PARKER I M, BARTSCH D. Recent advances in ecological biosafety research on the risks of transgenic plants：A trans-continental perspective[M]//Transgenic Organisms. Basel：Birkhäuser Basel, 1996：147-161.

[4] TANZI V. Government versus markets：the changing economic role of the state [M]. New York：Cambridge University Press, 2011.

[5] MARKIE P. 6 mandatory genetic engineering labels and consumer autonomy [M]//Labeling Genetically Modified Food. London：Oxford University PressNew York, 2008：88-105.

（二）外文论文

[1] GRUN P. The difficulties of defining the term GM[J]. Science, 2004, 303(5665)：1765-1769；authorreply：1765-1769.

[2] CASTLE L A, WU G S, MCELROY D. Agricultural input traits：Past, present and future[J]. Current Opinion in Biotechnology, 2006, 17(2)：105-112.

[3] SHERIDAN C. FDA approves 'farmaceutical' drug from transgenic chickens [J]. Nature Biotechnology, 2016, 34(2)：117-119.

[4] GREEN D P. Genetically engineered salmon approved for food by US FDA[J]. Journal of Aquatic Food Product Technology, 2016, 25(2)：145-146.

[5] INGRAM H R. Got bacon?：The use of A bioethics advisory board in assessing the future of transgenic animal technology[J]. Northwestern Journal of Technology and Intellectual Property, 2017, 14：393.

[6] BERNSTEIN J A, BERNSTEIN I L, BUCCHINI L, et al. Clinical and laboratory investigation of allergy to genetically modified foods[J]. Environmental Health Perspec-

tives,2003,111(8):1114-1121.

[7] YOSHIDA S. Health risks of genetically modified food: A need for unbiased research into the potential health risks of genetically engineered crop products[J]. San Joaquin Agricultural Law Review,2012,13:203-222.

[8] LUKE Brussel. Bioethics Symposium: National and Global Implications of Genetically-Modified Organisms: Law, Ethics & Science: Engineering A Solution to Market Failure: A Disclosure Regime for Genetically Modified Organisms[J]. Cumb. L. Rev., 2003:415-464.

[9] PRESCOTT V E, CAMPBELL P M,MOORE A,et al. Transgenic expression of bean alpha-amylase inhibitor in peas results in altered structure and immunogenicity [J]. Journal of Agricultural and Food Chemistry,2005,53(23):9023-9030.

[10] GILBERT N. A hard look at GM crops[J]. Nature,2013,497(7447):24-26.

[11] LOSEY J E, RAYOR L S,CARTER M E. Transgenic pollen harms monarch larvae [J]. Nature,1999,399(6733):214.

[12] HAMILTON N D. Legal Issues Shaping Society's Acceptance of Biotechnology and Genetically Modified Organisms[J]. Drake J. agric. l,2001,6(1):81-117.

[13] GROSSMAN M R. Biotechnology, property rights and the environment[J]. The American Journal of Comparative Law,2002,50:215.

[14] ORSON J. Gene Stacking in Herbicide Tolerant Oilseed Rape: Lessons for the North American Experience [C]//English Nature Research Report No. 443, English Nature. 2002.

[15] SCOTT A H. Genetically modified crop regulation: The fraying of america's patchwork farm lands[J]. Villanova Environmental Law Journal,2015,26:145.

[16] MURPHY S D. Biotechnology and international law[J]. SSRN Electronic Journal, 2001:47-139.

[17] MILLER T O. Transgenic Transboundary Pollution: Liability when Genetically Modified Pollen Crosses National Borders[J]. McGeorge L. Rev.,2016,47:301-323.

[18] GREGOROWIUS D, LINDEMANN-MATTHIES P, HUPPENBAUER M. Ethical discourse on the use of genetically modified crops: A review of academic publications in the fields of ecology and environmental ethics[J]. Journal of Agricultural and Environmental Ethics,2012,25(3):265-293.

[19] MURPHY L, NOGA K,ROSE M. Seeking pure fields: The case against preemption of state bans on genetically engineered crops[J]. University of San Francisco Law

Review, 2015, 49:3.

[20] GOLUB E S. Genetically enhanced food for thought[J]. Nature Biotechnology, 1997, 15(2):112.

[21] GLASGOW J. Genetically Modified Organisms, Religiously Motivated Concerns: The Role of the Right to Know in the GM Food Labeling Debate[J]. Drake J. Agric. L., 2015, 20(1):115-136.

[22] HARL N E. Biotechnology Policy: Global Economic and Legal Issues[J]. The Willamette Journal of International Law and Dispute Resolution, 2004, 12(1):1-27.

[23] DAVIS S, MEYER C. What will replace the tech economy? [J]. Time, 2000, 155(21):76-77.

[24] HOUSE T W. National bioeconomy blueprint, April 2012[J]. Industrial Biotechnology, 2012, 8(3):97-102.

[25] RICH M S. The debate over genetically modified crops in the United States: Reassessment of notions of harm, difference, and choice[J]. Case Western Reserve Law Review, 2004, 54:3-30.

[26] GOSTEK K. Genetically Modified Organisms: How the United States' and the European Union's Regulations Affect the Economy[J]. International Law Review, 2016, 24(3):761.

[27] APPLEGATE J. The Prometheus principle: Using the precautionary principle to harmonize the regulation of genetically modified organisms[J]. Indiana Journal of Global Legal Studies, 2001, 9:11.

[28] FRED H D. Biotechnology and the Food Label: A Legal Perspective[J]. Food & Drug L. J., 2000, 55(3):301-310.

[29] ADLER J H. Compelled Commercial Speech and the Consumer 'Right to Know' [J]. School of Law., 2016, 58:421-476.

[30] HEMPHILL T, BANERJEE S. Mandatory food labeling for GMOs[J]. Regulation, 2014, 37(4):7-10.

[31] MULLER J M. Naturally Misleading: FDA's Unwillingness to Define Natural and the Quest for GMO Transparency through State Mandatory Labeling Initiatives[J]. Suffolk UL Rev., 2015, 48:511-536.

[32] PIFER R H. Mandatory Labeling Laws: What Do Recent State Enactments Portend for the Future of GMOs[J]. Penn St. L. Rev., 2014, 118:788-814

[33] BLANCHARD K B. The Hazards of GMOS: Scientific Reasons Why They Should Be

Regulated, Political Reasons Why They Are Not, and Legal Answers to What Should Be Done[J]. Regent UL Rev.,2015,27:133-154.

[34] Gray C. A natural food fight: The battle between the "natural" label and GMOs [J]. Washington University Journal of Law and Policy,2016,50:123-145.

[36] CARL R. Galant. Labeling Limbo: Why Genetically Modified Foods Continue to Duck Mandatory Disclosure[J]. Hous. L. Rev.,2005,42:125-164.

[37] LINDA BEEBE. SYMPOSIUM ISSUE II PESTICIDES: WHAT WILL THE FUTURE REAP?: NOTE: In re Starlink Corn: The Link between Genetically Damaged Crops and an Inadequate Regulatory Frame Work for Biote Chnology [J]. Wm. & Mary Envtl. L. & Poly Rev.,Winter,2004,28(2):205-511.

[38] UCHTMANN D L. StarLinkTM—A Case Study of Agricultural Biotechnology Regulation[J]. DRAKE J. AGRIC. L.,2002,7:160-208.

[39] FRANCIS L, CRAIG R K, George E. FDA's Troubling Failures to Use its Authority to Regulate Genetically Modified Foods [J]. Food & Drug LJ, 2016, 71 (1): 105-134.

[40] AMELIA P N. Legal Liability in the Wake of StarlinkTM: Who Pays in the End? [J]. DRAKE J. AGRIC. L.,2002,7:214-266.

[41] BRATSPIES R M. Consuming (f) ears of corn: Public health and biopharming [J]. American Journal of Law & Medicine, 2004, 30(2/3):371-404.

[42] GHOSHRAY S. Genetically modified foods at the intersection of the regulatory landscape and constitutional jurisprudence[J]. American Journal of Law & Medicine, 2015, 41(2/3):223-239.

[43] AARON A. Ostrovsky. The European Commission's Regulations for Genetically Modified Organisms and the Current WTO Dispute Human Health or Environmental Measures? Why the Deliberate Release Directive is More Appropriately Adjudicated in the WTO Under the TBT Agreement[J]. COLO. J. INTL ENVTL. L. & POLY, 2004(15).

[44] APPLETON A E. Genetically Modified Organisms: Colloquium Article the Labelling of GMOS Products Pursuant to International Trade Rules[J]. New York University School of Law,2000(8).

[45] THUE-VASQUEZD D. Genetic Engineering and Food Labeling: A Continuing Controversy[J]. San Joaquin Agricultural Law Review,2000,10:77-119.

[46] STEVE K. Can a Consumer's Right to Know Survive the WTO?: The Case of Food

Labeling[J]. Transnat'L. & Contemp. Probs., 2006, 16(1): 293-334.

[47] ZHUANG Y, YU W X. Improving the enforceability of the genetically modified food l abeling law in China with lessons from the European union[J]. Vermont Journal of Environmental Law, 2013, 14(3): 465.

[48] MURRAY J A. One turkey, seven drumsticks: a look at genetically modified food labeling laws in the United States and the European Union[J]. Suffolk Transnat'l L. Rev., 2016, 39: 145.

[49] MILBOURN D. If It Smells Funny, Don't Eat It: An Example of the Controversy Surrounding Genetically Engineered Food Labeling Laws[J]. SMU Sci. & Tech. L. Rev., 2016, 19(1): 53-63.

[50] Sally Noxon Vecchiarelli. Mandatory Labeling of Genetically Engineered Food: Constitutionally, You Do Not Have a Right to Know[J]. S. J. Agric. L. Rev., 2012/2013, 22: 215-239.

[51] LAURA M, JILLIAN B, ADAM F. More Than Curiosity: The Constitutionality of State Labeling Requirements for Genetically Engineered Foods[J]. Vt. L. Rev., Winter, 2013(38): 477-553.

[52] THE EUROPEAN PARLIAMENT AND THE COUNCIL OF THE EUROPEAN UNION. Regulation (EC) No 1829/2003 of the European Parliament and of the Council of 22 September 2003 on genetically modified food and feed[J]. Official Journal of the European Communities, 2003, L268.

[53] NELSON P. Information and consumer behavior[J]. Journal of Political Economy, 1970, 78(2): 311-329.

[54] DARBY M R, KARNI E. Free competition and the optimal amount of fraud[J]. The Journal of Law and Economics, 1973, 16(1): 67-88.

[55] DU L. GMO Labelling and the Consumer's Right to Know: A Comparative Review of the Legal Bases for the Consumer's Right to Genetically Modified Good Labelling [J]. McGill JL & Health, 2014, 8(1): 4-38.

[56] JACOBSEN E, SCHOUTEN H J. Cisgenesis, a new tool for traditional plant breeding, should be exempted from the regulation on genetically modified organisms in a step by step approach[J]. Potato Research, 2008, 51(1): 75-88.

[57] VANBLAERE T, FLACHOWSKY H, GESSLER C, et al. Molecular characterization of cisgenic lines of apple 'Gala' carrying the $Rvi6$ scab resistance gene[J]. Plant Biotechnology Journal, 2014, 12(1): 2-9.

[58] SCHOUTEN H J, KRENS F A, JACOBSEN E. Cisgenic plants are similar to traditionally bred plants: International regulations for genetically modified organisms should be altered to exempt cisgenesis[J]. EMBO Reports, 2006, 7(8): 750-753.

[59] CALABRÒ G, VIERI S. The use of GMOs and consumers' rights in the European Union[J]. International Journal of Environment and Health, 2014, 7(2): 128.

[60] HUBBARD K, HASSANEIN N. Confronting coexistence in the United States: Organic agriculture, genetic engineering, and the case of Roundup Ready ® alfalfa [J]. Agriculture and Human Values, 2013, 30(3): 325-335.

[61] MOSES V, BROOKES G. The world of "GM-free"[J]. GM Crops & Food, 2013, 4(3): 135-142.

[62] KEIDEL R W. Free Speech and Genetically Modified Food Labeling: A Proposed Framework for Determining the Controversial Character of Compelled Commercial Speech[J]. W. New Eng. L. Rev., 2016, 38: 47-86.